Philosophische Bildung in Schule und Hochschule

Reihe herausgegeben von
Bettina Bussmann, Philosophie (GW Fakultät),
Universität Salzburg, Salzburg, Österreich
Markus Tiedemann, Institut für Philosophie,
Technische Universität Dresden, Dresden, Deutschland

Philosophische Bildung hat seit den 2000er Jahren an gesellschaftlicher Relevanz gewonnen. Dies zeigt sich in der Zunahme institutioneller Verankerung sowie in der stärkeren wissenschaftlichen Durchdringung und Ausdifferenzierung ihrer Teilbereiche. Vom Philosophieren mit Kindern bis zum *Philosophicum elementare,* vom Leistungskurs in der Schule bis zum Oberseminar in der Hochschule, vom Philosophischen Café bis zum Ethikrat: Der Bedarf an philosophiedidaktischer Expertise in all diesen Bereichen steigt. Philosophiedidaktik ist heute eine theoretisch-konzeptionelle, eine methodisch-praktische und eine empirisch-kritische Wissenschaft. Sie diskutiert die Bedeutung und die Inhalte philosophischer Bildungsangebote, entwickelt Methoden zu deren Realisierung und evaluiert ihre Akzeptanz und Effizienz. Längst ist international ein breites Netz an Theorien, Lehrkonzepten und Forschungsansätzen für Schule und Universitäten entstanden. Die vorliegende Reihe informiert über aktuelle Forschungsprojekte, diskutiert unterschiedliche theoretische Modelle und erschließt neue Methoden für die sich verändernden schulischen und universitären Lehr- und Lernbedingungen. Sie möchte all denjenigen Orientierung und Diskussionsgrundlagen bieten, die der wachsenden Bedeutung philosophischer Bildung in Schule und Hochschule gerecht werden wollen.

The social relevance of philosophical literacy has become most important in recent years. This is clearly visible given its increasing penetration into various academic institutions and organizations. International collaborative networks have been established to develop theories, methods, materials, teaching concepts and research approaches around philosophical education. From ‚philosophy for children' to philosophical cafés, from adult continuing education courses to ethics councils, the need for didactical and educational expertise outside of the ivory tower has grown. Philosophy Education today is a theoretical, practical and empirical discipline.

This series provides a venue for research projects that unlock new methods and ideas for those engaged in philosophy education wanting to understand the challenges of its ever greater societal importance.

Bettina Bussmann
(Hrsg.)

Philosophieren mit Kindern und Jugendlichen

Grundlagen – Methoden – Praxis

Hrsg.
Bettina Bussmann
Philosophie GW
Paris-Lodron-Universität Salzburg
Salzburg, Österreich

ISSN 2730-6585　　　　　ISSN 2730-6593　(electronic)
Philosophische Bildung in Schule und Hochschule
ISBN 978-3-662-66181-9　　　　ISBN 978-3-662-66182-6　(eBook)
https://doi.org/10.1007/978-3-662-66182-6

Die Deutsche Nationalbibliothek verzeichnet diese Publikation in der Deutschen Nationalbibliografie; detaillierte bibliografische Daten sind im Internet über ▶ http://dnb.d-nb.de abrufbar.

© Der/die Herausgeber bzw. der/die Autor(en), exklusiv lizenziert an Springer-Verlag GmbH, DE, ein Teil von Springer Nature 2024

Das Werk einschließlich aller seiner Teile ist urheberrechtlich geschützt. Jede Verwertung, die nicht ausdrücklich vom Urheberrechtsgesetz zugelassen ist, bedarf der vorherigen Zustimmung des Verlags. Das gilt insbesondere für Vervielfältigungen, Bearbeitungen, Übersetzungen, Mikroverfilmungen und die Einspeicherung und Verarbeitung in elektronischen Systemen.
Die Wiedergabe von allgemein beschreibenden Bezeichnungen, Marken, Unternehmensnamen etc. in diesem Werk bedeutet nicht, dass diese frei durch jedermann benutzt werden dürfen. Die Berechtigung zur Benutzung unterliegt, auch ohne gesonderten Hinweis hierzu, den Regeln des Markenrechts. Die Rechte des jeweiligen Zeicheninhabers sind zu beachten.
Der Verlag, die Autoren und die Herausgeber gehen davon aus, dass die Angaben und Informationen in diesem Werk zum Zeitpunkt der Veröffentlichung vollständig und korrekt sind. Weder der Verlag noch die Autoren oder die Herausgeber übernehmen, ausdrücklich oder implizit, Gewähr für den Inhalt des Werkes, etwaige Fehler oder Äußerungen. Der Verlag bleibt im Hinblick auf geografische Zuordnungen und Gebietsbezeichnungen in veröffentlichten Karten und Institutionsadressen neutral.

Einbandabbildung: © ValleraTo / Getty Images / iStock

Planung/Lektorat: Franziska Remeika
J.B. Metzler ist ein Imprint der eingetragenen Gesellschaft Springer-Verlag GmbH, DE und ist ein Teil von Springer Nature.
Die Anschrift der Gesellschaft ist: Heidelberger Platz 3, 14197 Berlin, Germany

Das Papier dieses Produkts ist recyclebar.

Ziele des Buches

Dieses Buch ist für all diejenigen geschrieben worden, die angehende Lehrkräfte im Philosophieren mit Kindern und Jugendlichen ausbilden oder die es selber erlernen wollen.

Dass ein solches Buch geschrieben werden konnte, ist dem Umstand zu verdanken, dass sich das Philosophieren mit Kindern und Jugendlichen in den letzten Jahrzehnten besonders im deutschsprachigen Raum immer stärker etabliert hat – als reguläres Schulfach, als Wahlfach, als schulisches Zusatzangebot oder in außerschulischen Bildungseinrichtungen. Der Bedarf an Lehrbüchern und Lehrmaterialien ist dementsprechend groß. Jeder, der mit Kindern und Jugendlichen philosophiert, kennt allerdings diese Herausforderung: Auch wenn das Philosophieren mit Kindern viel Spaß macht, so ist es in der Durchführung doch kein Kinderspiel! Weder ist es ein bloßes Diskutieren über Gott und die Welt noch ein bloßes „Herunterbrechen" klassischer philosophischer Texte der Oberstufe auf ein einfaches, kindgerechtes Niveau. In diesem Sinne benötigen sowohl Personen ohne als auch Personen mit Philosophiestudium Hilfestellungen und Impulse. Kinder sind in einer Weise spontan, kreativ, direkt und genial, dass man sich nicht hinter angelesenem Wissen verstecken kann. Thomas Jackson sagt deshalb völlig zurecht: Philosophieren mit Kindern – „that's the real test", denn es zeigt, ob jemand das Philosophieren als Tätigkeit beherrscht (Jackson, 2012).

Das Buch baut auf den (Pionier-)Arbeiten vieler engagierter Philosoph*innen im Bereich des Philosophierens mit Kindern auf, die hier nicht alle ausdrücklich genannt werden können. Es möchte sowohl philosophisches Grundlagenwissen vermitteln als auch methodische Möglichkeiten für die Praxis vorstellen. Theoretische Grundsatzdebatten zur Legitimation des Philosophierens mit Kindern werden – bei aller Wichtigkeit – nicht behandelt. Weder erörtern wir Fragen aus dem Bereich „Philosophie der Kindheit", in der z. B. unsere konventionellen Vorstellungen über das, was Kindheit ist und sein sollte, kritisch diskutiert werden (z. B. Kennedy & Kohan, 2017; Drerup & Schweiger, 2019), noch gehen wir auf die Grundsatzdebatte ein, ob das Philosophieren mit Kindern überhaupt möglich und sinnvoll ist (z. B. Heinrich et al., 2020). Zwar fällt die empirische Forschungslage in diesem Gebiet noch eher gering aus, aber erste Erhebungen lassen den optimistischen Schluss zu, dass das Philosophieren mit Kindern positive Auswirkungen sowohl auf die Persönlichkeitsbildung als auch auf die allgemeinen Schulleistungen nach sich zieht (z. B. Trickey & Topping, 2004, 2007; Marsal & Dobashi, 2015; für eine Literaturübersicht zur internationalen empirischen Forschung siehe Ventista 2018).

Wir sind – wie viele andere Philosoph*innen und Pädagog*innen weltweit – davon überzeugt, dass man Kindern und Jugendlichen das Philosophieren lehren *kann* und lehren *sollte*. Mit Martens (1999) wird Philosophieren als eine *methodische Kulturtechnik des kritischen Fragens und Nachdenkens* aufgefasst, die allen Menschen dabei hilft, die Herausforderungen und Fragen des Lebens philosophisch zu analysieren, zu ordnen, zu diskutieren und dadurch Orientierung zu gewinnen. Dafür werden sowohl die Antwortvorschläge von Philosoph*innen herangezogen, als auch Bezüge zu Erkenntnissen und Fragen anderer Disziplinen hergestellt, denn als Reflexionswissenschaft ist die Philosophie besonders geeignet, fast alle Fragen unserer Lebenswelt zum philosophischen Thema zu machen und dazu angehalten, Bezüge zu anderen Disziplinen in der Auseinandersetzung mit philosophischen Fragen zu berücksichtigen bzw. herzustellen. Das Philosophieren mit Kindern leistet dadurch einen wichtigen Beitrag zum allgemeinen Bildungsziel der Schulung autonomer Urteilskraft.

Es gibt viele gute Bücher und Materialien zum Philosophieren mit Kindern. Deshalb haben wir am Ende des Buchs Literaturtipps und Links zum Selbststudium angeführt. Dennoch fehlt es in der Ausbildung von zukünftigen Lehrenden – insbesondere dann, wenn sie wenig Erfahrung mit der Philosophie und dem Philosophieren haben – an bestimmten Inhalten und Hilfestellungen, damit sie sie sich fachlich sicherer fühlen und ihren Unterricht besser planen und durchführen können. Insbesondere drei Erfordernisse stehen im Vordergrund:

1. *Eine problem- und lebensweltorientierte Einbettung des Themas präsentieren:* Sehr häufig wird das philosophische Potenzial der Antworten der Kinder von den Lehrkräften nicht erkannt. Meistens liegt es daran, dass ihnen das inhaltliche oder methodische philosophische Fundament fehlt. Deshalb ist jeder Unterrichtseinheit eine problemorientierte, philosophische Einführung in das Thema vorangestellt, die deutlich machen soll, was die philosophischen Fragen des Themas sind und welche Relevanz sie in unserer Lebenswelt haben. Dabei werden, je nach Autor*in des Aufsatzes, verschiedene Bezüge unterschiedlich stark gewichtet, z. B. philosophiehistorische, lernpsychologische oder interdisziplinäre. Die Einbettung dient gleichzeitig als Einladung, sich mit den in den Aufsätzen angegebenen Quellen fachlich vertiefend auseinanderzusetzen.

2. *Zusammenhänge sichtbar machen:* Dieses Buch sieht davon ab, konkrete Stundenplanungen vorzulegen oder kompetenzorientierte Lernziele anzugeben, die in der Lehramtsausbildung üblich sind. Das Philosophieren mit Kindern ist (noch) ein deutlich freierer und ungeplanter Prozess als der Unterricht im regulären Schulbetrieb. Dennoch sollten den Lehrkräften die philosophischen, sachlogischen Zusammenhänge einer guten Stunde klar sein. Ansonsten droht die Beliebigkeit des Fragen-Stellens und Diskutierens und der Verlust eines kontinuierlichen Aufbaus philosophischer Fähigkeiten. Nach der problemorientierten Einführung folgen deshalb der Ablauf und die Methoden einer bestimmten Unterrichtseinheit sowie die Präsentation thematischer Anschlussmöglichkeiten und weiterer Materialien. In der Summe hoffen wir, damit eine Art Erwartungshorizont bereit zu stellen.

3. *Konkrete Arbeitsergebnisse der Kinder vorstellen:* Mit welchen Antworten der Kinder kann man rechnen? Welche Schwierigkeiten können in der Durchführung auftreten? Oft ist der Mangel an Erfahrungen mit den Denkprozessen von Kindern gerade für Junglehrer*innen ein Hindernis, sich im Philosophieren mit Kindern überhaupt zu versuchen bzw. mutig und selbstbewusst in den Unterricht zu gehen. Deshalb sind alle Kapitel durchzogen von diversen

Antwortbeispielen der Kinder, um einen Eindruck von den unterschiedlichen Niveaustufen zu erhalten, um die Bandbreite ihrer Kreativität sichtbar zu machen und um mögliche Diskussionsverläufe abzubilden.

Aus diesen Gründen folgen die Grundlagenaufsätze aus Teil I und die Praxisaufsätze aus Teil III alle dem gleichen Aufbau:
1. **Einführung in das Thema:** Eine problemorientierte Einführung in das Thema erklärt den Lehrkräften das fachphilosophische Hintergrundwissen und soll dazu motivieren, sich näher mit dem Thema auseinanderzusetzen. Die Querverbindungen zu den anderen Kapiteln werden deutlich gemacht.
2. **Ablauf und Methoden:** Die Unterrichtseinheit wird so vorgestellt, wie sie erfolgreich durchgeführt werden kann. Hier finden Sie eine Vielzahl unterschiedlichster Materialien. Je nachdem, welche Vorkenntnisse und Lehrerfahrungen Sie als Lehrkraft bereits haben, können Sie die Reihenfolge ändern oder andere Akzente setzen. Letztlich sollen Ihnen hier philosophische, didaktische und pädagogische Impulse präsentiert werden.
3. **Erfahrungen und Beispiele aus der Praxis:** Neben den oben breites erwähnten Arbeitsergebnissen der Kinder, reflektieren die Autor*innen am Ende des Kapitels über ihre Erfahrungen aus der Praxis und geben z. B. Hinweise, welche Schwierigkeiten entstanden sind, wie man sie beheben könnte oder welche veränderten philosophischen und didaktischen Unterrichtssettings ebenfalls möglich sind.
4. **Ausblick und Anschlussmöglichkeiten:** Um philosophisches Denken mit einer gewissen Kontinuität einüben zu können, und nicht jede Stunde von einem Thema zum nächsten zu springen, werden am Ende thematische Anschlussmöglichkeiten aufgezeigt, die entweder in die Vertiefung gehen oder passende weitere Themen präsentieren.

Das gesamte Buch eignet sich auch zum Philosophieren mit älteren Schüler*innen – und sogar mit Erwachsenen, wenn diese Laien sind. Einführungen in philosophische Grundlagen und didaktische Hilfestellungen zur Durchführung sind in der Regel altersunabhängig. Dies ist der Grund, warum das Buch in seinem Titel nicht nur Kinder, sondern auch Jugendliche mit aufgenommen hat. Grundsätzlich richtet sich Buch aber vornehmlich an Kinder der Altersgruppe 6 bis 14.

Ich hoffe, dass dieses Buch gleichermaßen lehrreich, hilfreich und motivierend ist, so dass sich das Philosophieren als eine zentrale Kulturtechnik in unseren Bildungseinrichtungen weiter etablieren wird.

Mein Dank gilt dem Kooperationsprojekt der Salzburger Bildungslabore, in dessen Rahmen viele Methoden mit Kindern und Studierenden erprobt, diskutiert und verbessert wurden. Mein Dank gilt außerdem Sandra Prinz, die mit viel Engagement zur Realisierung dieses Buches beigetragen hat.

Bettina Bussmann
Salzburg 2024

Literatur

Drerup, J., & Schweiger, G. (2019). *Handbuch Philosophie der Kindheit.* J.B. Metzler.
Heinrich, C., Berner-Zumpf, D., & Teichert, M. (Hrsg.). (2020). *„Alle Tassen fliegen hoch!" Eine Kritik der Kinderphilosophie.* Beltz.
Trickey S. & Topping K. (2004). ‚Philosophy for children': A systematic review. *Research Papers in Education, 19*(3), 365–380. ▶ https://doi.org/10.1080/0267152042000248016.
Topping, K. J., & Trickey, S. (2007). Collaborative Philosophical Enquiry for School Children: Cognitive effects at 10–12 years. *British Journal of Educational Psychology, 77,* 271–288.
Jackson, T. (2012). Interview mit Dr. Thomas E. Jackson, Director p4C Hawai'i. ▶ https://vimeo.com/58100083.
Kennedy, D., & Kohan, W. O. (2017). Childhood, education and philosophy: a matter of time. In: Gregory, M. R. (Hrsg.), *The Routledge International Handbook of Philosophy for children.* Taylor & Francis.
Marsal, E. & Dobashi, T. (2015). Forschungsergebnisse zum Philosophieren mit Kindern. In J. Nida-Rümelin, I. Spiegel, & M. Tiedemann (Hrsg.), *Handbuch Philosophie und Ethik. Band 1: Didaktik und Methodik* (S. 136–141). Ferdinand Schöningh.
Martens, E. (1999). *Philosophieren mit Kindern.* Reclam Verlag.
Ventista, O. M. (2018). A literature review of empirical evidence on the effectiveness of Philosophy for Children. *Parecidos de familia. Propuestas actuales en Filosofía para Niños/Family ressemblances. Current proposals in Philosophy for Children,* S. 448–469.

Inhaltsverzeichnis

I Grundlagen: Zugänge zum Philosophieren

1 Einstieg mit dem Phänomenkoffer 3
Bettina Bussmann
1.1 Einführung in das Thema 4
1.2 Ablauf und Methode 8
1.3 Allgemeine Merkmale zur Bestimmung der Fragen 14
1.4 Ausblick und Praxisbeispiele 17
Literatur 20

2 Philosophieren mit der 5-Finger-Methode 21
Bettina Bussmann
2.1 Einführung in das Thema 22
2.2 Wie viel digitale Welt ist gut für mein Kind und die Gesellschaft? Die fünf Methoden im Alltag 25
2.3 Umsetzungsvorschläge und Erfahrungen aus der Praxis: Die fünf Methoden für das Philosophieren mit Kindern 33
2.4 Schlussbemerkungen 46
Literatur 47

3 Philosophieren mit der Matrix – eine Technik des Philosophierens 49
Frank Brosow
3.1 Einführung ins Thema 50
3.2 Ablauf, Methoden und Materialien 54
3.3 Erfahrungen aus der Praxis 62
3.4 Ausblick und Anschlussmöglichkeiten 66
Literatur 67

4 Philosophieren mit der philosophiedidaktischen Drehscheibe 69
Anna Breitwieser
4.1 Einführung in das Thema 70
4.2 Ein Thema, viele Perspektiven: Wissenschaftsorientierte(s) Philosophie(ren) vermitteln 72
4.3 Viele Fragen, viele Antworten: Die Drehscheibe als Orientierungshilfe 76
4.4 Praktische Anwendung und Ausblick 83
4.5 Material 95
Literatur 102

5	**Philosophieren mit Bilderbüchern**	105
	Sandra Prinz	
5.1	**Einführung ins Thema**	106
5.2	**Fachphilosophisches Hintergrundwissen**	109
5.3	**Ablauf, Methoden und Materialien**	111
5.4	**Erfahrungen aus der Praxis**	123
5.5	**Ausblick und Anschlussmöglichkeiten**	128
	Literatur	129
6	**Leitlinien und Hilfestellungen für die Unterrichtspraxis**	131
	Bettina Bussmann	
6.1	**Das philosophische Fundament**	132
6.2	**Philosophische Gespräche führen können – pädagogisch-psychologische Grundlagen**	134
6.3	**Philosophische Gespräche führen können – methodische Unterrichtshilfen**	139
	Literatur	143

II Praxis: Philosophische Einführung, Methoden, Unterrichtsbeispiele

7	**‚Was ist Gerechtigkeit?' Vom Meinungsaustausch zum Philosophieren**	147
	Frank Brosow, Lynn Hartmann und Patrick Maisenhölder	
7.1	**Einführung ins Thema**	148
7.2	**Ablauf, Methoden und Materialien**	151
7.3	**Erfahrungen aus der Praxis**	158
7.4	**Ausblick und Anschlussmöglichkeiten**	161
	Literatur	162
8	**Ist Diebstahl manchmal gerechtfertigt?**	165
	Ellen Möller	
8.1	**Einführung in das Thema**	166
8.2	**Ablauf und Methoden**	169
8.3	**Erfahrungen aus der Praxis**	172
8.4	**Ausblick und Anschlussmöglichkeiten**	181
8.5	**Material**	183
	Literatur	186
9	**Ist das ein Stuhl?**	187
	Bettina Bussmann	
9.1	**Einführung in das Thema**	188
9.2	**Ablauf und Methoden**	195
9.3	**Ausblick und Anschlussmöglichkeiten**	202
	Literatur	205

10 Was ist Liebe? ... 207
Anna Breitwieser
- 10.1 Einführung in das Thema ... 208
- 10.2 Ablauf und Methode ... 215
- 10.3 Erfahrungen aus der Praxis ... 221
- 10.4 Weiterführende Vorschläge: Thematische Kinderbücher und philosophische Dialogpartner:innen ... 228
- 10.5 Material ... 230
- Literatur ... 232

11 Welche Rechte sollen Kinder haben? ... 235
Sandra Prinz
- 11.1 Einführung ins Thema ... 236
- 11.2 Fachphilosophisches Hintergrundwissen ... 237
- 11.3 Ablauf, Methoden und Materialien ... 241
- 11.4 Erfahrungen aus der Praxis ... 244
- 11.5 Ausblick und Anschlussmöglichkeiten ... 250
- Literatur ... 252

12 Auslachen – ist das wirklich so schlimm? ... 255
Ellen Möller
- 12.1 Einführung in das Thema ... 256
- 12.2 Ablauf und Methoden ... 259
- 12.3 Erfahrungen aus der Praxis ... 262
- 12.4 Ausblick ... 274
- Literatur ... 276

13 Muss man immer die Wahrheit sagen? ... 279
Sandra Prinz
- 13.1 Einführung ins Thema ... 280
- 13.2 Philosophische Zugänge zum Thema ‚Wahrheit' ... 281
- 13.3 Ablauf, Methoden und Materialien ... 286
- 13.4 Erfahrungen aus der Praxis ... 291
- 13.5 Ausblick und Anschlussmöglichkeiten ... 294
- Literatur ... 296

14 Wer trägt Verantwortung, die Erde zu schützen? ... 297
Sandra Prinz
- 14.1 Einführung ins Thema ... 298
- 14.2 Philosophische Zugänge zum Thema Umweltethik ... 299
- 14.3 Ablauf, Methoden und Materialien ... 300
- 14.4 Erfahrungen aus der Praxis ... 306
- 14.5 Ausblick und Anschlussmöglichkeiten ... 312
- Literatur ... 314

III Praxis für Fortgeschrittene

15 Kreative Impulse kurz und knapp 317
Bettina Bussmann und Sandra Prinz
15.1 Die Entscheidungsmaschine 318
15.2 Der Freundschaftskuchen 321
15.3 Die philosophische Viertelstunde 323
15.4 Philosophische Brieffreundschaft 324
15.5 Philosophieren mit Online-Tools 328
Literatur 332

16 Weiterführende Literatur und Links zum Selbststudium 333
Bettina Bussmann und Sandra Prinz
Literatur 334

Herausgeberinnen- und Autor*innenverzeichnis

Über die Herausgeberin

Bettina Bussmann
Prof. Dr., ist Professorin am Fachbereich Philosophie an der Gesellschaftswissenschaftlichen Fakultät der Universität Salzburg. Vor ihrer Habilitation zum lebensweltlich-wissenschaftsorientierten Ansatz studierte sie Philosophie und Volkswirtschaft in Hamburg, an der University of Pennsylvania und in München und war 8 Jahre Lehrerin für Philosophie der Klassenstufen 5 bis 12. Ihre Forschungsschwerpunkte sind die Didaktik der Philosophie, Wissenschaftsphilosophie und angewandte Philosophie. Weitere Schwerpunkte sind das Philosophieren mit Kindern sowie inter- und transdisziplinäre Didaktik.

Über die Autor*innen

Anna Breitwieser
M.Ed., absolvierte an der Paris Lodron Universität Salzburg das Lehramtsstudium für die Sekundarstufe und unterrichtet seit Mai 2022 an einer Mittelschule in Linz Deutsch und Philosophieren mit Kindern. Im Rahmen des FWF-Projekts „Knowledge in Crisis" ist sie Doktorandin für Philosophiedidaktik.

Frank Brosow
Dr., ist akademischer Oberrat und Fachkoordinator für Philosophie/Ethik am Institut für Philosophie der Pädagogischen Hochschule Ludwigsburg sowie Mit-Herausgeber der Zeitschrift für Didaktik der Philosophie und Ethik (ZDPE). Nach mehreren Veröffentlichungen zur Philosophie von David Hume umfassen seine gegenwärtigen Forschungsinteressen die Theorie philosophisch-ethischer Bildungsprozesse, die Berührungspunkte und Konflikte zwischen Weltanschauung und Wissenschaft sowie die hochschuldidaktischen Gelingensbedingungen erfolgreicher Lehrkräfteausbildung.

Lynn Hartmann
M.Ed., ist wissenschaftliche Mitarbeiterin am Institut für Philosophie der Pädagogischen Hochschule Ludwigsburg. Ihre Forschungsschwerpunkte sind Leiblichkeit, Körperlichkeit, Identität und Inklusion in (philosophischen) Bildungsprozessen.

Patrick Maisenhölder
M. A., ist wissenschaftlicher Mitarbeiter am Institut für Philosophie der Pädagogischen Hochschule Ludwigsburg sowie am Institut für Philosophie der Universität Stuttgart. Seine Forschungsschwerpunkte sind digitale Medien in philosophischen Bildungsprozessen und empirische Forschung in der Fachdidaktik Philosophie und Ethik.

Ellen Möller

Dr., ist Lehrerin (Sek II) für die Fächer Physik und (praktische) Philosophie. Im Jahr 2022 wurde sie an der Universität zu Köln im Bereich „Philosophieren mit Kindern" promoviert. Im Rahmen ihrer Promotion war sie für die Dauer eines Schuljahres an einer Grundschule tätig.

Sandra Prinz

Mag.a, MA, Bakk.Komm., BA, ist Primarstufenlehrerin sowie Lehrerin der Fächer Englisch und Psychologie und Philosophie (Sek II). Sie ist Schulleiterin der reformpädagogischen Mosaik- Schule Katsdorf (Österreich), die sie mitgegründet und aufgebaut hat. Das Philosophieren mit Kindern ist im pädagogischen Konzept der Schule verankert und fixer Bestandteil in allen Schulstufen.

Grundlagen: Zugänge zum Philosophieren

Einstieg mit dem Phänomenkoffer

Bettina Bussmann

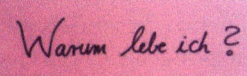

Verwendete Materialien	– Ein Phänomenkoffer, bestückt mit ca. 20 Gegenständen – Moderationskarten in rot, blau und gelb
Philosophische Themen	– Heranführung an die unterschiedlichen Fragen der Philosophie – Reflexionen zur Abgrenzung von philosophischen zu wissenschaftlichen Fragen und zu Quatschfragen
Methoden	– Fragenschulung – Philosophische Gesprächsführung
Beispiele aus der Praxis	– Karten mit wissenschaftlichen und philosophischen Fragen sowie Quatschfragen – Briefe an eine vertraute Person, in der das Philosophieren erklärt wird
Dauer	– Als Einführung ungefähr zwei Stunden, vier Stunden für vertiefte Reflexionen oder Anschlussübungen
Altersklasse	– ab 10 für jedes Alter

1.1 Einführung in das Thema

Was ist eigentlich eine philosophische Frage? Wer das Philosophieren lernen will, wird sehr schnell an den Punkt kommen, an dem sich die Frage stellt: Was ist eigentlich eine philosophische Frage? Und geht es in der Philosophie wirklich nur um das Stellen und die Beantwortung *philosophischer* Fragen? Welche Rolle spielen alle anderen Fragen, die man sich ebenfalls stellt, wenn man mit einem Problem konfrontiert ist oder sich über bestimmte Dinge wundert? An dieser Stelle könnte man eine schnelle Antwort geben, und diese lautet: Philosophie ist das, was die „großen Philosophen" geschrieben haben, also lasst uns mit den Texten und Gedanken der Philosophen arbeiten, dann finden wir dort auch automatisch die philosophisch relevanten Fragen und Antworten. Dieses Vorgehen hat mindestens drei Nachteile: Erstens wird dadurch ein lediglich auf Autoritäten gestütztes Philosophieverständnis vermittelt, zweitens geht ein solcher Unterricht an der Lebenswelt der Kinder vorbei und drittens wird die Freude am eigenständigen Denken und Philosophieren spätestens dann ausgelöscht, wenn die Kinder in den höheren Schulstufen immer wieder mit den Texten der großen Denker konfrontiert werden. Deshalb sollte man besonders mit Kindern einen problemorientierten, aus der Lebenswelt entspringenden, das eigenständige Denken fördernden Unterricht etablieren und mit der Schulung von Fragen beginnen. Dies ist eine grundlegende philosophisch-methodische Kompetenz. Nahezu alle Denker der Philosophiegeschichte haben sich mit der Frage, was eine philosophische Frage ist und was die Philosophie zur Lösung bestimmter Probleme beitragen kann, auseinandergesetzt. Und das mussten sie auch, denn die Philosophie reagiert immer auf die Probleme, die sich entweder in der gesellschaftlichen Lebenswelt oder in den Grundlagenfragen der Wissenschaften stellen. So schreibt G.W.F. Hegel in mittlerweile sehr bekannten Worten, dass jeder Mensch ein Kind seiner Zeit sei und dies selbstverständlich auch für die Philosophie gelte: Sie „sei ihre Zeit in Gedanken erfasst" (Hegel, 1970, S. 26). Da sich die Gesellschaft und ihr Erkenntnisstand in jeder Epoche, in jeder Generation wandelt, verändern sich auch die Probleme, die Fragen und die Antworten der Philosoph*innen.

Das macht es uns heute so schwer, die Texte der alten Philosophen zu verstehen: nicht nur ist uns ihre Sprache fremd, auch waren die Gegebenheiten des Lebens ganz andere, nämlich noch nicht die einer wissenschaftlich-technischen und vor allem demokratisch-aufgeklärten Welt von heute. Diese Welt verlangt von den Bürger*innen bereits sehr früh, das eigene Leben selbständig zu entwerfen und zu gestalten sowie an der Ausformung der Gesellschaft aktiv mitzuwirken. Philosophische Bildung muss demnach Kompetenzen fördern, die zur Orientierung und Handlungsfähigkeit in unserer Welt beitragen. Die Schulung und Reflexion eigener Wahrnehmungen und Gedanken, kritisches Lesen, Zuhören und Denken sowie die Fähigkeit und den Mut, Probleme zu erkennen und die richtigen Fragen zu stellen, gehören zu diesen Kompetenzen.

Ursprünge des Fragens Doch trotz allen historischen Wandels gibt es einen Bestand an zeitunabhängigen Fragen, die sich die Menschen zu allen Zeiten gestellt haben und vermutlich auch weiterhin stellen werden: Warum gibt es Leben? Was bedeutet es, glücklich zu sein? Was ist Gerechtigkeit?

Sich Fragen in dieser *Grundsätzlichkeit* zu stellen, setzt voraus, dass man sich vorher über etwas gewundert oder vor einem Problem gestanden haben muss. Die antiken Philosophen waren davon überzeugt, dass die Verwunderung der Anfang des Philosophierens ist. So sagt Sokrates zu seinem Gesprächspartner Theätet: „Dein Zustand, die Verwunderung, ist recht typisch für einen Philosophen. Es gibt nämlich keinen anderen Anfang der Philosophie als die Verwunderung" (Platon, Theätet 155 d, 2020). Die antiken Philosophen wunderten sich z. B. über Naturphänomene, wie das Auf- und Verblühen von Blumen, oder die Bewegungen der Gestirne, deren Vorgang sich zunächst nicht erklären lässt, weil man die Ursachen nicht kennt. *Wenn* man sie aber kennt, geht die Verwunderung in ein Wissen über. Heutzutage würden wir diese Fragen dann nicht mehr als philosophische, sondern als wissenschaftliche Fragen bezeichnen. Oder man wundert sich über etwas ganz Alltägliches: Warum verhalten sich bestimmte Personen in einer bestimmten Weise? Warum machen bestimmte Journalist*innen fragwürdige militärische Aktionen öffentlich und ziehen damit den Zorn der Regierung auf sich? Ist das mutig? Oder ist es naiv, egozentrisch, verantwortungslos? Was bedeutet es überhaupt, mutig zu sein? Dies ist eine moralische Frage, die wahrscheinlich für alle Altersklassen und zu jeder Zeit von großer Wichtigkeit ist. Heutzutage wird sie häufig nicht ohne den Einbezug psychologischen Wissens diskutiert. Fest steht, dass wir derartige grundsätzliche Fragen nicht eindeutig beantworten können, wir brauchen den Kontext, die Details und zusätzliches Wissen, um sie in ihrer Differenziertheit zu erkennen und mögliche Antworten zu finden.

Die Arbeit mit dem Phänomenkoffer soll helfen, ein Gefühl für philosophische Fragen zu entwickeln, und zwar in Abgrenzung von und in Anlehnung an zwei für sie wichtige Bereiche: den wissenschaftlichen und den spekulativ-kreativen. Aus der Philosophie haben sich, als ‚Urmutter' aller Wissenschaften, über die Zeit hinweg die Einzelwissenschaften entwickelt. Alle naturwissenschaftlichen Fragen gehörten noch bis ins 18. Jahrhundert in den Bereich der Philosophie. Erst im frühen 19. Jahrhundert etablierte sich der Begriff ‚Wissenschaften' (*sciences*) und löste sich von der Philosophie ab. Die letzte Wissenschaft, die sich von ihr abgesondert hat, war die Psychologie. Doch trotz all der Ablösungsprozesse gibt es die Philosophie immer noch, da sie nach wie vor auch in den Einzelwissenschaften für die Beantwortung bestimmter Fragen benötigt wird und es Fragen gibt – die wie oben beschrieben – von so grundsätzlicher Natur sind, dass wir in absehbarer Zeit sicher keine letzten Antworten drauf erhalten werden. Aber: Ohne den Einbezug wissenschaftlichen Wissens wird das Philosophieren nicht immer fruchtbar sein. Es gilt also zu erkennen, was eine genuin philosophische Frage auszeichnet und wann eine Frage allein mit wissenschaftlichen Erkenntnissen beantwortet werden kann und dadurch nicht mehr philosophischer Natur ist.

Spekulativ-kreative Fragen, die im Folgenden plakativ zunächst als *Quatschfragen* bezeichnet werden, sind notwendig, weil philosophisches Denken auf Gedankenexperimente sowie auf utopische und fantastische Überlegungen angewiesen ist. Viele auf den ersten Blick unsinnige Fragen erweisen sich auf den zweiten als durchaus philosophisch interessant. „Stell dir vor, Pflanzen können miteinander kommunizieren, dürfen wir sie dann noch so nachlässig behandeln, wie wir das tun?" In den 1970er Jahren hätten sich wohl die meisten gedacht, dass diese Frage weder wissenschaftlich noch philosophisch interessant ist. Dass Pflanzen kommunizieren können, wurde als Unsinn abgetan. Dies ist heutzutage allerdings nicht mehr der Fall. Pflanzenphysiologen beschäftigen sich mit dieser Frage und sind zu erstaunlichen Erkenntnissen gekommen; und die eidgenössische Schweizer Ethikkommission hat mit ihrem Bericht „Die Würde der Kreatur bei Pflanzen – Moralische Berücksichtigung von Pflanzen um ihrer selbst willen" einen Beitrag zur Bundesverfassung geleistet (Eidgenössische Ethikkommission, 2008). Das Entwickeln von Gedankenexperimenten, die absurd, kontraintuitiv und meistens physikalisch (noch) nicht möglich sind, erfüllt eine wichtige Aufgabe für das Testen von Argumenten oder das Entwerfen möglicher Zukunftsszenarien. Es ist demnach eine zentrale philosophische Kompetenz. Durch die Formulierung von Quatschfragen wird dieses Merkmal philosophischer Arbeit von Anfang an deutlich gemacht.

Es kommt bei der Übung allerdings nicht auf die Schulung einer trennscharfen Abgrenzung an, sondern auf ein langsames Einüben, bei dem Bezüge zu anderen Themenbereichen und Fragen durchaus Platz haben sollten. Philosophie ist als *Reflexionswissenschaft* sowohl auf die Erfahrungen und Probleme aus der Lebenswelt, aber auch auf die Erkenntnisse aus den anderen Wissenschaften angewiesen. Nicht alle Fragen sind strenggenommen philosophischer Natur und das macht auch nichts. Eine zu frühe Fokussierung auf die Fragen ‚der großen Philosophen' verhindert das freie, unbefangene Denken, das sich erst erproben und entdecken muss. Dieses Denken ist geradezu die Voraussetzung dafür, sich eines Tages neugierig mit den Texten und Gedanken philosophischer Denker*innen auseinanderzusetzen zu können und zu wollen.

Für Lehrkräfte ist die Arbeit mit dem Phänomenkoffer ebenfalls eine gewinnbringende Schulung, da die Erstellung philosophischer Fragen eine Grundkompetenz zur Erstellung von Diskussionsplänen ist, die man benötigt, wenn man mit Bilderbüchern, Geschichten oder Filmen arbeitet (s. ▶ Abschn. 5.1).

Und zuletzt: Warum wird hier die Bezeichnung ‚Phänomenkoffer' und nicht ‚Gegenstandskoffer' oder ‚Spielzeugkoffer' verwendet? Die letzten beiden Namen sollten deshalb nicht gewählt werden, weil (a) nicht nur Spielzeug im Koffer sein sollte und (b) die Gegenstände nicht nur qua Gegenstand, sondern auch symbolisch verwendet werden: Die ganze Welt steckt in dem Koffer (vorausgesetzt, er wurde vielseitig gepackt). Ein Phänomen ist kein bloß objektiver Gegenstand, sondern etwas, mit dem jede Person besondere Erfahrung verbindet. Hält man den Gegenstand in den Händen, dann werden ganz persönliche Erlebnisse, Erinnerungen, Phantasien und Assoziationen geweckt. Gerade diese gilt es anzusprechen, um an ihnen mit dem philosophischen Denkprozess zu beginnen.

Was gehört in den Koffer? Der Koffer kann für verschiedene Zwecke und Altersstufen befüllt werden. Das Foto zu Beginn des Kapitels zeigt eine Reihe von Gegenständen, die sich sowohl für Kinder eignen, als auch für erwachsene Laien. Folgende Überlegungen sollten leitend sein:

Lebensweltrelevanz – Der Gegenstand sollte in der Lebenswelt der jeweiligen Altersklasse bekannt, relevant und bedeutsam sein. So kann eine Medikamentenpackung in der Oberstufe sinnvoll eingesetzt werden, da dort bereits aus anderen Fächern relevantes Wissen vorhanden ist und die nötige Reife vorausgesetzt werden kann. Für Kinder eignet sie sich hingegen nicht, da möglicherweise eine zu starke Betroffenheit ausgelöst werden könnte, wenn ein Kind Medikamente einnehmen muss. Wenn hingegen umgekehrt mit dem Gegenstand zu wenig Bekanntheit vorhanden ist, werden keine Ideen und Vorstellungen evoziert und es kommen keine Gespräche zustande. Gibt es langweilige Gegenstände? Mein Schnürsenkel? Ein Türknauf? Probieren Sie es aus! Nach mehreren Durchgängen werden Sie erkennen, welche Gegenstände zu besonders anregenden Diskussionen verhelfen und philosophisches Potenzial besitzen – und welche nie zum Einsatz kommen. Idealerweise sind so viele Gegenstände im Koffer, dass jedes Kind wählen kann und nicht gezwungen wird, einen bestimmten nehmen zu müssen.

Kontroversität – Der Gegenstand sollte Fragen evozieren, die zu kontroversen Positionen führen. Das geht mit einigen Gegenständen leichter als mit anderen. Bei den Gegenständen aus dem Koffer im Eröffnungsfoto führen z. B. alle Arten von Tieren, der Roboter oder der Einkaufswagen in der Regel sofort zu anregenden und kontroversen Diskussionen (zu den Gründen, warum das so ist, unten mehr). Wollen Sie eine Wasserpistole oder Holzwaffe in den Koffer packen? Sollten Sie das tun, dann achten Sie darauf, dass Sie das Gespräch mit philosophischer Offenheit führen und nicht mit dem pädagogischen Zeigefinger. Sie allein kennen die Rahmenbedingungen ihrer Lerngruppe und wissen, welche Gegenstände sich verbieten und welche eine willkommene Herausforderung sind. Auf keinen Fall wählen Sie Gegenstände, die grausam sind oder lediglich negative Assoziationen hervorrufen.

Interdisziplinärer Einsatz – Nicht jedes Land oder Bundesland bietet das Fach „Philosophie" oder „Ethik" in der Schule vor der Oberstufe an. Es gibt aber viele

Lehrkräfte, die mit ihren Kindern innerhalb ihres Faches auch philosophieren möchten. Hier kann der Koffer z. B. innerhalb des naturwissenschaftlichen Unterrichts mit Gegenständen aus der Natur bestückt werden, die gerade Thema sind. Oder es wird ein Koffer nur für ein spezielles Thema gepackt. Wenn z. B. der Bereich „Tier und Mensch" geplant wird, kann ein Koffer gepackt werden, in dem z. B. eine Salami, ein Hufeisen, Insektenspray, eine Hundeleine, Haustierspielzeug u. a. vorhanden sind – Gegenstände, die die einzelnen Bereiche tierethischer Fragestellungen berühren können.

1.1.1 Vorbereitung

Wichtig ist, dass Sie für alle ihre ausgewählten Gegenstände die gesamte Übung selber durchgeführt haben, am besten mit einer anderen Person. Nur so sind sie in der Lage, das Gespräch zu strukturieren und sinnvoll zu lenken. Die Lehrkraft kann im Unterricht wendiger reagieren, wenn sie zuvor mögliche Antworten und Reaktionen antizipiert hat. Diese Planung wird in der Lehramtsausbildung unter den Begriff „Erwartungshorizont" gefasst. Man legt fest, welche Kompetenzen und Lernziele es mit der Übung zu schulen gilt. Doch Vorsicht: Eine solche Engführung ist bei dieser Übung weder gefordert, noch gewünscht. Eher geht es darum, dass Sie selber ein Gefühl dafür entwickeln, welche Fragen, Ideen und Assoziationen *möglich* sind und welche Probleme und Unklarheiten auftauchen *können*. Wenn Sie die Übung selber durchgeführt haben, erkennen Sie auch, ob bestimmte Gegenstände eventuell einen ähnlichen Fragehorizont aufwerfen – auf diese sollte dann zugunsten anderer Gegenstände verzichtet werden.

Aber trotz sorgfältiger Planung vorab werden die Kinder Sie mit ihren Äußerungen überraschen! Seien Sie also darauf gefasst, ins philosophische Wasser geworfen zu werden. Damit die Schulung der Fragen und die anschließenden Diskussionen gelingen, werden jetzt wichtige Kategorisierungen, Merkmale und Beispiele vorgestellt. Sie zeigen auf, worauf es beim Fragen ankommt und welches Lernpotenzial in ihnen steckt.

1.2 Ablauf und Methode

1.2.1 Die Aufgabe: Wissenschaftliche, philosophische und Quatschfragen stellen

Mit einem Koffer den Klassenraum zu betreten, löst an sich bereits Neugierde aus. Die Lehrkraft kann dies nutzen, um geschickt in das Thema einzuführen, nämlich herauszufinden zu wollen, mit welchen Fragen sich Philosoph*innen beschäftigen. Dabei holt sie nacheinander die Gegenstände heraus und stellt sie für alle sichtbar auf einen Tisch. Meistens suchen sich die Kinder bereits jetzt schon einen Gegenstand aus, sie ahnen ja, dass diese nicht umsonst aufgebaut werden. Je nachdem, ob die Kinder bereits Erfahrungen mit dem Philosophieren hatten oder Neulinge sind, gestaltet sich diese Phase unterschiedlich. Man kann bei Neulingen z. B. die Anmerkung machen, dass man heute die Welt in den Koffer gepackt hat und herausfinden will, ob diese Gegenstände der Welt zu philosophischen Fragen führen. Oder man erklärt, dass dies alles zwar wie ein Spielzeugzoo aussieht, sich die Berufsphilosoph*innen aber durchaus mit Problemen beschäftigen, die diese aufwerfen. Es sollte sich jetzt etwas Zeit genommen werden, um zu klären, was eine wissenschaftliche, was eine philosophische und was eine Quatschfrage ist – aber noch nicht im Detail. Wissenschaftliche Fragen sind schnell verstanden, hier haben die Kinder selten Probleme, Beispiele zu finden, da diese vor allem aus den anderen Fächern kommen. Quatschfragen sind schwieriger, denn sie verlangen, dass die Kinder vor allen anderen unsinnige Fragen vorstellen. Am besten, Sie geben selber ein Beispiel, um das Eis zu brechen. Mit Kindern ist das in der Regel kein Problem, mit Erwachsenen hingegen schon. Hier kann man zum Teil Scheu, Reserviertheit und sogar Ablehnung spüren. Dafür gibt es zwei Erklärungen: Zum einen haben viele Erwachsene ein Philosophieverständnis, das von Ernsthaftigkeit und Hochachtung vor den großen Denkern geprägt ist und halten es für albern und irreführend, Quatschfragen zu entwickeln. Das stünde der Tiefe ihrer Fragestellungen diametral entgegen (methodisch gesehen ist das falsch). Zum anderen scheinen wir mit zunehmenden Alter die spontane Fähigkeit zur Unsinnsfabrikation zu verlieren und schämen uns, so etwas vor anderen auszusprechen. In beiden Fällen hilft die Information, dass Philosophieren zwar eine systematische und abstrakte Angelegenheit ist, aber nicht ohne spekulatives, divergentes, radikales und kreatives Denken auskommt. Gerade hieraus schöpft sich ein Teil der Freude am Philosophieren. Es soll aber ebenso dem Fehlglauben vorgebaut werden, dass jede Frage ‚irgendwie' philosophisch ist, auch wenn sie noch so abstrus klingt. Menschen neigen dazu, Sinn in Unsinn hineinzuinterpretieren, wenn dieser scheinbar gebildet oder nur unverständlich klingt. Es wird also passieren, dass ein Kind im Brustton der Überzeugung behauptet, dass die Quatschfrage einer Schülerin – „Fühlt sich meine Schultasche einsam, wenn sie nicht an meinem Rücken hängt?" – eigentlich eine philosophische Frage sei. Hier ist sowohl Ihre philosophische Differenziertheit gefragt, aber auch Ihre pädagogische Sensibilität. Zum einen sollten Sie von Anfang an ein Philosophieverständnis fördern, welches nicht wahllos allen Fragen noch einen Restbestand an Sinn abringt, nur um die Schüler*innen nicht zu entmutigen. Bei einer wertschätzenden und humorvollen Moderation werden die Kinder Ihren *philosophischen Widerstand* als einen notwendigen Bestandteil guten Philosophierens erkennen. Auf der anderen Seite gilt es aber, die Entwicklungspsychologie des Kindes zu berücksichtigen, denn es werden Fragen auftauchen, die deutlich machen, dass bestimmte Weltvorstellungen noch nicht erreicht, bestimmte Wissensbestände noch unbekannt sind. Dazu zählt z. B. die animistische Phase („Hat mein Kuscheltier Schmerzen, wenn ich es in den Schwanz kneife?") oder magische Denkweisen, die mitunter länger andauern als die in der Fachliteratur angegebenen Altersstufen (vgl. Siegler et al., 2016, S. 250 ff.).

Wenn ein erstes Gefühl für die Natur der Fragen gewonnen wurde, sucht sich jede*r eine*n Partner*in und darf sich einen oder zwei Gegenstände heraussuchen und mit an den Platz nehmen. Jedes Paar erhält drei Moderationskarten: eine rote für die philosophische, eine blaue für die wissenschaftliche und eine gelbe für die Quatschfrage. Auf diese werden so viele Fragen geschrieben, wie einem einfallen.

1.2.2 Reflexionsprozesse anregen – verschiedene Ebenen erkennen

Im Folgenden soll exemplarisch an einem Gegenstand (hier mit relativ eindeutigen Abgrenzungen,) vorgestellt werden, wie die Fragen zu kategorisieren sind, welche (erwünschten) Schwierigkeiten und Überlappungen auftreten und wie man mit ihnen weiterarbeiten kann. Alle angeführten Fragen stammen von Kindern zwischen 10 und 13 Jahren. Im Sinne einer *Community of Inquiry* sollten nach der Übung alle Kinder über ihre und die Ergebnisse der anderen philosophieren. Auf keinen Fall darf eine Atmosphäre entstehen, die einen Überprüfungscharakter besitzt. Führen Sie vor Beginn an einem Gegenstand vor, welche Fragen man sich stellen könnte. Geben Sie an, warum das wichtig ist und vor allem, warum es so schwierig ist.

Beispiele gelungener Fragen

	Wissenschaftliche Fragen	Philosophische Fragen	Quatschfragen
	– Wieso braucht die Blume Wasser zum Leben? – Warum blüht die Blume? – Wieso haben Blumen Farben?	– Dürfen wir Blumen pflücken? – Können Pflanzen fühlen? – Warum schenken Männer Frauen Blumen? – Warum gibt es Leben?	– Warum spielen Pflanzen nicht Trompete? – Wieso pupst die Blume so laut? – Warum wächst die Blume nicht in der Luft?

Wenn die Kinder den Gegenstand in den Händen halten, sind vier Arten möglich, eine Frage zu stellen:
1. Der Gegenstand als Gegenstand: Die Blume, die sie in der Hand halten, führt zu einer Frage, z. B: „Warum blüht die Blume?"
2. Der Gegenstand als Vertreter einer Art/Gattung/Gruppe: Die Blume wird als Stellvertreterin für alle Blumen oder alle Pflanzen gesehen, z. B.: „Können Pflanzen fühlen?"
3. Der Gegenstand in Bezug zu Mensch/Umwelt/Kultur: Der Gegenstand wird in seiner natürlichen oder kulturellen Einbindung gesehen, z. B.: „Dürfen wir Blumen pflücken?", „Warum schenken Männer Frauen Blumen?"
4. Der Gegenstand als Auslöser von Assoziationsketten, die in eine allumfassende Frage münden, z. B.: „Warum gibt es Leben?"

Einige Kinder kommen angelaufen und fragen, ob es ok ist, wenn sie nicht „nur diesen Gegenstand" meinen oder ob es „genau dieser Gegenstand sein muss". Nein, muss es nicht! Die anschließende Präsentation und Diskussion der Fragen in der Gruppe soll diese unterschiedlichen Ebenen aufzeigen – auch dies ist bereits eine wichtige analytische Kompetenz. Je nach Lehrer*innenpersönlichkeit können sie diese Ebenen vorher angeben oder die Kinder die Ebenen am Ende selber erschließen lassen. Eine echte *Communty of Inquiry* erschließt es selbstverständlich selber.

1.2.3 Philosophische Kategorisierung der Fragen

Eines der Hauptziele dieser Übung besteht darin, in die einzelnen Disziplinen der Philosophie einzuführen. Dies ist insbesondere für ältere Kinder oder Schüler*innen der höheren Klassen, die noch keinen Philosophieunterricht hatten, sehr lohnend. Sie erhalten einen Überblick über die Arbeitsgebiete der Philosophie.

In Bezug auf die Fragen aus der Tabelle oben ergeben sich z. B. folgende Zuordnungen:

Ethische Fragen – „Dürfen wir die Blume pflücken?" Ethische Fragen sind für die meisten Kinder am einfachsten zu verstehen und machen den Großteil aller Fragen aus.

Erkenntnistheoretische Fragen – „Weiß die Blume, dass sie hübsch ist?" Dies ist keine Quatschfrage, sondern zeigt, dass sich das Kind Gedanken gemacht hat, ob auch Pflanzen so etwas wie ein Wissen über sich selber bzw. ein Selbstbewusstsein zugesprochen werden kann. Nach dem heutigen wissenschaftlichen Stand würden wir diese Frage verneinen, auch wenn die Forschung zu immer erstaunlicheren Erkenntnissen über die Kommunikationsfähigkeit von Pflanzen kommt. Selbst, wenn es etwas „Bewusstseinsähnliches" bei Pflanzen geben sollte, so wäre es doch kategorial anders als das menschlichen Bewusstsein.

Fragen aus der Philosophie des Geistes – Die Frage „Können Pflanzen fühlen?" würden die meisten sofort an die Biologie übergeben. Aber Vorsicht: In der Philosophie des Geistes und auch der Erkenntnistheorie beschäftigen wir uns mit Fragen nach den Quellen und den Voraussetzungen von Welterkenntnis. Wahrnehmungen und Gefühle spielen hierbei eine große Rolle. Man kann durchaus fragen, ob Blumen besondere, uns Menschen ähnliche Umweltzugänge haben. Fragen dieser Art gehören in die Philosophie des Geistes – auch wenn diese sich hauptsächlich mit dem menschlichen (und tierischen) Geist beschäftigt. Sie sehen eine deutliche Überschneidung mit der obigen erkenntnistheoretischen Frage.

Metaphysische Fragen – „Warum gibt es Leben?" ist sicherlich eine der Fragen, auf die auch nur die wenigsten Naturwissenschaftler*innen eine eindeutige Antwort wagen. Kinder formulieren sie entweder aus einem religiösen oder einem naturwissenschaftlichen Impuls heraus (oder aus einem neutralen Impuls des Sich-Wunderns). Metaphysische Fragen können eine religiöse Richtung einschlagen oder eine naturwissenschaftliche. Sie beschäftigen sich mit sogenannten „letzten Fragen" nach dem Ursprung und den Voraussetzungen der Gesetze und Prinzipien der Realität (andere Philosoph*innen sagen auch des Seins oder der Wirklichkeit). Dazu gehört die klassische Frage: „Warum ist die Welt entstanden?" Viele Menschen, insbesondere Kinder, die aus einem religiösem Haushalt kommen, beantworten diese Fragen mit der Existenz und dem Willen Gottes. Das heißt, dass die Existenz Gottes und eine bestimmte religiöse Lehre vorausgesetzt werden. Hier stellt sich natürlich gleich die weitere klassische Frage, warum es Gott überhaupt gibt. *Dass* es einen Gott gibt, wird von anderen Kindern und Jugendlichen selbstverständlich in Frage gestellt. Naturwissenschaftlich orientierte Kinder antworten häufig mit evolutionsbiologischen („Es geht um Fortpflanzung!") oder physikalischen (Urknalltheorie) Erklärungsansätzen.

Anthropologische Fragen – „Warum schenken Männer Frauen Blumen?" ist eine Frage an der Schnittstelle zwischen Anthropologie und Psychologie. Sie gehören zu den häufig gestellten Fragen und betreffen z. B. Fragen der Abgrenzung des Menschen zum Tier und zu Pflanzen, Fragen nach den Gemeinsamkeiten und Unterschieden zwischen Menschen, zwischen Männern und Frauen sowie zwischen Völkern und deren kulturellen Eigenheiten. Hier sind die Grenzen zu psychologischen, soziologischen und historischen Fragestellungen fließend. Da die Anthropologie als „Wissenschaft vom Menschen" grundsätzlich inter- und multidisziplinär arbeitet, sollte man möglichst früh auf den Aspekt hinweisen, dass die Philosophie auf Erkenntnisse aus den anderen Wissenschaften angewiesen ist, weil sie deren Wissensbestände philosophisch analysiert und reflektiert.

1.2.4 Erwünschte Schwierigkeiten und Lernmöglichkeiten

Dass die Unterscheidungen nicht notwendigerweise trennscharf sind und Raum für interessante Gespräche bieten, zeigen folgende Beispiele, die nicht ganz korrekt und zum Teil nicht verständlich sind. Viele Kinder reagieren in der Regel sofort, wenn die Kategorie nicht ganz stimmt oder sie andere Gedanken bzw. einen anderen Wissensstand haben. Oder wenn Sie nicht verstehen, wie die Frage zum Gegenstand passt. Als Gesprächsleiter*in verspürt man ein Gefühl des Stockens und muss überlegen, ob man die Frage richtig verstanden hat, ob das Kind die Frage auch so meint, wie es sie aufgeschrieben hat und vor allem, was an der Frage nicht passt. Die Gespräche sind immer auch eine Übung in Sprachgenauigkeit und in gelungenem Nachfragen. Ziel sollte es sein, dass auch hier nicht nur die Gesprächsleiter*in mit dem jeweiligen Kind spricht, sondern immer auch die ganze Gruppe beteiligt ist.

Beispiele für problematische Zuordnungen

	Wissenschaftliche Fragen	Philosophische Fragen	Quatschfragen
	– Warum schießen wir die Menschheit nicht auf den Mond?	– Wieso ist die Blume gelb? – Wird es diese Blume noch in 1000 Jahren geben?	– Können Blumen miteinander sprechen?

Einstieg mit dem Phänomenkoffer

Beginnen wir mit den Quatschfragen: Die Frage, ob Blumen miteinander sprechen können, ist nur dann lustig, wenn man voraussetzt, dass mit „Sprechen" lediglich menschliches Sprechen gemeint ist, für das man einen Mund und Stimmbänder benötigt. Hier protestieren die Kinder häufig: „Pflanzen kommunizieren aber auch! So wie Tiere, nur anders, also auf jeden Fall nicht wie Menschen." Oder sie spekulieren darüber, ob Pflanzen sich auf andere Weise verständigen können. Auf jeden Fall halten die wenigsten diese Frage für idiotisch, und genau das soll der Sinn dieser Frage eigentlich sein. Quatschfragen verbergen oft einen philosophischen Gehalt oder können möglicherweise wissenschaftlich beantwortet werden.

Eben solches gilt für die Frage, warum Blumen gelb sind. Hier dauert es nicht lange, und die Kinder geben die Antwort, dass man das wissenschaftlich *erklären* kann. Allerdings ist es dann auch möglich, zu kontern: „Aber warum gerade gelb? Wer hat das bestimmt?" Hier entstehen interessante Diskussionspunkte, die aufzeigen, dass Fragen, die mit „Wieso ist ..." beginnen ganz unterschiedlich *gemeint* sein können: Als biologische Frage, als eine metaphysische Frage nach dem Grund der biologischen Tatsache, als eine verkappte religiöse Frage oder lediglich als ein unreflektiertes Staunen über bestimmte Eigenschaften von Dingen in der Welt. Letzteres dürfte auch Anlass zu der anderen Frage gewesen sein, ob es die Blume noch in 1000 Jahren geben wird. „Diese sicher nicht, die ist übermorgen verblüht!", so die schnelle Antwort der Gruppe, die damit aufzeigt, dass die Frage der Schüler*in damit entweder keine philosophische Frage ist oder dass die Frage eigentlich etwas ganz anderes meint, nämlich: „Wird es die Welt, so wie sie ist, noch in 1000 Jahren geben?" Hier ist die Blume lediglich Auslöser für eine Assoziationskette, an deren Ende eine Frage steht, die wir nicht beantworten können (also ist sie nicht wissenschaftlich), die aber Raum gibt für existentielle, philosophische Gedanken, die sich mit Fragen nach der Endlichkeit oder dem Sinn allen Lebens beschäftigen.

„Warum schießen wir die Menschheit nicht auf den Mond?", schreibt ein Schüler auf seine blaue Karte und ist zutiefst empört, als die Gruppe diese Frage als Quatschfrage einstuft. „Das meine ich voll ernst", sagt er und führt aus, dass er sich schon lange darüber Gedanken macht, wie man der Erde dabei helfen kann, dass sie sich „endlich von den Menschen erholt". Auch hier war das Foto der gelben Blume lediglich Auslöser für seine weiteren Gedanken. Ihm sei zwar klar, dass seine Lösung „technisch noch nicht möglich sei", aber die beste Lösung wäre es doch, wenn man die Menschheit erstmal auf den Mond auslagert, sich die Erde erholen lässt von dem „ganzen Müll, den Schadstoffen und der Klimaveränderung", und wenn es ihr dann wieder besser gehe, dann könnten die Menschen auch wieder zurückkommen. „Und dann geht alles wieder von vorne los", so die Erwiderung der Gruppe, die daraufhin erkennt, dass man gleichzeitig eine Art „Lernprogramm" mit den Menschen durchführen sollte, damit es zu keiner Wiederholung kommt. Diese eine Frage des Schülers war der Auslöser für eine Diskussion, die die ganze Stunde in Anspruch nahm, als sich abzeichnete, dass die ganze Gruppe darüber diskutieren *wollte* – denn selbstverständlich sollte man

im Eifer des Gefechts nicht nur die Fragen einzelner Schüler*innen behandeln. Auf jeden Fall sollten Gesprächsleiter*innen
- zunächst die Frage der Schüler*innen selbst *befragen,* damit deutlich wird, wie sie tatsächlich gemeint war und damit gelernt wird, dass man sich sprachlich genau ausdrücken sollte,
- sich vorab überlegen, auf welche Weise und wie viele Fragen besprochen werden sollen.

1.3 Allgemeine Merkmale zur Bestimmung der Fragen

1.3.1 Vorbereitung und Weiterarbeit

Grundsätzlich ist es wichtig, dass sich die Gesprächsleiter*innen fachlich gut vorbereiten, aber die ersten Erfahrungen mit dem Phänomenkoffer möglichst offen sammeln. Die Übung ist gerade für Lehrkräfte eine gute Schulung darin, Äußerungen, Gedanken und Gefühle von Kindern ernst zu nehmen und gleichzeitig zu erkennen, wie vorschnell man häufig urteilt, wenn es darum geht, eine Frage zu *verstehen*. Den oft unklaren, widersprüchlichen und missverständlichen formulierten Fragen der Kinder nachzuspüren, schult die *philosophische Fragekompetenz* der Lehrenden und legt das Fundament für das Hauptziel sokratischer Gesprächsführung. Dennoch sollte man vorab auf Grundlage der Rahmenbedingungen der Lerngruppe überlegen, wie man im Anschluss an die Fragestunde weitermachen möchte. Hier werden drei Vorschläge für unterschiedliche Altersklassen gegeben. Der letzte Vorschlag ist gleichzeitig eine philosophische Hilfestellung, wenn es darum geht, einen Überblick über die verschiedenen Disziplinen zu erhalten, die in philosophischen Gesprächen eine Rolle spielen:
1. Eine Frage aussuchen und für die nächsten Stunden als Thema wählen: Nachdem alle Schüler*innen ihre Frage(n) vorgestellt und diskutiert haben, sucht sich die Gruppe eine Frage aus, die sie besonders interessant findet. Oft zeigt sich schon während der Stunde, welche Fragen das sind, so dass eine bestimmte Fragengruppe zur Auswahl gestellt werden kann. So kann z. B. in den Folgestunden mit einer ethischen Frage („Was dürfen Menschen mit Tieren machen?") oder einer metaphysischen („Warum gibt es die Welt?") weitergearbeitet werden.
2. Die Schüler*innen packen zu Hause ihren eigenen Phänomenkoffer. Hier werden die Kenntnisse aus der Stunde in einer handlungsorientierten Transferaufgabe angewendet. Es ist vollkommen ausreichend, wenn die Schüler*innen nur zwei bis drei Gegenstände mitbringen. Wichtig ist, dass sie selber ihre Einheit leiten und als Gesprächsleiter*in fungieren. So zeigen sie nicht nur, ob sie die Merkmale der unterschiedlichen Fragebereiche verstanden haben, sondern müssen erste philosophische Gesprächskompetenzen einüben, indem sie differenziert auf die Antworten ihrer Kamerad*innen eingehen.

Tab. 1.1 Merkmale für die Zuordnung der Fragen zu den drei Bereichen

Wissenschaftliche Fragen	Philosophische Fragen	Quatschfragen
Es gibt bereits eine den Schüler*innen bekannte „Ja"- oder „Nein"- Antwort bzw. die Angabe von Daten, Orten etc.	Keine eindeutige Antwort möglich, lädt zum **Weiterdenken** ein und/oder führt zu **kontroversen Standpunkten**	Physikalisch unmögliche Situationen
Naturwissenschaftliche Fragen: Wie ist der Gegenstand entstanden? Wie können bestimmte Naturphänomene erklärt werden, z. B. biologische oder physikalische Prozesse	Implizieren oft **weitere Fragen,** da sie grundsätzlicher Natur sind	In sich widersprüchlich oder unlogisch
Technische Fragen: Wie wird der Gegenstand hergestellt? Wie funktionieren bestimmte technische Prozesse, die durch den Gegenstand ausgelöst werden oder in den er eingebunden ist?	**Erkenntnistheoretische Fragen:** Woher weiß man, dass ein Gegenstand so und so beschaffen ist? Warum nennen wir ihn so? Woher können wir genau wissen, dass unser **Wissen** stimmt?	Sprachliche Absurditäten
Die Antwort kann grundsätzlich durch **Experimente** herausgefunden werden	**Metaphysische, letzte Fragen:** Fragen nach den Ursprüngen des Lebens, des Geistes oder abstrakter Gegenstände, die der Gegenstand auslöst, z. B.: Was sind Zahlen?, Was sind Regeln? Was ist Mentales? Was sind Gesetze?	Utopische Szenarien und Gedankenexperimente, die unmöglich erscheinen
	Anthropologische Fragen: Welche Eigenschaften zeichnen den Menschen als Kultur- und als Naturwesen aus? Worin unterscheiden sich Menschen und Tiere, was ist beiden gemeinsam?	Die Frage setzt ein Faktum voraus, das nicht gegeben ist, z. B.: Warum benutzen wir Hunde nicht zum Schielen?
	Ethische Fragen: Sind bestimmte Handlungen moralisch erlaubt oder verboten? Was sind gute und schlechte Handlungen? Was bedeutet verantwortungsvolles Handeln?	Die Frage ist in der Regel gelungen, wenn alle lachen

Rechtliche Fragen: Ist diese Handlung gesetzlich erlaubt oder verboten?

Psychologische Fragen: Warum verhalten sich Menschen auf diese Weise? Was erleben sie dabei? Nach welchen Regeln handeln Sie?

3. Eine wesentliche Aufgabe bei der Arbeit mit älteren Schüler*innen ist es, die Fragen in unterschiedlichen philosophische Disziplinen zu clustern. Die folgenden Zuordnungen und Informationen sind vor allem für die Lehrkräfte wichtig, können aber auch – je nach Schulstufe und sprachlich angepasst – als eine Art Ergebnissicherung bzw. Erwartungshorizont am Ende der Einheit gemeinsam erarbeitet werden. Nur wer einen Überblick besitzt über die Frage- und Forschungsbereiche der wichtigsten philosophischen Disziplinen wird in der Lage sein, das philosophische Potenzial der Fragen und Beiträge von Schüler*innen angemessen zu würdigen und in fruchtbringende philosophische Gespräche zu überführen. Dies bleibt im Übrigen *immer* eine herausfordernde Aufgabe für Gesprächsleiter*innen: Man sollte weder mit einer zu starren, philosophischen Auffassung arbeiten, die aus der Übung eine reine Zuordnungsübung macht, noch alle Fragen in gleicher Weise würdigen (s. ▶ Kap. 6).

Zusammenfassung der Zuordnungskriterien Die beiden Fragen ganz unten in ◘ Tab. 1.1 (fett und kursiv) gehören streng genommen *nicht* zur Philosophie. Sie sind aber aufgrund der Wichtigkeit für ethische Fragestellungen, die in der schulischen Bildung den größten Raum einnehmen, als verbindende Bereiche zwischen Wissenschaft und Philosophie aufgeführt.

1.3.2 Philosophische Fragen von Kindern und Erwachsenen im Vergleich

Es gehört zu den überraschendsten Erfahrungen, dass man sich nicht unbedingt umfassender vorbereiten muss, wenn man den Phänomenkoffer mit erwachsenen Laien durchführt. Philosophische Laien, egal welchen Alters, haben mit dieser Übung zunächst Schwierigkeiten. Sie tasten sich ebenso vorsichtig an die Aufgabe heran wie jüngere Schüler*innen. Das ist momentan auch kaum verwunderlich, da die allgemeine Bevölkerung nur selten Philosophie- oder Ethikunterricht genossen hat. Das dürfte sich durch die zunehmende Implementierung der philosophischen Fächergruppe in den deutschsprachigen Ländern in Zukunft ändern. Wer sich bereits mit philosophischem Gedankengut auseinandergesetzt hat, dem wird diese Übung entsprechend leichter fallen – hier ist mit philosophisch differenzierten Fragen zu rechnen.

Die Fragen von Erwachsenen sind in der Regel abstrakter und umfassender, was nicht verwundert, wenn man einige Jahrzehnte länger Zeit hatte, die Welt mit all ihren Problemen und Herausforderungen zu erkunden und verstehen zu lernen. Hier ist eine exemplarische Auswahl an Fragen, die Sie vergleichen können:

Es ihr deutlich, dass Erwachsene vor dem Hintergrund eines größeren Erfahrungs- und Weltwissens antworten. Sie kennen z. B. die galvanischen Experimente an Fröschen, die Kosten der Raumfahrt und sie wissen, dass es gesellschaftliche Pflichten und Rechte gibt, die auch mit Hilfe von Verträgen geregelt werden. Nur

Fragen von Kindern und Erwachsenen im Vergleich	
Fragen von Kindern	**Fragen von Erwachsenen**
– Wieso heißt das Tier ‚Frosch'? – Haben Tiere Wünsche? – Dürfen wir Tiere zu unserem Nutzen halten? – Warum hört der Mensch nicht auf, die Natur auszubeuten? – Für was halten sich Frösche? – Wozu gibt es die Natur?	– Ist es erlaubt, mit Fröschen Experimente durchzuführen? – Haben wir Pflichten gegenüber Lebewesen, die nicht selbstständig an Verträgen unserer Gesellschaft teilnehmen? – Wird das Leben auf der Erde bald nur noch von wenigen Lebewesen bewohnbar sein?
– Sind Raketen wirklich nützlich? – Wollte Gott, dass wir die Erde verlassen? – Ist das Weltall unendlich?	– Sollten wir Ressourcen dafür verschwenden, um den Weltraum zu erforschen, während es auf der Erde noch Probleme wie Hungersnöte gibt? – Sollte Spielzeug in Waffenform verboten werden?

ist es nicht notwendigerweise so, dass damit automatisch auch ‚bessere' philosophische Fragen einhergehen. Ihre Fragen sind in der Regel spezifischer und komplexer. In ihrer philosophischen *Grundsätzlichkeit* sind die Fragen der Schüler*innen (hier alle 9 bis 12 Jahre alt) allemal philosophisch härtere Brocken.

1.4 Ausblick und Praxisbeispiele

Abschließend sollen zwei Aufgaben vorgestellt werden, mit denen man überprüfen kann, ob die Arbeit mit dem Phänomenkoffer erfolgreich war.

Einen Brief an einen Freund oder an ein Familienmitglied schreiben Die Kinder schreiben am Ende des Schuljahres, nach einem Jahr Philosophieunterricht, einen Brief an ihre Oma, ihren Opa oder eine andere wichtige Person. Diese ist sehr verwundert darüber, dass ihre Enkel*in in so jungen Jahren bereits Philosophieunterricht in der Schule haben. „Aber das kann man doch nur, wenn man ziemlich alt und sehr weise ist ", sagen die beiden, „was macht ihr denn, wenn ihr philosophiert?" Hier sind einige Antworten, die zeigen, dass die Arbeit mit dem Phänomenkoffer auch nach Monaten noch in lebhafter Erinnerung geblieben ist (◘ Abb. 1.1).

1

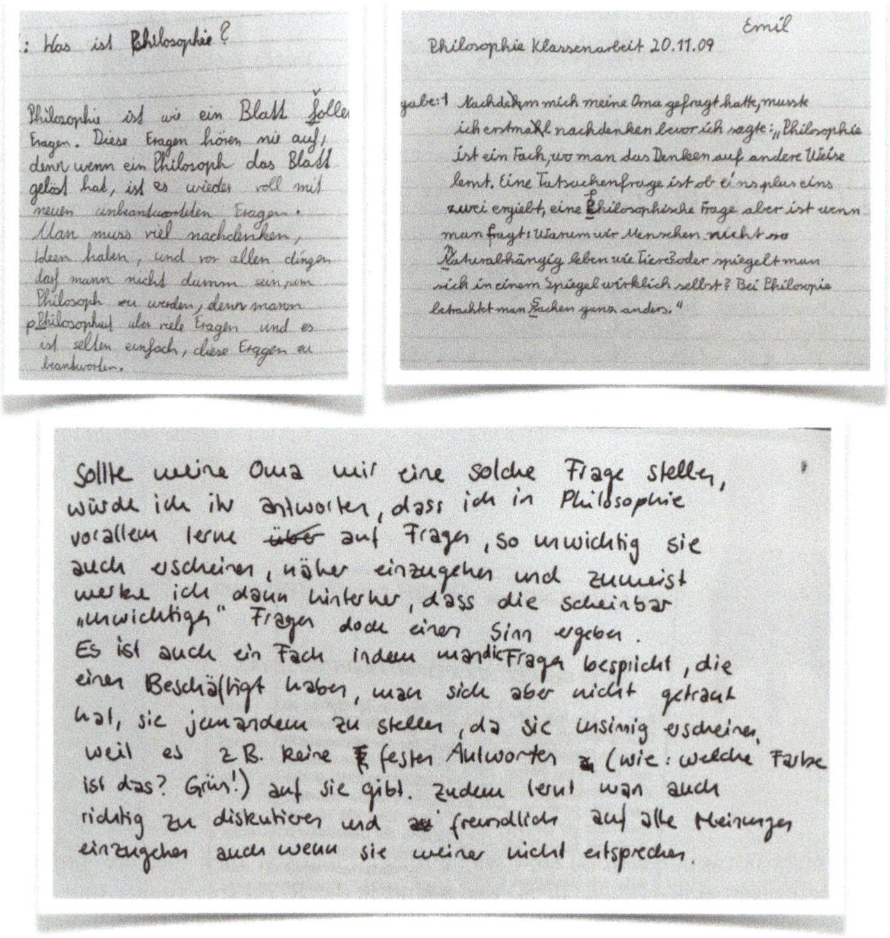

: Was ist Philosophie?

Philosophie ist wie ein Blatt voller Fragen. Diese Fragen hören nie auf, denn wenn ein Philosoph das Blatt gelöst hat, ist es wieder voll mit neuen unbeantworteten Fragen. Man muss viel nachdenken, Ideen haben, und vor allen dingen darf mann nicht dumm sein, um Philosoph zu werden, denn mann philosophiert über viele Fragen und es ist selten einfach, diese Fragen zu beantworten.

Emil

Philosophie Klassenarbeit 20.11.09

gabe: 1 Nachdem mich meine Oma gefragt hatte, musste ich erstmahl nachdenken bevor ich sagte: „Philosophie ist ein Fach, wo man das Denken auf andere Weise lernt. Eine Tatsachenfrage ist ob eins plus eins zwei ergibt, eine Philosophische Frage aber ist wenn man fragt: Warum wir Menschen nicht so Naturabhängig leben wie Tiere? oder spiegelt man sich in einem Spiegel wirklich selbst? Bei Philosopie betrachtet man Sachen ganz anders."

Sollte meine Oma mir eine solche Frage stellen, würde ich ihr antworten, dass ich in Philosophie vorallem lerne ~~über~~ auf Fragen, so unwichtig sie auch erscheinen, näher einzugehen und zumeist merke ich dann hinterher, dass die scheinbar „unwichtigen" Fragen doch einen Sinn ergeben. Es ist auch ein Fach indem manche Fragen bespricht, die einen Beschäftigt haben, man sich aber nicht getraut hat, sie jemandem zu stellen, da sie unsinnig erscheinen, weil es z.B. keine festen Antworten (wie: welche Farbe ist das? Grün!) auf sie gibt. Zudem lernt man auch richtig zu diskutieren und freundlich auf alle Meinungen einzugehen auch wenn sie meiner nicht entsprechen.

Abb. 1.1 Drei Briefe von 10-jährigen Schülerinnen nach einem halben Jahr Philosophieunterricht

Philosophische Fragen in einem Wimmelbild identifizieren Eine weitere Möglichkeit, philosophische Fragen in der Lebenswelt zu entdecken, ist der Einsatz von Wimmelbildern. Wimmelbilder haben eine lange Tradition, vielen kennen wahrscheinlich die Gemälde von Hiernoymus Bosch (ca. 1450–1516), der mit seinem Triptychon „Der Garten der Lüste" den Garten Eden, das Paradies und die Hölle in eindrucksvollem Detailreichtum darstellt. Auf den ersten Blick ist man von der Fülle der Darstellungen visuell überwältigt, wird aber sogleich in die einzelnen Szenen hineingesogen, um zum Beobachter diverser unmoralischer, leidvoller oder fröhlicher und lustvoller Szenen zu werden. Auch wenn Wimmelbilder in den letzten Jahren besonders in Kinderbücher zu finden sind, so bleibt der Reiz, den sie ausüben, auch für Erwachsene bestehen. Abb. 1.2 entstammt einer Schulbuchreihe für die Grundschule, in der Wimmelbilder als zentrales Medium zur Schulung philosophischer Fragen eingesetzt werden (Schauplatz Ethik, 2020).

Abb. 1.2 Wimmelbild „Flohmarkt" (Schauplatz Ethik 3/4)

Es stellt einen Kinderflohmarkt dar, auf dem viele Szenen abgebildet werden, die – in diesem Falle – ethische Fragestellungen aufwerfen. Wie bei der Arbeit mit dem Phänomenkoffer zeigt sich auch hier, dass diese Aufgabe für Erwachsene nicht minder schwierig ist – und ihnen meistens genau so viel Spaß bringt wie den Kindern. Und wie beim Phänomenkoffer auch, sollten Sie hier offen sein für all die Assoziationen und Gedanken, die vielleicht nicht direkt in dem Bild zu finden sind, die aber durchaus philosophisch relevant sind.

Eine Brandrede halten Ob es gelungen ist, das philosophische Fragen der Schüler*innen zu schulen, kann auch anhand der folgenden Aufgabe überprüft werden. Die Kinder überlegen sich eine philosophische Frage, die ihnen momentan so wichtig ist, dass sie dafür eine *Brandrede* halten würden. Eine Brandrede ist eine Standpunktrede, die auf gesellschaftliche Missstände oder Probleme aufmerksam machen soll. Wer will, kann seine Rede, die zwischen ein und drei Minuten lang sein soll, vor der Klasse oder in einer Kleingruppe vortragen. Für Kinder, die eher scheu sind, kann man sich alternativ eine schriftlich Variante ausdenken, z. B. einen Leserbrief oder einen Blogbeitrag. In der Regel trauen sich nicht alle, ihre Frage in Form einer klaren Positionierung in der Gruppe vorzustellen. Es zeigt sich, dass es auch nach zwei Jahren Philosophieunterricht *schwer bleibt,* in der Lebenswelt Probleme, Widersprüche und Unverstandenes zu erkennen, das eindeutig als ein philosophisches Problem bezeichnet werden kann. Die Nähe, insbesondere zu psychologischen und anderen empirischen Wissenschaften, bleibt vorhanden. Deshalb schließen wir dieses Kapitel mit einer Übungsaufgabe:

❓ Aufgaben

a) Bei welchen der unten stehenden Fragen von Schüler*innen einer 6. Klassenstufe handelt es sich um eine philosophische Frage, bei welchen nur zum Teil und bei welchen nicht? Begründen Sie Ihr Urteil anhand der in diesem Kapitel aufgeführten Kriterien.

b) Versuchen Sie, für *jede* Frage, auch eine korrespondierende wissenschaftliche und eine Quatschfrage zu entwickeln.

c) Entwickeln Sie Ideen für weitere passende Unterrichtseinheiten auf Grundlage dieser Fragen.

Schüler*innenfragen für die Brandrede nach 1 1/2 Jahren Philosophieunterricht

Tobias:	Ist es gerecht, einen Menschen zu töten, damit mehrere Tiere gerettet werden?
Ennio:	Können Haustiere fühlen?
Thomas:	Ist es der Sinn des Lebens sich fortzupflanzen oder gibt es noch einen anderen Sinn?
Mitra:	Wie wäre es, wenn wir nur ein Volk wären?
Leander:	Wäre die Welt ohne Menschen besser?
Julia:	Warum machen Menschen Selbstmord?
Ruben:	Ist es gut, Arbeitslosen Geld zu geben?
Alissa:	Was ist eine perfekte Welt?
Lorenzo:	Wie wäre eine Welt ohne Medizin?
Beeke:	Darf ich klauen, wenn ich damit jemandem helfe?

Literatur

Eidgenössische Ethikkommission für die Biotechnologie Außerhumanen Bereich (EKAH). (2008). *Die Würde der Kreatur bei pflanzen*. ▶ https://www.ekah.admin.ch/inhalte/_migrated/content_uploads/d-Broschure-Wurde-Pflanze-2008.pdf. Zugegriffen: 12. Nov. 2021

Hegel, G.W.F. (1970). *Grundlinien der Philosophie des Rechts [1821]*. Werke in zwanzig Bänden, Bd.7.

Platon. (2020). *Theätet. Griechisch/Deutsch*. Übersetzt und herausgegeben von Martens. Reclam Verlag

Schauplatz Ethik 3|4. (2020). *Illustration Konrad Beck © 2020*. Lehrmittelverlag Zürich.

Siegler et al. (2016). *Entwicklungspsychologie im Kindes-und Jugendalter*. Springer Verlag.

Bilderbücher und Bücher als Ergänzung

Gaarder, J. (2012). *Fragen fragen*. Hanser.

Brenifier, O. (2010). *Gut und Böse. Was ist das? Philosophieren mit neugierigen Kindern*. Boje Verlag. (siehe auch die Bände „Glück" und „Ich").

Bralo-Zeitler, K. (2012). *Siehst du die Welt auch so wie ich?* Herder Verlag.

Damm, A. (2003). *Ist 7 viel?* Moritz Verlag.

Philosophieren mit der 5-Finger-Methode

Bettina Bussmann

© Sandra Prinz

Ergänzende Information Die elektronische Version dieses Kapitels enthält Zusatzmaterial, auf das über folgenden Link zugegriffen werden kann ▶ https://doi.org/10.1007/978-3-662-66182-6_2.

© Der/die Autor(en), exklusiv lizenziert an Springer-Verlag GmbH, DE, ein Teil von Springer Nature 2024
B. Bussmann (Hrsg.), *Philosophieren mit Kindern und Jugendlichen*, Philosophische Bildung in Schule und Hochschule,
https://doi.org/10.1007/978-3-662-66182-6_2

Verwendete Materialien	– Zeichenutensilien – Magnetstäbe – ätherische Öle – Kunstwerke
Philosophische Themen	– Probleme der digitalen Welt – Was ist „ein gutes Leben"? – Platons Höhlengleichnis – Philosophische Gedankenexperimente
Methoden	– Phänomenologische, hermeneutische, dialektische, analytische, spekulative Methode und ihre unterrichtspraktischen Umsetzungsmöglichkeiten
Beispiele aus der Praxis	– Zeichnung zu Paul Klees „Kamel in rhythmischer Landschaft" – Schüler*innen-Antworten zum Höhlengleichnis – Mindmaps – Begriffsmoleküle – Gerichtsverhandlung
Altersstufe	– je nach Niveau für jedes Alter

2.1 Einführung in das Thema

Mit welchen Methoden arbeiten Philosoph*innen? Was tun Philosoph*innen eigentlich, wenn sie arbeiten? Sie denken. Nun denken wir natürlich alle, so dass man sich die Frage stellen muss, was das *Spezifische* am philosophischen Denken ist. Zum einen, so haben wir in ▶ Kap. 1 gesehen, sind es die besonderen Fragen, die sie sich stellen. Es sind grundlegende, eben philosophische Fragen und Probleme, die man sich im Alltag und oftmals auch in den anderen Wissenschaften eher selten stellt. Und wenn man vor einem philosophischen Problem steht, dann möchte man auf diese Fragen selbstverständlich auch Antworten finden. Um das tun zu können, muss man wissen, mit welchen Methoden die Philosoph*innen versuchen, diese Fragen zu *analysieren,* zu *verstehen* und zu *beantworten.*

In der langen Geschichte der Philosophie haben sich eine Reihe von Methoden etabliert, die – je nach Thema – besonders gut geeignet sind, ein Problem zu bearbeiten, um eine Antwort darauf zu finden. Es gibt philosophische Schulen, wie z. B. die gegenwärtig besonders praktizierte analytische Philosophie, die formale Methoden wie Logik und Argumentationstheorie besonders schätzen. Diese Methoden sind hilfreich, um z. B. sprachliche Ungenauigkeiten, Mehrdeutigkeiten, Fehlschlüsse aufzuzeigen und vor allem, um Argumente zu prüfen, die uns möglicherweise falsche Antworten geliefert hätten. Philosophieren in dieser Ausrichtung bedeutet vor allem, dass die Gründe, die man für seine Meinung vorbringt, nicht nur für mich gelten, sondern auch für andere und sogar für alle Menschen. Damit diese Gründe von anderen überprüft werden können, brauchen wir Argumente (s. ▶ Kap. 3). Die analytische Philosophie legt besonderen Wert auf die Analyse und Entwicklung von überzeugenden und schlüssigen Argumentationen.

Neben analytisch ausgerichteten Philosophieschulen gibt es hermeneutisch arbeitende Schulen, die sich vornehmlich mit der Auslegung und Deutung von Texten beschäftigen und die häufig viel Wert auf die Kenntnis wichtiger Texte der (in der Regel abendländischen bzw. westlichen) Philosophiegeschichte legen. Die (schriftlichen) Gedanken von Philosoph*innen nachvollziehen zu können, ist keine einfache Angelegenheit. Der sprachliche Ausdruck, der zeithistorische Hintergrund, die Verwendung von Fachbegriffen sowie andere textimmanente Bedingungen müssen sorgfältig analysiert werden, damit man die Thesen der Autor*innen auch in *ihrem* Sinne versteht – und nicht eigene Ideen oder Fehlvorstellungen mit hineininterpretiert. Eine weitere philosophische Disziplin ist die Phänomenologie. Phänomenologische Philosoph*innen beschäftigen sich z. B. mit der Analyse unmittelbar erlebter Phänomene, wie Leibempfindungen (z. B. Gefühle von Hunger, Schmerzen, Kälte), Wahrnehmungen, Erinnerungen oder Beziehungserleben. Für Phänomenolog*innen ist deshalb die Erste-Person-Perspektive, das subjektive Erleben des Einzelsubjekts, zentral. Das Gegenteil wäre die Dritte-Person-Perspektive, z. B. die naturwissenschaftliche Sicht auf den Körper oder die Beschreibung von Hirnzuständen. Nur wer gelernt hat, die erste Person-Perspektive ernst zu nehmen, d. h. sich selbst in seinen Gefühlen, Ängsten, Wünschen und Widersprüchlichkeiten zu verstehen und dafür die geeignete Sprache zu finden, der wird sich auch selbst ernst nehmen, so Philipp Thomas. Und nur, wer sich selbst versteht und ernst nimmt, der wird auch „seine Stimme erheben" können, wenn es darum geht mitzubestimmen, was *Normalität* überhaupt bedeutet (Thomas, 2021, S. 125 ff.). Philosophische Bildung in diesem Sinne geht deshalb über Informiertheit (im Sinne vertiefter Kenntnis von Philosophien) und spezifische Kompetenzen (z. B. ethische Urteilskompetenz, Argumentationskompetenz) hinaus: Es geht auch um Bildung als Selbstkompetenz im Sinne persönlicher transformativer Prozesse, in der die Praktiken des Mensch- und Selbstseins ausgelotet und Philosophie als *Lebenspraxis* verstanden wird (Hadot, 1991). Gerade für das Philosophieren mit Kindern und Jugendlichen ist die Schulung von Wahrnehmungen der Selbst- und Fremdperspektive notwendig, um eine Sprache zu finden für ihr eigenes Denken und Erleben und für die Probleme und Beschränkungen unserer gesellschaftlichen Umwelt. Phänomenologische Arbeit fördert dadurch *Empowerment* – auch bezogen auf die Schüler*innen aus verschiedenen Kulturen und Milieus, die im Klassenraum zusammenkommen (Thomas, 2022, S. 9).

Für angehende Philosophie- und Ethiklehrkräfte ist es unmöglich, ein so umfassendes Philosophiestudium zu absolvieren, dass man am Ende mit den Arbeitsweisen all dieser philosophischen Schulen vertraut ist. Die Kenntnis einer Vielzahl an Methoden ist aber besonders für die Arbeit mit Kindern und Jugendlichen wichtig, denn sie sollen keine philosophischen Spezialisten werden, die nur eine Methode erlernen, sondern sie sollen mit möglichst vielen Methoden vertraut gemacht werden (zum Methodenpluralismus s. ▶ Abschn. 2.4). Was also tun? Die Aufgabe, Inhalte und Methoden der Fachdisziplin didaktisch zu erschließen und für den Einsatz in der Schule zu *transformieren* (Rohbeck, 2019), ist die Aufgabe der Philosophiedidaktik. Eine für das Philosophieren mit Kindern besonders erfolgreiche Transformation ist von Ekkehard Martens erarbeitet worden. Seine 5-Finger-Methode (Martens, 2003, S. 2019) hat in viele Schul- und Arbeitsbücher Eingang gefunden und ist in ihrer Umsetzung auf philosophische Kompetenzbereiche in fast allen Bildungsplänen fester Bestandteil. Auch die Unterrichtsvorschläge des vorliegenden Bandes werden die 5 Methoden – in unterschiedlichen Ausprägungen – kontinuierlich einbinden.

Die Methoden des sokratischen Philosophierens Während der Übersetzung und Analyse einiger sokratischer Dialoge Platons fiel Martens auf, dass Sokrates seine Gesprächspartner insbesondere durch fünf Methoden ins Philosophieren bringt, um mit ihnen zusammen z. B. Fragen der Staatsführung oder der Erziehung zu diskutieren. Mit Hilfe der Methoden wollte er so grundlegend werden, dass man nach Durchdringen der Fragestellung entweder eine Antwort gefunden, seine vorgefasste Meinung geändert oder auch ohne ein Ergebnis aus der Diskussion entlassen wird. Martens identifiziert *phänomenologische, hermeneutische, analytische, dialektische* und *spekulative* Methoden. Sokrates selber hat diese Methoden allerdings weder unterschieden noch so genannt – er hat sie lediglich praktiziert. Der erste, der sich explizit Gedanken über philosophische Methoden gemacht hat, war Aristoteles. Wenn wir ein philosophisches Problem am Wickel haben, so Aristoteles, sollen wir
1. die Phänomene sichern,
2. die Schwierigkeiten durchgehen und
3. alles angeben, was am Ende als eine glaubhafte Meinung übrigbleibt.

Martens entwickelt seine Methodenlehre anhand der sokratischen *Methodenpraxis* und der aristotelischen *Methodenreflexion*. Es sollte betont werden, dass die Bezeichnungen der Methoden, z. B. als „analytische" Methode, weder genau ist und erst recht nicht umfassend die Arbeitsweisen abbildet, die wir heutzutage in den philosophischen Seminaren der Universitäten vorfinden. Er wollte lediglich die Kernelemente einfangen, die für philosophische Bildungsprozesse und schulische Unterrichtszwecke besonders geeignet sind. Ebenso sind diese Methoden kein Alleinstellungsmerkmal der Philosophie; viele andere Unterrichtsfächer nutzen sie ebenfalls – allerdings nicht so systematisch und ausdifferenziert, wie die Philosophie das tut. So ist z.B. die dialektische Methode (wie ein Pro/Contra-Gespräch) auch im Deutschunterricht ein etabliertes Lernziel. Aber diese Ziele werden nicht mit dem Ziel philosophischer Reflexion betrieben und fördern nicht dezidiert philosophische Kompetenzen. Genau das steht aber im Vordergrund der Arbeit mit den 5 Methoden. Die Bezeichnung „5 Finger" ist gewählt worden, damit man sich die Methoden besser merken kann. Martens hat sie *nicht* für das Philosophieren mit Kindern entwickelt, sondern für das Philosophieren in schulischen Unterrichtskontexten allgemein. Je nach philosophischem Anspruch, Lerngruppensituation und institutionellen Rahmenbedingungen können die Methoden in ihren jeweiligen Anpassungen aber auf alle Altersstufen angewendet werden.

Bezogen auf das Philosophieren mit Kindern hat Martens seine Methodik vor allem in Auseinandersetzung mit den amerikanischen Philosophen Matthew Lipmann und Gareth Matthews entwickelt, die im westlichen Bildungsraum beide als Urväter des Philosophierens mit Kindern bezeichnet werden können. Während für den Logiker Lipman Philosophieren in erster Linie die Fähigkeit zu begrifflich-logischem Denken bedeutet und die Arbeit an und mit Sprache anhand ausgearbeiteter Curricula im Vordergrund steht, betont Matthews das offene Gespräch *mit* den Kindern und stellt ihre Lebenserfahrungen und ihre (philosophischen) Fragen in den Mittelpunkt (vgl. hierzu Kim, 2013, S. 101 ff.). Martens verbindet in seinem Ansatz beide Charakteristika: Sowohl logisch-analytische Fähigkeiten als auch narrativ-explorative Zugänge finden in seine Methodik Eingang und werden durch weitere Methoden der philosophischen Disziplinen ergänzt. Er bezeichnet seine Methodik als *integrativ* und möchte dadurch einen verengten Methodenmonismus sowie einen beliebigen Methodenpluralismus zugunsten einer klar umrissenen *Methodenvernetzung* überwinden. Bereits an dieser Stelle sei betont, dass philosophische Denkprozesse bei genauerem Hinschauen immer mehrere Methoden beinhalten und diese in ihrer Reihenfolge nicht festgelegt sind. Für die konkrete Unterrichtspraxis ist es aber notwendig, vorab zu überlegen und auszuarbeiten, welche *philosophische Methode* sich mit welchen *Materialien und Aufgaben* am besten für den Einsatz eines bestimmten Themas eignet.

Im Folgenden soll zunächst an einem aktuellen Alltagsbeispiel exemplarisch und knapp gezeigt werden, wie die fünf Methoden im Alltag zum Einsatz kommen können. Es ist bewusst ein ganz konkretes, drängendes Alltagsproblem gewählt worden, um zu zeigen, dass das Philosophieren in den Grundzügen von allen Menschen praktiziert wird und es deshalb zu Recht – wenn es in Bildungsinstitutionen eingeübt wird – als eine *Kulturtechnik* wie Lesen, Schreiben und Rechnen bezeichnet werden kann (Martens, 2019). Es wird also zunächst gezeigt, wie die Methoden von Erwachsenen genutzt werden (bzw. genutzt werden könnten), um ein Problem philosophisch zu analysieren und zu reflektieren. Um aber diese Technik für die Lösung seines eigenen Lebens und für gesellschaftliche Probleme gewinnbringend nutzen können, müssen sie möglichst frühzeitig *systematisch* eingeübt werden. Im Anschluss sollen deshalb – ebenfalls exemplarisch – einige Möglichkeiten aufgezeigt werden, worauf es bei den Methoden ankommt und wie man mit Kindern und Jugendlichen mit jeder einzelnen Methode im Unterricht arbeiten kann.

2.2 Wie viel digitale Welt ist gut für mein Kind und die Gesellschaft? Die fünf Methoden im Alltag

In den sokratischen Dialogen haben die Gesprächspartner in der Regel ein konkretes Problem, das besprochen wird. In der antiken Gesellschaft stellten sich z. B. Väter die Frage, was ihre Söhne lernen sollten, um „bestmöglich erzogene" *(áristoi)* Männer zu werden. Es stellen sich wohl allen Eltern zu allen Zeiten diese Frage: Welche Fähigkeiten und Tugenden sind für das Leben in der Gesellschaft besonders wichtig? In der Antike waren das für die Jungen insbesondere kriegerische Tugenden. Eltern fragten sich deshalb: Müssen sie die Fechtkunst erlernen? Kann man ohne Expertise im Fechten überhaupt ein mutiger Mann werden und in der Welt etwas Gutes bewirken? Wir übertragen diese Frage auf unsere heutige Zeit: Väter und Mütter möchten wissen, ob ihre Töchter und Söhne gar nicht, nur wenig oder regelmäßig mit der digitalen Welt in Kontakt kommen sollen. Sie fragen sich: Welche digitalen Kompetenzen sind notwendig, damit mein Kind in der Welt von morgen glücklich und erfolgreich sein wird? Und wieviel digitale Welt ist überhaupt gesund? Ist es nicht besser, dass es zugunsten von Erfahrungen in der Natur und den Austausch mit Menschen davon möglichst lange abgehalten wird? Die Eltern sind verzweifelt, ratlos und untereinander vollkommen unterschiedlicher Meinung. Wie können die fünf Methoden den Eltern hier helfen, das Problem besser zu verstehen und eine reflektierte Antwort auf ihre Frage zu bekommen?

2.2.1 Phänomenologische Methode

Der aus dem Altgriechisch stammende antike Begriff ‚Phänomen' bezeichnet etwas, das sich in seiner Wesensart zeigt – etwas, das erscheint, und zwar so, wie es wirklich ist, im Gegensatz zum bloß Eingebildeten. Dies kann ein Ereignis sein, ein Gegenstand, ein persönliches Erlebnis oder eine lebensweltliche Situation. Sokrates würde die Eltern deshalb fragen: Worin genau besteht euer lebensweltliches Problem mit dem digitalen Konsum eurer Kinder? Wie erlebt ihr eure Kinder vor dem Computer? Wie verhalten sie sich? Was machen die Kinder vor dem Computer genau? Computerspiele? Hausaufgaben? Freundschaften aufbauen? Sind Verhaltensänderungen entstanden und woran kann man diese erkennen? Was erlebt ihr in Auseinandersetzung mit euren Kindern? Wer diese Fragen stellt, wird in der Regel zunächst mit einer Reihe von Gefühlen und Sorgen konfrontiert: Ohnmachtsgefühle, wenn man spürt, dass man seine Kinder nicht überzeugen kann, Handy oder Computer weniger zu nutzen; Hilflosigkeit, wenn man erkennt, dass man strenger sein müsste, es aber nicht schafft, sich durchzusetzen. Erschrecken oder vielleicht auch Wut über die Unmöglichkeit herauszufinden, was sich im Kopf des eigenen Kindes abspielt. Unsicherheit, weil nicht bekannt ist, welche Auswirkungen kontinuierlicher Digitalkonsum und der Einfluss sozialer Medien auf die körperliche und psychische Gesundheit haben. All diese Wahrnehmungen, Gefühle und Ängste sollte man sich bewusst machen. Sie sind ein wichtiges Fundament für alle weiteren Überlegungen und Handlungen, denn es macht einen Unterschied, ob man hilflos und wütend Entscheidungen trifft, oder ob man sich seiner Gefühle und Emotionen bewusst wird, diese reflektiert und im Anschluss eine *bewusste* Entscheidung trifft. Ebenso machte es einen Unterschied, ob ich mein Kind genau beobachte, ihm Rückmeldungen zu meinen Beobachtungen gebe und Fragen zu seinem Wohlbefinden und seinen Sorgen stelle oder ob es viel Zeit allein verbringt und ich erst nach längerer Zeit

Veränderungen wahrnehme. Wer eigene und fremde Phänomene nicht genauso akribisch analysiert wie eine Aussage, eine Überzeugung oder eine Theorie, der bleibt „im „Wahrnehmungsbrei" von unreflektierten Phänomenen, wie Anschauungen, Gefühlen und konkreten Beispielen stecken" (Martens, 2003b, S. 65). Dabei geht es nicht um eine Art „Therapie", in der man sich mit sich selbst beschäftigt, sondern um in der Entdeckung und Freilegung *verborgener, übersehener und unbekannter Erfahrungen.*

Warum ist die Methode wichtig? Viele Philosoph*innen würden heutzutage behaupten, dass die vertiefte Auseinandersetzung mit phänomenologischen Zugängen nicht in den Philosophieunterricht gehört. Zu wichtig seien andere Kompetenzen, deren Schulung viel Zeit beansprucht. Auch wenn diese Auffassung für die höheren Klassen diskussionswürdig ist – für das Philosophieren mit Kindern ist es das nicht. Kindern muss ein Raum gegeben werden, innere und äußere Wahrnehmungen zu schulen und ihre eigenen Erfahrungen zu reflektieren. Sich über die eigenen (und über fremde) Gefühle klar zu werden, ist eine wichtige Kompetenz für das Philosophieren. Das gilt gerade heute angesichts abnehmender sozialer Kommunikation durch den Digitalkonsum mehr denn je. Je früher Kinder das erlernen, umso reflektierter, mitfühlender und umsichtiger werden ihre Entscheidungen und Handlungen werden. Wer lediglich philosophisch abstrakte Denkprinzipien schult und das erlebende Subjekt davon abkoppelt, trägt nur unzureichend zu einer humanistischen Persönlichkeitsbildung bei. Allerdings muss aus philosophischer Sicht auch betont werden, dass das Erlebte – Gefühle, Stimmungen, Wahrnehmungen – keine *Geltung* aus sich selbst heraus hat. Das, was sich in einer konkreten Situation ereignet, muss zwar bewusst gemacht und sprachlich ausgedrückt werden, aber man darf hier nicht stehen bleiben. Dann endet man in einem bloßen Austausch von Befindlichkeiten und Erfahrungen. Für die Reflexion einer philosophischen Frage, um die es im Unterricht ja gehen soll, ist die Erste-Person-Perspektive als einer Form des *Lebensweltbezugs* in Form von Alltagserfahrungen deshalb aus zwei Gründen wichtig: Erstens verständigen wir uns darüber, worüber wir eigentlich sprechen: Beziehen wir uns auf dieselben Phänomene? Erleben wir sie ähnlich oder verschieden? Erleben wir sie positiv, negativ, ambivalent, gefährlich? Hierauf aufbauend knüpfen dann weitere philosophische Themen und Fragen an, die stets mit unseren Erfahrungen abgeglichen werden müssen. Zweitens ist sie eine Form der *Autonomieförderung:* „Gerade weil in der Medien- und Bildschirmkultur der Gegenwart – Schweppenhäuser nannte sie einmal treffend ‚Okulartyrannis' – den Konsumenten durch die Bilderflut das Sehen abgenommen und durch Qualitätssteigerung und Überbewertung eigentlich entwertet wird, gerade deshalb ist die Einübung in genaues Sehen und Beschreiben als ein Stück Weg zur Wiedergewinnung von vernünftiger Selbsterkenntnis und Selbstbestimmung ein zunehmendes Desiderat", so Thomas Rentsch. „Phänomenologische Kompetenz gehört somit recht verstanden zur Autonomie und Aufklärung, deren Maxime ‚Selbst denken' durch die Maxime ‚Selbst wahrnehmen, sehen, beschreiben' ergänzt werden muss und kann" (Rentsch, 2002, S. 19).

2.2.2 Hermeneutische Methode

Hermeneúein kommt aus dem Altgriechischen und lässt sich mit „auslegen", „aussagen" oder „erklären" übersetzen. In der griechischen Mythologie war Hermes jene Gottheit, die zwischen Göttern und Menschen Botschaften vermittelte. Die Hermeneutik, verstanden als Vermittlungskunst des Hermes, ist also in erster Linie die Kunst der Auslegung von Texten. Sie ist aber genauso die Auslegung von Kunstwerken bzw. von (menschlichen) Zeichen und Symbolen überhaupt. Sätze und Zeichen haben keine Bedeutung von sich her, sondern müssen entschlüsselt, ‚geknackt', erschlossen werden. Ganz allgemein formuliert bezeichnet die hermeneutische Methode die *individuelle Aneignung fremder Gedanken mit Hilfe bestimmter Methoden.* Die Betonung ‚individuell' macht deutlich, dass Personen ‚fremde' Gedanken mit unterschiedlichen Voraussetzungen entschlüsseln. Diese Unterschiede bestehen z. B. im Wissensstand oder dem kulturellen Hintergrund. Keine Person liest und versteht ganz genau gleich.

Was unsere Eltern angeht, so steht fest, dass sie sich bei dieser Thematik auf keine Klassiker zu ihrer Frage berufen und diese zu Rate ziehen können. Man kann nicht nachschlagen, was ein Experte aus dem 18. Jahrhundert zu Digitalkonsum bei jungen Menschen geschrieben hat. Sie müssen also aktuelle Quellen heranziehen und das sind heutzutage Expert*innen und wissenschaftliche Studien, die sich mit genau der von den Eltern gestellten Frage beschäftigen. Sie stehen also vor der Aufgabe, *hilfreiche Quellen* auszuwählen und diese zu *interpretieren*. Eine Person, die von kritischen Eltern herangezogen werden könnte, ist der Neurowissenschaftler Manfred Spitzer, der den Einfluss digitaler Medien auf pädagogisch-didaktischer Ebene erforscht. In seinem Buch *Digitale Demenz* (Spitzer, 2012) warnt er davor, dass die Schulen den Einsatz von Computern für das Lernen verbindlich machen. Die zunehmende Beschäftigung mit digitalen Medien fördere insbesondere bei jungen Menschen Depressionen, Online-Sucht, Isolation sowie die Abnahme sozialer und kognitiver Fähigkeiten. Technikoptimistische Eltern würden dagegenhalten und andere Quellen zitieren, die betonen, dass die von Spitzer beschriebenen Probleme zwar behoben werden sollten, dass draus aber nicht folge, in der Bildung auf Digitalkompetenzen verzichten zu müssen. Im Gegenteil sollten diese maximal ausgebaut werden, damit „digitale Souveränität" bestmöglich geschult werden könne (z. B. vwb, 2018).

Warum ist die Methode wichtig? Textmaterial bearbeiten und dadurch verstehen zu können, gehört zu den wichtigsten Bildungszielen überhaupt. In Bezug auf die oben genannten Autoren wird es in den Gesprächen der Eltern zu widersprüchlichen Lesarten und zu unterschiedlichen Einschätzungen der Qualität der Texte und Studien kommen. Hier gilt es, hermeneutisch genau zu werden: Woran erkennt man z. B., dass Manfred Spitzer bestimmte Situationen überzogen, einseitig und polemisch darstellt? Auf welcher Seite behauptet er dieses und jenes? Wie belegt er, dass Menschen zum Lernen das Leben in einer Gemeinschaft brauchen? Wie interpretiert bzw. definiert er den Begriff der Motivation? Was verstehen die Autor*innen des vwb-Gutachtens unter „digitaler Souveränität" Zur modernen hermeneutischen Kompetenz gehört ebenfalls die Überprüfung der Qualität der zitierten Studien: Sind diese überhaupt repräsentativ (wurden z. B. tatsächlich Kinder untersucht, ist die Stichprobengröße aussagekräftig, sind die Schlussfolgerungen korrekt)? Es genügt nicht, sich auf Autoritäten zu berufen und lediglich ein „Spitzer hat gesagt, …" in die Runde zu werfen. Weder ist evident, was Spitzer genau gesagt hat, noch sollten alle anderen Eltern diesen Sätzen vorbehaltlos zustimmen. Texte werden herangezogen, um wichtige Erkenntnisse und Argumentationen von Personen kennenzulernen, die sich in einem bestimmten Thema auskennen. Dafür sollte man sich auf diese auch einlassen und sie zumindest in den Grundzügen korrekt rekonstruieren können. Nur unter dieser Voraussetzung kann überhaupt auf deren Grundlage kontrovers philosophiert und – das ist ebenso wichtig – *Wissen aufgebaut* werden. Für das Philosophieren abträglich wäre dagegen eine zu starke Fokussierung auf die Arbeit mit Texten. Zum einen, weil dadurch die Gefahr besteht, die Schulung der eigenen Urteilsbildung zu vernachlässigen und zum anderen, weil es lernpsychologisch nicht optimal ist: Schüler*innen aller Altersklassen wird durch zu viel Textarbeit auf Dauer die Lust am lebendigen Philosophieren verloren gehen – auch wenn den Texten noch so gute Arbeitsaufgaben folgen.

2.2.3 Analytische Methode

Die analytische Methode befasst sich im Wesentlichen mit der Klärung und Definition von Begriffen sowie der Entwicklung und Prüfung von Argumenten. Dass diese Arbeit ein Hauptgeschäft der akademischen Philosophie ist, dürfte keine Übertreibung sein. Historisch betrachtet waren viele wichtige Vertreter der westlichen Philosophie Meister der analytischen Denkmethode: dazu zählen Aristoteles, John Locke, Leibniz, David Hume, Immanuel Kant, Gottlob Frege, Bertrand Russell oder Ludwig Wittgenstein. Philosophiehistorisch gehören sie zu den international bedeutendsten. Auch verlangt unsere wissenschaftliche und demokratisch ausgerichtete Gesellschaft von ihren Bürger*innen zunehmend analytische Kompetenzen. Selbstbestimmte Bürger*innen müssen eigenverantwortlich Entscheidungen über ihr Leben treffen und für diese Entscheidungen auch Verantwortung übernehmen. Das bedeutet in Anwendung auf unser Beispiel, dass die Eltern ihre Forderungen mit *guten Argumenten durchsetzen* sollten. Angenommen unsere Eltern haben bereits ihre persönliche Situation reflektiert und einige Literatur zum Thema ‚Digitalkonsum' gelesen. Jetzt geht es darum, den Ehepartner, die anderen Eltern oder die Schulleitung mit schlüssigen Argumenten davon zu überzeugen, dass etwas getan werden sollte. Dafür muss man wissen, was ein Argument ist, und man sollte sich von Argumenten überzeugen lassen *wollen*. Beides ist häufig nicht der Fall, da die wenigsten Personen in ihrer Schullaufbahn Argumentationskompetenzen erlernt haben. Wenn man Pech hat, dann dominieren in kontroversen Diskussionen einige emotionalisierte Personen, sie werden unsachlich, zitieren Autoritäten zu knapp oder aus dem Kontext gerissen und es herrscht eine Atmosphäre, die man zum Teil aus schlecht moderierten Talkshows kennt. Analytisch geschulte Eltern wären in der Lage, ein Argument z. B. aus den Texten

und Studien Jonathan Haidts zu rekonstruieren, der seine Erkenntnisse zurzeit prominent veröffentlicht (Haidt, 2022a, 2022b, 2024):
1. Eine Vielzahl sozialpsychologischer Studien und Interviews zeigt, dass die Anzahl an Angststörungen, Depressionen und Selbstverletzungen insbesondere bei jungen Mädchen in der Pubertät mit der Nutzung sozialer Medien in hohem Maße korreliert (Effektstärke groß).
2. Dass Mädchen diesen Einflüssen ausgesetzt sind und diese Prägung auch ihr weiteres Leben negativ beeinflussen kann, ist schlecht.
3. Als verantwortungsvolle Eltern und als Gesellschaft wollen wir das ändern.

Fazit/Schlussfolgerung: Die Nutzung von Digitalkonsum in dieser Altersklasse muss stark kontrolliert oder verboten werden.

Warum ist die Methode wichtig? Gegen die Argumentationsrekonstruktion von Haidt wird es sicherlich auch starken Widerspruch geben. Aber die klare Analyse des Arguments macht es für Diskussionen einfacher, die kritischen Annahmen und Schlussfolgerungen zu identifizieren. Stimmt Prämisse 1? In welcher Weise wird eine „Prägung" das weitere Leben beeinflussen? Folgt der Schluss aus den Prämissen 1 bis 3? Eine Person, die der digitalen Welt weitaus optimistischer eingestellt ist, kann sich sachlich damit auseinandersetzen und eine Gegenargumentation entwickeln, die ebenfalls wieder zur Debatte steht. Je mehr Entscheidungsverantwortung eine Gesellschaft dem Einzelnen überträgt, d. h. je weniger wir uns der Macht von Autoritäten und Institutionen unterwerfen müssen, umso notwendiger wird die Fähigkeit, argumentieren zu können – im Gegensatz zu Zwang, Überredung oder Manipulation. Argumentationskompetenzen gehören demnach zu den zentralen Bildungszielen einer humanistischen Bildung. Eine Gefahr für das schulische Philosophieren entsteht dann, wenn die Lehre analytischer Kompetenzen in „Logelei" sprachlicher Haarspalterei ausartet. Man sollte argumentative Fähigkeiten nicht losgelöst von wichtigen Problemen betreiben. Logik und Argumentanalyse sind Werkzeuge zum Philosophieren – kein Selbstzweck.

2.2.4 Dialektische Methode

Dialektisch zu denken heißt in Gegensätzen zu denken. *Dialegesthai* (altgr.) bedeutet „etwas durchsprechen" in dem Sinne, dass ein Problem von vielen Perspektiven betrachtet werden sollte, bevor man sich ein eigenes Urteil bildet. Mit der dialektischen Methode werden unterschiedliche Ansichten miteinander verglichen und das Pro und Contra gegeneinander abgewogen. Für unsere Eltern bedeutet dies, dass sich die Anhänger*innen eines Verbots oder einer starken Kontrolle digitaler Medien mit den Anhänger*innen einer technikoptimistischen Position auseinandersetzen müssen. Diese halten es vielleicht nicht für sinnvoll, mit Druck, Kontrolle und Verboten Kinder von etwas abzuhalten, das sie ja gerade lernen müssen: einen von den Eltern und Lehrpersonen begleiteten Prozess der geregelten und sinnvollen Nutzung digitaler Medien. Je früher dies gelernt wird, umso besser. Je früher überhaupt digitale Kompetenzen erworben werden – ähnlich wie beim Spracherwerb oder anderen Tätigkeiten – desto erfolgreicher und autonomer werden sie ihre zukünftige Lebenswelt gestalten können. Aber nicht nur mit den Gegnern der eigenen Position müssen sich die Eltern auseinandersetzen, sondern auch mit den Perspektiven anderer Gruppen, die in dieser Frage ebenfalls mitreden und eventuell sogar großen Einfluss ausüben. Das sind z. B. Bildungsexpert*innen, Bildungspolitiker*innen, Lehrerverbände, Psycholog*innen und alle Personen, die sich für die Zukunft der Kinder verantwortlich fühlen oder Verantwortung übernehmen müssen. Ihre Positionen gilt es zu verstehen und mit ihnen in einen Dialog zu kommen. Das kann anhand verschiedener *Gesprächsformate* geschehen, je nachdem, welches Ziel im Vordergrund steht: In Form einer Debatte, wenn es darum geht mit Argumenten zu überzeugen und eine bestimmte Entscheidung durchzusetzen (zu gewinnen), in Form offener Diskussionsrunden, in denen möglichst viele Vertreter*innen unterschiedlicher Standpunkte zu Wort kommen oder in Form neosokratischer Gespräche, in der ein Konsens angestrebt wird (für einen philosophiedidaktischen Überblick zur sokratischen Methodik siehe z. B. Draken, 2011).

Dialektisch Philosophieren kann man übrigens auch mit sich selbst. Wer die Tragfähigkeit seiner eigenen Überzeugungen testen will, sollte in einem inneren Gespräch andere Sichtweisen zu Wort kommen lassen: Was würde Person X zu meiner Auffassung sagen? Wie könnte Person Y meine Überzeugung kritisieren?

Warum ist die Methode wichtig? Demokratische Gesellschaften verlangen von ihren Bürger*innen, sich mit Personen, die andere Meinungen vertreten als ihre eigenen, wohlwollend und argumentativ auseinanderzusetzen. An kontroversen Auseinandersetzungen konstruktiv teilnehmen zu können – und das heißt: konstruktiv streiten zu können – bedeutet, dass man dies *möglichst früh lernen muss.* Nur dann können sich widerstreitende und als unvereinbar auftretende politische, ethische, ökologische oder – wie in unserem Fall pädagogische- Ansichten formuliert, über Problemlösungen diskutiert und ein *rationaler, also gut begründeter Konsens* gefunden werden. Die wichtigste Funktion dialektischen Philosophierens besteht in der Fähigkeit, die Gedanken, Aussagen, Argumente anderer nachzuvollziehen, um auf diese adäquat reagieren zu können. Dies ist ein wichtiger Beitrag zum allgemeinen Bildungsziel der *Demokratieerziehung* (vgl. hierzu aus bildungs- und erziehungstheoretischer Sicht Drerup, 2022). Und das ist nicht einfach! Man braucht sich nur eine Talkshow anzusehen, in der alle durcheinander reden und man am Ende nicht mehr weiß, wer eigentlich was gesagt hat. Die Tatsache, dass alle reden, macht ein kontroverses Gespräch noch nicht gut. Es geht eben nicht darum, dass jeder (nur) seine Meinung sagt. Unsere Eltern müssen sich eine*n Gesprächsleiter*in suchen, um mit ihrer Hilfe die kontroversen Streitpunkte zu *identifizieren,* die Argumente verständlich zu *rekonstruieren* und in dialektischer Manier die wichtigsten Fragen und Einsichten herauszuarbeiten, damit am Ende eine für alle tragbare Entscheidung getroffen werden kann.

2.2.5 Spekulative Methode

Das lateinische Wort *speculari* bedeutet „erspähen" oder „auskundschaften". Mit dieser Methode denken wir über mögliche Zukünfte nach und entwerfen utopisch anmutende Szenarien. Werden diese Szenarien für bestimmte Fragestellungen methodisch bewusst eingesetzt, dann sprechen wir von *Gedankenexperimenten*. Gedankenexperimente sind notwendige Bestandteile natur- und geisteswissenschaftlichen Arbeitens. Sie sind ein Werkzeug, das wir einsetzen können, um eine bestimmte Regel oder Behauptung zu *kritisieren* („Was passiert, wenn wir diese Regel in einer anderen Situation anwenden? Gilt sie dann immer noch?"), um die *Folgen* einer Handlung bzw. Annahme *abzuschätzen* („Stell dir vor, wir führen x ein, was bedeutet dies dann für y?") oder um aus *Fehlern zu lernen* („Was hätten wir/ich tun müssen, damit x nicht passiert wäre?"). Gedankenexperimente sind *fiktiv* (wie z. B. Utopien oder Märchen) und *hypothetisch* (angenommen, es verhält sich so und so). Sie changieren zwischen den Kategorien wirklich/unwirklich, möglich/unmöglich, plausibel/unwahrscheinlich (umfassend vgl. Engels, 2004, Bertram 2012).

Unsere Eltern könnten ihre Überzeugungen also durch ein Gedankenexperimente stützen, um die Folgen des Digitalkonsums zu verdeutlichen. Personen mit einem negativen Weltbild diesbezüglich könnten ein eher dystopisches Szenario entwerfen: Angenommen, alle Schulen schaffen die klassische Tafel und den Tafelanschrieb ab, es wird nur noch mit dem Computer gearbeitet, und auch zu Hause werden alle Aufgaben digital erledigt und auch die sozialen Kontakte in den digitalen Raum verlegt, so dass junge Menschen praktisch den ganzen Tag vor dem Bildschirm verbringen (müssen): Welche Fähigkeiten gehen dann verloren? Sind das Fähigkeiten, die wir als menschliche Gemeinschaft dringend benötigen und die unserem Zusammenleben, wenn wir sie nicht mehr beherrschen, schaden? An dieses Gedankenexperiment anknüpfend werden für das Überleben der Menschen in sozialen Gruppen wesentliche Fähigkeiten aufgeführt, die verloren gehen würden. Und es können Daten empirischer (und interkultureller) Studien angeführt werden, die verdeutlichen, welche Fähigkeiten bereits verloren gegangen sind: Viele jungen Menschen sind in ihrer Sprachfähigkeit eingeschränkt, können ihre Gedanken und Gefühle nicht mehr ausdrücken, keine komplexen Sätze mehr bilden und verstehen, haben eine eingeschränkte Aufmerksamkeitsfähigkeit, verlieren ihre Kreativität und die Fähigkeit frei zu spielen usw. – wichtige Fähigkeiten für ein selbstbestimmtes, solidarisches Leben. Selbstverständlich kann diese futuristische und mit empirischem Datenmaterial gestützt Spekulation von Personen, die die technologische Zukunft positiv bewerten, angezweifelt und entkräftet werden.

Warum ist die Methode wichtig? Spekulatives Philosophieren erweitert den Blick, verlässt festgefahrene und im Konkreten verhaftetes Antwortsuchen und ermöglicht einen offenen, kreativen Denkprozess. Um *neue Einsichten* über ein bekanntes Gebiet zu erhalten, müssen die bekannten Grenzen häufig verlassen und zunächst als abwegig oder kontraintuitiv erscheinende Fragen gestellt werden. Die Naturwissenschaften stellen in der Regel Gedankenexperimente an, um diese später in *Realexperimenten* nachzustellen, denn dadurch lassen sich ihre Hypothesen bestätigen – oder widerlegen. Und selbstverständlich hat man bereits eine bestimmten *Erfahrungshintergrund,* der die Fragestellung und die Form des Gedankenexperiments bestimmt. Bereits vorliegende Erfahrungen (oder Datenmaterial) können dann, wie im obigen Beispiel der Eltern, an das Gedankenexperiment anknüpfen.

Außerdem macht das Philosophieren mit Gedankenexperimenten den meisten Menschen – und insbesondere Kindern – viel Spaß! Philosophisch unergiebig wird es, wenn man in wilde Spekulationen und Phantasien abdriftet, die für das konkrete Problem nicht mehr relevant sind. Man darf beim Philosophieren also gerne Luftschlösser erbauen und „herumspinnen", aber dabei sollte nicht vergessen werden, welches Ziel man damit verfolgt.

2.3 Umsetzungsvorschläge und Erfahrungen aus der Praxis: Die fünf Methoden für das Philosophieren mit Kindern

Im Folgenden werden für jede Methode einige Praxishinweise und -vorschläge präsentiert. Diese zeigen nur einen kleinen Ausschnitt von dem, was möglich ist, und soll Sie als Lehrkraft anregen, selber aktiv und kreativ zu werden. Es wird eine *Auswahl an Signalverben* angegeben, die Ihnen bei der Formulierung von Fragen für Gesprächsimpulse und Diskussionspläne helfen sollen und die den Kindern anzeigen, was von ihnen erwartet wird. Ich wähle bewusst nicht den mittlerweile für die schulische Bildung vorgeschriebenen Begriff ‚Operator', obwohl es natürlich Überschneidungen gibt. Operatoren sind handlungsanweisende Verben (z. B. benenne, übertrage, diskutiere), die den Schüler*innen signalisieren, welche Art von Tätigkeit von ihnen verlangt wird. Damit soll sichergestellt werden, dass der Arbeitsauftrag klar umrissen und erfüllbar und die zu erbringende Leistung überprüfbar ist. Für die höheren Klassen sind Operatoren durchaus sinnvoll, auch wenn eine zu frühe Konzentration auf eine überschaubare Menge an Operatoren kreativitätshemmend sein kann. Für das Philosophieren mit Kindern sollte möglichst darauf verzichtet werden. Hier ist es viel wichtiger, dass die Lehrkraft während des Philosophierens einen reichen Schatz an Fragen und Signalverben kennt, um die Fragen und Probleme des Themas während der Gespräche klar zu benennen und angemessen auf die Beiträge der Kinder eingehen zu können.

2.3.1 Phänomenologische Methode

Darum geht es Zum einen geht es um die Sinnesschulung: Bewusstes Sehen, Hören, Riechen, Schmecken, Tasten. Zum anderen geht es darum, innere Erlebnis- und Gefühlszustände beim Betrachten von Bildern und Fotografien, von Kunstwerken, von Videos, von Situationen und Vorfällen, von menschlichem Verhalten zu erfassen und sprachlich umzusetzen. Dazu gehören auch Beschreibungen von Erinnerungen oder das Sich-Einfühlen in die Erlebenswelten anderer Personen.

- **Ziele**

Wahrnehmungsschulung – Detailgenauigkeit beim Sehen, Hören, Riechen, sich Erinnern, sich Vorstellen etc.

Sprachschulung – Finden von Verben und Adjektiven für alle Arten von Sinneswahrnehmungen, Situationsbeschreibungen, Erinnerungen, Körperempfindungen, Gefühlen.

Aufmerksamkeitsschulung – Verlangsamung von Denk- und Wahrnehmungsprozessen, Genauigkeit im Wahrnehmen und Erleben.

- **Signalverben**

Für Sinnesdaten – *Beobachte, betrachte, höre genau hin, rieche, schmecke, ertaste* etc.

Für inneres Erleben – *Erinnere dich an, stelle dir vor, empfinde nach, versetze dich in die Situation X.*

- **Unterrichtsbeispiele**
- **Übung Kunst/Bilder/Fotografien analysieren:** z. B. Paul Klees Werk „Kamel in rhythmischer Baumlandschaft (1920)" (◘ Abb. 2.1 und 2.2). Betrachte das Bild und beschreibe, was du siehst. Zum Tier: Welches Tier kannst du erkennen? Wo befindet sich das Tier? Zu den Pflanzen: Welche Pflanzen kannst du erkennen? Um welche Baumgattung könnte es sich handeln? Wie viele Bäume siehst du? Wie viele größere Bäume siehst du? Wie viele kleinere Bäume siehst du? Formen: Welche geometrischen Formen erkennst du? Wie sind sie angeordnet? Aus welchen geometrischen Formen besteht das Tier/ die Bäume/ die Landschaft? Warum nennt Klee das Bild „rhythmisch"? Wo erkennst du Rhythmen? Als Abschluss können die Schüler*innen das Gemälde von Klee nachmalen, indem sie sich auf die für die wichtigsten Formen, Farben und Gegenstände konzentrieren.
- **Übung Riechen:** Man bereitet Gläschen vor, in denen sich je ein Wattebausch befindet, der mit einem Duftöl getränkt ist. Die Schüler*innen sollen alle daran riechen und ihren Lieblingsduft markieren. Mit weiteren Düften kann die Übung wiederholt werden, diesmal so, dass die Lehrperson an die Düfte jeweils schreibt, wie selten, wertvoll, teuer oder billig sie sind. Nach der Abstimmung über den Lieblingsduft kann man erörtern, ob das Wissen um die Seltenheit und den finanziellen Wert Einfluss auf unsere Bewertung und auf unsere ‚Likes' hat. Außerdem kann man diese ‚schönen' Düfte mit ekligen und abstoßenden Düften vergleichen und darüber philosophieren, warum Gerüche für Menschen (und Tiere) so wichtig sind und auf welche Weise Gerüche unsere Beziehungen zu anderen Menschen prägen und steuern.

Philosophieren mit der 5-Finger-Methode

Abb. 2.1 Bild von Paul Klee, Kamel in rhythmischer Baumlandschaft (1920). (Quelle: Wikimedia Commons)

Abb. 2.2 Bild von Paul (8 Jahre alt)

- **Übung Stadtspaziergang:** Ziel ist es, mit Ruhe und Aufmerksamkeit durch den Ort zu gehen, den man bereits zu kennen glaubt. Ziel ist es, in bereits bekannten Straßen, Häusern, Geschäften usw. neue Dinge, nicht gesehene Farben und Formen, übersehene Botschaften, aber auch andere Stimmungen und Gefühle zu entdecken. Diese Übung sollte in Ruhe und eher in Einzel- oder Paararbeit erfolgen. Es empfiehlt sich, dass ein kleines Notizheft mitgenommen wird, in dem Ort und Neuentdeckung (bzw. Gedanken und Gefühle) aufgeschrieben werden. Nach dem Rundgang tauschen sich die Schüler*innen aus und kommen in ein Gespräch über ihre Erlebnisse. Fortgeschrittene können ihren Stadtgang unter einer bestimmten Fragestellung durchführen. Zum Beispiel: Suche nach „Zeichen der Macht". Hier werden Dinge wie Verkehrszeichen und Ampeln, Banken, Lebensmittelketten oder z. B. McDonald's genannt werden. Im Anschluss kann darüber diskutiert werden, welche Formen von Macht vorliegen, worin sie sich unterscheiden und auf welche Macht man verzichten und auf welche man nicht verzichten kann. Ebenso kann man sich mit der Lerngruppe auf einen belebten Platz setzen und die Schüler*innen für eine gewissen Zeit das Geschehen beobachten lassen: Welche Menschen(gruppen) siehst du? Wie wirken die Menschen auf dich? Hier können, wie oben, thematisch passende Kriterien zur Verfügung gestellt werden, unter denen die Beobachtung stattfinden soll (z. B. Gesichtsausdrücke, Haltung, Gang, Kommunikationsverhalten, Kleidung, Tempo, Berufsgruppen etc.).

2.3.2 Hermeneutische Methode

Darum geht es Hermeneutische Kompetenzen zu schulen bedeutet, die Kinder mit altersgerechten Medien an die verschiedenen Erschließungsmöglichkeiten heranzuführen, die für das Verstehen philosophischer Texte und Gedanken notwendig sind. Lehrkräfte sollten deshalb mit Lesestrategien und neuen Thematiken wie z. B. Sprachsensibilität vertraut sein (siehe z. B. Albus & Schalk, 2020). Für das Philosophieren mit jungen Menschen eignen sich eine ganze Reihe von Textsorten. So gibt es zum einen *nicht-philosophische* Texte, in denen der philosophische Bezug mit der Lehrkraft herausgearbeitet werden muss. Hier steht die konkrete Lebenswelt der Kinder im Vordergrund, ihnen bekannte lebensnahe Situationen und Konflikte, die zum Anlass genommen werden, in das philosophische Denken einzuführen. Zu diesen Textsorten zählen Bilderbücher (s. ▶ Kap. 5), Comics, Jugendliteratur, Fabeln, Märchen, Gedichte, Zeitungsartikel u.v.m. Zum anderen gibt es *philosophische Originaltexte,* die entweder nur als Zitat, als Kürzesttext (s. ▶ Kap. 12) oder als gekonnt zusammengestellte Textausschnitte verwendet werden. Außerdem gibt es *umgeschriebene Texte,* die den Inhalt eines philosophischen Originaltextes auf die Lebenswelt der Kinder anpassen und in eine kindgerechte Sprache umformulieren. Die philosophischen Grundgedanken bleiben erhalten, aber der historische Kontext, Fachausdrücke und alle weiteren Verstehenshindernisse werden entweder ausgeblendet oder transformiert.

- **Ziele**
  – Den vornehmlich sprachlichen Inhalt von Textmaterial (in schriftlicher, gesprochener oder filmischer Form) mit verschiedenen Methoden erschließen können. d. h.:
  – Die philosophisch relevanten Kernaussagen/Kerngedanken identifizieren können
  – Die Gedankengänge im Sinne der Autor*innen wiedergeben können
  – Lernen, selber Fragen an den Text zu stellen (Dinge, die nicht verstanden wurden, unklar sind oder problematisch erscheinen)
  – Die Inhalte des Textes auf unsere Lebenswelt (persönlich oder gesellschaftlich) anwenden können

- **Signalverben**
Beschreibe, erzähle, gib wieder, benenne, deute, versetze dich in die Situation von X, fasse zusammen, übertrage

- **Unterrichtsbeispiele**

Es gehört zu den wichtigsten Aufgaben von Lehrkräften, geeignete Texte für das Philosophieren herauszusuchen. Deshalb sollen im Folgenden einige Ergebnisse aus einer *vergleichenden Textsortenarbeit* vorgestellt und diskutiert werden. Wenn es um das Philosophieren mit jungen Menschen geht, herrscht häufig die Ansicht vor, dass Texte, die extra für Kinder geschrieben sind, *automatisch* die für den Unterricht geeigneteren sind. Kindertexte verzichten auf Fachbegriffe, historische Sprachformen, unbekannte Hintergründe, komplexe Satzgebilde usw., so dass man annimmt, ohne Umschweife ins Philosophieren zu kommen, weil die Motivation, sich mit den Gedanken auseinanderzusetzen, hier größer ist, als wenn man einen Originaltext zugrunde legt. In der Regel ist das korrekt. Aber aus dieser Überzeugung sollte man kein allgemeines Prinzip machen, denn jungen Menschen kann (und muss) häufig mehr zugemutet werden, als man glaubt. Außerdem ist das Philosophieren ein *kontinuierlicher Aufbau komplexer Sprachfähigkeiten*, so dass Lehrkräfte angewiesen sind, ihre Lerngruppen immer wieder zu testen und herauszufordern. Das heißt selbstverständlich nicht, dass junge Menschen sich mit historischen Texten abquälen müssen, die zu ihrer Zeit nur für ein *ausgebildetes, erwachsenes Fachpublikum* geschrieben wurden. Eine solche Arbeit fördert höchstens die Abneigung vor der Philosophie und führt zu unverstandenem Nachplappern. Ein Gespür für die Fähigkeiten und Lernfortschritte der Schüler*innen zu entwickeln und darauf aufbauend sukzessive Texte mit erhöhtem philosophischen Gehalt und sprachlicher Komplexität auszuwählen, gehört deshalb zu den wesentliche Kompetenzen des Berufsalltags. Die folgenden Erfahrungen einer längeren Unterrichtseinheit sollen diese Ansicht stützen.

Die Unterrichtseinheit bestand aus dem Lesen und Diskutieren des Höhlengleichnisses in zwei Formen, der Originalversion von Platon und einer für Kinder umgeschriebenen bebilderten Geschichte (Inhaltsangabe s. u.). Mit 16 Schüler*innen einer sehr heterogenen 6. Klassenstufe, die bereits zwei Jahre Philosophieunterricht gehabt hatten, wurde zuerst das Kinderbuch gelesen. Jedes Kind las es für sich, die Lehrkraft stand für Fragen zur Verfügung, wahlweise wurden Lern-Tandems gebildet. Die Kinder wussten, dass es sich um einen für Kinder umgeschriebenen Text handelte, der auf das Platonische Höhlengleichnis zurückgeht. Viele Kinder fanden die Geschichte „irgendwie komisch" und fragten wiederholt, ob dieses oder jenes auch bei Platon so stand (was ich meistens verneinte). So gab ich ihrem Wunsch (und ihrer Neugier) nach, auch einmal das Original zu hören, und las ihnen im Anschluss an ausgiebige Diskussionen mit dem Kinderbuch die Originalversion in einer modernen Übersetzung vor(Martens, 2003a, S. 42–45). Die Kinder durften immer Stopp sagen, sobald sie etwas nicht verstanden hatten oder Fragen auftauchten. Nach einigen Sätzen wurde automatisch angehalten und gefragt: Was passiert hier gerade? Was bedeutet dieser oder jener Ausdruck?

Platons Höhle
Verärgert kommt Elisa aus der Schule: Sie soll ein Referat über Platons Höhlengleichnis halten, aber scheitert schon beim ersten Anlauf, da sie nicht weiß, was ein Gleichnis überhaupt sein soll. So kommt es dazu, dass der Vater, in Form einer Geschichte, die er im Dialog mit Elisa entwickelt, das Höhlengleichnis erklärt. Die Geschichte handelt von einem Jungen, der seine beiden Geschwister entdeckt, die zu ihrem Schutz in einer Höhle gefesselt sind, in der sie ihr ganzes Leben immer nur die Höhlenwand sehen konnte. Die Schatten, die auf der Wand zu sehen sind, sind alles, was die Geschwister kennen und sie halten es für die Wirklichkeit. Die Befreiung aus der Höhle löst, zuwider der Erwartungen, Panik und keine Freude in dem Bruder aus, begleitet von dem Wunsch zurück in die vertraute und sichere Höhle zurückzukehren. Doch durch die Erklärung des Jungen erkennt der Bruder das Gute in der neu gewonnen Freiheit. Der Versuch, die Schwester von der gleichen, neugewonnen Erkenntnis zu überzeugen, scheitert allerdings. Denn es gibt keine guten Gründe, die sie von der guten Freiheit überzeugen könnten, wenn all das, was sie bis jetzt angenommen und gelernt hat, auf das Gegenteil hindeuten. Das abrupte Ende frustriert Elisa und sie sucht nach Antworten auf all ihre Fragen. Durch eine weitere Geschichte versucht der Vater diese zu beantworten. So beginnt Elisa selbst zu philosophieren und hinterfragt eigenständig, was Wirklichkeit ist und wieso Ungewissheit einem das Gefühl von Sicherheit gibt. Gemeinsam mit dem Vater experimentiert sie mit dem Ende der Geschichte und kommt zu der Erkenntnis, dass sie, wenn sie groß ist, für „alle Menschen Freiheit" finden möchte, auch wenn diese zu Beginn unangenehm ist. (Inhaltsangabe des Büchleins *Platons Höhle* aus Krohn & Nüssli, 2009)

Im Anschluss an das Philosophieren mit dem Höhlengleichnis, wollte ich von den Kindern wissen, wie die beiden Texte von Ihnen verstanden und bewertet wurden und habe einen Fragebogen entwickelt (den ausgefüllten Fragebogen finden Sie hier ▶ https://link.springer.com/chapter/10.1007/978-3-662-66182-6_2). Das Ausfüllen wurde während des Unterrichts durchgeführt, um auszuschließen, dass elterliche Hilfe in Anspruch genommen wurde. Aus Platzgründen können hier nur zwei auffällige Ergebnisse präsentiert werden, die selbstverständlich nur auf *diese Lerngruppe* zutrafen und nicht verallgemeinert werden dürfen. Aber sie geben zum Denken Anlass und können für Lehrkräfte ein Impuls sein, ihre Unterrichtsmaterialien oder -methoden häufiger nach bestimmten Kriterien zu evaluieren.

- Vergleichsmerkmal Sprache: Bei der Beurteilung der Sprache war den meisten klar, dass Kinderbücher bestimmte Ziele verfolgen. Hier wurde z.B. bemerkt der Text sei „für Kinder einfach zu verstehen", „kindgerecht", „einfach zu lesen", er hätte „keine Fachausdrücke" sei „modern". Der Originaltext hingegen sei „sehr erwachsen, philosophisch", „ganz fachlich, kritisch und gebildet" und „altmodisch, im Dialog gesprochen".
- Vergleich des Sinnverstehens: Die Frage, was die Botschaften in beiden Texte ist, zeigte große Unterschiede zwischen den Schüler*innen. Einige schrieben „Keine Ahnung" und „schwer zu beurteilen", sogar bei beiden Geschichten. Einige waren vom Setting der umgeschrieben Geschichte stark geprägt („Das es grausame Eltern gibt die ihren Kindern das Leben verbieten oder sogar nehmen"), für andere war es relativ leicht, den Kern des Originalgleichnisses in den Grundzügen zu erfassen („sie sagt das wenn man etwas neues entdeckt und jemand anderem das erzählt - er das für eine lüge halten kann").

Die Befragung hat in diesem Fall dazu geführt, dass mit den Kindern in der Folge stärker *über* Texte gesprochen wurde. Ebenso können auf diese Weise Möglichkeiten der *Differenzierung und Individualisierung* entwickelt werden, da deutlich wird, welche Schüler*innen auf welchem Niveau Schwierigkeiten mit dem Textverstehen haben und welche Schüler*innen eine stärkere Herausforderung benötigen. Was spricht nun für den verstärkten Einsatz von Originaltexten und was für den Einsatz von kindgerechter Literatur? Es folgen als Abschluss zwei unterschiedliche Auffassungen. Welche überzeugt Sie?

A: Wenn möglich, ist mit umgeschriebenen und kindgerechten Texten zu arbeiten, weil
1. es beim Philosophieren mit Kindern nicht darum geht, dass die Gedanken der Philosoph*innen diskutiert werden, sondern dass diese lediglich ein *Anlass* für das Philosophieren sind,
2. die Eigenart der Sprache, geprägt durch das Zeitalter und die Biografie der Philosoph*in ein *unnötiges Hindernis* ist,
3. philosophieren zu lernen in erster Linie bedeutet, *seine eigene Sprache zu finden*.

B: Wenn möglich, ist das Original zu wählen, weil
1. *philosophisch wesentliche Gedanken* bei einer Texttransformation und -reduktion leicht übersehen und damit unterschlagen werden,
2. die Eigenart der Sprache, geprägt durch das Zeitalter und die Biografie der Philosoph*in, oftmals einen besonderen Reiz ausübt, der *lernförderlich ist und motivationsförderlich* sein kann,
3. philosophieren zu lernen immer auch bedeutet, *sprachliche Vielfalt und Komplexität* zu erlernen.

2.3.3 Analytische Methode

Darum geht es Analytisches Philosophieren zu lernen bedeutet, systematisch-abstrakt denken zu lernen. Der Begründer des Philosophierens mit Kindern, Matthew Lipman, war davon überzeugt, dass die Schulung kritischen und logischen Denkens für die Bewältigung des Lebens und das Verständnis anderer Perspektiven zentral ist. In Bezug auf die 5 Methoden sind analytische Fähigkeiten tatsächlich zentral, denn auf ihr fußt die erfolgreiche Anwendung insbesondere der hermeneutischen und dialektischen Methode: Je besser die analytischen Fähigkeiten ausgebildet sind, umso besser wird die Fähigkeit sein, Texte zu erschließen, Argumente zu erkennen und selber argumentieren zu können.

- **Ziele**
- Begriffe möglichst genau beschreiben und definieren
- Zusammenhänge zwischen Begriffen erkennen und beschreiben
- Mit Begriffsnetzen (Mindmaps) Zusammenhänge zwischen Begriffen/Vorstellungen/Konzepten *systematisch* darstellen
- In (schriftlichen und mündlichen) Aussagen und Behauptungen philosophisch relevante Begriffe identifizieren können
- Erkennen können, welche Aussagen oder Fakten eine Behauptung *stützen oder widerlegen*
- Lernen, Gespräche auf Grundlage von Argumenten zu führen

- **Signalverben**

(er)kläre/ analysiere den Begriff, (er)kläre/analysiere den Spruch/das Zitat, zerlege, ordne, definiere, finde eine gute Begründung für X

- **Unterrichtsbeispiele**

Die folgenden Beispiele zeigen Möglichkeiten zur Arbeiten mit Begriffen. Die ersten beiden Mindmaps zum Thema „Was ist ein gutes Leben?" entstanden in Gruppenarbeiten und wurden von Schüler*innen durchgeführt, die bereits ein Jahr Philosophieunterricht hatten. Wichtig ist es, dass Sie sich nach Fertigstellung der Arbeiten die unterschiedlichen Zugangsweisen und Denkprozesse der Kinder genau erklären lassen und mit ihnen zusammen die Auswahl der Merkmale und die Zusammenhänge analysieren und befragen. Während z. B. Gruppe A drei Hauptkriterien – „Gefühle", „Dinge" und „Umgang mit Menschen" –

Philosophieren mit der 5-Finger-Methode

ausgemacht hat und anhand dieser eine Liste an passenden Merkmalen aufführt, war es der Gruppe B bei all ihren Überlegen sehr wichtig, das Prinzip der goldenen Mitte anzuwenden („nicht kleine Hütte oder Riesenvilla"). Hier ist unschwer die Aristotelische Lehre von der „Tugend der Mitte" (Mesoteslehre) erkennbar. Als Lehrperson sollten Sie die Anwendung dieses Prinzip auf jeden Fall erkennen und würdigen; es könnte ein guter Anlass sein, im Anschluss einen kleinen Textausschnitt aus Aristoteles' *Nikomachischer Ethik* miteinzubeziehen, um dieses Prinzip zu diskutieren. Grundsätzlich sollten komplexe Mindmaps, wie die hier abgebildeten, nicht nur von den Schüler*innen präsentiert und recht spontan einige Merkmale diskutiert werden (was leider sehr häufig geschieht). Die Erstellung der Mindmaps hat relativ viel Zeit in Anspruch genommen. Nehmen Sie sich also die Zeit, z. B. mit einem *Gallery Walk,* zunächst Notizen zu machen und die Arbeiten im Anschluss ausführlich zu besprechen. Es bieten sich danach viele Möglichkeiten, an bestimmte Charakteristika des guten Lebens (z. B. „gute Familienbeziehungen" oder „kein schlechtes Gewissen haben") mit neuen philosophischen Themengebieten anzuknüpfen (◘ Abb. 2.3, 2.4, 2.5 und 2.6).

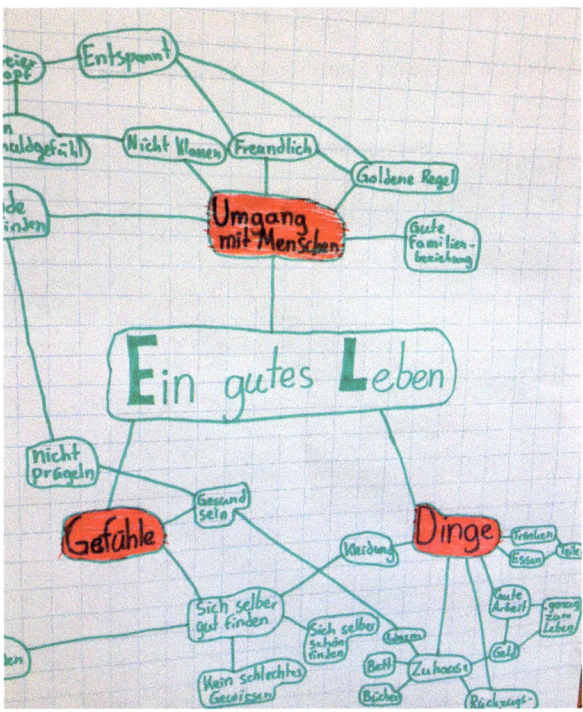

◘ **Abb. 2.3** Visualisierung in Form einer Conceptmap, Gruppe A

Abb. 2.4 Visualisierung in Form eines Baumdiagramms, Gruppe B

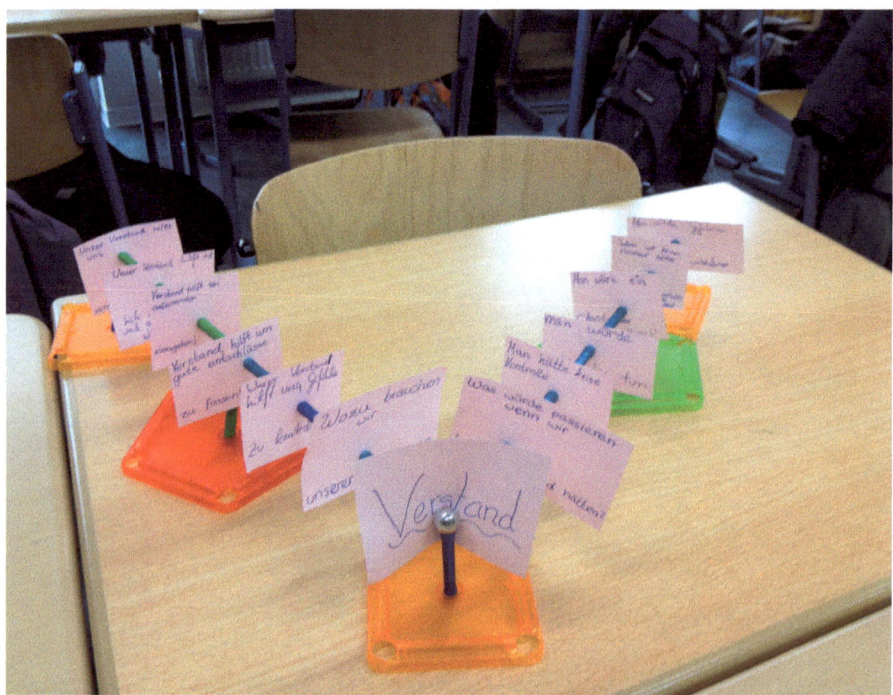

Abb. 2.5 Magnetmolekül: Was zeichnet den Verstand aus? Leonie und Max (beide 11 Jahre alt)

Abb. 2.6 Magnetmolekül: Was zeichnet den Verstand aus? Bjarne (10 Jahre alt)

2.3.4 Dialektische Methode

Darum geht es Mitunter wird die dialektische Methode als die wichtigste Methode des Philosophierens gehandelt und sie nimmt im Unterricht wahrscheinlich auch den größten Raum ein. Das liegt daran, dass man beim Philosophieren auf die anderen und ihre unterschiedlichen Perspektiven angewiesen ist, wenn sich ein ausgewogenes Urteil über eine philosophische Frage bilden will. Viele Lehrkräfte sagen nach einer hitzig geführten Gruppendiskussion allerdings häufig: „Das war jetzt gut! Das Thema hat sie voll interessiert, die wollten gar nicht aufhören!" Die Freude über den Spaß und das Engagement der Schüler*innen ist zwar gut nachvollziehbar – aber wurde auch auf Schulung der philosophisch relevanten Kompetenzen geachtet, wie z. B. genaues Zuhören oder Eingehen auf die Aussagen, Behauptungen und Argumente der anderen? Ein lebendiges Gespräch darf nicht über die Tatsache hinwegtäuschen, dass es oft nicht mehr ist als das: ein lebendiges Gespräch.

- **Ziele**
- Gutes und genaues Zuhören, aufeinander eingehen
- Die eigene Position verständlich uns selbstbewusst vertreten können
- Mut entwickeln, anderen Positionen zu widersprechen
- Sich selber korrigieren und kritisieren lassen können
- Perspektivenwechsel einnehmen können
- Eine gemeinsame Verständigungsebene schaffen und Lösungsansätze entwickeln können

- **Signalverben**

Diskutiere, bespreche, überlege, vergleiche die Position x mit Position y, argumentiere aus Sicht von x

- **Unterrichtsbeispiele**

Es gibt eine Vielzahl von Gesprächsformaten, die in der Lehramtsausbildung mittlerweile Standard sind und die sich für philosophische Gespräche ausgezeichnet eignen. Dazu zählen z. B. „Fishbowl" oder „Jigsaw" (z. B. Mattes, 2001). Für Kinder sind lange Gespräche in Gruppen häufig zu anstrengend, so dass man auf einige Bedingungen achten sollte, die einen zielführenden Austausch erleichtern:
1. Zeitlich begrenzter und geregelter Ablauf
2. Philosophische Fragestellung nicht verlieren
3. Wenn einige Erfahrung mit dem Philosophieren vorhanden ist: Einbindung der Schüler*innen in die Gestaltung und Durchführung der Gespräche

Ein Beispiel für eine sehr aktivierende, aber auch vorbereitungsintensive Methode ist die Gerichtsverhandlung. Eine Gerichtsverhandlung ist eine Form des Rollenspiels, die sich als Abschluss für eine zuvor besprochene Thematik eignet, insbesondere für die Diskussion *moralischer Fragen* (z. B. Anselm & Weigand, 2021) und schult die Anwendung aller 5 Methoden. Gerichtsverhandlungen, Planspiele und Rollenspiele bieten einen idealen Rahmen, um philosophisches Denken zu üben und schrittweise das Argumentieren zu lernen (vgl. die analytische Methode). Durch die Einbindung in die Gestaltung des Raumes, der Rollen und des Ablaufs sowie durch die Einbettung philosophischer Diskussionen in soziale Kontexte, geben sie den Kindern einen geregelten Rahmen vor, der ihnen einen maximalen Freiraum bietet für die Erprobung und Darstellung ihrer Gedanken. Zentral sind hierbei eine ausreichende und passende Zahl an Rollenkärtchen, die man auch mit den Kindern zusammen erstellen kann (bei einer Gerichtsverhandlung z. B. Richter, Gerichtsdiener, die für geregelten Ablauf sorgen, Journalisten, die den Prozess dokumentieren und natürlich die Angeklagten, Zeugen und Verteidiger). Die Rollenbindung kann einige Schwierigkeiten mit sich bringen, denn viele Kindern wollen eine andere Rolle oder sie können sich nicht (zufriedenstellend) in ihre Rolle hineinversetzen. Hier gilt es, vorbereitende Übungen anzustellen, damit den Kindern der Wert einer Argumentation aus einer fremden Perspektive deutlich wird.

Grundlage für Gerichtsverhandlungen können klassische philosophische Themen sein (z. B. Sollte Sokrates verurteilt werden? Platon: *Apologie*) oder alle moralisch strittigen Fälle aus der Lebenswelt. Hier wäre z. B. die Geschichte von Gail Posner interessant, die ihrem Chihuahua-Hündchen Millionen vererbt hat und ihrem Sohn fast nichts (*Focus online* 15.11.2013).

2.3.5 Spekulative Methode

Darum geht es Philosoph*innen bedienen sich seit jeher der Gedankenexperimente für eine Vielzahl von Zielen (z. B. Freese, 1995; Bertram, 2012). Auch im schulischen Unterricht kann auf Gedankenexperimente nicht verzichtet werden

(z. B. Peters & Peters, 2020). Das gleiche gilt, wenn auch in vereinfachter Form, für das Philosophieren mit Kindern. Das oben vorgestellte Höhlengleichnis ist ein Gleichnis in Form eines (verdeckten) Gedankenexperiments: Platon entwirft ein Szenario, das den Übergang menschlicher Unwissenheit zur Einsicht in die Wahrheit schildert. Es ist eine anthropologische Deutung, die beschreiben soll, was die Gattung Mensch auszeichnet. Man kann anhand dieses Gleichnisses nun ein weiteres, *unverdecktes* Gedankenexperiment formulieren: Nehmen wir an, Platon hat recht und es gibt Ideen als Urbilder einer überzeitlichen Wahrheit, welche Konsequenzen ergeben sich daraus für unser Leben? (Engels, 2004, S. 102 ff.). Zwei für das Philosophieren besonders **zentrale Funktionen von Gedankenexperimenten** sind:

- *Erkenntnisgewinn in einer bedeutsamen philosophischen Frage:* „Angenommen wir sind körperlose Gehirne im Tank, deren Nervenenden von einem bösen Wissenschaftler mit einem Computer gesteuert werden. Könnten wir überhaupt erkennen, dass wir Gehirne im Tank sind?" Für den Philosophen Hilary Putnam, der dieses Gedankenexperiment entworfen hat, lautet die Antwort: Nein (vgl. ausführlich Putnam, 1982, ▶ Kap. 1). Hier werden zentrale Fragen zur Natur des Bewusstseins gestellt und eine Antwort auf die alte Frage versucht, ob wir die Außenwelt erkennen können.
- *Abschätzen der Folgen eines Szenarios/einer Handlung:* „Stellt euch einmal vor, eines Morgens sind alle Computer nicht mehr funktionsfähig. Wie sähe dein Leben, das deiner Familie, das der Gesellschaft aus?" Hier sollen Überlegungen dazu angestellt werden, in welchem Ausmaß und in welchen Formen Computer unser Leben beeinflussen. Durch diese Art der Fragestellung wird eine Distanz zur persönlichen Involviertet mit dem Untersuchungsgegenstand geschaffen, so dass innerhalb eines neutralen Denkrahmens sowohl erkenntniserweiternde als auch selbstkritische Überlegungen stattfinden können.

Gedankenexperimente sind nicht mit Phantasiereisen zu verwechseln: Es geht darum, eine Handlung, ein Szenario, eine Position oder ein Prinzip auf seine Folgen bzw. die Implikationen zu testen und nicht darum, einfach lustige Szenen und Phantasievorstellungen zu entwerfen. Phantasiereisen haben natürlich ihren Wert, insbesondere können sie für die phänomenologische Methode eingesetzt werden; philosophisch wird ein Gedankenexperiment aber erst dann, wenn die Verbindung zur philosophischen Fragestellung nicht verloren geht, sondern es zu seiner Klärung beiträgt.

- **Ziele**
- In Geschichten und Filmen Formen von Gedankenexperimenten erkennen
- Mit Hilfe von Gedankenexperimenten eigene und fremde Überlegungen weiterdenken und testen
- Mit Gedankenexperimenten philosophieren
- Eigene Gedankenexperimente entwickeln lernen

- **Signal-Satzanfänge**
Was wäre, wenn/wenn nicht…? Was bedeutet es für die Zukunft, wenn…? Stell dir vor, es verhält sich so und so? Was bedeutet das dann für X? Entwickle ein Gedankenexperiment zu der Frage, ….

- **Unterrichtsbeispiele**
— *Geschichten, Bilderbücher:* Man liest bis zu einer bestimmten Stelle, stoppt und fragt: Wie könnte die Geschichte weitergehen? Aus welchen Gründen glaubst du, dass sie diese Wendung nehmen wird?
— *Philosophieren mit Gedankenexperimenten:* Je nach philosophischer Disziplin und Altersklasse können klassische Gedankenexperimente, wie z. B. der Ring des Gyges (Platon, Der Staat), das oben dargestellte Gehirn im Tank, Science-Fiction-Filme, Geschichten, Märchen und Dilemmata sowie an die Lebenswelt von Kindern und Jugendlichen angepasste Erzählungen eingesetzt werden (z. B. Engels, 2007).
— *Gedankenexperimente sind fester Bestandteil der Arbeit von Naturwissenschaftler*innen:* Für interdisziplinäres Arbeiten können auch berühmte Gedankenexperimente z. B. aus der Physik zum Philosophieren anregen, wenn die Schüler*innen bereits etwas älter und im Philosophieren geübt sind. Albert Einstein arbeitete sehr gerne mit Gedankenexperimenten, um diese dann mit seiner Theorie abzugleichen. Bereits als Jugendlicher fantasierte er, was er wohl sähe, wenn er mit einer Lichtwelle reisen würde. Seine Relativitätstheorie hat ihre Wurzeln im gedanklichen Auf- und Abfahren mit einem Aufzug (Hossenfelder, 2015). Kinder und Jugendliche entwickeln selber Formen von Gedankenexperimenten, sie sind aber nicht immer „philosophisch" in dem hier vorgestellten Sinne. Wenn Sie selber eine Reihe von Gedankenexperimenten kennen und deren Wert kennen gelernt haben, dann können Sie diese in den Gesprächen sowohl besser identifizieren, als auch durch den gezielten Einsatz deren Bedeutung für das Denken sichtbar machen.

2.4 Schlussbemerkungen

Wenn Lehrkräfte und Studierende die Methoden kennen gelernt und sich mit ihnen vertraut gemacht haben, stellen sie in der Regel als erstes zwei Fragen: Muss ich in einer Unterrichtseinheit immer *alle* Methoden verwenden? Sind alle Methoden *gleich wichtig* für das Philosophieren? Auf beide Fragen soll kurz geantwortet werden.

- **Müssen in einer Stunde immer alle Methoden zum Einsatz kommen?**
Jede philosophische Methode hat ihren eigenen Erkenntniswert. Insbesondere am Anfang, wenn Schüler*innen noch wenig Erfahrung mit dem Philosophieren haben oder wenn sie sehr jung sind, sollten alle Methoden zum Einsatz kommen – aber selbstverständlich nicht immer alle in einer Unterrichtseinheit, nicht einmal in einer Unterrichtsreihe. Die Wahl der Methoden richtet sich nach

a) *der Lerngruppe:* Auch die Methoden haben unterschiedliche Schwierigkeitsgrade. Phänomenologische Zugänge sind in der Regel weniger voraussetzungsreich als hermeneutische oder analytische Methoden.
b) *den Lernzielen:* Manchmal steht die Schaffung einer Gesprächskultur im Vordergrund, manchmal die Arbeit mit Textausschnitten. Die philosophischen Methoden wie sie hier vorgestellt wurden sind umfassende Denkmethoden, aus denen punktgenauere Lernziele abgeleitet werden müssen.
c) *der zur Verfügung stehenden Zeit:* In einer idealen Welt würden Sie das Thema ‚Freundschaft' mit einem Austausch über persönliche Erfahrungen beginnen lassen *(phänomenologisch)*, zentrale Begriffe analysieren *(analytisch)*, einige Texte lesen und diskutieren *(hermeneutisch)*, die unterschiedlichen Positionen dieser Texte oder innerhalb der Lerngruppe untersuchen und besprechen *(dialektisch)* und eventuell an einem bestimmten Zeitpunkt ein Gedankenexperiment einfließen lassen, um eine Position zu erläutern oder eine mögliche Welt zur Diskussion zu stellen *(spekulativ)*. Aber erstens haben Sie selten so viel Zeit und zweitens ist ein rigides Abarbeiten von Methoden gar nicht beabsichtigt. Letztlich kommt es darauf an, dass Sie die Methoden kennen und sie flexibel nutzen können. Es ist wie mit der Leiter, die, hat man die letzte Sprosse erklommen, getrost weggestoßen werden kann.

- **Sind alle Methoden gleich wichtig?**

Die erste Rückfrage müsste lauten: Wichtig *wofür?* Einige Antworten wurden eben gegeben. Es kommt stark darauf an, aus welchen Gründen Sie das Philosophieren (mit Kindern) praktizieren. Gibt es einen Lehrplan, an den Sie sich halten müssen oder philosophieren Sie mit Kindern an anderen Orten als der Schule? Es macht einen Unterschied, ob man den Zwängen eines Schulsystems unterliegt oder nicht. Und es macht einen Unterschied, in welchem Land Sie das Philosophieren lehren. In vielen Ländern ist ein freies Philosophieren kaum möglich, da erwartet wird, dass auch dies in Anlehnung an tradierte Lehrmethoden und politische Vorgaben zu geschehen hat (vgl. z. B. den Bericht von Emel 2017 aus der Türkei). Die Frage, ob alle Methoden ‚gleich wichtig' sind, kann also ohne Rücksicht auf bestimmte Rahmenbedingungen und Ziele nicht beantwortet werden. Es kann aber gesagt werden, dass Einseitigkeit vermieden werden sollte, denn die Geschichte der Philosophie ist vielseitig. Philosoph*innen haben sich in ihrer Funktion als kritische Mahner*innen und Analyst*innen immer mit den jeweils herrschenden Werten, Normen, Bildungsidealen und Erkenntnismethoden ihrer Zeit auseinandergesetzt und dabei sehr unterschiedliche Methoden verwendet. Deshalb sollten auch Kindern und Jugendlichen möglichst viele Zugänge angeboten werden.

Literatur

Albus, V., & Schalk, H. (Hrsg.). (2020). *Handbuch Medien im Philosophie- und Ethikunterricht.* C.C. Buchner Verlag.
Anselm, S., & Weigand, A. (2021). BNE-Box. ▶ https://www.bne-box.lehrerbildung-at-lmu.mzl.lmu.de/gerichtsverhandlung/. Zugegriffen: 16. Juli 2022.
Bertram, G. W. (Hrsg.). (2012). *Philosophische Gedankenexperimente. Ein Lese- und Studienbuch.* Reclam Verlag.

Draken, K. (2011). *Sokrates als moderner Lehrer. Eine sokratisch reflektierte Methodik und ein methodisch reflektierter Sokrates für den Philosophie- und Ethikunterricht.* LIT.
Drerup, J. (2022). *Kontroverse Themen im Unterricht. Konstruktiv streiten lernen.* Reclam Verlag.
Emel, E. (2017). *Philosophieren mit Kindern in einer Demokratie in der Krise. Polylog Philosophieren mit Kindern weltweit.* Wiener Gesellschaft für interkulturelles Philosophieren. 37/2017. S. 55–74.
Engels, H. (2004). *„Nehmen wir an…". Das Gedankenexperiment in didaktischer Absicht.* Beltz.
Engels, H. (2007). *Blaue Schokolade. Geschichten zum Denken und Querdenken.* Siebert Verlag.
Focus online. (15.11.2013). ▶ https://www.focus.de/panorama/welt/mit-diamanten-und-peruecke-hund-erbt-millionen-tiere_id_1806212.html. Zugegriffen: 1. Juli 2022.
Freese, H.-L. (1995). *Abenteuer im Kopf. Philosophische Gedankenexperimente.* Beltz.
Hadot, P. (1991). *Philosophie als Lebensform.* Geistige Übungen in der Antike, Gaza.
Haidt, J. (2022a). People should quit social media. Im Gespräch auf Amanpour and Company. ▶ https://youtu.be/RKRuvKtFvqo. Zugegriffen: 22. Juni 2022.
Haidt, J. (2022b). Why the past 10 years of American life have been uniquely stupid. It's not just a phase. ▶ https://www.theatlantic.com/magazine/archive/2022/05/social-media-democracy-trust-babel/629369/. Zugegriffen: 12. Juni 2022.
Haidt, J. (2024). *The anxious generation: how the great rewiring of childhood is causing an epidemic of mental illness.* Penguin Press.
Hossenfelder, S. (2015). Alles nur im Kopf. ▶ https://www.spektrum.de/magazin/einsteins-gedanke-nexperimente/1372436. Zugegriffen: 12. Sept. 2022.
Jackson, T. E. (2017). Primal Wonder – Ursprüngliches Staunen. Jackson__Primal_Wonder_7_2019.pdf (d3n8a8pro7vhmx.cloudfront.net). Zugegriffen: 6. Mai. 2022.
Kim, M. (2013). *Philosophieren mit Kindern als Möglichkeit des interkulturelle Lernens.* LIT.
Krohn, T., & Nüssli, L. (2009). *Platons Höhle.* SJW Schweizerisches Jugendschriftwerk.
Lipman, M. (2008). *Das geheimnisvolle Wesen.* Handbuch. Philosophieren mit Kindern. Übersetzt und herausgegeben von Daniela G. Camhy. Academia.
Lipman, M., Sharp, A. M., & Oscanyan, F. S. (1980). *Philosophy in the Classroom* (2. Aufl.). Temple University Press.
Marsal, E. (Hrsg.). (2015). *Ethik entdecken mit Philo 1/2 und 3/4.* C.C. Buchner Verlag.
Martens, E. (2003a). *Ich denke, also bin ich. Grundtexte der Philosophie.* Beck.
Martens, E. (2003b). *Methodik des Ethik- und Philosophieunterrichts. Philosophieren als elementare Kulturtechnik.* Siebert Verlag.
Martens, E. (2019). Der kulturtechnische Ansatz. In: Peter, M. & Peters, J. (Hrsg.), *Moderne Philosophiedidaktik.* Felix Meiner Verlag.
Mattes, W. (2001). *Methoden für den Unterricht.* 75 kompakte Übersichten für Lehrende und Lernende. Schöningh Verlag.
Nida-Rümelin, J., Spiegel, I., & Tiedemann, M. (2015). *Handbuch Philosophie und Ethik.* Besten Dank und viele Grüße.1, Didaktik und Methodik. Ferdinand Schöningh Verlag.
Peters, J., & Peters, M. (Hrsg.). (2020). *Philosophieren mit Gedankenexperimenten.* Felix Meiner Verlag.
Platon. Der Staat. Werke in acht Bänden. Wissenschaftliche Buchgesellschaft. 359c–360c.
Platon. (1987). Apologie des Sokrates/Kriton. Reclam Verlag.
Putnam, H. (1982). *Vernunft, Wahrheit und Geschichte.* Suhrkamp.
Rentsch, T. (2002). Phänomenologie als methodische Praxis. Didaktische Potenziale der phänomenologischen Methode. In J. Rohbeck (Hrsg.), *Denkstile der Philosophie* (S. 11–28). Thelem Verlag.
Rohbeck, J. (2019). Der transformative Ansatz. In: Peter, M. & Peters, J. (Hrsg.), *Moderne Philosophiedidaktik.* Felix Meiner Verlag.
Spitzer, M. (2012). *Digitale Demenz. Wie wir uns und unsere Kinder um den Verstand bringen.* Droemer Verlag.
Thomas, P. (2021). *Bildungsphilosophie für den Unterricht. Kompetente Antworten auf große Schülerfragen.* Francke (utb).
Thomas, P. (2022). Philosophie und Kunst. Online unter: ▶ http://nbn-resolving.de/urn:nbn:de:bsz:747-opus4-4043.
vwb – Vereinigung der Bayerischen Wirtschaft e. V. (Hrsg.). (2018). *Digitale Souveränität und Bildung. Gutachten.* Waxmann.
Zeitschrift für die Didaktik der Philosophie und Ethik (1/2022). Argumentieren (Hrsg. Burkard, A., Löwenstein, D., & Tiedemann, M.). Buchner Verlag.

Philosophieren mit der Matrix – eine Technik des Philosophierens

Frank Brosow

© Frank Brosow

Für wertvolle Hinweise zu einer früheren Version des Manuskriptes danke ich Bettina Bussmann, Lynn Hartmann, Patrick Maisenhölder und Mechthild Ralla.

© Der/die Autor(en), exklusiv lizenziert an Springer-Verlag GmbH, DE, ein Teil von Springer Nature 2024
B. Bussmann (Hrsg.), *Philosophieren mit Kindern und Jugendlichen*, Philosophische Bildung in Schule und Hochschule,
https://doi.org/10.1007/978-3-662-66182-6_3

Verwendete Materialien	– TRAP-Mind-Matrix
Philosophische Themen	– Philosophieren – Probleme – Begründungen
Methoden	– Philosophische Gesprächsführung
Beispiele aus der Praxis	– Erklärungen der Mondphasen beurteilen
Dauer	– Flexibel (Einzelfrage bis Unterrichtsreihe)
Altersklasse	– Erprobt ab Klasse 5; geeignet ab ca. 9 Jahren

3.1 Einführung ins Thema

Wie elementar ist Philosophieren? Ekkehard Martens (2016) nennt Philosophieren eine *elementare Kulturtechnik,* neben Lesen, Schreiben und Rechnen. In Bezug auf die kulturelle Relevanz des Philosophierens ist dieser Analogie zuzustimmen. Doch ist Philosophieren wirklich so elementar wie Lesen, Schreiben und Rechnen? Und ist es eine *Technik?* Das ‚Lesen der Welt' im Sinne des Entschlüsselns und Verwendens von Symbolen gehört so elementar zum Menschsein, dass diese Fähigkeit nicht erworben, sondern nur noch kultiviert werden muss (Brosow & Stoppe, 2023). Wenn die allgemeine Version dieser Fähigkeit nicht im beschriebenen Sinne elementar wäre, könnte uns keine Didaktik der Welt ihre kulturspezifischen Versionen wie eine konkrete Schriftsprache näherbringen. Mit Lesen und Schreiben ist im schulischen Kontext eben diese kulturspezifische Kultivierung gemeint.

Ein erster Unterschied zum Philosophieren besteht darin, dass die Kultivierung von Lesen, Schreiben und Rechnen *offenkundig* auf aktive Vermittlungsprozesse angewiesen ist. Erwachsene führen diese Tätigkeiten oft intuitiv aus. Aber ohne entsprechenden Unterricht, gezieltes Üben und konstruktives Feedback zu richtiger und fehlerhafter Performanz erlernen Kinder Schriftsprachen wie Deutsch, Englisch oder Mandarin nicht. Dass zum Erlernen des Philosophierens auch ein spezieller Unterricht, gezieltes Üben und konstruktives Feedback notwendig sind, ist weniger offensichtlich und wird oft sogar bestritten. In Deutschland taucht das Fach Philosophie meist erst in der Oberstufe in den Bildungsplänen auf. Man stelle sich Martens Analogie folgend einmal vor, die Fächer Deutsch und Mathematik würden in der Sekundarstufe plötzlich im Bildungsplan auftauchen, ohne dass zuvor Unterricht im Lesen, Schreiben und Rechnen stattgefunden hätte. Offenbar geht man davon aus, dass sich die Befähigung zum Philosophieren im Laufe der Schullaufbahn von allein entwickelt.

Ob das so ist, lässt sich nicht herausfinden, indem wir Menschen einfach fragen, ob sie philosophieren können. Hier liegt der zweite Unterschied zu Lesen, Schreiben und Rechnen: Menschen, die diese drei Kulturtechniken *nicht* beherrschen, brauchen kein Feedback von außen, um das zu bemerken. Wenn wir ein Kind bitten, den Satz „Der Hund bellt." vorzulesen, merkt das Kind sofort und unzweifelhaft, ob es die Zeichen, aus denen dieser Satz besteht, entschlüsseln kann oder nicht. Was wir mit Lesen, Schreiben und Rechnen in diesem elementaren Sinne meinen, ist somit vergleichsweise leicht zu verstehen und abzufragen. Das ist beim Philosophieren anders. Wer nicht philosophieren kann, hat keine klare Vorstellung davon, was mit Philosophieren gemeint ist, und läuft daher Gefahr, es mit anderen mentalen und kommunikativen Tätigkeiten zu verwechseln. Man denkt, man philosophiere, während man in Wahrheit nachdenkt oder redet, im schlimmsten Fall ‚rumspinnt' oder ‚labert'. Ebenso philosophieren Menschen zuweilen, ohne zu bemerken, dass sie es können oder gerade tun.

Ohne ein klares Modell des Philosophierens ist das Abprüfen der Fähigkeit zum Philosophieren deutlich schwieriger als bei Lesen, Schreiben oder Rechnen. Wenn es scheitert und ‚Labern' von anderen als Philosophieren akzeptiert wird, hindert das weitere Menschen daran, den Unterschied zwischen beidem zu erkennen. Ein solcher Teufelskreis könnte sich beim Lesen und Schreiben nur ergeben, wenn wir die Fantasiegeschichte, die sich die Vierjährige ausdenkt, während sie ein Kinderbuch in Händen hält, als ‚Vorlesen', und die Schlangenlinien, die der Fünfjährige aufs Papier bringt, als ‚Schreiben' gelten lassen. Keine Kultur tut das. Das heißt nicht, dass diese Beispiele ohne pädagogischen Nutzen sind. Fantasie ist wichtig, und verstanden als Schwungübungen können auch die Schlangenlinien ihren Sinn haben. Lesen und Schreiben sind jedoch etwas anderes. Beim Fußballtraining mag jede Übungsstunde mit Dehnübungen anfangen. Dennoch sind Dehnübungen kein konstitutiver Teil dessen, was wir Fußballspielen nennen. Sonst würde jemand, der Dehnübungen macht, bereits Fußball spielen. Gutes Philosophieren macht auf solche begrifflichen Differenzierungen aufmerksam.

Wir wissen also nicht, wer wirklich philosophieren kann und wer nur meint, es zu können. Damit die empirische Bildungsforschung diese Frage klären kann, müsste man sich auf einen Maßstab einigen, an dem gemessen sich mentale und kommunikative Prozesse klar als Philosophieren erkennen lassen. Wer meint, dass das Erlernen des Philosophierens keine systematische Unterweisung erfordert, wird die bloße Vorstellung eines solchen Maßstabs jedoch als befremdlich oder sogar bedrohlich empfinden. Die Frage, ob es zum Philosophieren der strukturierten Unterweisung bedarf oder nicht, muss daher als offen betrachtet werden. Die vernünftigste und verantwortungsvollste Reaktion auf diese Erkenntnis ist anzunehmen, dass einige Lernende das Philosophieren ggf. ohne gezielte Unterweisung erlernen, dass andere diese Unterweisung aber ggf. benötigen.

Philosophieren: Technik oder Tätigkeit? Wenn Martens vom Philosophieren als einer elementaren Kulturtechnik spricht, bezieht er sich auf den Vollzug von im weitesten Sinne phänomenologischen, hermeneutischen, analytischen, dialektischen und spekulativen Denkprozessen (Martens, 2016; s. auch ▶ Kap. 2). Diese elementaren Prozesse finden nicht nur beim Philosophieren mit Kindern Anwendung, sondern bilden auch die Grundlage für die philosophische Theoriebildung in den Teildisziplinen der akademischen Philosophie. Wie etwa Carsten Roeger (2016, S. 169) zeigt, ist Philosophieren als solches genau genommen keine Technik, sondern eine Tätigkeit. Das heißt jedoch nicht, dass das Erlernen einer Technik für das Ausüben der Tätigkeit nicht hilfreich ist. Auch Schwimmen ist keine Technik, sondern eine Tätigkeit. Wer noch nicht schwimmen kann, lernt es aber am besten über das Einüben einer Technik (z. B. Brust oder Kraul), nicht durch einen Stoß ins tiefe Wasser. Wenn Personen dieselbe Schwimmtechnik anwenden, lassen sich Vergleiche zwischen ihnen anstellen. Als Kriterien kommen dabei etwa die Sauberkeit der Ausführung, die zurückgelegte Distanz oder die Geschwindigkeit in Betracht. Solche vergleichenden Urteile spielen beim Philosophieren nur eine untergeordnete Rolle. Wenn im *Unterricht* philosophiert wird, gehören sie jedoch zum Schulalltag. Das mag man bedauern. Entscheidend ist, dass die Beurteilung von Leistung unfair wird, wenn die Beurteilten unterschiedliche Techniken anwenden und wenn man es dem Zufall überlässt, mit welchen Techniken sie vertraut sind (Brosow, 2022).

Die Befähigung zum Philosophieren mag sich unter guten Bedingungen analog zum Spracherwerb als Nebenprodukt alltäglicher Sozialisationsprozesse einstellen. Das wären gute Nachrichten. Vor dem Hintergrund der Bildungsgerechtigkeit liegt darin jedoch ein Problem. Sozialisationsprozesse verlaufen sehr unterschiedlich. In Deutschland und der Schweiz liegt der Zusammenhang zwischen Elternhaus und schulischer Leistung deutlich über dem OECD-Schnitt (OECD, 2018). Wer es in die gymnasiale Oberstufe schafft und dort das Fach Philosophie wählt, kann vielleicht wirklich schon philosophieren. Aber wie ermöglichen wir denen die Teilhabe an philosophischen Bildungsprozessen, deren häuslicher Sozialisationsprozess die Aneignung der dafür nötigen Fähigkeiten und Volitionen *nicht* begünstigt? Hier ist die Philosophiedidaktik gefragt. Sie darf nicht nur diejenigen, die schon philosophieren können, beim Erschließen diverser philosophischer Problemfelder unterstützen. Sie muss auch diejenigen, die noch nicht philosophieren können, schrittweise an diese Tätigkeit heranführen. Ziel ist einerseits, philosophische Bildung in die Breite zu tragen, so dass sie ihren kulturellen Nutzen auch in Schularten und Jahrgangsstufen unterhalb der gymnasialen Oberstufe entfalten kann. Andererseits soll dort, wo *vermeintlich* philosophiert wird, tatsächlich philosophiert werden, und wo philosophiert wird, soll *gut* philosophiert werden.

Dies gelingt durch die Vermittlung einer *Technik* des Philosophierens. Das explizite Erlernen einer Technik ist nicht immer notwendig zum Philosophieren; viele kommen auch ohne sie aus. Eine Technik liefert jedoch Orientierung in der Frage, wie man Philosophieren schrittweise erlernen, transparent bewerten und gemeinschaftlich verbessern kann. Wenn Philosophieren analog zum Spracherwerb erlernt wird, stellt eine Technik des Philosophierens die ‚Grammatik' dazu bereit. Eine neue Sprache erlernt man am leichtesten, wenn man in dem Land lebt, in dem die Sprache gesprochen wird, so dass man zu deren Anwendung motiviert ist, um sich verständlich zu machen. Explizite Grammatikstunden braucht es dazu oft nicht. Ob man die Sprache am Ende *gut* spricht, hängt aber stark von dem Umfeld ab, in dem man sie erlernt, und kann nur unter Rückgriff auf ihre Grammatik beurteilt werden. Wenn beim Sprechen etwas falsch läuft, liefert die Grammatik die Regeln und das Vokabular, um präzise zu beschreiben, wo der Fehler liegt und wie er behoben werden kann. Analog dazu erlernen viele, die die Voraussetzungen dafür mitbringen, das Philosophieren einfach durch Mitmachen, z. B. in neosokratischen Gesprächskreisen. Die häufigste Antwort auf meine Frage, wie genau dort philosophiert wird, ist: „Kommen Sie einfach vorbei und philosophieren Sie mit!" Die neosokratische Gesprächsleitung kann oft ansatzlos, frei und intuitiv mit einer Gruppe philosophieren. Wenn sie nicht spätestens auf Nachfrage angeben kann, was Philosophieren von Kommunizieren und was gutes Philosophieren von schlechtem unterscheidet, wird sie die Teilhabe an dieser Praxis aber nur denjenigen ermöglichen können, die über einen ebenso intuitiven Zugang zum Philosophieren verfügen wie sie selbst (Brosow & Stoppe, 2023).

Wie kommt man vom Reden zum Philosophieren? Das Einfache am Philosophieren ist, dass mit dem richtigen Impuls jedes Schulkind sofort damit loslegen kann. Das Schwierige am Philosophieren ist, es von Tätigkeiten zu unterscheiden, die uns noch leichter fallen, die aber weniger ertragreich sind. Dazu gehören das freie *Assoziieren,* also das bloße Treibenlassen der Gedanken, und das freie *Kommunizieren,* das spontane Reagieren auf Dinge, die Personen um uns herum sagen. Beides läuft mühelos ab. In beiden Fällen bauen die Gedanken erkennbar aufeinander auf, haben aber entweder gar kein Ziel oder arbeiten auf ein Ergebnis hin, das schon feststeht, ohne durch Überlegen erst noch gesucht werden zu müssen. Auf den ersten Blick lässt sich *Philosophieren* als das genaue Gegenteil davon beschreiben: Es verfolgt ein Ziel, ohne das Ergebnis des Denkprozesses bereits vorauszusetzen. Oft ist dabei nicht klar, in welcher Weise die Gedanken aufeinander aufbauen. Wir denken entweder an eine Frage, auf die uns nicht sofort eine Antwort einfällt, so dass wir nach dem nächsten sinnvollen Gedanken in der Kette suchen müssen. Oder wir werden mit Gedanken anderer konfrontiert, deren Zusammenhang wir nicht sofort begreifen. Um über Derartiges nachzudenken, müssen wir uns konzentrieren, unserem Denken einen Fokus geben. Das ist immer etwas anstrengend.

Trotz dieser scheinbaren Gegensätzlichkeit ist Philosophieren nicht etwas *völlig* anderes als Denken oder Reden. Es ist Assoziieren und Kommunizieren unter Nutzung eines mentalen Filters, der die Richtung der Gedanken eingrenzt. Der Filter sorgt dafür, dass wir nicht unseren ersten, sondern unseren *besten* Gedanken folgen. Der Unterschied ist in etwa so groß wie der zwischen Singen unter der Dusche und Singen in einem Konzert. Philosophie bedeutet ‚Liebe zur Weisheit', nicht ‚Liebe zur Kreativität'. Sie gilt als Mutter der Wissenschaften, nicht der Weltanschauungen. Das heißt nicht, dass man beim Philosophieren nicht kreativ sein darf oder dass Weltanschauungen nicht philosophisch begründet sein können. Es weist jedoch darauf hin, dass das Elementare am Philosophieren *nicht* im bloßen Meinungsaustausch, sondern in der Reflexion und Selektion von Meinungen besteht. Was uns beim Philosophieren Mühe bereitet, ist das Bei-der-Sache-bleiben, das Unterdrücken und Aussortieren unpassender Gedanken. Es gibt viel, was wir zwar denken und sagen können, dem wir beim Philosophieren aber aus unterschiedlichen Gründen keine Aufmerksamkeit zuweisen sollten. Wer philosophieren kann, hat oft einen *intuitiven* Zugang zu diesen Gründen. Eine *Technik* des Philosophierens macht aus ihnen explizite Regeln und Kriterien. Das erlaubt es, den Prozess des Verwerfens ungeeigneter Ideen schrittweise, transparent und gemeinsam zu vollziehen.

Unpassende Ideen aus dem Strom der Gedanken auszusondern, erfordert Konzentration. Und Konzentration ist anstrengend. Verstehen Sie mich nicht falsch: Diese Anstrengung kann Spaß machen! Im Idealfall kann sie sogar zu einem Flow-Erlebnis werden (Csíkszentmihályi, 2008). Das ist aber nicht immer, nicht für alle in gleicher Weise und vor allem nicht unabhängig von Ausmaß und Dauer der Anstrengung der Fall. Die Versuchung, vom Philosophieren ins bloße Assoziieren oder Reden abzugleiten, indem man den mentalen Filter umgeht oder nur inkonsequent anwendet, ist allgegenwärtig. Aufgabe der Gesprächsleitung ist es, dieses Abgleiten für die Dauer des Philosophierens zu verhindern. Wer den Kindern im Sportunterricht beim ‚Fußballspielen' erlaubt, den Ball in die Hand zu nehmen, lässt die Kinder nicht Fußballspielen. Analog dazu philosophieren die Kinder nicht, wenn sie ihre Gedanken nicht filtern. Es geht dabei nicht darum, was im Unterricht passieren oder nicht passieren darf, sondern was davon ‚Fußballspielen' bzw. ‚Philosophieren' *genannt* wird.

Weil Philosophieren Konzentration erfordert, kann immer nur so lange philosophiert werden, wie es die mentalen Ressourcen der Lerngruppe zulassen. Wie lange das der Fall ist, hängt vom Alter und der mentalen Verfassung der Lerngruppe, der Auswahl des Problems, der Tiefe der Reflexion und der bisherigen Dauer des Philosophierens ab. Sind die Reserven an Aufmerksamkeit aufgebraucht, brauchen die Beteiligten eine Phase der Erholung. Diese muss vom Prozess des Philosophierens getrennt werden, damit die Lerngruppe eine klare Orientierung darüber erhält, wann rein intuitive Denk- und Redeprozesse im entspannten Modus angemessen sind und wann konzentriert philosophiert werden soll.

3.2 Ablauf, Methoden und Materialien

Was heißt Philosophieren? Philosophieren ist eine konzentrierte Art des Denkens und Redens, die sich durch *Problemorientierung* und *Allgemeinheit* auszeichnet.

Die mentale Anstrengung beim Philosophieren kommt daher, dass sich nur über *Probleme* wahrhaft philosophieren lässt, da diese dem Denken Antrieb, Fokus und Widerstand verleihen. Ein *Problem* ist eine Frage, die sich uns aufdrängt, die zu beantworten uns jedoch schwerfällt. Weil Philosophieren im problemorientierten Denken und Reden besteht und nur schwer zu beantwortende Fragen als Probleme zählen, ist Philosophieren ohne Anstrengung nicht zu haben. Unangestrengt können wir nur über (philosophische) Fragen reden, die für uns keine Probleme (mehr) sind. Das trifft z. B. auf die Gesprächsleitung zu, wenn sie die Antwort auf die Fragen, die sie stellt, schon kennt. Für die Lerngruppe ist philosophieren immer anstrengend, weil sie dabei den Widerstand überwinden muss, der sich ihr durch das Problem stellt. Philosophieren vollzieht sich nicht in der Anpassungsdimension von Bildung, in der wir Informationen nur rezeptiv aufzunehmen brauchen, sondern in der Widerstandsdimension, in der wir mit Hindernissen umgehen müssen. (Roeger, 2016, Kap. 4.2). Da Probleme stets einen Lösungsdrang implizieren, existiert glücklicherweise aber immer ein guter Grund, diese Anstrengung auf sich zu nehmen.

Philosophieren mit der Matrix – eine Technik des Philosophierens

Das zweite Kriterium der *Allgemeinheit* ergibt sich aus dem Selbstverständnis der Philosophie als abstrakte Geisteswissenschaft. Die Allgemeinheit des Denkens und Redens kann in drei unterschiedlichen Hinsichten gegeben oder nicht gegeben sein:
1. Der Prozess des Denkens ist allgemein, insofern wir das Denken in seiner allgemeinsten Form als Sammeln und Prüfen von Gründen betreiben. Wenn in diesem Sinne der Weg des Denkens allgemein ist, philosophieren wir der *Form* nach.
2. Der Gegenstand des Denkens ist allgemein, insofern wir inhaltlich von einem allgemein formulierten Problem ausgehen. Wenn in diesem Sinne der Ausgangspunkt des Denkens allgemein ist, philosophieren wir dem *Inhalt* nach.
3. Das Ergebnis des Denkens ist allgemein, insofern wir das Niveau allgemeingültiger Lösungen für unser Problem anstreben. Wenn in diesem Sinne das Ziel des Denkens allgemein ist, philosophieren wir dem *Niveau* nach.

© Frank Brosow

Im Idealfall philosophieren wir der Form, dem Inhalt *und* dem Niveau nach. Solange unser problemorientiertes Denken und Reden in allen drei Hinsichten allgemein ist, lässt sich schwer bestreiten, dass wir gerade philosophieren. Wir verstehen aber auch, was Menschen meinen, denen schon eine oder zwei der drei Spitzen dieses (oben abgebildeten) Dreizacks ausreichen, um von ‚Philosophieren' zu sprechen. Je nach Kontext des Philosophierens ist das zu tolerieren oder anzuprangern. Beim Philosophieren als *Bildungsprozess* ist die unverzichtbare Spitze des Dreizacks das Philosophieren der Form nach. Gemeint ist die Grundfunktion der Vernunft, das Sammeln und Prüfen von Gründen (Mercier & Sperber, 2018, Kap. 10). Nur wo dies stattfindet, wird *philosophiert*. Wer nicht nach Gründen für vorgetragene Meinungen fragt oder beim Feedback zu Beiträgen nicht zwischen guten und weniger guten Gründen differenziert, verwendet den Begriff ‚Philosophieren' auf eine verwässernde und entwertende Weise. Erfreuliche *Nebeneffekte* des Philosophierens wie die Förderung der Fähigkeit zum genauen Zuhören sind *keine* Ziele des Philosophierens. Kein Kind verfolgt beim Philosophieren das Ziel, zu lernen, wie man besser zuhört. Das motivierende Ziel ist die Lösung eines Problems *durch* Philosophieren. Kompetenzen wie genaues Zuhören oder genaues Lesen sind Mittel, um dieses Ziel zu erreichen. Dies umzudrehen, indem man das Philosophieren zum Mittel zum Zweck des Kompetenzerwerbs macht, zerstört die Motivation der Lerngruppe (Maisenhölder, 2022). Das Ziel des Philosophierens ist immer das Entwickeln einer begründeten Lösung für das gegebene Problem durch das Sammeln und Prüfen von Gründen. Wenn fehlende Kompetenzen diesem Ziel im Wege stehen, kann und sollte man diese identifizieren und durch gezielte Übungen fördern. Diese Übungen sind dann Mittel zum Zweck des Philosophierens – nicht umgekehrt.

Der Form nach kann über allgemeine und über konkrete Probleme philosophiert werden. Wenn wir über Probleme in ihrer allgemeinsten Version philosophieren, philosophieren wir zusätzlich dem Inhalt nach, wie es im Fach Philosophie üblich ist. Wenn wir gezielt Gründe suchen, die nicht nur für uns selbst oder bestimmte Gruppen, sondern für *alle* Menschen gute Gründe sind, philosophieren wir dem Niveau nach. Das geschieht in allen Wissenschaften, meist in Bezug auf konkrete Probleme (also ohne das Philosophieren dem Inhalt nach), was diverse, interdisziplinäre Anknüpfungspunkte schafft.

Worüber können wir philosophieren? Die wichtigste Einteilung der vielfältigen Probleme, über die man philosophieren kann, ist die in philosophische und nicht-philosophische Probleme. *Nicht-philosophische* Probleme sind solche, deren Lösung sich auch anhand empirischer oder anderer fachspezifischer Maßstäbe finden und überprüfen lässt. Das Philosophieren über solche Probleme ist ein fächerübergreifendes Bildungsprinzip. Es besteht im Sammeln und Prüfen von Gründen, die für oder gegen alternative Lösungsmöglichkeiten sprechen, bevor die fachspezifischen Methoden der Lösungsfindung angewendet werden. Bettina Blanck lässt Grundschulkinder z. B. darüber diskutieren, ob eine Knetfigur in Wasser schwimmen wird oder nicht (Blanck, 2018). Nachdem alle Gründe vorgetragen und abgewogen wurden, wird die Figur ins Wasser gesetzt, um zu schauen, ob sich die Vorhersage bestätigt. Dieses Abwägen von Gründen erfüllt die Definition des Philosophierens der *Form* und dem *Niveau,* nicht jedoch dem *Inhalt* nach. Das Philosophieren wäre nicht nötig, um herauszufinden, ob die Figur schwimmt. Durch das Sammeln, Prüfen und Abwägen von Gründen entfaltet sich aber ein größerer didaktischer Nutzen als durch das Experiment allein (Beck, 2021, Kap. 3.3).

Philosophische Probleme sind zeitunabhängige Sachfragen (Roeger, 2016, Kap. 2.2.3), deren Lösung *nur* durch Philosophieren der Form nach, also durch das Sammeln und Prüfen von Gründen, gefunden und überprüft werden kann. Der Maßstab, mit dem entschieden wird, ob eine Lösung gefunden wurde und wie gut sie ist, muss hier aus dem Denken selbst gewonnen werden. Anders als das fachunspezifische Philosophieren erfordert das Philosophieren über philosophische Probleme daher philosophische Bildung aufseiten der Gesprächsleitung. Philosophische Probleme sind die allgemeinste Version der Probleme, die sich uns aufgrund unseres Menschseins in der Welt stellen. „Soll ich heute Schweinebraten essen?", ist *kein* philosophisches Problem. „Dürfen Menschen Tiere essen?", *ist* ein philosophisches Problem. Entscheidend für eine philosophische Frage ist, dass sie alle Menschen in ihrem Menschsein in einer teils sozialen, teils natürlichen Lebenswelt betrifft. Zu einem philosophischen Problem wird diese Frage, ns sie sich dem Individuum aufdrängt und wenn sich ihre korrekte Beantwortung als schwierig erweist.

Nicht jeder Mensch *empfindet* jede philosophische Frage als interessant oder als schwer zu beantworten. Es ist nicht zielführend, das mangelnde Problembewusstsein einer Lerngruppe anzuprangern, die eine philosophische Frage nicht als Problem wahrnimmt. Philosophieren ist problemorientiertes Denken und Reden. Man kann einer Lerngruppe daher nur beibringen, was Philosophieren bedeutet, wenn man von einer Frage ausgeht, die sie als ein Problem anerkennt. Im Zweifel ist es besser, zunächst von einer nicht-philosophischen Frage auszugehen, die die Lerngruppe als ein Problem empfindet, als von einer philosophischen Frage, deren Problemcharakter die Lerngruppe nicht anerkennt. Wie man philosophische von anderen Fragen unterscheidet, zeigt Bettina Bussmann im vorliegenden Band (▶ Kap. 1). Das Kaffeefiltermodell von Markus Tiedemann sieht vor, die Lerngruppe selbst bestimmen zu lassen, über welche Probleme sie philosophieren will (Tiedemann, 2017). Die dafür investierte Zeit steht dann jedoch nicht mehr zum Philosophieren zur Verfügung.

Eine ernste Schwierigkeit beim Formulieren und Lösen philosophischer Probleme liegt darin, dass dieselben Worte in der Philosophie zuweilen unterschiedliche Bedeutungen tragen. Scheinbar simple Worte wie ‚Glück' oder ‚Freiheit' meinen Unterschiedliches, wenn es um Glück *haben* oder Glück *empfinden* geht, bzw. darum, ob der *Wille* oder ein politisches *System* frei ist. Bei der Formulierung von Problemen und Konzepten muss und kann nicht jede Bedeutung eines Wortes erfasst werden. Das Kriterium der Allgemeinheit ist nicht so zu verstehen, dass wir uns mit der Verwendung eines Wortes in der Problembeschreibung auf das Philosophieren über *alle* möglichen Bedeutungen dieses Wortes festlegen. Im Gegenteil: Um am selben Problem zu arbeiten, muss sich die Gruppe für *einen* Bedeutungskontext entscheiden. Es ist legitim und zeitsparend, dies beim intuitiven Gesprächseinstieg durch ein *Priming* in Richtung konkreter Kontexte zu begünstigen (Kahneman, 2011, Kap. 4). Unter Priming versteht man das sanfte Lenken der Assoziationen der Lerngruppe in eine bestimmte Richtung, etwa durch die Wahl eines Beispiels aus einem konkreten Kontext. Wird ein allgemeiner Begriff dann später von jemandem auf eine Weise benutzt, die nicht zum Ausgangsbeispiel passt, kann die Gesprächsleitung darauf hinweisen und die Gruppe dazu auffordern, (zunächst) beim engen Verständnis des Begriffs zu bleiben. Sofern die Gruppe lieber über die alternative Bedeutung des Begriffs philosophieren will, muss dieser Themenwechsel transparent erfolgen.

Wie bleibt man am Problem dran? Im Idealfall steht Ihnen nun erstens der Prozess vor Augen, in den Sie die Lerngruppe beim Philosophieren einbinden wollen, und zweitens ein Problem, über das Ihre Gruppe auch wirklich philosophieren will. Doch wie funktioniert jetzt das gemeinschaftliche Aussortieren von Ideen und das Suchen nach einer möglichst guten Lösung? Vielleicht gelingt Ihnen das auf Anhieb intuitiv. Wenn es Ihnen geht wie den meisten meiner Lehramtsstudierenden, wird Ihre Gesprächsführung jedoch davon profitieren, dass Sie das folgende Modell des Philosophierens vor Augen haben. Das Modell heißt *DNA des Philo-*

◘ **Tab. 3.1** Die DNA des Philosophierens / TRAP-Mind-Matrix

Niveau →	**Denken**	**Nachdenken**	**Argumentieren**	**Philosophieren**
	intuitiv	*egozentrisch*	*sozial aber parteiisch*	*unparteiisch*
Problem-↓ bereich ↓	*ohne* Gründe	Gründe für *mich*	Gründe für konkrete *andere* / Gruppen	Gründe für *alle*
Verstehen	Idee	Konzept	Definition	Theorie der Bedeutung
Bewerten	Meinung	Urteil	Argumentation	Theorie der Qualität
Handeln	Impuls	Entscheidung	Haltung / Praxis	Theorie des Verhaltens

sophierens (TRAP-Mind-Matrix), die Technik, die darauf aufbaut, *TRAP-Mind-Theory* (die Akronyme stehen im Englischen für die mentalen Tätigkeiten *Thinking, Reflecting, Arguing* und *Philosophizing*, im Deutschen für *Denken, Nachdenken* und *Argumentieren;* s. ◘ Tab. 3.1).

Das Modell unterscheidet zunächst drei Problembereiche: *Verstehen, Bewerten* und *Handeln.* Ein Problem wie „Was ist gerecht?" wird in jedem Problembereich anders ausgelegt:

— Als Problem des Verstehens: Was bedeutet der Begriff ‚gerecht'?
— Als Problem des Bewertens: Ist etwas gerecht oder ungerecht?
— Als Problem des Handelns: Soll jemand tun, was gerecht ist?

Die Frage „Ist es gerecht, an Weihnachten nur den eigenen Kindern Geschenke zu machen?" ist ein Problem des Bewertens. Sollte sich diese Praxis als ungerecht herausstellen, wäre die Frage „Darf man den eigenen Kindern zu Weihnachten Geschenke machen?" noch immer offen. Im Problembereich Handeln ist Gerechtigkeit nur ein Maßstab neben anderen, wie Zuneigung, Loyalität, Höflichkeit, Nutzen, Effizienz oder Praktikabilität, die im gegebenen Kontext als wichtiger eingeschätzt werden könnten. Vermischt man diese beiden Bereiche, erschwert dies im dritten Problembereich das Verständnis, was ‚gerecht' bedeutet.

Oft können Probleme des Handelns erst gelöst werden, wenn man zuvor Probleme des Bewertens löst, was wiederum Vorarbeit im Bereich Verstehen voraussetzt. Wechsel zwischen den Problembereichen müssen gemeinsam erfolgen, denn bewegen sich die Mitglieder der Gruppe in unterschiedlichen Bereichen, arbeiten sie an unterschiedlichen Fragen. Wenn die einen darüber reden, ob man immer die Wahrheit sagen sollte (Handeln), die anderen darüber, wie man wissen kann, was wahr und was falsch ist (Bewerten), und wieder andere darüber, was

Wahrheit eigentlich bedeutet (Verstehen), ist Verwirrung vorprogrammiert. Die Gesprächsleitung kann frei abwägen, ob sie die Bereiche und die Matrix im Ganzen *explizit* mit der Lerngruppe bespricht oder nicht. Wichtig ist, dass zumindest sie selbst jederzeit weiß, in welchem Problembereich sich die Gruppe bewegt. Dies hilft allen, beim Thema zu bleiben.

Hat man den Problembereich bestimmt und das Problem entsprechend formuliert, sammelt die Gruppe *Gründe* für mögliche Lösungsansätze. Einen Grund im Sinne des Modells ist jede Überlegung, die zum Begründen einer anderen Überlegung eingesetzt wird. Was spricht dafür und was dagegen, Gerechtigkeit so oder so zu verstehen, einen Fall als gerecht oder ungerecht zu bewerten oder Gerechtigkeit in dieser Situation für wichtiger zu halten als andere Maßstäbe? Die Gesprächsleitung dokumentiert die Gründe zunächst so, wie die Gruppe sie äußert, und fügt keine eigenen Gründe hinzu. Hält man sich an diese Regel, ist Philosophieren in allen Jahrgangsstufen ohne Überforderung möglich.

Während der Phase des Sammelns ist zunächst jeder Beitrag, der zur Frage passt, erwünscht. Danach dürfen aber *nicht* alle gesammelten Gründe als gleichwertig behandelt werden. Hier liegt ein zentraler Unterschied zwischen der pädagogischen Methode des *Nachdenkgesprächs* mit dem vorrangigen Ziel der Sprachförderung und dem *Philosophieren mit Kindern* als philosophiedidaktischem Ansatz mit dem Ziel der Kultivierung problemlösenden Denkens (Kim, 2021, S. 17 f.). Beim Philosophieren geht es darum, zu erkennen, dass und warum einige Gründe besser sind als andere. Auf das Sammeln folgt daher zwingend die Phase der Prüfung.

Wie prüft man Gründe auf ihre Qualität? Gründe lassen sich auf ihre Reichweite und ihre Qualität hin prüfen. Auf *Qualität* prüft man der TRAP-Mind-Theory nach, indem man Gründe und Überlegungen an Kriterien misst, die dem intuitiven Denken selbst entstammen: *Klarheit, Korrelation, Konsistenz, Vollständigkeit* und *Vergleich* (3K2V-Kriterien).

Diese fünf Kriterien verdanken sich der didaktischen Aufbereitung von empirischen Forschungsergebnissen der Kognitionspsychologie (Kahneman, 2011; Brosow, 2019; Brosow, 2020b). Sie fassen die von Menschen intuitiv verwendeten, mentalen Heuristiken zu einer in Echtzeit anwendbaren Checkliste zusammen. Die Idee dahinter ist, dass unser Denken fehleranfällig wird, wenn es durch einzelne dieser Kriterien auf Kosten anderer übermäßig stark beeinflusst wird. Es kommt dann zu so genannten *kognitiven Verzerrungen*. Diesen liegt oft die unbewusste Ersetzung einer anspruchsvollen Frage durch eine leichter zu beantwortende, heuristische Frage zugrunde. So kann das Problem etwa lauten: „Sollten Menschen Tiere essen?" In der Praxis werden einige in der Lerngruppe diese Frage unbewusst durch eine leichter zu beantwortende Frage ersetzen, z. B.: „Wie fühle ich mich, wenn ich an das Leid von Tieren denke?" oder „Wie leicht würde es mir fallen, auf Fleisch zu verzichten?" Solchen heuristischen Ersetzungen ist nur auf die Spur zu kommen, wenn man im Gespräch nicht nur verschiedene Meinungen zusammenträgt, sondern diese auch begründen lässt und die Begründungen konsequent prüft und gemeinsam bewertet.

Der TRAP-Mind-Theory zufolge sind Heuristiken weder gut noch schlecht. Sie sind einfach die Art, wie unser Denken funktioniert. Indem sie vorgeben, welche Gedanken wir als plausibel empfinden, bilden sie eine Art Stammzelle für Plausibilität. Wir können sie nicht eliminieren und durch etwas anderes ersetzen, für das unser Denken nicht schon von sich aus ausgestattet ist. Man kann die verschiedenen Heuristiken jedoch gegeneinander austarieren, um sie in ein stabiles Gleichgewicht zu bringen. Wenn dieses Spiel aus *Checks and Balances* bewusst und erfolgreich eingesetzt wird, nennen wir diesen Prozess *Rationalität*. Gutes, unverzerrtes Denken ist ein ausgewogenes, ganzheitliches Denken, das keines der fünf Kriterien vernachlässigt. Diese Ausgewogenheit stellt sich oft erst nach bewusster Prüfung und rationalen Korrekturen des Denkens ein. Die 3K2V-Kriterien dienen der Gesprächsleitung als eine kurze Checkliste zum Erkennen und Beheben kognitiver Verzerrungen (Kahneman et al., 2021, Anhang B). Statt jede Verzerrung (Bias) einzeln benennen und erläutern zu müssen, kann die Gesprächsleitung jederzeit auf die genannten fünf Kriterien als gemeinsamen Konsens der Qualitätssicherung verweisen.

Wie prüft man Gründe auf ihre Reichweite? Das Prüfen der *Reichweite* von Gründen erfolgt über die Frage, *für wen* die genannten Gründe gute Gründe sind. Dabei wird der zu prüfende Grund einem von vier Niveaus zugewiesen, die in der Matrix jeweils eine eigene Spalte erhalten: *Denken (thinking), Nachdenken (reflecting), Argumentieren (arguing)* und *Philosophieren (philosophizing)*. Dieses Prüfverfahren gibt der DNA des Philosophierens bzw. der TRAP-Mind-Matrix ihren Namen. Den gedanklichen Rohstoff zum Philosophieren bilden Intuitionen, die je nach Problembereich als *Ideen, Meinungen* und *Impulse* auftreten. Diese Begriffe werden hier nicht in ihrer Alltagsbedeutung verwendet. Sie bezeichnen die Felder der TRAP-Mind-Matrix, also die Schnittpunkte zwischen den drei Problembereichen und den vier Niveaus (s. ◘ Tab. 3.1). Die Benennung der drei Bereiche, vier Niveaus und ihrer zwölf Schnittpunkte macht in der didaktischen Reflexion über philosophische Gespräche Prozesse kommunizierbar, für die uns ohne die Matrix die Begriffe fehlen würden. Die Gesprächsleitung kann frei entscheiden, ob sie diese Bezeichnungen auch mit der Lerngruppe verwendet.

Sofern wir Intuitionen als direkte Lösungen für ein Problem behandeln, befinden wir uns auf dem unreflektierten Niveau des intuitiven *Denkens*. Da Intuitionen definitionsgemäß nur Ursachen haben, aber noch nicht bewusst begründet sind, sollten sie (anders als begründete Positionen) nur in Stillarbeit abgefragt und nicht öffentlich einer Person zugeordnet werden. *Beim Philosophieren wird grundsätzlich nur geäußert, was auch begründet wird.* Nach kognitionswissenschaftlichen Erkenntnissen kehren Intuitionen die Reihenfolge von Überlegung und Schlussfolgerung quasi um (Haidt, 2020, S. 75). Im Wettlauf zwischen Hase und Igel sind die Intuitionen der Igel und das rationale Denken der Hase: So schnell der Hase auch läuft, der Igel ist immer schon da. Hören oder lesen wir eine Frage, so gibt uns die Intuition oft sofort eine Antwort. Das langsame, rationale Denken braucht deutlich länger, um Gründe für (oder gegen) diese Antwort zu suchen oder alternative Antworten zu erwägen (Kahneman, 2011). Beim Philosophieren wollen wir diesen Prozess so gut wie möglich umkehren und uns erst dann auf eine Antwort festlegen, wenn wir ihre Begründung ausgiebig geprüft und gegen Alternativen abgewogen haben. Wer ungeprüfte Intuitionen bereits öffentlich als eigene Position geäußert hat, wird sie meist weniger bereitwillig infrage stellen oder aufgeben.

Fragen wir bewusst nach subjektiven Gründen *für uns,* die für oder gegen eine Intuition als Lösung des Problems sprechen, begeben wir uns auf das erste rationale Niveau des begründeten *Nachdenkens.* Die Suche nach sozialen Gründen für andere, die aus *deren* Sicht für oder gegen eine Problemlösung sprechen, kennzeichnet das Niveau des *Argumentierens.* Das Niveau des *Philosophierens* betreten wir, sofern wir nach universellen Gründen fragen, die gruppen- und kulturübergreifend für *alle* (unparteiischen) Menschen gute Gründe darstellen. *Nachdenken* ist noch immer *Denken, Argumentieren* noch immer *Nachdenken* und *Philosophieren* noch immer *Argumentieren.* Die Ausdifferenzierung dieser Niveaus ergibt sich aus der Reichweite der Gründe, die mit jeder Spalte zunimmt. Auf allen drei rationalen Niveaus besteht die zu leistende Arbeit in der Trennung von guten und schlechten Gründen und in der Formulierung von Überlegungen, die nur guten und keinen schlechten Gründen folgen. Da gute Gründe für mich nicht immer auch gute Gründe für andere oder alle sind, wird die Qualitätskontrolle bei Bedarf auf unterschiedlichen Niveaus wiederholt (▶ Siehe Kap. 7, Tab. 7.2).

Der *Anspruch,* mit dem ein Grund vorgetragen wird, bestimmt das Niveau, dem der Grund im Modell zugeordnet und auf dem er geprüft wird. Dieser Anspruch deckt sich jedoch oft nicht mit der *tatsächlichen* Reichweite des Grundes. Floskeln wie „meiner Meinung nach" oder „ich persönlich glaube" verkaufen Gründe meist unter Wert. An anderer Stelle überschätzen wir die Zahl derer, die einen von uns selbst oder unserer Kultur anerkannten Grund für gut halten. Die tatsächliche Reichweite eines Grundes hängt davon ab, ob sein Anspruch, ein guter Grund für *mich,* für *andere* oder für *alle* zu sein, den 3K2V-Test auf dem angepeilten Niveau besteht. Dies muss nur für Gründe, Niveaus und Kriterien durchgespielt werden, die der Gesprächsleitung oder der Gruppe als prüfenswert erscheinen. Andernfalls würde der Prozess des Prüfens mechanisch und langweilig werden. Das ist ausdrücklich *nicht* Sinn der Sache.

Ob die Gründe mit der größten Reichweite auch die wichtigsten sind, hängt vom gegebenen Problem ab. Bei philosophischen Problemen ist davon auszugehen. Bei nicht-philosophischen Problemen wiegen subjektive und soziale Gründe oft schwerer als solche, die für alle Menschen gelten. Für die *akademische* Philosophie und andere Wissenschaften zählt nur das Niveau des Philosophierens. Philosophieren als *Bildungsprozess* zeichnet sich hingegen dadurch aus, dass es zur Reflexion des Selbst-Welt-Verhältnisses alle vier Niveaus miteinander verbindet. Die volle Tiefe eines Problems wird in Bildungsprozessen erst dann angemessen erfasst, wenn nicht nur seine allgemeinen, sondern auch seine sozialen und individuellen Aspekte reflektiert werden. Die Gewöhnung an diese Reflexion führt auf lange Sicht zu einer Kultivierung von Intuitionen, durch die – im Idealfall – angemessene Problemlösungen spontan abrufbar werden. Eine allgemein konsensfähige Theorie auf dem Niveau *Philosophieren* ist das Ideal, wenn Menschen über philosophische Probleme philosophieren. Dieses Ideal kann, wird und muss jedoch nicht immer erreicht werden. Solange der Form nach philosophiert wird, ist jeder Schritt auf dieses Ideal hin ein wertvoller Schritt in die richtige Richtung. Selbst die akademische Philosophie bleibt in vielen Fragen hinter dem Ideal der allgemeinen Konsensfähigkeit zurück. Das ist eine wertvolle Erkenntnis, aus der sich etwas über philosophische Probleme – und über das Philosophieren – lernen lässt: Eine philosophische Theorie ist nicht erst dann gut, wenn alle sie für die *beste* Theorie halten, sondern wenn alle zugeben können, dass sie *gut begründet* ist.

3.3 Erfahrungen aus der Praxis

Ist das Niveau des Philosophierens nicht zu abstrakt für Kinder? Studierende fragen häufig, wie realistisch die Annahme sei, dass Lerngruppen in der Primar- oder Sekundarstufe schon das Niveau *Philosophieren* im hier vorgestellten Sinne erreichen. Um darauf zu antworten, stellen Sie sich zwei Kinder im Grundschulalter vor, die in der großen Pause eine Rauferei hatten! Danach zur Rede gestellt, sagt das eine Kind, das andere habe angefangen. Indem das Kind eine *Begründung* für seine Beteiligung an der Rauferei liefert, hat es das Niveau des intuitiven *Denkens* verlassen. Will das Kind sagen, dass Geschlagenwerden seinen eigenen Wertvorstellungen zufolge ein Grund zum Zurückschlagen ist? Versteht es seine Rechtfertigung also primär als einen guten Grund *für sich,* warum es zurückgeschlagen hat? Dann operiert es auf dem Niveau *Nachdenken.* Nimmt das Kind an, dass der genannte Grund *für Erwachsene* ein guter Grund ist, der die Beteiligung an der Rauferei entschuldigt? Das wäre das Niveau *Argumentieren.* Oder erhebt das Kind den Anspruch, dass *jede* Person, die geschlagen wird, das Recht hat, zurückzuschlagen? Das ist das Niveau *Philosophieren*.

Ich behaupte, dass Sie bereits in der Primarstufe auf Kinder treffen, die Gründe wie diese auf allen drei rationalen Niveaus verwenden. Das hat einen einfachen Grund: Der Schluss von uns selbst auf andere ist eine weit verbreitete Heuristik. Die Überzeugung zu haben, dass andere oder alle Menschen dieselben Gründe als gute Gründe betrachten wie ich, ist in keiner Weise schwierig. Sie ist nicht mit größerer Anstrengung verbunden als die Vorstellung, dass ein Grund nur für mich oder Angehörige meiner Gruppe ein guter Grund ist.

Kinder haben schon recht früh Überzeugungen auf allen vier Niveaus. Sie kennen auch den Unterschied zwischen ihnen, auch wenn sie ihn nicht erklären und verallgemeinern können. Sie wissen, dass alle Menschen (und Tiere) Schmerz meiden. Sie wissen, dass nach der Pause nur Mitglieder ihrer Klasse einen Grund haben, in ihren Klassenraum zurückzukehren, während das Klingeln für Kinder der Parallelklasse ein Grund ist, in einen anderen Raum zu gehen. Sie wissen, dass sie selbst Speisen und Getränke verabscheuen, die andere in ihrer Familie mögen. Kinder machen sich das Niveau, auf dem sie operieren, nur meist nicht bewusst. Sie kommen auch selten auf die Idee, es probeweise zu wechseln. Wenn die Gesprächsleitung sie dazu auffordert, verlangt sie aber nichts, was Kinder nicht bereits können. Es ist ungewohnt und anstrengend, es gezielt nach Aufforderung zu tun, statt so, wie es sich aus dem alltäglichen Lebensvollzug ergibt.

Philosophieren mit der Matrix – eine Technik des Philosophierens

Solange man bei Beispielen bleibt, die der Lebenswelt der Kinder nah sind, ist aber nicht zu befürchten, dass aus dieser Herausforderung eine Überforderung wird. Die TRAP-Mind-Theory erwartet nicht *von den Kindern,* dass sie in den Kategorien und Begriffen der TRAP-Mind-Matrix reflektieren, sondern stellt dieses Instrumentarium *der Gesprächsleitung* in ihrer Funktion als Bildungsprofi zur Verfügung. Diese fragt dann etwa:

„Was würdest du deiner Freundin zum Geburtstag schenken? Aus welchem Grund würdest du das auswählen? Weil *sie* es mag oder weil *du* es magst? Und wenn du selbst Geburtstag hättest? Würdest du wollen, dass sie dir etwas schenkt, das *sie* mag, oder etwas, das *du* magst? Haben alle Menschen einen Grund, dir zum Geburtstag etwas zu schenken? Wer hat denn einen Grund dazu und wer nicht? Kannst du dir vorstellen, dass es Länder gibt, in denen man zum Geburtstag nicht selbst Geschenke bekommt, sondern andere beschenkt? Wie läuft ein Geburtstag dort wohl ab? Was würdest du tun, wenn dich ein Junge, der aus diesem Land kommt, zum Geburtstag einlädt? Was würde er von dir erwarten? Wie würde er sich verhalten, wenn du ihn zu deinem Geburtstag einlädst? Wärst du ihm böse, wenn er kein Geschenk mitbringt? Sind Geschenke das Wichtigste am Geburtstag? Was ist wichtiger? Meinst du, das sehen alle so?"

Ist das Prüfen nach den 3K2V-Kriterien nicht zu kompliziert für Kinder? Nein. Für Kinder ist es nicht kompliziert, weil sie mit diesen Kriterien nur nach dem Ermessen der Gesprächsleitung konfrontiert werden. Für die Gesprächsleitung ist es nur dann kompliziert, wenn sie schlecht vorbereitet in ein philosophisches Unterrichtsgespräch geht. Eine gute Vorbereitung umfasst die inhaltliche Erarbeitung des Themas, die Kenntnis der Kategorien und Kriterien der TRAP-Matrix und das Antizipieren von Reaktionen der Gruppe (Brosow, 2020a). Die Gesprächsleitung nutzt die 3K2V-Kriterien, um über Beiträge der Gruppe zu reflektieren und zielgruppengerechte Impulsfragen zu stellen, durch die Schwachstellen der Beiträge entdeckt und gemeinsam beseitigt werden können.

Die TRAP-Mind-Theory versteht sich als Rahmen, in dem die Gesprächsleitung eigene, didaktisch reflektierte und auf ihre Zielgruppe genau zugeschnittene Beispiele und Materialien erstellen kann. Kapitel 7 stellt exemplarisch eine Modellstunde vor, in der über das philosophische Problem „Was ist Gerechtigkeit?" philosophiert wird. Das vorliegende Kapitel schließt dafür mit einem Anwendungsbeispiel zu einem nicht-philosophischen Problem, das Philosophieren als fächerübergreifendes Bildungsprinzip veranschaulicht. Das Beispiel funktioniert für viele Altersstufen, insbesondere auch für erwachsene Lehrkräfte als Zielgruppe dieses Bandes (van Gelder, 2005). Daher sind auch Sie jetzt zum Mitmachen eingeladen.

Die Gesprächsleitung teilt einen Zettel mit folgendem Arbeitsauftrag aus:

» Erklärt bitte in einem Satz, warum der Mond (außer in Vollmondnächten) nicht als voller Kreis, sondern nur als Sichel oder Halbmond am Nachthimmel zu sehen ist!
Ihr müsst eure Antwort nicht vorlesen. Alle Antworten werden gesammelt und anonym ausgewertet. Schreibt daher bitte nicht eure Namen auf den Zettel!

(Optional für ältere Gruppen: Notiert bitte hinter eure Antwort einen Prozentwert, der angibt, wie sicher ihr euch seid, dass eure Antwort richtig ist!)

Sie haben mehr von diesem Beispiel, wenn Sie jetzt tatsächlich eine kurze, schriftliche Erklärung für das Phänomen der Mondphasen aufschreiben. Überprüfen Sie erst danach, ob Ihre Erklärung zu einer der folgenden Antworten passt, die im Sommersemester 2022 aus den realen Antworten einer Gruppe von Lehramtsstudierenden zusammengestellt wurden:
1. Keine Ahnung. (100 %; 100 %)
2. Krümmung der Erde. (20 %)
3. Wegen der Sonne. (20 %)
4. Die Sonneneinstrahlung auf dem Mond wird durch die Position verändert. (70 %)
5. Der Mond wird nur aus bestimmten Winkeln mit Sonnenlicht bestrahlt. (73,6 %)
6. Die Erde befindet sich zwischen Sonne und Mond und wirft auf Teile des Mondes einen Schatten, so dass wir nur die beleuchteten Teile sehen. (65 %; 80 %, 99,9 %, 100 %, 100 %)
7. Der Mond wird zur Hälfte von der Sonne angestrahlt, während die andere Hälfte in seinem eigenen Schatten liegt, und je nach Position der Erde sehen wir von der hellen Hälfte nur einen Teil, alles oder gar nichts. (70 %, 100 %)

Ohne die Versicherung, dass die Antworten nicht öffentlich vertreten werden müssen, wäre die Auswahl der Antworten erfahrungsgemäß kleiner und die Zahl derer, die „Keine Ahnung." schreiben, größer. Der effiziente Weg wäre nun, die richtige Antwort hervorzuheben und durch ein Experiment zu veranschaulichen. Das ist es jedoch nicht, worauf es beim Philosophieren ankommt. Die anonyme Befragung erlaubt es, stattdessen mit den offensichtlich schlechten Antworten (1) zu beginnen, ohne jemanden aus der Gruppe bloßzustellen. So merken *alle,* von der Ausgangsbasis ihrer Antwort aus, was sich an ihrem eigenen Denken verbessern lässt. Der im Folgenden paraphrasierte Gesprächsverlauf zeigt exemplarisch das Muster auf, nach dem das Gespräch im konkreten Fall abgelaufen ist. Dieses Muster kann auch anhand anderer, fachspezifischer Beispiele erzeugt werden, die dem Entwicklungsstand und dem Vorwissen der konkreten Lerngruppe angemessen sind. ‚Angemessen' heißt hier, dass möglichst schon einige, nicht jedoch die meisten in der Gruppe in der Lage sein sollten, die richtige Antwort zu formulieren. Die Frage lautet dann jeweils: „Was stimmt mit den Antworten *nicht,* was lässt sich also verbessern?" Dann kommen die 3K2V-Kriterien von allein zur Sprache.

Beginnen wir bei den Prozentwerten: Zwei Personen sind sich sicher, dass sie keine Ahnung haben. Ist diese Sicherheit berechtigt? Hätten sie nicht zumindest Antwort 3 geben könne? Warum ist sich die Person, die Antwort 3 gegeben hat, nur zu 20 % sicher, dass die Sonne etwas mit den Mondphasen zu tun hat? Gibt es dazu Alternativen? Wie können zwei Personen sicher wissen, dass der Erdschatten (6) die Mondphasen erzeugt, wenn eine andere Person sicher weiß, dass Antwort 7 korrekt ist, die den Erdschatten nicht erwähnt? Das Zwischenergebnis

Philosophieren mit der Matrix – eine Technik des Philosophierens

nach der Diskussion über Fragen wie diese lautet: Das subjektive Gefühl der Sicherheit sagt uns offensichtlich nicht, welche Erklärungen gut oder schlecht sind. Wie sieht es mit der Zahl der Vertreter*innen der Erklärungen aus? Die Gruppe antwortet, dass man über die Wahrheit naturwissenschaftlicher Theorien nicht demokratisch abstimmen kann. Auch eine Mehrheit kann sich über Fakten täuschen. Aber welche Kriterien sollen wir dann anwenden, um gute von schlechten Erklärungen zu trennen?

Sind womöglich alle Antworten gleichermaßen gut? Nein, heißt es, die Antworten können nicht alle gleich gut sein, weil sie sich teilweise widersprechen *(Konsistenz)*. Welche Antworten können wir nach dem Ausschlussprinzip denn sicher als weniger gut von der Liste streichen? Antwort 1 ist schlecht, weil sie die Frage nicht beantwortet, das eigene Vorwissen unzureichend reflektiert und dabei jede Skepsis vermissen lässt (100 %). Wäre Antwort 1 denn gut, wenn sie wahr wäre, wenn die Betroffenen also wirklich keine Ahnung hätten? Nein. Gute und wahre Antworten sind also offenbar nicht dasselbe. Zu bemerken, inwiefern die Antworten 2 und 3 besser sind als Antwort 1, fördert den Mut der Gruppe, zukünftig lieber etwas Falsches zu äußern oder etwas, dessen man sich nicht sicher ist, als es sich einfach zu machen und die schlechte Antwort 1 zu geben. Doch auch die Antworten 2 und 3 sind nicht wirklich gut. Bei Antwort 2 versteht die Gruppe nicht, was die Erdkrümmung mit den Mondphasen zu tun haben soll *(Korrelation)*. Wir vermuten, dass sie sich wie Antwort 6 auf den Erdschatten bezieht, weil dies eine sinnvolle Erklärung der Sichelform darstellen würde *(Konsistenz)*. Antwort 3 erscheint plausibel, aber unvollständig *(Vollständigkeit)*. Bei den Antworten 4 und 5 weiß die Gruppe mehrheitlich nicht, was die Verfasser*innen damit gemeint haben *(Klarheit)*.

Mit den Antworten 6 und 7 bleiben zwei Kandidaten übrig. Sieht jemand Gründe, warum eine der Antworten *nicht* korrekt sein kann? Alle schweigen. (In der Nachbesprechung meinen einige später, es sei ja seltsam, dass der Erdschatten genauso groß wie der Mond zu sein scheint. Anderen fällt auf, dass der Erdschatten auf dem Mond nicht wandert.) Da der Ansatz nicht dazu verpflichtet, hilfreichen Input zu unterlassen, lautet die nächste Frage, wie sich die Gruppe das Phänomen einer *Mondfinsternis* erklärt. Es folgt erneut die Erklärung über den Erdschatten. Zu welchem Phänomen passt diese Erklärung besser *(Vergleich)*? Zur Mondfinsternis! Ist somit Antwort 7 die richtige Antwort? – *Jetzt* ist die Zeit für ein empirisches Experiment gekommen (▶ https://youtu.be/Kz9UaWpHZkY). Im Anschluss daran stimmen alle zu, dass Antwort 7 die beste Antwort aus der Liste darstellt.

Aufgrund der beim Diskutieren entdeckten Kriterien konnten wir mangelhafte Antworten erkennen und ausschließen. Dieselben Kriterien helfen uns, gute Antworten weiter zu verbessern und einander konstruktives Feedback in der Diskussion zu geben. In der Lehrkräftebildung merken wir uns diese Kriterien für Fälle, in denen uns mal *keine* Experimente zur Verfügung stehen, um die richtige Lösung für ein Problem zu ermitteln. Mit jüngeren Lerngruppen reicht es oft aus, auf das konkrete Problem bezogene Impulsfragen zu stellen, die diese Kriterien abprüfen, ohne die abstrakten Begriffe ausdrücklich zu nennen. Wo diese

Systematisierung hilfreich erscheint, kann sie aber natürlich jederzeit eingeführt werden.

3.4 Ausblick und Anschlussmöglichkeiten

Haben wir gerade philosophiert? Der *Form* nach haben wir philosophiert, weil wir Gründe gesammelt und geprüft haben. Dem *Inhalt* nach haben wir *nicht* philosophiert, sofern unser Problem die Erklärung der Mondphasen war, sehr wohl jedoch, insofern es uns um das allgemeine Problem ging, anhand welcher Kriterien sich gute von schlechten Erklärungen unterscheiden lassen. Dem *Niveau* nach haben wir philosophiert, weil sowohl die gefundene Theorie über die Mondphasen als auch die gefundenen Kriterien für gute Begründungen gegenüber allen unvoreingenommenen Menschen als ‚gut' zu verteidigen sind.

Allgemein gesprochen haben wir intuitiv Antworten gesammelt, um alternative Zugänge zu dem gegebenen Problem zu erhalten. Dann haben wir einen mentalen Filter auf sie angewendet, indem wir unpassende und unzureichend begründete Antworten aussortiert haben. Gut begründete Antworten haben wir so gut wir konnten verbessert und erläutert. Das Ergebnis ist eine begründete Problemlösung, die wir selbstbewusst vertreten, aufgrund neuer Informationen jedoch auch jederzeit erneut hinterfragen können. – Das ist Philosophieren nach der Matrix.

- **Reflexionsaufgaben für die Gesprächsleitung**

a) Erklären Sie, was notwendig ist, damit aus einem *Gespräch* mit Kindern über Vegetarismus ein *Philosophieren* mit Kindern über Vegetarismus wird!
b) Beschreiben Sie je ein Szenario, in dem eine Lerngruppe nur der *Form* nach, nur der *Form* und dem *Inhalt* nach oder nur der *Form* und dem *Niveau* nach philosophiert!
c) Finden Sie zum Thema ‚Sexualität' eine *philosophische* und eine *nicht-philosophische* Frage, die viele Jugendliche als ein interessantes und schwieriges *Problem* empfinden!
d) Formulieren Sie für die Themenfelder ‚Freiheit' und ‚Glück' je ein philosophisches Problem in jedem der *drei Problembereiche* der TRAP-Matrix!
e) Nennen Sie auf jedem der *vier Niveaus* der TRAP-Matrix einen möglichen Impuls oder Grund, der für und einen anderen, der gegen den Verzehr von Fleisch spricht!
f) Notieren Sie sich Ihre Antwort auf die Frage, warum Sie die TRAP-Matrix beim Philosophieren mit Kindern (nicht) verwenden würden, und prüfen Sie Ihre Antwort mit den Kriterien *Klarheit, Korrelation, Konsistenz, Vollständigkeit* und *Vergleich*!

Literatur

Beck, H. (2021). *Das neue Lernen heißt Verstehen.* Ullstein.
Blanck, B. (2018). Sieht das jemand anders? *Grundschule aktuell, 141,* 45–49.
Brosow, F. (2019). Zur Relevanz kognitiver Verzerrungen für die Didaktik der Philosophie und Ethik. In B. Bussmann & M. Tiedemann (Hrsg.), *Lebenswelt und Wissenschaft* (S. 57–80). Jahrbuch für Didaktik der Philosophie und Ethik 19 (2018). Thelem.
Brosow, F. (2020a). Die DNA des Philosophierens. Philosophieren über Heimatverlust nach der TRAP-Mind-Theory. *Zeitschrift für Didaktik der Philosophie und Ethik (ZDPE), 2*(2020) 64–81.
Brosow, F. (2020b). TRAP-Mind-Theory. Philosophizing as an Educational Process. *Journal of Didactics of Philosophy, IV*(1/2020), 14–33. ▶ https://doi.org/10.46586/JDPh.2020.9570. Zugegriffen: 11. März 2024.
Brosow, F. (2022). Vergleichende Leistungsmessung in (Hoch-)Schulen – eine unbestreitbare Unverständlichkeit. *Zeitschrift für Didaktik der Philosophie und Ethik, 4*(2022), 6–15.
Brosow, F., & Stoppe, V. (2023). Die DNA des Philosophierens im Sokratischen Gespräch. In H. Höfer, M. Delere & Tatjana Vogel-Lefèbre (Hrsg.), Bildung, Diversität und Medien (S. 43–55). kopaed.
Csíkszentmihályi, M. (2008). *Flow. The Psychology of Optimal Experience.* Harper.
van Gelder, T. (2005). Teaching Critical Thinking. *Some Lessons from Cognitive Science, College Teaching, 53*(1), 41–46.
Haidt, J. (2020). The Emotional Dog and Ist Rational Tail: Ein sozial-intuitionistisches Modell moralischen Urteilens. In N. Paulo & C. Bublitz (Hrsg.), *Empirische Ethik. Grundlagentexte aus Psychologie und Philosophie* (S. 73–138). Suhrkamp (orig.: Haidt, Jonathan: The Emotional Dog and Ist Rational Tail: A Social Intuitionist Approach to Moral Judgment, in: Psychological Review 108 [2001], S. 814–834).
Kahneman, D. (2011). *Thinking, Fast and Slow.* Straus and Giroux; dt.: *Schnelles Denken, langsames Denken,* Siedler.
Kahneman, D., Sibony, O., & Sunstein, C. R. (2021). *Noise. A Flaw in Human Judgment.* William Collins; dt: Dieselben (2021): *Noise. Was unsere Entscheidungen verzerrt – und wie wir sie verbessern können.* Siedler.
Kim, M. (2021). Die Verknüpfung von Fachwissenschaft und Fachdidaktik für die Grundschullehrerbildung im Fach Ethik/Philosophie. In C. Thein, P. Richter, & N. Höppner (Hrsg.), *Philosophie in der Grundschule* (S. 15–30). Barbara Budrich.
Maisenhölder, P. (2022). Durch Anpassung in den Widerstand, oder: Über die Kunst, Brokkoli mit Schokolade zu überziehen". *Zeitschrift für Didaktik der Philosophie und Ethik* (3/2022), 79–92.
Martens, E. (2016). *Methodik des Ethik- und Philosophieunterrichts.* Philosophieren als elementare Kulturtechnik. Siebert.
Mercier, H., & Sperber, D. (2018). *The Enigma of Reason.* Penguin.
OECD. (2018). Pisa-Studie. ▶ https://www2.compareyourcountry.org/pisa/country/deu?lg=de; ▶ https://www2.compareyourcountry.org/pisa/country/CHE?lg=en. Zugegriffen: 11. März 2024.
Roeger, C. (2016). *Philosophieunterricht zwischen Kompetenzorientierung und philosophischer Bildung.* Barbara Budrich.
Tiedemann, M. (2017). Problemorientierung. In M. Tiedemann, J. Nida-Rümelin, & I. Spiegel (Hrsg.), *Handbuch Philosophie und Ethik* (Bd. 1, S. 70–78). Ferdinand Schöningh.

Philosophieren mit der philosophiedidaktischen Drehscheibe

Anna Breitwieser

© Anna Breitwieser

Ergänzende Information Die elektronische Version dieses Kapitels enthält Zusatzmaterial, auf das über folgenden Link zugegriffen werden kann ▶ https://doi.org/10.1007/978-3-662-66182-6_4.

© Der/die Autor(en), exklusiv lizenziert an Springer-Verlag GmbH, DE, ein Teil von Springer Nature 2024
B. Bussmann (Hrsg.), *Philosophieren mit Kindern und Jugendlichen*,
Philosophische Bildung in Schule und Hochschule,
https://doi.org/10.1007/978-3-662-66182-6_4

Verwendete Materialien	– philosophiedidaktische Drehscheibe – Kärtchen mit Fragezeichen – Kärtchen mit Personen – 2 Schüsseln – 1 Glas – Lichtquelle (Wärmelampe oder Sonne) – 2 Eiswürfel – Gegenstände aus dem Klassenzimmer – leere Kärtchen – Rollenkärtchen – Vorlage „Wissenschaftler:in und Philosoph:in im Gespräch"
Philosophisches Thema	– Klimawandel
Methoden	– philosophisches Gespräch – Experiment – wissenschaftliche und philosophische Fragen verstehen, formulieren und im Gespräch erproben – Rollenspiel „Wissenschaftler:in und Philosoph:in im Gespräch"
Beispiele aus der Praxis	– Gesprächsauszüge – Fragestellungen der Lernenden zum Klimawandel – Dialog „Wissenschaftler:in und Philosoph:in im Gespräch"
Dauer	– mind. 4 Einheiten
Altersstufe	– ab 12 Jahren für alle Altersstufen

4.1 Einführung in das Thema

Der Aufkleber, der das Haarshampoo im Supermarkt als CO_2-neutral ausweist, motiviert Sie, zu diesem Produkt zu greifen. Das Elektroauto Ihres Nachbarn erzeugt jedes Mal ein unbehagliches Gefühl in Ihnen, wenn Sie das Motorgeräusch Ihres eigenen Autos hören. Mit jeder weggeworfenen Mineralwasserflasche denken Sie darüber nach, sich einen Sodawasserbereiter zu kaufen. Beim Buchen Ihrer Flugreise spielen Sie mit dem Gedanken, eine Zusatzzahlung zu leisten, um den CO_2-Ausstoß Ihrer Reise zu kompensieren. Im Alltag gibt es viele Berührungspunkte mit dem Klimawandel und Sie werden vor unterschiedliche Entscheidungssituationen gestellt, die immer wieder zu folgender ethischer Frage führen: Wie sollen wir mit dem Klimawandel umgehen?

Wenn wir uns auf die Suche nach Antworten auf diese schwierige Frage begeben, stoßen wir auf unterschiedliche Perspektiven, die uns aufzeigen, dass diese ethische Frage mit einer ganzen Reihe weitere Fragen verbunden ist. So plädiert der Sprachwissenschaftler Kersten Sven Roth dafür, die Kommunikation über den Klimawandel zu verändern (vgl. Patlan, 2021). Wir fragen uns: *Braucht es eine klimagerechte Sprache?* Wir klicken uns durch eine digitale Zeitleiste (vgl. segu, 2021), die den Klimawandel aus historischer Perspektive beleuchtet und werfen die Frage auf: *Was können wir aus vergangenen Fehlern lernen?* Wir lesen im Abfallwirtschaftsgesetz (AWG), dass laut § 13 Abschn. 2 Satz jeder Verkauf von Plastiktragetaschen verboten ist und überlegen: *Soll jedes Land zur Einhaltung bestimmter Klimaschutzmaßnahmen verpflichtet werden?* Mit Blick auf die Ferien denken wir: *Dürfen wir eigentlich noch in den Urlaub fliegen?*

Gleichzeitig kristallisieren sich aber auch bestimmte andere Fragen heraus, deren Beantwortung notwendig erscheint, um weiter darüber nachdenken zu können, wie wir mit dem Klimawandel umgehen sollen: Wie weit ist der Klimawandel bereits vorangeschritten? Inwiefern ist er vom Menschen verursacht? Welche Anpassungs- und Adaptionsmaßnahmen existieren bereits, um den Klimawandel zu verzögern?

Wir halten folgende zwei Punkte fest: Erstens stoßen wir in Auseinandersetzung mit der philosophischen Leitfrage *Wie sollen wir mit dem Klimawandel umgehen?* auf weitere Fragen philosophischer und nicht-philosophischer Art, die in unterschiedlichen Lebensbereichen gestellt werden und mit zahlreichen Antworten einhergehen. Zweitens gibt es Fragen, deren Beantwortung für eine vertiefte Auseinandersetzung mit der Leitfrage notwendig ist. Damit fällt das Klimaproblem auch in den Pool fächerübergreifender Themen, die in den Bildungsplänen als „Bildung für nachhaltige Entwicklung" (BNE) ausgewiesen sind.

Die philosophische Frage *Wie sollen wir mit dem Klimawandel umgehen?* zeigt stellvertretend, was auf viele philosophische Fragen zutrifft – sie weisen oftmals einen disziplinenübergreifenden Charakter auf. Der Blick in andere Disziplinen ist aufgrund des expansiven Zuwachses wissenschaftlicher Erkenntnisse nicht nur als ein zusätzlicher zu verstehen, sondern zwingend notwendig, um eine zeitgemäße Auseinandersetzung mit grundlegenden Fragen zu gewährleisten. Aus diesem Grund verfolgen wir hier den wissenschaftsorientierten Ansatz (Bussmann, 2019). Mit Blick auf den Philosophie- und Ethikunterricht stellen sich nun zwei Fragen:

- *Wann* sollen die inter- und transdisziplinären Bezüge philosophischer Fragen im Philosophieunterricht berücksichtigt werden?
- *Wie* können die inter- und transdisziplinären Bezüge philosophischer Fragen sichtbar gemacht werden?

Die erste Frage wird in ▶ Abschn. 4.2 des vorliegenden Kapitels geklärt. Auf die zweite Fragestellung wird in den ▶ Abschn. 4.3 und 4.4 geantwortet, indem konkrete Unterrichtsvorschläge vorgestellt werden.

4.2 Ein Thema, viele Perspektiven: Wissenschaftsorientierte(s) Philosophie(ren) vermitteln

Ein Kind stellt in einer Stunde zum Thema *Liebe* folgende Frage: „Kann ich jemanden verliebt machen?" (s. ▶ Kap. 10). Hier handelt es sich um eine wissenschaftliche Frage, deren Antwort wir in der Neurochemie finden. Überlegen Sie kurz, wie Sie mit dieser Situation umgehen würden.

Folgende Möglichkeiten stehen zur Verfügung:
- *Möglichkeit 1:* Sie weisen das Kind darauf hin, dass Sie sich im Philosophieunterricht befinden. Diese Frage ist zwar interessant, gehört aber eher in den Biologieunterricht.
- *Möglichkeit 2:* Sie weisen das Kind darauf hin, dass Sie sich im Philosophieunterricht befinden. Diese Frage ist zwar interessant, gehört aber eher in den Biologieunterricht. Sie stellen die Frage neu: „Darf ich jemanden verliebt machen?". Daraufhin erklären Sie dem Kind, dass es sich nun um eine philosophische Frage handelt und gerne darüber gesprochen werden kann.
- *Möglichkeit 3:* Sie nehmen die Frage des Kindes ernst und weisen darauf hin, dass es sich um eine spannende Frage aus der Biologie handelt. Daraufhin gehen Sie kurz auf den aktuellen Forschungsstand ein und lassen das Gespräch zu, das auf Basis dieser Erläuterung folgt. Im Zuge des Gesprächs weisen Sie auf die Relevanz hin, die diese wissenschaftliche Erklärung für die philosophische Auseinandersetzung mit dem Phänomen *Liebe* hat.

Bei Möglichkeit 1 wird die Frage als wissenschaftlich und demnach nicht-philosophisch klassifiziert. Das Kind nimmt wissenschaftliche Fragen von nun an als konträr zu philosophischen war und lernt, dass diese für den Philosophieunterricht nicht weiter relevant sind.

Bei Möglichkeit 2 wird die Frage nur dann in das philosophische Gespräch aufgenommen, wenn sie sich explizit als philosophische erweist. Das Kind lernt, dass nur philosophische Fragen in philosophischen Gesprächen willkommen sind. Die Frage zielt nun auf etwas anderes ab. Das Kind ist überfordert, weil es nicht versteht, warum der Begriff ‚darf' die Frage plötzlich zu einer philosophischen werden lässt und stellt in Zukunft womöglich keine Fragen mehr, weil es nicht weiß, welche die ‚richtigen' sind.

Möglichkeit 3 nimmt die wissenschaftliche Frage des Kindes ernst und knüpft direkt an seiner Neugierde an. Das Kind erfährt, dass auch wissenschaftlichen Fragen in philosophischen Gesprächen Raum geboten wird.

Vielleicht stellen Sie sich mit Blick auf Möglichkeit 3 die Frage, ob ein solches Gespräch überhaupt noch als ein philosophisches bezeichnet werden kann. Warum diese Frage zu bejahen ist, zeigt z. B. das Buch *Love Drug. The Chemical Future of Relationships* der Philosophen Brian Earp und Julian Savulescu (2020). Die Autoren setzen sich mit Fragen wie diesen auseinander: „Is there a pill for love? What about an 'anti-love drug', to help us get over an ex?" Zu Beginn ihres Textes stellen sie fest, dass unterschiedliche Studien positive Effekte von MDMA (Metamphetamin) zur Behandlung von PTBS (Posttraumatische Belastungsstörung) postulieren. Ausgehend von einer Reihe wissenschaftlicher Erkenntnisse gelangen Earp und Savulescu (2020, S. 9) zu folgender Feststellung: „Successful treatment of PTSD, by whatever means, can have positive implications for relationships. But this shouldn't be a side effect or afterthought. Medical research needs to take interpersonal factors, the space between people, into account from the initial design of studies, to the collection of data, all the way through to the write-up of the final report."

Es ist erstens festzustellen, dass sich für Erap und Savulescu ausgehend vom aktuellen Forschungsstand die philosophische Relevanz dieser Thematik erschließt.

Zweitens zeigt sich, dass die Auseinandersetzung mit der Frage, ob Medikamente zur Aufrechterhaltung romantischer Beziehungen eingesetzt werden dürfen, von der Beantwortung anderer Fragen abhängt, wie zum Beispiel: Welche Medikamente gibt es, denen eine solche Wirkung zugeschrieben wird? In welchen Kontexten werden diese Medikamente eingesetzt?

Dem Zitat ist außerdem zu entnehmen, dass Earp und Savulescu die Methode sowie die Auswertung und Interpretation der Ergebnisse wissenschaftlicher Studien kritisch beleuchten und darauf basierend mögliche Gefahren und Chancen für unsere Gesellschaft und die einzelnen Individuen diskutieren. Diese Erkenntnisse fließen in die moralische Bewertung der Gesamtsituation mit ein. Dies demonstriert die lebensweltlich- und wissenschaftsreflexive Funktion, welche der Philosophie inhärent ist. Als kritische Analyse- und Reflexionswissenschaft analysiert, deutet und hinterfragt die Philosophie grundlegende Themen, Fragen und Probleme immer wieder neu und trägt damit wesentlich dazu bei, Wissen zu grundlegenden Themen des Lebens zu überprüfen und zu generieren (vgl. Bussmann, 2019, S. 239).

Dies zeigt, welches Potential wissenschaftlichen Fragen für philosophische Gespräche innewohnt. Es ist nicht nur sinnvoll, wissenschaftliche Fragen in philosophische Gespräche zu integrieren, sondern notwendig, weil über diese philosophischen Fragen und Probleme abgeleitet werden können. Möglichkeit 3 ist demnach zu bevorzugen.

Spätestens an diesem Punkt könnte man sich fragen: Ist es notwendig, wissenschaftliche Erkenntnisse, Ergebnisse, Theorien oder Produkte bei *jedem* philosophischen Gespräch hinzuzuziehen? Vielleicht denken Sie bereits an konkrete Fragen der Logik, Ethik oder der Erkenntnistheorie, die unbestreitbar *ohne* den Miteinbezug anderer Wissenschaften diskutiert werden können.

❓ Aufgaben
a) Schreiben Sie die Fragen in die unten stehende Box, die Ihrer Meinung nach keinen Wissenschaftsbezug benötigen.
b) Stellen Sie Ihre Antworten im Plenum vor und clustern Sie Ihre Ergebnisse.
c) Begründen Sie, warum die von Ihnen gewählten Fragen ohne Wissenschaftsbezug auskommen sollten. Handelt es sich um fachliche, didaktische, psychologische pädagogische oder andere Gründe?

Analysieren wir unsere Fragen genauer, können wir sie zum Beispiel in drei Gruppen kategorisieren (s. ◻ Tab. 4.1).

Gruppe 1 besteht aus Fragen, die meist zu abstrakt sind, um sie mit den Lernenden im Unterricht zu thematisieren. Je abstrakter die philosophische Frage, desto theoretischer ist sie und desto mehr philosophisches Fachwissen setzt sie voraus. Fragen wie diese sind primär Gegenstand der akademischen Philosophie. Dazu zählen beispielsweise: Wie unterscheiden sich philosophische und theologische Momente im Begriff der Seele bei Thomas von Aquin? Inwiefern unterscheiden sich Selbstbestimmung und Selbstbewusstsein des Ichs in Kants transzendentaler Deduktion? Lassen sich mathematische Methoden, die in bestimmten Punkten mit unendlich großen oder unendlich kleinen Quantitäten operieren, in einem auf endliche Mengen reduzierten Sprachkonstrukt verwenden?

◻ **Tab. 4.1** Kategorisierung philosophischer Fragen

Gruppe 1	Fragen, die Gegenstand der akademischen Philosophie sind, da sie 1) fachphilosophisches Wissen voraussetzen, 2) ein sehr hohes Abstraktionsniveau voraussetzen.
Gruppe 2	Fragen, die 1) theoretisch ohne den Miteinbezug von Erkenntnissen, Theorien, Inhalten und Produkten anderer Wissenschaften geklärt werden können, 2) Lernenden oftmals unter Rekurs auf Theorien, Erkenntnisse, Inhalte und Produkte anderer Wissenschaften zu klären versuchen, da sie das notwendige Abstraktionsniveau noch nicht erreicht haben, um diese losgelöst vom wissenschaftlichen Kontext zu diskutieren.
Gruppe 3	Fragen, die nicht länger ohne den Miteinbezug von Theorien, Erkenntnissen, Inhalten und Produkten anderer Wissenschaften geklärt werden können, weil 1) sie von diesen abgeleitet werden, 2) ihre Klärung die Beantwortung von Fragen aus anderen Wissenschaften notwendigerweise voraussetzt, 3) die Fragen nur durch eine kritische Reflexion der verwendeten Methoden sowie der Auswertung und Interpretation der Forschungsergebnisse problematisiert und neu gestellt werden können.

Gruppe 2 umfasst Fragen, die in den Unterricht integriert und ohne den Miteinbezug wissenschaftlicher Ergebnisse und Erkenntnisse geklärt werden können. Dazu zählen unter anderem Fragen der theoretischen Ethik. Wählen wir als Beispiel folgende: „Dürfen wir anderen Menschen Schaden zufügen?" Braucht es in diesem Kontext den Miteinbezug anderer Wissenschaften?

Ein:e Ethiker:in würde wie folgt argumentieren: „Für die Beantwortung dieser Frage, kann es mir egal sein, wie die Welt aussieht."

Ein:e Lehrer:in kann nur auf diese Weise antworten: „Den Lernenden ist es für die Beantwortung dieser Frage nicht egal, wie die Welt aussieht."

Vor allem Kinder, aber auch ältere Lernende, die mit dem Philosophieren beginnen, ziehen wissenschaftliche Erklärungsansätze heran. Dies ist darauf zurückzuführen, dass die Lebenswelt der Lernenden wissenschaftlich-technisch geprägt ist (Bussmann, 2019, S. 233; Nida-Rümelin, 2013, S. 146; Stelzer, 2015, S. 79–85). Es ist ein weiter Weg bis Lernende bei der Beantwortung von Fragen wie diesen einen solchen Abstraktionsgrad erreichen, um sie losgelöst von lebensweltlich-wissenschaftlichen Kontexten zu betrachten. Erst dann könnte die Antwort der Lehrperson gleich ausfallen wie jene der Ethikerin bzw. des Ethikers.

Gruppe 3 besteht aus alle jenen Fragen, bei denen Sie möglicherweise zweifeln, sie in das dafür vorgesehene Feld zu schreiben. Ihr Zweifel beruht auf der Tatsache, dass diese Fragen ebenso in anderen Disziplinen thematisiert werden. Dazu zählen zum Beispiel Fragen der Metaphysik und praktischen Philosophie (Was ist Glück, Liebe, Freundschaft?) oder Fragen der Anthropologie (Was unterscheidet Mensch und Tier, Mann und Frau oder verschiedene Kulturen voneinander?).

Viele Fragen der Philosophie weisen einen disziplinenübergreifenden Charakter auf. Wir können sie nicht diskutieren, ohne die Erkenntnisse, Theorien und Produkte anderer Wissenschaften hinzuzuziehen. Gehen wir bei unserer Suche nach Antworten oder der Entwicklung neuer Fragen lediglich intradisziplinär vor, laufen wir erstens Gefahr, die philosophische Relevanz anderer Disziplinen zu übersehen. Zweitens erkennen wir nicht, wann es notwendig ist, diese bei der Beantwortung philosophischer Fragen hinzuzuziehen.

Ist es nun notwendig in *jedem* philosophischen Gespräch auf die Inhalte anderer Wissenschaften zu rekurrieren? Die Antwort hängt davon ab, welche Fragen thematisiert werden. Für Fragen aus Gruppe 2 lautet die Antwort aus theoretischer Sicht *Nein*. Allerdings werden Kinder und Jugendliche (abhängig vom bereits erreichten Abstraktionsniveau) oftmals wissenschaftliche Sichtweisen in das philosophische Gespräch mit hineinbringen. Folglich ist der Miteinbezug wissenschaftlicher Erkenntnisse, Theorien und Produkte zwar nicht notwendig, aber *sinnvoll*. Für Fragen aus Gruppe 3 ist die Antwort ein klares *Ja*. Als Richtlinie kann **folgender Grundsatz** dienen:

> Philosophieren im Unterricht zu vermitteln, bedeutet die Wahl einer Herangehensweise, die
> 1) die philosophische Tradition und Gegenwart berücksichtig und
> 2) die Wissenschaften in dem Ausmaß mit einbezieht, indem sie eine systematische und problemorientierte Auseinandersetzung mit grundlegenden Fragen fördern.

Eine solche systematische und problemorientierte Auseinandersetzung mit grundlegenden Problemen ermöglicht die philosophiedidaktische Drehscheibe.

4.3 Viele Fragen, viele Antworten: Die Drehscheibe als Orientierungshilfe

In diesem Abschnitt kehren wir zu der eingangs aufgeworfenen Frage zurück: „Wie sollen wir mit dem Klimawandel umgehen?" Wir haben festgestellt, dass viele weitere Fragen und Antworten philosophischer und nicht-philosophischer Art mit dieser Leitfrage einhergehen.

Die philosophiedidaktische Drehscheibe unterstützt erstens dabei, unterschiedliche Perspektiven wahrzunehmen und diese systematisch in Bezug zur Leitfrage zu setzen. Zweitens ermöglicht sie, inter- und transdisziplinäre Bezüge philosophischer Fragen zu erschließen. Die Drehscheibe ist zunächst für Lehrende zur Aufbereitung komplexer philosophischer Fragestellungen hilfreich. In zweiter Instanz dient sie Schüler:inne:n dazu, Orientierung in ebendiesen Themenbereichen zu erlangen. ◘ Abb. 4.1 stellt den Aufbau der philosophiedidaktischen Drehscheibe dar. Im Laufe des Kapitels wird diese am Beispiel *Klimawandel* demonstriert.

4.3.1 Vom Zusammenspiel vierer Kreise: Aufbau der Drehscheibe

Warum steht eine philosophische Frage im Mittelpunkt? Im Zentrum der philosophiedidaktischen Drehscheibe steht eine philosophische Frage. Philosophische Fragen sind oftmals zeitunabhängig, lassen sich nicht eindeutig beantworten und gehen mit vielen weiteren Fragen und/oder kontroversen Auffassungen einher (s. ▶ Kap. 1). Es ist sinnvoll, philosophische Themen als möglichst umfassende Leitfragen zu formulieren. Bereits die Formulierung von Fragen hilft uns, einen Gegenstandsbereich klarer zu umreißen und motiviert nach Antworten zu suchen. Im Hinblick auf unser Beispiel, den Klimawandel, haben wir die Frage *Wie sollen wir mit dem Klimawandel umgehen?* gestellt. Diese stellen wir nun ins Zentrum der Drehscheibe. Fragen, die im Mittelpunkt der Scheibe stehen, sollten möglichst weitläufig formuliert werden, um den Themenbereich umfassend zu erschließen und weiterführende Fragestellungen eruieren zu können.

Philosophieren mit der philosophiedidaktischen Drehscheibe

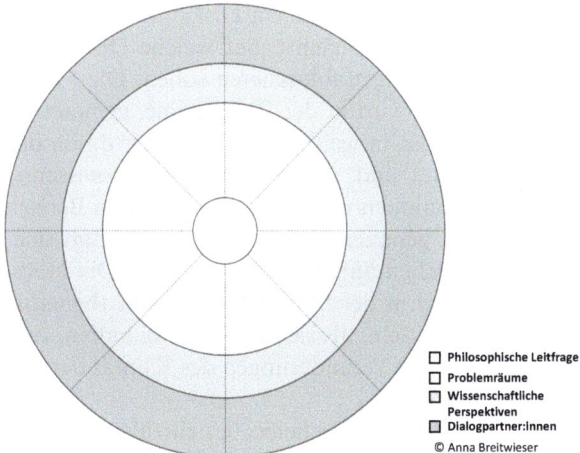

◘ **Abb. 4.1** Aufbau der philosophiedidaktischen Drehscheibe. (© Anna Breitwieser; eine druckfähige Vorlage finden Sie in ▶ Abschn. 4.5 verlinkt – Druck im A3-Format wird empfohlen)

Welche Problemräume können eröffnet werden? Der zweite Kreis der philosophiedidaktischen Drehscheibe ist jener der Problemräume. Philosophische Fragen sind oftmals per se problemorientiert und laden zum Weiterdenken ein. Ziel ist es, die Leitfrage aus unterschiedlichen Blickwinkeln zu beleuchten und darauf basierend weiterführende Probleme zu eruieren. Notieren Sie diese Probleme in Form von Fragen, um das Themenfeld systematisch zu erschließen und die Suche nach Antworten gezielt zu fokussieren.

In Auseinandersetzung mit der Leitfrage *Wie sollen wir mit dem Klimawandel umgehen?* stellen sich beispielsweise eine Reihe weiterer Fragen:
1. Wieviel Klimaschutz schulden wir zukünftigen Generationen?
2. In welchen Situationen und in welchem Ausmaß sind wir gesetzlich zum Klimaschutz verpflichtet?
3. Welche Anpassungs- und Adaptionsmaßnahmen gibt es bereits?
4. In welchem Ausmaß ist der Klimawandel von den Menschen verursacht?
5. Braucht es eine klimagerechte Sprache?
6. Warum fällt es uns so schwer, das zu tun, was wir für richtig halten?
7. Wie hat sich das Klima in den letzten Jahren verändert?

Was sagen die Wissenschaften? Den dritten Kreis der philosophiedidaktischen Drehscheibe bilden die unterschiedlichen wissenschaftlichen Perspektiven bzw. Disziplinen. Die im Bereich der Problemräume aufgeworfenen Fragen sollen weiteren wissenschaftlichen Disziplinen zugeordnet werden, die sich aktuell damit auseinandersetzen und möglicherweise bereits unterschiedliche Antworten oder Lösungsversuche präsentieren.

Von welchen weiteren wissenschaftlichen Disziplinen ist ergänzend zur Philosophie die Rede? Überlegen wir zunächst, auf welche Disziplinen wir die Suche nach Antworten auf unsere Fragen fokussieren sollen: Die Frage nach der intergenerationellen Gerechtigkeit wird in der Philosophie, genauer der Ethik, diskutiert. Antworten auf die Frage, in welchem Ausmaß wir durch das Gesetz bereits zum Klimaschutz verpflichtet sind, geben uns die Rechtswissenschaften. Anpassungs- und Adaptionsmaßnahmen werden zum Beispiel im Bereich der Technologie diskutiert. Die Biologie, genauer die Ökologie, beschäftigt sich unter anderem mit dem Einfluss des Menschen auf den Klimawandel. Die Notwendigkeit einer klimagerechten Sprache wird in der Sprachwissenschaft thematisiert. Die Frage, warum Menschen anders handeln, als sie es für richtig halten, ist der Psychologie zuzuordnen. Auskunft über die Veränderungen des Klimas der letzten Jahrzehnte geben die Klimawissenschaften.

Die philosophiedidaktische Drehscheibe bezieht also all jene wissenschaftlichen Disziplinen mit ein, die eine systematische und problemorientierte Auseinandersetzung mit grundlegenden Fragen fördern (vgl. Grundsatz aus ▶ Abschn. 4.2 (s.o.)).

Welche Dialogpartner:innen können herangezogen werden? Der vierte Kreis der Drehscheibe fokussiert Dialogpartner:innen, die bei philosophischen Problemen zu konsultieren sind und unterschiedliche Antwort- und Lösungsversuche präsentieren oder zur Ableitung weiterer themenspezifischer Fragestellungen animieren. In Anlehnung an Martens (2019, S. 32) zählen dazu nicht nur Personen, sondern ebenso Texte. Der Begriff des Textes wird in der philosophiedidaktischen Drehscheibe weiter gefasst und auf auditive und/oder visuelle Produkte, wie Videos, Podcasts, Graphic Novels oder Beiträge der sozialen Medien ausgedehnt. Außerdem werden in der philosophiedidaktischen Drehscheibe ebenso Personen und Texte aus anderen Bereichen der Lebenswelt als Dialogpartner:innen hinzugezogen. Zu den Texten und Medien zählen beispielsweise Banner der Fridays for Future Bewegung, ein ökologischer Fußabdruckrechner (vgl. BMK 2020), eine digitale Zeitleiste (vgl. segu 2021), das Interview *Klimawandel, -krise oder -katastrophe? Wie wir richtig übers Klima sprechen* (vgl. Patlan, 2021) oder „Warming Stripes" (vgl. Climate stripes – University of Reading, o. D.). Personen können aus den Bereichen der Philosophie (z. B. Ethiker:innen), den Wissenschaften (z. B. Biolog:innen, Jurist:innen) oder andere Bereichen der Lebenswelt (z. B. Politiker:innen, Aktivist:innen, Gründer:innen unterschiedlicher Startups, welche sich mit den Themen der Umwelt beschäftigen, Praktiker:inne:n im Bereich Ressourcen- und Umweltmanagement, Naturschutzbeauftragte) hinzugezogen werden. Nur so können grundlegende philosophische Probleme, disziplinen- und institutionsübergreifend in ihrer Komplexität erfasst sowie eine gemeinsame Suche nach und Entwicklung von Lösungen initiiert werden.

Philosophieren mit der philosophiedidaktischen Drehscheibe

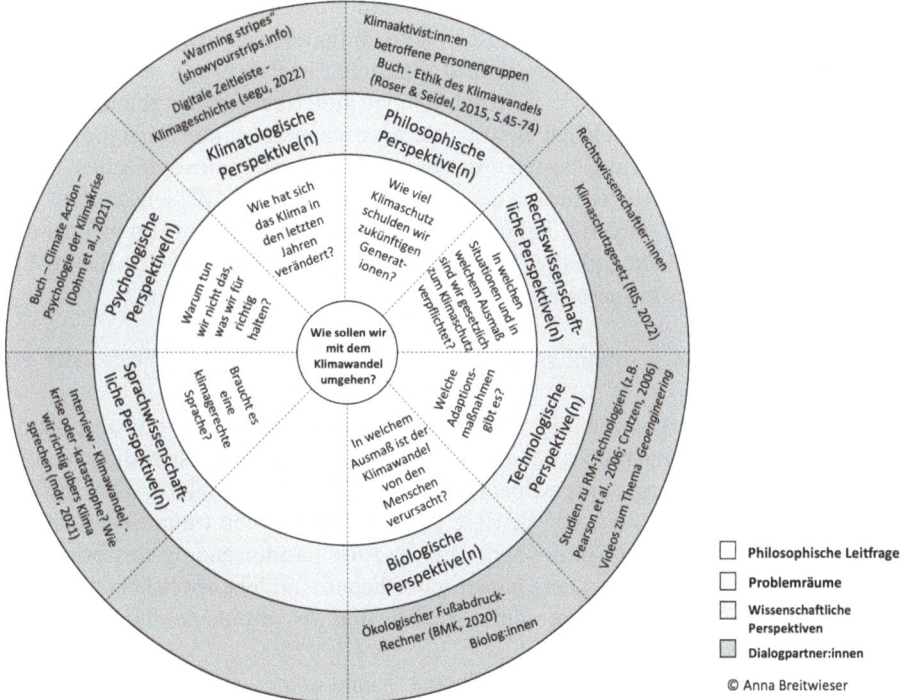

Abb. 4.2 Philosophiedidaktische Drehscheibe zum Thema Klimawandel. (© Anna Breitwieser)

In Abb. 4.2 sind die bisherigen Überlegungen und weiterführende Impulse in Auseinandersetzung mit dem Klimawandel ersichtlich. Im leeren Segment finden Sie Platz, um weitere eigene Ideen zur Leitfrage festzuhalten.

4.3.2 Inter- und Transdisziplinarität im Unterricht fördern: So dreht sich die Scheibe

Wie lässt sich wissenschaftsorientiertes und disziplinenübergreifendes Philosophieren mit Hilfe der Drehscheibe gezielt schulen? Antwort darauf gibt der erste Teil des Kompositums *Dreh*scheibe. Das Verb *drehen* verweist darauf, dass die Scheibe beweglich ist. Die Pfeile in Abb. 4.3 beschreiben die jeweiligen Drehbewegungen. Diese und die damit einhergehende Vermittlung wissenschaftsreflexiver Kompetenzen werden im Folgenden erläutert.

- **1. Von innen nach außen: Philosophische Frage(n) als Ausgangspunkt**

Die Drehbewegung von innen nach außen wurde am Beispiel der philosophischen Leitfrage *Wie sollen wir mit dem Klimawandel umgehen?* exemplifiziert.

Um unser individuelles Handeln oder klimapolitische Maßnahmen einer moralischen Bewertung zu unterziehen, ist es notwendig, Wissen über die Folgen und Eigenschaften dieser Handlungen und Maßnahmen in Erfahrung zu bringen. Es ist zum Beispiel zu klären, wie weit der Klimawandel bereits fortgeschritten ist, wie er funktioniert und welchen Beitrag die Menschen zu seiner Entstehung und zu seiner Aufrechterhaltung leisten. Ausgehend von einer philosophischen Frage erschließt sich folglich die Relevanz des Miteinbezugs anderer Wissenschaften.

In diesem Prozess wird die Fähigkeit geschult, zu erkennen, wann es notwendig ist, wissenschaftliche Inhalte, Erkenntnisse und Produkte bei der Beantwortung philosophischer Fragestellungen und Problemen hinzuzuziehen.

- **2. Von außen nach innen: Wissenschaftliche und lebensweltliche Inhalte als Ausgangspunkt**

Es ist nicht zwingend notwendig, und oftmals nicht möglich, eine philosophische Frage an den Ausgangspunkt der Überlegungen zu stellen, da sich diese erst in Auseinandersetzung mit unterschiedlichen Impulsen herausbildet. Der äußere Kreis der Drehscheibe sieht vor, gewisse Dialogpartner:innen (mündliche/schriftliche; philosophische/nicht-philosophische) in Auseinandersetzung mit bestimmten Themen hinzuzuziehen. Diese wissenschaftlichen und lebensweltlichen Inhalte können nun als Fundament betrachtet werden und als Impuls zur Formulierung philosophischer Fragen dienen.

In Auseinandersetzung mit dem Thema *Klimawandel* können beispielsweise Studien zu unterschiedlichen Anpassungs- und Adaptionsmaßnahmen (vgl. z. B. Niemeier & Timmreck, 2015) herangezogen werden. Diesen Texten liegt die wissenschaftliche Frage *Wie kann man sich an den Klimawandel anpassen?* zugrunde. Ebenso kann ein Blick in das Klimaschutzgesetz aufschlussreich sein und zur Formulierung folgender rechtswissenschaftlicher Frage führen: *In welchen Situationen und in welchem Ausmaß sind wir zum Klimaschutz verpflichtet?* Beide Fragen sind letztlich auf die philosophische Frage *Wie sollen wir mit dem Klimawandel umgehen?* zurückzuführen.

Wählen wir eine solche Vorgehensweisen, schulen wir unsere Fähigkeit, die philosophische Relevanz wissenschaftlicher Inhalte, Erkenntnisse und Produkte zu erkennen.

- **3. Die Scheibe in Bewegung: Interdisziplinarität- und Transdisziplinarität philosophischer Fragen, Themen und Probleme**

Wie sich anhand der philosophischen Frage *Wie sollen wir mit dem Klimawandel umgehen?* feststellen lässt, entzieht sich die Beantwortung bestimmter Fragen, dem Zugriff einer einzelnen Disziplin. *Interdisziplinarität* beschreibt ein Zusammenspiel bzw. die Kooperation verschiedener Disziplinen. Der Begriff Transdisziplinarität wird unterschiedlich verwendet. Im Folgenden wird Transdisziplinarität im Sinne einer Überschreitung der Grenzen disziplinärer Theorien und Wissensbestände (Mittelstraß, 1989, S. 60–88), beispielsweise durch die Integration von außerwissenschaftlichen Perspektiven (Defila & Di Giulio, 2021, S. 3–5), in Auseinandersetzung mit der Problemstellung aufgefasst. (für einen ersten Überblick zu disziplinenübergreifenden Lehr- und Lernsettings s. Breitwieser & Bussmann 2024).

Philosophieren mit der philosophiedidaktischen Drehscheibe

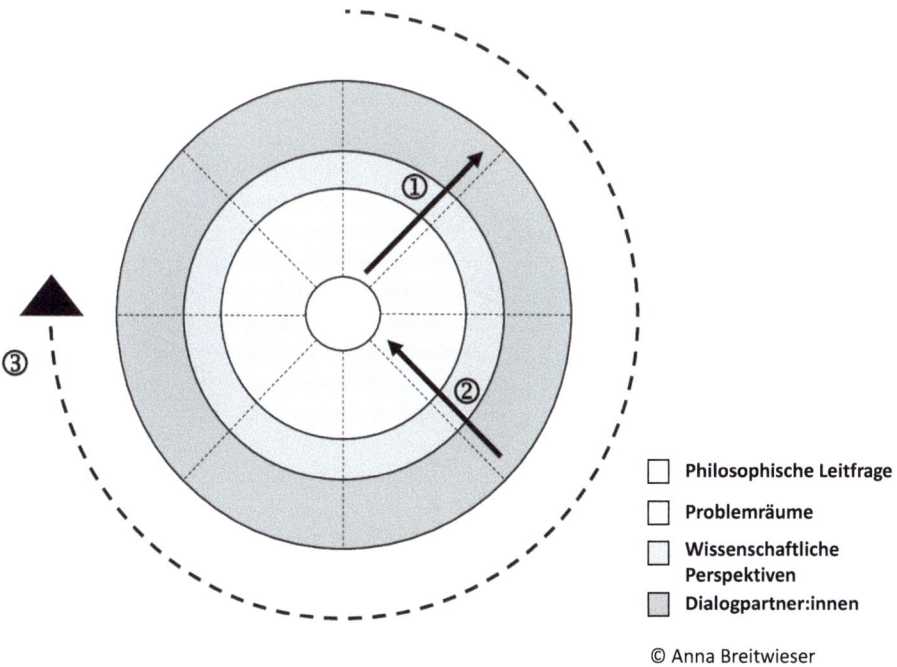

- Philosophische Leitfrage
- Problemräume
- Wissenschaftliche Perspektiven
- Dialogpartner:innen

© Anna Breitwieser

Abb. 4.3 Drehbewegungen der philosophiedidaktischen Drehscheibe. (© Anna Breitwieser)

In dem Moment, in dem wir feststellen, dass in Auseinandersetzung mit dem Klimawandel unterschiedliche Disziplinen zusammenarbeiten, werden wir uns der Interdisziplinarität dieses Themas bewusst. Die philosophiedidaktische Drehscheibe bietet uns die Möglichkeit, die Interdisziplinarität des Klimawandels zu erfassen, indem unterschiedliche wissenschaftliche Perspektiven integriert werden (z. B. philosophische Perspektive, rechtswissenschaftliche Perspektive, biologische Perspektive, technologische Perspektive).

Beziehen wir zudem außerwissenschaftliche Perspektiven hinzu, wie beispielsweise jene von Klimaaktivist:inn:en oder betroffenen Personen(-gruppen), betrachten das Problem bzw. dessen Bearbeitung also jenseits einzelner Wissenschaften, dann erkennen wir die transdisziplinären Bezüge philosophischer Fragen, Probleme und Themen.

Die dritte Drehbewegung besteht in der Beweglichkeit der einzelnen Kreise. Dadurch ist es möglich, Fragen aus neuen Perspektiven zu beleuchten. Der Kreis der wissenschaftlichen Perspektiven lässt sich beispielsweise nach rechts drehen. ◘ Abb. 4.3 demonstriert diese Drehbewegung. Aus Gründen der Übersichtlichkeit ist lediglich ein Teil der Drehscheibe abgebildet.

Wie in ◘ Abb. 4.4 (Position 2) ersichtlich, steht die philosophische Perspektive nun der rechtlichen Frage *In welchen Situationen und in welchem Ausmaß sind wir gesetzlich zum Klimaschutz verpflichtet?* gegenüber. Aus einem philosophischen Blickwinkel heraus lassen sich nun neue Fragen formulieren: In welchen Situationen und in welchem Ausmaß müssen wir Klimaschutz leisten? Sind wir moralisch

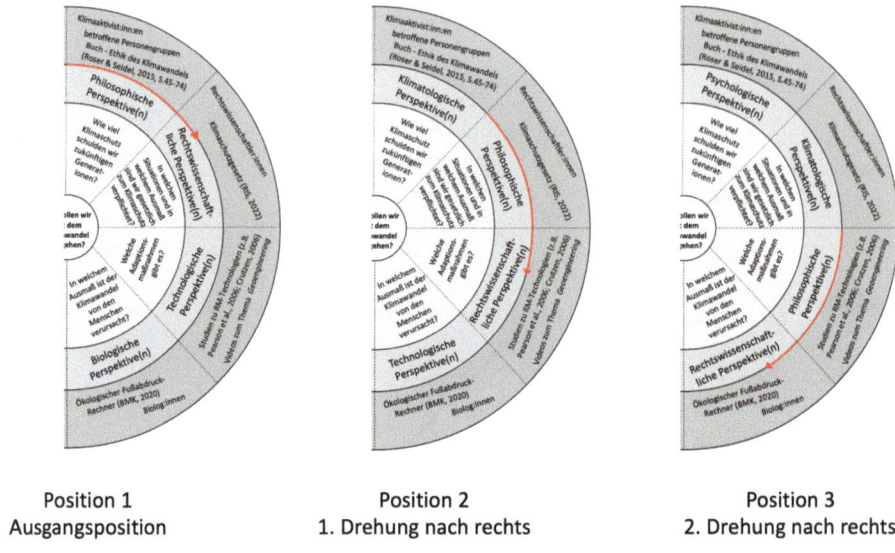

Position 1	Position 2	Position 3
Ausgangsposition	1. Drehung nach rechts	2. Drehung nach rechts

◘ **Abb. 4.4** Interdisziplinarität- und Transdisziplinarität philosophischer Fragen, Themen und Probleme. (© Anna Breitwieser)

betrachtet zum Klimaschutz verpflichtet? Wie sieht ein gerechtes Klimaschutzabkommen aus?

Drehen wir den Kreis der wissenschaftlichen Perspektiven noch weiter nach rechts (s. ◘ Abb. 4.4, Position 3) und beleuchten die technologische Frage *Welche Anpassungsmaßnahmen gibt es?* Aus philosophischer Perspektive stellen sich weitere Fragen wie: *Dürfen Anpassungsmaßnahmen Klimaschutzmaßnahmen vorgezogen werden? Darf Anpassung überhaupt als Ersatz für den Klimaschutz dienen? Ist ein gezielter Eingriff in das System der Erde verantwortbar?*

Neben der kritischen Reflexion der Fragen aus philosophischer Perspektive erweist sich ebenso der Einbezug anderer Blickwinkel als ergiebig. Wir können beispielsweise die rechtswissenschaftliche Perspektive der Frage *Welche Adaptionsmaßnahmen gibt es?* gegenüberstellen (Position 2) und Fragen ableiten wie: *Auf welcher rechtlichen Grundlage ist die Zulässigkeit von Climate Engineering zu beurteilen? Welche Verbots- und Gebotsnormen werden im Zusammenhang mit Climate Engineering wirksam? Welche Instrumente und Institutionen des Rechts sind hinsichtlich des Climate Engineerings zu adressieren?*

Die Frage *In welchem Ausmaß ist der Klimawandel von den Menschen verursacht?* lässt sich aus technologischer Perspektive (s. ◘ Abb. 4.4, Position 2) beleuchten und führt zu weiteren Fragen: *Wie können die durch Menschen entstandenen Schäden rückgängig gemacht werden? Wie können sich die Menschen an den Klimawandel anpassen?*

Nicht alle Konstellationen der Scheibe erweisen sich als sinnvoll. Unabhängig davon, wie viele neue Fragen abgeleitet werden können, trägt die Drehfunktionen wesentlich dazu bei, das Bewusstsein Lehrender und Lernender für den inter- und transdisziplinären Charakter philosophischer Themen zu schärfen.

4.4 Praktische Anwendung und Ausblick

Im Folgenden werden Möglichkeiten aufgezeigt, wie Lehrkräfte und Schüler:innen mit der philosophiedidaktischen Drehscheibe zur Leitfrage *Wie sollen wir mit dem Klimawandel umgehen?* arbeiten können.

4.4.1 Impulse für Lehrkräfte

Erarbeitung komplexer Themenbereiche Möchte man sich im Unterricht gezielt mit philosophischen Fragen auseinandersetzen, ist es wichtig, umfassendes Grundlagenwissen zu den unterschiedlichen Phänomenen zu erwerben. Die philosophiedidaktische Drehscheibe bietet Lehrenden die Möglichkeit, komplexe Themenbereiche strukturiert und systematisch zu erschließen (s. ▶ Abschn. 4.3). Die Erarbeitung der philosophiedidaktischen Drehscheibe zum Thema *Klimawandel* bildet folglich die fachliche Basis für den Unterricht. Dieser umfassenden Themensammlung können unterschiedliche Schwerpunkte und unterrichtspraktische Impulse entnommen werden. Insbesondere die äußere Scheibe bietet ein Repertoire an Materialien, die im Unterricht herangezogen werden können (z. B. Ökologischer Fußabdruck-Rechner, „Warming Stripes").

Entwicklung inter- und transdisziplinärer Unterrichtsreihen Die philosophiedidaktische Drehscheibe kann zudem als Fundament betrachtet werden, um fächerübergreifende Projekte zu initiieren. Die Drehscheibe unterstützt Lehrpersonen dabei, die Relevanz und das Potential ihres eigenen Faches zu eruieren und bildet die Grundlage für einen interdisziplinären Diskurs. In Auseinandersetzung mit der Leitfrage bietet es sich z. B. an, im Physikunterricht die Funktionsweise des Klimawandels (z. B. Treibhauseffekt) sowie dessen Auswirkungen auf Mensch und Natur (z. B. Veränderung des Klimas) zu thematisieren. In diesem Zuge könnten die Vorteile (Klimanutzen) und Nachteile (Klimaschäden) des Klimawandels diskutiert werden. Ebenso können unterschiedliche Maßnahmen zur Beeinflussung unseres Klimas (Climate Engineering) vor- und zur Diskussion gestellt werden. Im Fach Geschichte und Politische Bildung ist es sinnvoll, eine Auseinandersetzung mit der gegenwärtigen Gesetzgebung zu initiieren. Basierend darauf lassen sich Herausforderungen, vor die sich Gesellschaft und Politik (z. B. Einschränkungen im Bereich des Privatlebens, Abwägung der Wirtschaftsinteressen gegen Klimainteressen) gestellt sehen, adressieren. Unabhängig davon, aus welchen Perspektiven das Thema letztendlich beleuchtet wird, ist es wichtig, die philosophische Leitfrage während des Projekts nicht aus den Augen zu verlieren. Die Drehscheibe kann im Klassenraum fixiert und die einzelnen Segmente im Rahmen des jeweiligen Unterrichts gefüllt werden.

Verknüpfung schulischer und außerschulischer Lernorte Die philosophiedidaktische Drehscheibe sieht auch die Auseinandersetzung mit möglichen Dialogpartner:in:ne:n aus unterschiedlichen Lebensbereichen vor. Auf der Suche nach Gesprächspartner:inne:n stößt man ebenso auf potentielle Lernorte (vgl. Tiedemann, 2021), die eine vertiefte Auseinandersetzung mit der Thematik ermöglichen. Der *Klimawandel* ist ein gesamtgesellschaftliches Phänomen und in vielen Bereichen unseres Lebens spürbar. Um Lernenden beispielsweise das Verhältnis von Mensch und Natur vor Augen zu führen, lohnt es sich, Naturschutzbeauftragte zu kontaktieren. Ein Ausflug in einen National- oder Naturschutzpark und das damit einhergehende unmittelbare Naturerlebnis ist in diesem Fall lohnender als es ein Vortrag zu diesem Thema am schulischen Lernort sein könnte (vgl. Graf, 2021, S. 464).

Integration unterschiedlicher Sozialformen und Unterrichtsmethoden Die philosophiedidaktische Drehscheibe beschreibt ein Instrument, welches auf unterschiedliche Art und Weise im Unterricht eingesetzt und mit mehreren Sozialformen (Einzel-, Gruppen-, Plenararbeit) und Unterrichtsmethoden in Verbindung gebracht werden kann – wie im folgenden Abschnitt sichtbar gemacht werden soll.

4.4.2 Impulse für Schüler:innen

Für den Einsatz im Unterricht bedarf die Drehscheibe einer genauen Einführung. Insbesondere wenn Schüler:innen noch wenig Erfahrung im Philosophieren haben, ist es ratsam, ausreichend Zeit einzuplanen, um einer Überforderung vorzubeugen. Im Folgenden wird erläutert, wie Lernenden die Funktion und das Zusammenspiel der einzelnen Drehscheiben in vier Phasen spielerisch zugänglich gemacht werden kann.

- **1. Entwicklung einer Leitfrage und Eröffnung von Problemräumen**

In Auseinandersetzung mit dem Klimawandel, soll mit einem Experiment gestartet werden, um unterschiedliche Problemräume zu eröffnen: Dafür brauchen Sie zwei Eiswürfel, zwei Glasschüsseln, ein Wasserglas und eine Wärmequelle (Lampe oder Sonne). In beide Schüsseln wird ein Eiswürfel gelegt. Einer befindet sich unter einem umgedrehten Wasserglas. Danach werden beide Schüsseln unter eine Lampe oder in die Sonne gestellt. Die Lernenden sollen nun beobachten, was passiert. Optional kann mit einer Wärmelampe das Schmelzen der Eiswürfel beschleunigt werden.

Dieses Experiment demonstriert den sogenannten Treibhauseffekt, der auf natürliche Art und Weise das Klima und das Temperaturniveau der Erde beeinflusst. Unser Planet wird ähnlich dem Glas, unter dem sich der Eiswürfel befindet, von einer Atmosphäre umgeben, die einer Isolationsschicht gleicht. Diese Schicht sorgt dafür, dass die Sonnenstrahlung hinein, jedoch nicht in gleichem Maße hinausgelassen wird. Der Treibhauseffekt beruht auf der Konzentration der Treibhausgase in der Atmosphäre. Mit steigender Konzentration wird weniger Strahlung in den Weltraum zurückgeworfen. Dies hat zur Folge, dass das „Glashaus" Erde immer wärmer wird (für eine ausführlichere Einführung vgl. Rahmstorf & Schellnhuber, 2019; WMO, 2022; NASA, 2022, IPCC, 2023).

Dass die globale durchschnittliche Jahrestemperatur steigt (IPCC, 2023), ist vielen Lernenden am Beginn des Unterrichts bewusst. Das Experiment verdeutlicht anschaulich den Grund für die steigende Temperatur. Basierend darauf können unterschiedliche, damit einhergehende Problemräume eröffnet werden: Zunächst wird ein Sitz- oder Sesselkreis gebildet. In der Mitte des Kreises befindet sich die Experimentieranordnung. Neben diese dürfen die Lernenden Gegenstände aus ihren Schultaschen, den Bankfächern oder dem Klassenraum legen, die für sie in Zusammenhang mit dem Klimawandel stehen. Leiten Sie die Kinder nun an, konkrete Fragen mit thematischem Bezug zum Klimawandel zu formulieren. Verdeutlichen Sie dies anhand eines Beispiels: Nehmen Sie eine Pflanze vom Lehrertisch und stellen Sie diese neben die Glasschalen und formulieren Sie folgende Fragen:

– Wie wirkt sich der Klimawandel auf die Natur und die Pflanzenwelt aus?
– Sind wir dazu verpflichtet, die Natur vor den Auswirkungen des Klimawandels zu schützen?
– Sollen Klimaschutzmaßnahmen Menschen und Pflanzen gleichermaßen berücksichtigen?
– Welchen Beitrag kann die Natur zum Klimaschutz leisten?

Die Fragen werden auf Kärtchen notiert und um die Objekte in die Mitte des Kreises gelegt. ◘ Abb. 4.5 zeigt das Ergebnis einer Lernendengruppe. In ◘ Tab. 4.2 (s. u.) sind die dazugehörigen Fragen aufgelistet.

Haben die Lernenden Schwierigkeiten mit der Aufgabe, kann auf folgende Hilfestellungen zurückgegriffen werden: Das Schmelzen der Eiswürfel kann in Assoziation zum Schmelzen der Polkappen gesetzt werden und als Anstoß dienen, um unterschiedliche Konsequenzen des Klimawandels und deren Auswirkungen auf die Menschen und die Natur zu diskutieren. Es ist ebenso möglich, den Einfluss des Menschen auf das Klima zu hinterfragen, indem andere Ursachen

◘ **Abb. 4.5** Ergebnis einer Lernendengruppe zum Thema Klimawandel

◼ **Tab. 4.2** Philosophische und wissenschaftliche Fragestellungen der Lernenden zum Thema Klimawandel

Wissenschaftliche Fragen

1. Können uns die Bäume und Blumen helfen, das Klima zu schützen?
2. Wie schaffen wir es, Energie zu sparen?
3. Wird es einen Weltuntergang geben, wenn wir den Klimawandel nicht stoppen?
4. Sterben die Pflanzen aus, wenn wir nichts unternehmen?
5. Wie können wir es schaffen, den Klimawandel zu stoppen?
6. Können wir künstliches Wasser herstellen?
7. Wie können wir verhindern, dass die Eisbären sterben?
8. Geht es den Tieren noch gut?
9. Steht im Gesetz etwas zum Klimaschutz?
10. Wieso tun wir so wenig gegen den Klimawandel, obwohl es Möglichkeiten gibt?
11. Werden die Pflanzen weiterleben?
12. Können wir mehr wiederverwendbare Packungen produzieren?
13. Gibt es eine bessere Möglichkeit, Strom zu gewinnen?
14. Wie sprechen wir über den Klimawandel?
15. Wieso beschäftigen wir uns mit unwichtigeren Dingen als dem Klimawandel?
16. Wie lange dauert es noch, bis die Eisbären aussterben?
17. Wird es im Winter wärmer oder kälter wegen des Klimawandels?
18. Was können wir von Tieren mit einem kleineren CO_2-Fußabdruck lernen?
19. Wird die Papierherstellung negative Folgen für das Klima haben?
20. Ist es leicht, den Klimawandel zu stoppen?
21. Wieso gibt es den Klimawandel?

Philosophische Fragen

22. Sollten wir auch jüngeren Kindern den Klimawandel erklären?
23. Sollen wir die Pflanzen retten?
24. Dürfen wir nicht mehr mit dem Auto fahren?
25. Sollen wir durch das Klima benachteiligten Menschen Geld spenden?
26. Handeln wir richtig, wenn wir weniger Müll produzieren?
27. Dürfen wir zulassen, dass die Eisbären aussterben?
28. An wen müssen wir sonst noch denken wegen des Klimawandels?
29. Ist mein Opa Schuld am Klimawandel?

diskutiert werden, die zu einem schnelleren Schmelzen der Eiswürfel führen. Diesbezüglich bietet es sich an, auf die Heizkörper im Klassenraum zu verweisen oder einen Blick aus dem Fenster auf parkende Autos vor der Schule zu werfen. Halten

Sie einen Zettel vor die Lichtquelle, können Sie auf mögliche Anpassungs- und Adaptionsmaßnahmen eingehen. In der entsprechenden Fachliteratur (vgl. z. B. Royal Society, 2009) wird der Einsatz von Sonnensegeln oder der künstlichen Wolkenbildung diskutiert, um die Erde vor zu großer Sonnenstrahlung zu schützen. Basierend darauf kann der Unterschied zwischen Klimaschutzmaßnahmen (Reduktion klimarelevanter Treibhausgase, um Klimawandel rückgängig zu machen) und Adaptionsmaßnahmen (Umgang mit unabwendbaren Folgen des Klimawandels) erläutert werden (Rahmstorf & Schellnhuber, 2019).

Ziel dieser Phase ist es, eine umfassende Leitfrage zu generieren. All diese Problemräume sind beispielsweise auf die Frage „Wie sollen wir mit dem Klimawandel umgehen?" zurückzuführen. Sie können die Leitfrage entweder vorgeben oder einen leeren Zettel in die Mitte des Kreises legen und die Lernenden dazu auffordern, eine möglichst umfassende philosophische Leitfrage zu formulieren. Eine Gruppe an Schüler:inne:n hat beispielsweise die Frage „Was müssen wir tun, um gut zum Klima zu sein?" formuliert. In einem gemeinsamen Gespräch wurde die Phrase „gut zum Klima zu sein" mit dem Begriff ‚klimabewusst' auf den Punkt gebracht und die Frage „Wie sollen wir klimabewusst handeln?" abgeleitet.

2. Miteinbezug wissenschaftlicher Perspektiven Diese Phase zielt darauf ab, unterschiedliche wissenschaftliche Perspektiven in Auseinandersetzung mit der philosophischen Leitfrage zu integrieren. Fordern Sie die Lernenden zunächst dazu auf, die Fragen aus Phase 1 in wissenschaftliche und philosophische zu gliedern. Sind die Lernenden mit dieser Unterscheidung noch nicht vertraut, bietet sich folgende Hilfestellung an: In die Mitte des Kreises werden drei Bilder (zwei Personen und ein Fragezeichen) gelegt (druckfähige Vorlagen finden Sie in ▶ Abschn. 4.5 verlinkt). Sie können das Gespräch folgendermaßen einleiten:

Ich möchte dir heute zwei Personen vorstellen, die sich wie du mit dem Thema X (z. B. Klimawandel) auseinandersetzen. Person X (Name einsetzen) ist Wissenschaftler:in. Person Y (Name einsetzen) ist Philosoph:in. Beide beschäftigen sich mit unterschiedlichen Fragen. (Legen Sie einige wissenschaftliche und philosophische Fragen um die jeweilige Person). *Schaue dir die Fragen in Ruhe an und überlege, worin sie sich unterscheiden.* Ziel ist es, dass die Lernenden die Fragen miteinander vergleichen und darauf basierend, Merkmale wissenschaftlicher und philosophischer Fragen ableiten. Diese werden auf einem Zettel festgehalten. Anschließend erhalten die Kinder folgende Aufgabenstellung: *Ordne die Fragen derjenigen Person zu, die dir am ehesten eine Antwort geben kann. Begründe deine Auswahl.*

Die Kinder dürfen nun reihum eine Frage der jeweiligen Personen zuordnen. In diesem Prozess wird das Wissen der Kinder hinsichtlich der Merkmale wissenschaftlicher und philosophischer Fragen wiederholt und gefestigt. Die Zuordnung der Fragen wird anschließend im Plenum diskutiert. Diese Vorgehensweise bietet sich vor allem für jüngere Kinder an, da sie ohnehin viele Fragen nach Gründen und Ursachen stellen. Sie sind es folglich gewohnt, in Interaktion mit unterschiedlichen Kommunikationspartner:innen zu treten, um Antworten auf ihre Fragen zu erhalten (Siegler et al., 2016, S. 223, 244). Aus diesem Grund fällt es ihnen zunächst leichter, zu überlegen, welche Personen ihnen möglicherweise eine Antwort auf unterschiedliche Fragen geben können, als die

Fragen lediglich den abstrakten Kategorien *wissenschaftlich* und *philosophisch* zuzuordnen.

Einige Dinge, die es zu berücksichtigen gilt, werden nun anhand von Auszügen eines philosophischen Gesprächs, das mit Kindern im Alter von 10–11 Jahren am Anfang des Philosophieunterrichts geführt wurde, diskutiert. Die Äußerungen der Kinder entstammen einem Gedächtnisprotokoll, welches unmittelbar nach dem Gespräch verfasst wurde.

> Lars: *Die Frage „Wie sollen wir leben?" kann uns Ulrike* (Name, den die Kinder der Philosophin gegeben haben) *beantworten.*
>
> Isabella: *Deine Frage hat nichts mit dem Klimawandel zu tun.*

Dieser Gesprächsausschnitt zeigt, dass Kinder Fragen formulieren, ohne diese in Bezug zum Terminus Klimawandel zu setzen. In Situationen wie diesen ist es als Gesprächsleiter:in wichtig, Rückfragen zu stellen. In diesem Kontext gilt es herauszufinden, ob das Kind die Frage allgemein oder mit Blick auf den Klimawandel formuliert hat. In seiner Begründung hat Lars darauf verwiesen, dass er sich fragt, wie wir in einer Welt, in der es so viele Probleme, wie Kriege, Krankheiten und auch den Klimawandel gibt, verantwortungsvoll leben können. Der Junge hat seine Frage folglich nicht explizit auf das Thema Klimawandel bezogen. Kinder stellen angeregt durch die Beschäftigung mit konkreten Themen Fragen, die nicht demselben Themenbereich angehören. Das ist vollkommen in Ordnung. Thematisierend Sie dies, indem sie darauf verweisen, dass die Frage von Lars im Kontext des Klimawandels diskutiert, aber ebenso ohne diese thematische Einschränkung beleuchtet werden kann.

> Marie: *„Ist mein Opa schuld am Klimawandel?" ist eine philosophische Frage. Ulrike beschäftigt sich zum Beispiel damit, was gute und schlechte Handlungen sind.*
>
> Barbara: *Das ist falsch. Es ist eine wissenschaftliche Frage. Es geht darum, was den Klimawandel ausgelöst hat, das erforscht Manfred* (= Name, den die Kinder dem Wissenschaftler gegeben haben).

Diesem Gesprächsausschnitt ist zu entnehmen, dass sich die Lernenden hinsichtlich der Zuordnung gewisser Fragen uneinig sind. In diesem Kontext ist es notwendig, Genauigkeit einzufordern. Weisen Sie die Lernenden darauf hin, dass beide Interpretationen der Frage möglich sind, die Formulierung jedoch konkretisiert werden muss. Zielt die Frage darauf ab, die Ursachen des Klimawandels genauer zu beleuchten, und somit das Zustandekommen des Phänomens zu erklären, handelt es sich um eine wissenschaftliche Frage (z. B. Wie ist der Klimawandel entstanden?). Möchte man also gezielt herausfinden, welchen Beitrag Maries Opa zum Klimawandel geleistet hat, kann sein Lebensstil als Grundlage herangezogen und darauf basierend seine CO_2-Bilanz berechnet werden. Diese kann dann in Zusammenhang mit den Klimaschäden gestellt werden.

Geht es darum, zu beurteilen, inwiefern der vergangenen Generation Schuld am Klimawandel zugesprochen werden kann und wie wir mit der Schuld umgehen sollen, ist von einer philosophischen Frage die Rede (z. B. Was gilt als Beitrag zur Verursachung des Klimawandels? Ist die Schuld vergangener Generationen vererbbar?). Man überlegt folglich, ob Maries Opa (als Vertreter seiner Generation) Schuld zugesprochen werden kann. Es lässt sich zudem hinterfragen, ob Marie als seine Verwandte (als Vertreterin ihrer Generation) für diese Schuld geradestehen muss.

Martin:	*Ich habe die Frage „Dürfen wir zulassen, dass die Eisbären aussterben?" den wissenschaftlichen Fragen zugeordnet.*
Barbara:	*Das ist falsch. Es ist eine philosophische Frage, weil es darum geht, was wir tun sollen.*
Martin:	*Wir haben aber vorher besprochen, dass Manfred sich damit beschäftigt, warum die Eisbären aussterben. Also muss ich zuerst ihn fragen, damit ich weiß, warum sie sterben, und dann kann ich immer noch zu Ulrike gehen und fragen, was ich jetzt tun soll.*

Dieser Gesprächsausschnitt ähnelt dem vorherigen. In diesem Fall handelt es sich jedoch eindeutig um eine philosophische Frage. Die Frage könnte theoretisch ohne den Miteinbezug anderer Wissenschaften geklärt werden. Für Martin ist der Rekurs auf die anderen Wissenschaften in diesem Moment jedoch unbedingt notwendig. Er hat, wie viele andere Anfänger:innen im Philosophieren, das notwendige Abstraktionsniveau noch nicht erreicht, um diese Frage losgelöst vom empirisch-wissenschaftlichen Kontext betrachten zu können (s. ▶ Abschn. 2.3). Verdeutlichen Sie den Lernenden, dass es sich zwar um eine Frage handelt, die der Philosophin/ dem Philosophen zugeordnet wird, sie/ er jedoch bei der Beantwortung der Frage Wissenschaftler:innen konsultieren kann. Anhand dieser Erklärung wird ein wichtiger Beitrag zum Verständnis des Zusammenhangs zwischen der Philosophie und weiteren Wissenschaften geleistet. ◘ Tab. 4.2 zeigt einige Zuordnungen einer Lernendengruppe.

Diese Einteilung ist die Voraussetzung für den nächsten Schritt, der darauf abzielt, einzelne wissenschaftliche Perspektiven, die spezifische Fragen beleuchten, zu benennen. Abhängig vom Alter und Kompetenzniveau der Lernenden wird die Einteilung der Fragen unterschiedlich komplex ausfallen. Wichtig ist, dass Sie die Lernenden nicht überfordern. Folgende drei Vorgehensweisen sind denkbar:

1. Für *Anfänger:innen* im Philosophieren reicht die Einteilung in wissenschaftliche und philosophische Fragen aus. Sie können sich jetzt eine aussuchen und auswählen lassen, über die die Gruppe diskutieren möchte.
2. Mit *Fortgeschrittenen* bietet es sich ab der Sekundarstufe I an, eine weitere Differenzierung der wissenschaftlichen Fragen vorzunehmen. Dies begründet sich darin, dass die Kinder aufgrund des Fächerkanons in der Schule an die Einteilung in Biologie, Geschichte, Mathematik, Physik und Chemie gewöhnt sind. Dieses Wissen kann auf die Fragen übertragen werden.
3. *Ältere bzw. erfahrene Lernende* können die philosophischen Fragen ebenso den unterschiedlichen philosophischen Disziplinen (z. B. Ethik, Anthropologie, Erkenntnistheorie, Metaphysik) entsprechend gliedern. Die Differenzierung der wissenschaftlichen Kategorien kann mit zunehmendem Alter immer spezifischer werden (z. B. Biologie – Genetik, Molekularbiologie, Ökologie…). Die

jeweiligen (Teil-)Disziplinen werden dann auf Kärtchen geschrieben und die dazugehörigen Fragen darunter angeordnet.

- **3. Finden von Dialogpartner:innen**

Diese Phase zielt darauf ab, Lernende in Kontakt mit unterschiedlichen Dialogpartner:innen zu bringen, die sich mit den jeweiligen Fragen beschäftigen und diesbezüglich bereits unterschiedliche Antworten und Lösungsversuche präsentieren. Mehrere Vorgehensweisen sind denkbar. Sie können die Lernenden beispielsweise dazu beauftragen, unterschiedliche Lehrpersonen (z. B. aus den Fächern Biologie, Geschichte, Geografie etc.) zur Leitfrage zu interviewen. Die Erkenntnisse können dann im Philosophieunterricht gesammelt und diskutiert werden. Sie können ebenso ein Dialogangebot ausarbeiten und den Lernenden ausgewählte Personen und Texte vorstellen. Abhängig davon, welche und wie viele Impulse Sie wählen, wird sich diese Phase als mehr oder weniger zeitintensiv gestalten. Haben Sie selbst die Drehscheibe als Vorbereitung auf den Unterricht ausgearbeitet, können Sie nun auf die Impulse zurückgreifen (s. ◘ Abb. 4.1) und diese entsprechend für den Unterricht aufbereiten. Im Zusammenhang mit dem Experiment zum Treibhauseffekt haben die Lernenden bereits die physikalische Erklärung des Klimawandels kennengelernt. Im Philosophieunterricht bietet es sich an, klimaethische Perspektiven zu integrieren. Ein wichtiger Punkt in der Klimaethik ist die Frage nach intergenerationeller Gerechtigkeit (für eine ausführliche Einführung vgl. Roser & Seidel, 2015, S. 45–74). Diesbezüglich kann das Gedankenexperiment „the uninhabited mountain hut" (Gosseries, 2008, S. 40) herangezogen werden. Stellen Sie den Lernenden folgende Frage: *Stelle dir vor, du verbringst mit einer Gruppe von Freund:inn:en eine Nacht in einer Berghütte. In welchem Zustand sollt ihr die Hütte für zukünftige Gäste hinterlassen und warum? Formuliere eine Hüttenregel und begründe diese.* Die Regeln werden im Plenum gesammelt und diskutiert. In Anlehnung an Roser und Seidel (2015, S. 45) sind drei Regeln möglich:
1. Hinterlasst die Hütte so sauber, wie ihr sie angetroffen habt.
2. Tragt ein wenig zur Verschönerung der Hütte bei.
3. Hinterlasst die Hütte sauber.

Bringen Sie die Regeln in das philosophische Gespräche ein, falls diese nicht selbstständig von den Lernenden genannt werden. Im Anschluss daran sollen die Lernenden abstimmen, auf welche Regel sie am ehesten zurückgreifen würden. Lösen Sie nun die Metapher auf und erklären sie den Lernenden, dass man sich wie die Wanderer die Frage stellen kann, in welchem Zustand die Erde für die nächsten Generationen hinterlassen werden soll. Nun folgt ein philosophisches Gespräch, in welchem diskutiert wird, ob die Lernenden auf dieselben Regeln zurückgreifen oder eine Änderung vornehmen würden und warum. Als Gesprächsleiter:in ist es in diesem Fall wichtig, sich ausreichend in die klimaethische Debatte einzulesen, so dass gezielt Rückfragen gestellt und beantwortet werden können.

- **4. Neue Fragen generieren**

Ziel dieser Phase ist es, die Drehfunktion der Scheibe zu erproben. Diesbezüglich biete es sich an, die beiden Leitfiguren „Philosophin" und „Wissenschaftler" aus

Phase 2 (Miteinbezug wissenschaftlicher Perspektiven) in Dialog treten zu lassen. Ziel ist es, dass Lernende ein erstes Bewusstsein dafür entwickeln, wissenschaftliche Erkenntnisse systematisch in Auseinandersetzung mit philosophischen Fragestellungen zu integrieren und in weiterer Folge zu reflektieren. Eine solche Gesprächssituation muss anhand konkreter Beispiele vorab besprochen und geübt werden. Hierfür bieten sich zwei Aufgabenformate an:
1. *Der Dialog wird gemeinsam mit der Gruppe erarbeitet.* Fordern Sie die Lernenden auf, einen Sitz- oder Sesselkreis zu bilden und legen Sie die Gesprächsvorlage (s. ▶ Abschn. 4.5, Vorlage 06) in die Mitte. Ziel ist es, gemeinsam einen möglichen Gesprächsverlauf zwischen einem Wissenschaftler und einer Philosophin zu konstruieren. Die Antworten werden in den Sprechblasen festgehalten. Um einen solchen Dialog verfassen zu können, ist es natürlich erforderlich, dass die Lernenden bereits über inhaltliche Kenntnisse zum jeweiligen Themengebiet verfügen oder Sie ihnen diese zur Verfügung stellen. ◘ Abb. 4.6 zeigt einen Gesprächsverlauf, der gemeinsam mit Lernenden in einem philosophischen Gespräch im Zusammenhang mit dem Experiment zum Treibhauseffekt und dem Gedankenexperiment der Berghütte (s. ▶ Abschn. 4.4.2) erarbeitet wurde. Dieses Aufgabenformat ist vor allem für fortgeschrittene Lernende zu empfehlen. Es setzt die Fähigkeit voraus, zwischen philosophischen und wissenschaftlichen Fragen zu differenzieren und dieses Wissen auf eine neue Thematik zu transferieren. Dabei muss konstant ein Wechsel von der wissenschaftlichen zur philosophischen Perspektive vollzogen werden.
2. *Der Dialog wird von Ihnen vorgegeben (s. Abb. 4.6).* Zerschneiden Sie den Dialog (eine druckfähige Vorlage des Dialogs finden Sie unten in ▶ Abschn. 4.5 verlinkt Vorlage 05), so erhalten Sie acht Dialogkärtchen (weiße Sprechblasen in ◘ Abb. 4.6) und sechs Reflexionskärtchen (graue Kästchen in ◘ Abb. 4.6). Diese werden in die Mitte des Kreises gelegt. Die Schüler:innen sollen die Dialogkärtchen in die richtige Reihenfolge bringen. Wichtig ist, dass dieser Gesprächsverlauf nicht nur reproduziert, sondern in einem weiteren Schritt gemeinsam reflektiert wird, indem die Reflexionskärtchen den entsprechenden Stellen im Dialog zugeordnet werden (s. ◘ Abb. 4.6). Erst wenn die Lernenden das Gespräch hinterfragen, setzten sie sich damit auseinander, warum ein Dialog zwischen Wissenschaftler:inne:n und Philosoph:inn:en gewinnbringend ist. Sie können sich an folgenden Impulsfragen orientieren: Worüber sprechen der Wissenschaftler und die Philosophin? Was lernt die Philosophin/der Wissenschaftler? Wie geht die Philosophin mit den Forschungsergebnissen des Wissenschaftlers um? Warum ist das Gespräch für die Philosophin/den Wissenschaftler wichtig? Welche weiteren Fragen könnte sich die Philosophin/der Wissenschaftler stellen? Was sollten wir berücksichtigen, wenn wir die Erkenntnisse des Wissenschaftlers/ die Argumente der Philosophin miteinbeziehen? Dieses Aufgabenformat ist für Anfänger:innen geeignet, da sie so eine mögliche Struktur des Gesprächs kennenlernen, an der sie sich später orientieren können.

Eine weitere Möglichkeit, einen solchen wissenschaftsorientierten Dialog zu schulen, stellt das Rollenspiel „Philosoph:in und Wissenschaftler:in im Gespräch" dar: Erklären Sie den Lernenden, dass Sie heute in die Rolle von

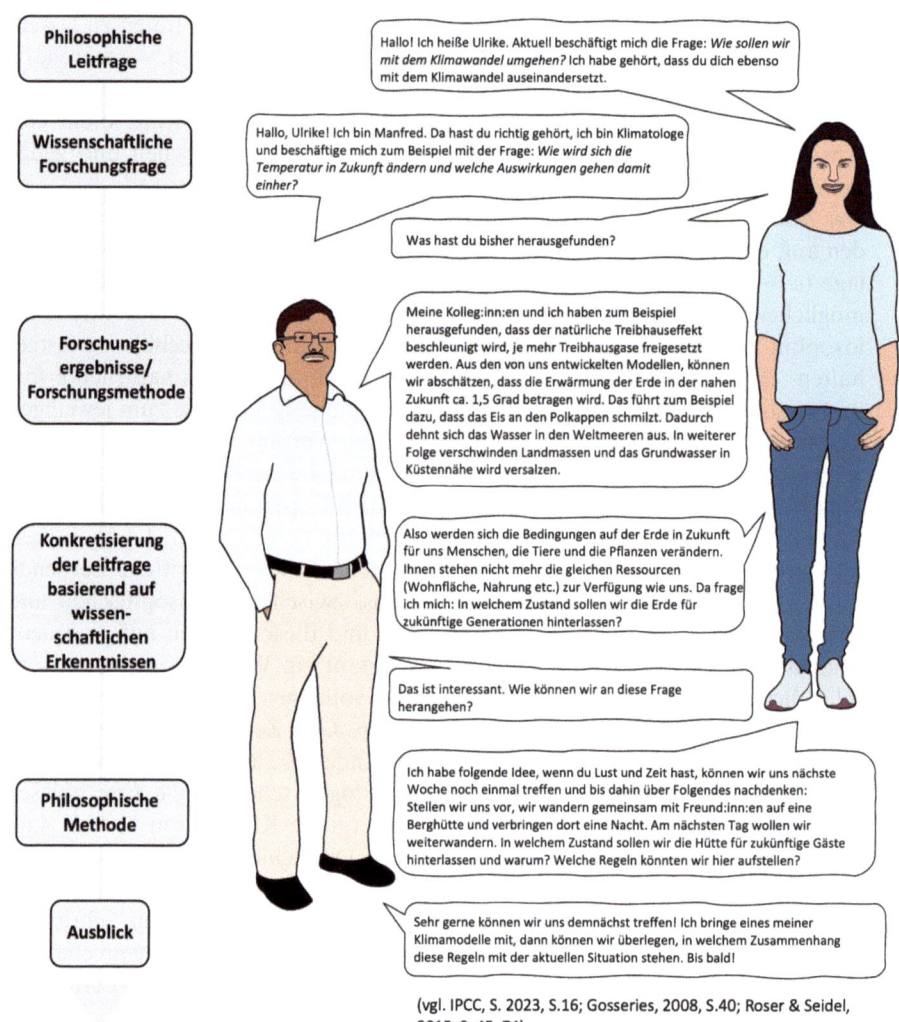

● Abb. 4.6 Gesprächsverlauf Philosophin und Wissenschaftler. (© Anna Breitwieser und Philipp Luger; eine druckfähige Vorlage finden Sie in ▶ Abschn. 4.5 verlinkt)

Wissenschaftler:inne:n und Philosoph:inn:en schlüpfen werden. Die Lernenden erhalten zunächst die jeweiligen Personenkärtchen (s. Abschn. 4.5, Vorlagen 07–13). Ihnen wird entweder die Rolle einer Philosophin/eines Philosophen oder einer Wissenschaftlerin/ eines Wissenschaftlers zuteil. Danach dürfen sie sich frei im Raum bewegen. Legen Sie ein akustisches Signal fest (z. B. Klingeln, Pfeifen). Hören die Lernenden dies, sollen sich jeweils ein:e „Philosoph:in" und ein:e „Wissenschaftler:in" zusammenfinden, um sich zu unterhalten. Die Aufgabe des:der „Philosoph:in" besteht darin, dem:der „Wissenschaftler:in" folgende Fragen zu stellen: Fragen zu stellen: 1. Wer bist du? 2. Mit welchen Fragen beschäftigst du dich? 3. Was hast du bisher herausgefunden? 4. Womit möchtest du dich in Zukunft beschäftigen? Bezugnehmend auf den wissenschaftlichen Input sollen die Lernenden philosophische Fragen stellen. Folgender Ausschnitt eines Dialoges zeigt, welche Fragen basierend auf dem Personenkärtchen „Biologin/Biologe" (s. Abschn. 4.5, Vorlage 08) gestellt wurden: Du hast zum Beispiel gesagt, dass viele Pflanzen vom Aussterben bedroht sind. Ich frage mich: Dürfen wir zulassen, dass die Pflanzen aussterben? Ich finde es spannend, dass manche Pflanzen anpassungsfähiger sind als andere. Das führt mich zu der Frage: Sollen wir uns die Natur zum Vorbild nehmen? Ertönt das akustische Signal, finden sich die Lernenden in neuen Konstellationen zusammen. Die Anzahl der Durchgänge kann je nach Bedarf variieren. Wichtig ist, dass ein Rollentausch durchgeführt wird, so dass jedes Kind sowohl die Rolle der Wissenschaftlerin/ des Wissenschaftlers als auch jene der Philosophin/des Philosophen erproben kann. Im Zuge des letzten Durchgangs erhalten die jeweiligen Zweierteams eine Gesprächsvorlage (s. ▶ Abschn. 4.5, Vorlage 06), die sie basierend auf ihrem letzten Gespräch ausfüllen sollen. Dieses Lernprodukt dient als Grundlage für ein gemeinsames philosophisches Gespräch, in welchem das Potential eines Austausches zwischen Philosoph:inn:en und Wissenschaftler:inne:n thematisiert wird. Mit fortgeschrittenen Lernenden bietet es sich ergänzend dazu an, das Rollenspiel zu variieren und ebenso Gespräche zwischen zwei „Wissenschaftler:inne:n" und zwei „Philosoph:inn:en" zu initiieren und diese Gesprächssituationen gemeinsam zu reflektieren.

Sinn dieser Phase ist es, den Kindern zwei grundlegende Aspekte des Philosophierens zugänglich zu machen:
− Philosophieren mit den Erkenntnissen anderer Wissenschaften (empirisch-informiertes Philosophieren)
− Philosophieren über die Erkenntnisse anderer Wissenschaften und der Philosophie (wissen(schaft)sreflexives Philosophieren).

■ **5. Metareflexion der Scheibe**
◘ Tab. 4.3 können Sie den Zusammenhang der Phasen 1–4 mit den Elementen der Drehscheibe sowie der dazugehörigen Erklärung entnehmen. Die Erklärung ist an das Alter und das Kompetenzniveau der Lernenden anzupassen.

Phasen 1–4 sind darauf ausgerichtet, Lernenden die Ziele und Funktion der Drehscheibe spielerisch zugänglich zu machen. Um sie als Instrument im Philosophieunterricht verwenden zu können, ist es notwendig, metareflexive Sequenzen zu integrieren, um die jeweilige Sequenz in Bezug zur Drehscheibe zu setzen. Diesbezüglich sind zwei Vorgehensweisen denkbar: Die Scheibe kann schrittweise erarbeitet werden, indem die einzelnen Elemente am Ende der jeweiligen Phasen 1–4 ausgeteilt werden. Eine weitere Möglichkeit besteht darin, zunächst alle Phasen zu durchlaufen und die vollständige Drehscheibe im Anschluss daran auszuhändigen.

Es ist sinnvoll, die Vorlage 01 (s. ◘ Abb. 4.1 bzw. ▶ Abschn. 4.5) 4-mal im A3-Format auszudrucken und die einzelnen Teile zu laminieren. So können die Kinder die jeweiligen Scheiben mit einem wasserlöslichen Folienstift beschriften und öfter verwenden. Abhängig von der Anzahl der Lernendengruppen ist es ebenso möglich, eine gewisse Menge an Scheiben zu erstellen, so dass pro Kleingruppe eine vorhanden ist. Die Scheiben werden in der Mitte mit einer

◘ Tab. 4.3 Phasen der philosophiedidaktischen Drehscheibe

Phase	Elemente der Drehscheibe	Erklärung
1. Entwicklung einer Leitfrage und Eröffnung von Problemräumen	– Scheibe „Leitfrage" – Scheibe „Problemräume"	– Formulierung einer umfassenden philosophischen Leitfrage – thematische Einschränkung – Aufbereitung/ Fokussierung der Recherche – Öffnung von Problemräumen – Entdeckung/ Eröffnung von Bereichen, die in Bezug zur Leitfrage stehen und mit weiteren Fragestellungen einhergehen
2. Miteinbezug wissenschaftlicher Perspektiven	– Scheibe „Wissenschaftliche Perspektiven"	– Integration von Theorien, Produkten und Inhalten anderer Wissenschaften – Multiperspektivische Erschließung der philosophischen Leitfrage
3. Finden von Dialogpartner:innen	– Scheibe „Dialogpartner:innen"	– Eröffnung eines Dialogs – Kennenlernen von Antwort- oder Problemlösungsversuchen
4. Neue Fragen generieren	– Drehfunktion der Scheibe (Austeilen einer Rundkopfklammer, um die Scheiben miteinander zu verbinden)	– Impulse zur Entwicklung/ Ableitung weiterführender oder neuer Fragen

Durch die philosophiedidaktische Drehscheibe wird ein wissenschaftsorientierter Verständigungs-, Erkenntnis- und Reflexionsprozess eröffnet. Dieser ermöglicht es,…
1. …wissenschaftliche und philosophische Bezüge grundlegender und moderner Problemstellungen aufzuzeigen und diese reflexiv in Verbindung zu setzen, indem…
    a) …ein konstanter systematischer Austausch mit anderen Wissenschaften eröffnet wird (interdisziplinäre(s) Philosophie(ren)).
    b) …fachliche Grenzen überwunden und/ oder außerwissenschaftliche Personen miteinbezogen werden (transdisziplinäre(s) Philosophie(ren)).
2. … *mit* den Inhalten, Theorien und Methoden anderer Wissenschaften zu philosophieren (empirisch-informiert).
3. … *über* die Inhalte der Philosophie (metareflexiv) und die Inhalte anderer Wissenschaften (wissen(schaft)sreflexiv) zu philosophieren.

Rundkopfklammer fixiert. Damit die Lernenden von der Orientierungsfunktion der Drehscheibe profitieren können, gilt es, ihnen ihre Funktionsweise bewusst vor Augen zu führen. Diesbezüglich ist es notwendig, ihnen vereinfacht den Zweck der jeweiligen Scheibe (s. ▶ Abschn. 3.1) und die Drehfunktionen (s. ▶ Abschn. 3.2) zu erläutern.

4.5 Material

Alle Vorlagen (◘ Abb. 4.7, 4.8, 4.9, 4.10, 4.11, 4.12, 4.13, 4.14, 4.15, 4.16, 4.17, 4.18 und 4.19) können auf SpringerLink heruntergeladen werden: ▶ https://link.springer.com/chapter/▶ https://doi.org/10.1007/978-3-662-66182-6_4

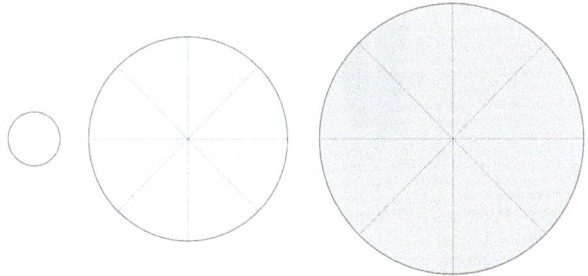

◘ **Abb. 4.7** Vorlage 01: Drehscheibe leer. (© Anna Breitwieser)

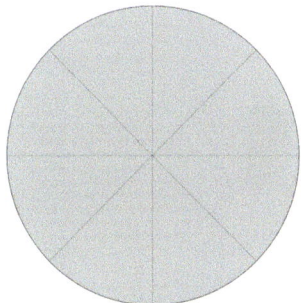

◘ **Abb. 4.8** Vorlage 02: Drehscheibe Klimawandel. (© Anna Breitwieser)

◘ **Abb. 4.9** Vorlage 03: Fragezeichen. (© Anna Breitwieser)

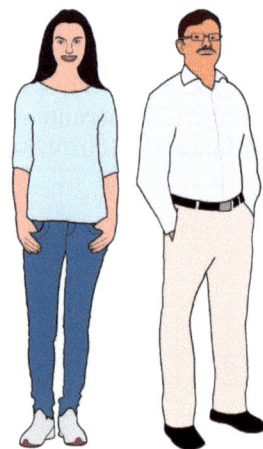

Abb. 4.10 Vorlage 04: Personen. (© Anna Breitwieser und Philipp Luger)

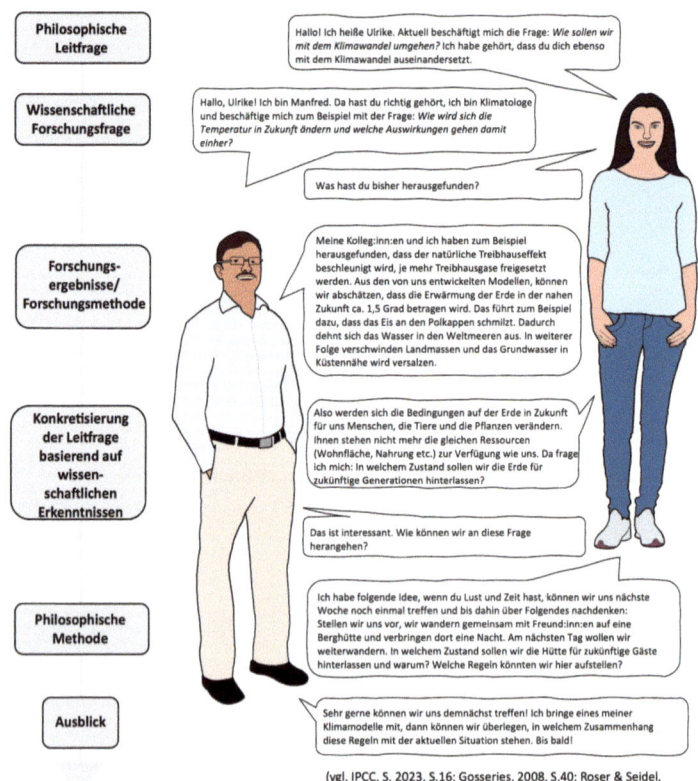

Abb. 4.11 Vorlage 05: Gesprächsverlauf Philosophin und Wissenschaftler. (© Anna Breitwieser und Philipp Luger)

Philosophieren mit der philosophiedidaktischen Drehscheibe

◘ **Abb. 4.12** Vorlage 06: Gesprächsverlauf leere Sprechblasen. (© Anna Breitwieser und Philipp Luger)

Philosophin/ Philosoph

Du bist Philosophin/ Philosoph und beschäftigst dich aktuell mit dem Klimawandel. Du stellst dir folgende Frage: *Wie sollen wir mit dem Klimawandel umgehen?*

Auf der Suche nach Antworten auf deine Frage begegnen dir unterschiedliche Personen aus anderen Wissenschaften, die sich ebenso mit dem Klimawandel beschäftigen. Du beschließt Gespräche mit einigen Personen zu führen.

Aufgabe

Notiere philosophische Fragen, die sich stellen, wenn du dich mit dem/der Wissenschaftler:in unterhältst.

◘ **Abb. 4.13** Vorlage 07: Rollenkärtchen Philosophin/ Philosoph

Biologin/ Biologe

Tätigkeit
Als Biologin/ Biologe beschäftigst du dich mit unterschiedlichen Bereichen unserer lebendigen Umwelt. Dazu gehören wir Menschen, Pflanzen, Tiere und kleinste Lebenswesen wie Bakterien. Es gibt unterschiedliche Bereiche in der Biologie, wie zum Beispiel die Ökologie. Ökologinnen und Ökologen untersuchen das Zusammenleben von Menschen und Tieren, welchen Einfluss diese auf ihre Umwelt haben und wie sie voneinander abhängen (klexikon.de).

Forschungsfragen
Aktuell beschäftigst du dich mit dem Klimawandel und stellst dir zum Beispiel folgende Fragen:
- In welchem Ausmaß ist der Klimawandel von den Menschen verursacht?
- Wie reagiert die Natur auf den Klimawandel?
- Welchen Einfluss hat der Klimawandel auf die Tierwelt?

Forschungsergebnisse
Du hast bereits herausgefunden, dass durch den Klimawandel neue Bedingungen entstehen (z.B. wärmere und kältere Regionen), an die sich die Natur anpassen muss. Verändert sich das Klima zu schnell, drohen viele Pflanzen auszusterben. Du hast folgende Forschungsmethoden angewandt: Du hast das Wachstum verschiedener Pflanzen in unterschiedlichen Gebieten auf der Welt beobachtet und miteinander verglichen. Außerdem hast du Proben entnommen (z.B. Pflanzensamen, Blüten oder Blätter) und im Labor untersucht. So konntest du feststellen, dass manche Pflanzen anpassungsfähiger sind als andere (Anderson & Song 2020).

Ausblick
In Zukunft möchtest du dich genauer damit beschäftigen, welche Methoden die Pflanzen verwenden, um sich an das Klima anzupassen.

Abb. 4.14 Vorlage 08: Rollenkärtchen Biologin/ Biologe

Sprachwissenschaftlerin/ Sprachwissenschaftler

Tätigkeit
Als Sprachwissenschaftlerin/ Sprachwissenschaftler beschäftigst du dich intensiv mit unserer Sprache. Du untersuchst zum Beispiel, in welchen Situationen Menschen bestimmte Wörter verwendet haben oder verwenden. Viele Menschen sprechen die gleiche Sprache. Trotzdem gebrauchen sie oft unterschiedliche Ausdrücke, wenn sie über dieselbe Situation sprechen. Die Begriffe werden teilweise gezielt eingesetzt, um eine bestimmte Wirkung hervorzurufen (klexikon.de).

Forschungsfragen
Aktuell beschäftigst du dich mit dem Klimawandel und stellst dir zum Beispiel folgende Fragen:
- Brauchen wir eine klimagerechte Sprache?
- Welche Begriffe werden im Zusammenhang mit dem Klimawandel verwendet?
- Welche Wirkung ruft die Verwendung bestimmter Begriffe im Zusammenhang mit dem Klimawandel hervor?

Forschungsergebnisse
Du hast bereits herausgefunden, dass Menschen unterschiedliche Wörter verwenden, um über den Klimawandel zu sprechen. Du hast folgende Forschungsmethoden angewandt: Du hast dich genauer mit der Herkunft und Bedeutung der einzelnen Wörter beschäftigt und herausgefunden, dass das Wort *Klimawandel* nicht besonders bedrohlich klingt, sondern eher neutral die Veränderung des Klimas beschreibt. Das Wort *Klimakrise* ist bereits etwas dringlicher. Allerdings beschreibt eine Krise immer etwas Vorübergehendes. Das Wort *Klimakatastrophe* beschreibt ein furchtbares, verhängnisvolles Ereignis von längerer Dauer (DWDS 2022).

Ausblick
In Zukunft möchtest du dich damit beschäftigen, wie die Sprache gestaltet werden kann, damit wir verantwortungsvoll handeln (Trümper & Beck 2021).

Abb. 4.15 Vorlage 09: Sprachwissenschaftlerin/ Sprachwissenschaftler

Klimatologin/ Klimatologe

Tätigkeit
Als Klimatologin/ Klimatologe beschäftigst du dich genauer mit den Veränderungen des Klimas. Du überwachst, beobachtest und bewertest diese Veränderungen. Von deinen Beobachtungen leitest du zum Beispiel Prognosen (= wissenschaftlich begründete Voraussagen) für die Entwicklung des Klimas ab (ZAMG, o.D.).

Forschungsfragen
Aktuell stellst du dir zum Beispiel folgende Fragen:
- Wie hat sich die Temperatur in den letzten Jahren verändert?
- Wie wird sich die Temperatur in Zukunft verändern?
- Welche Auswirkungen hat dieser Temperaturanstieg?

Forschungsergebnisse
Du hast bereits festgestellt, dass sich die Erde stetig erwärmt. Folgende Forschungsmethode hast du angewandt: Du hast alte Daten der Temperaturentwicklung (im Zeitraum zwischen 1850-1900) mit neuen Daten (im Zeitraum von 2011-2020) verglichen und in ein Kurvenmodell eingetragen. Daraus kannst du abschätzen, dass die Erwärmung in der nahen Zukunft ca. 1,5 °C betragen wird (IPCC, 2023, S. 14). Du hast dir ebenso überlegt, welche Auswirkungen dieser Temperaturanstieg hat und herausgefunden, dass zum Beispiel das Eis an den Polkappen immer weiter schmilzt. Dadurch dehnt sich das Wasser in den Weltmeeren aus. In weiterer Folge verschwinden Landmassen und das Grundwasser in Küstennähe wird versalzen (IPCC, 2023, S.15).

Ausblick
In Zukunft entwickelst du weitere Klimamodelle. Mit diesen möchtest du genauere Prognosen für die Temperaturentwicklung in den nächsten Jahren abgeben (IPCC, 2023).

Abb. 4.16 Vorlage 10: Rollenkärtchen Klimatologin/ Klimatologe

Rechtswissenschaftlerin/ Rechtswissenschaftler

Tätigkeit
Als Rechtswissenschaftlerin/ Rechtswissenschaftler beschäftigst du dich mit dem Recht. Was Recht ist, kannst du meist in Gesetzen nachlesen. Gesetze enthalten Vorschriften, die zum Beispiel für alle Menschen in einem Land gelten (klexikon.de).

Forschungsfragen
Aktuell beschäftigst du dich mit dem Klimawandel und stellst dir zum Beispiel folgende Fragen:
- Wann sind wir gesetzlich zum Klimaschutz verpflichtet?
- Welche Gesetze brauchen wir noch im Zusammenhang mit dem Klimawandel?
- Wie unterscheiden sich unsere Gesetze zum Umweltschutz mit jenen unserer Nachbarländer?
- Wie müssen die Umweltschutzrichtlinien der EU in Österreich umsetzen werden?

Forschungsergebnisse
Du hast bereits festgestellt, dass in den letzten Jahren immer wieder Änderungen am Klimaschutzgesetz (KSG) durchgeführt wurden. Du hast folgende Forschungsmethode angewandt: Du hast das aktuelle Klimaschutzgesetz genau durchgelesen. In diesem Prozess konntest du einige Stärken und Schwächen feststellen. Eine Stärke ist, dass unterschiedliche Personen aus mehreren Bereichen (z.B. Politiker:innen, Wissenschaftler:innen) zu wichtigen Entscheidungen zur Ausarbeitung von Klimaschutzmaßnahmen Empfehlungen abgeben können. Zu den Schwächen zählt, dass es keine Personen gibt, die kontrollieren, ob Maßnahmen zum Klimaschutz tatsächlich geplant und umgesetzt werden. Ebenso gibt es keine Vorkehrungen, die getroffen werden, falls die Maßnahmen nicht eingehalten werden (Schulev-Steindl, Hofer & Franke 2020).

Ausblick
In Zukunft möchtest du dich damit beschäftigen, wie das Klimaschutzgesetz verbessert werden kann.

Abb. 4.17 Vorlage 11: Rollenkärtchen Rechtswissenschaftlerin/ Rechtswissenschaftler

Technologin/ Technologe

Tätigkeit
Als Technologin/ Technologe beschäftigst du dich genauer mit dem Einsatz bestimmter Techniken. Es gibt unterschiedliche Bereiche in der Technologie, wie zum Beispiel die Klimatechnologie. Klimatechnologinnen und Klimatechnologen entwickeln beispielsweise Möglichkeiten, um den Klimawandel abzuschwächen.

Forschungsfragen
Aktuell beschäftigst du dich mit dem Klimawandel und stellst dir zum Beispiel folgende Fragen:
- Wie können wir uns an die steigenden Temperaturen anpassen?
- Wie kann die Speicherung der Energie nachhaltig gestaltet werden?
- Wie können wir der Umweltverschmutzung entgegenwirken?

Forschungsergebnisse
Du weißt, dass die Verschmutzung der Gewässer schlecht für die Umwelt ist. Aus diesem Grund hast du nach einer Möglichkeit gesucht, um das Meer und große Flüsse zu säubern. Folgende Forschungsmethoden hast du angewandt: Zunächst hast du eine Filteranlage entwickelt, die Müll aus dem Wasser entfernt. Gemeinsam mit Kolleg:inn:en hast du einen Plan für ein Boot entworfen, das Müll aus dem Meer und großen Flüssen filtert (The Ocean Cleanup 2022; Saint-Rose et al. 2016).

Ausblick
In Zukunft möchtest du Techniken entwickeln, die den Müll möglichst wirksam und nachhaltig verwerten.

Abb. 4.18 Vorlage 12: Rollenkärtchen Technologin/ Technologe

Psychologin/ Psychologe

Tätigkeit
Als Psychologin/ Psychologe beschäftigst du dich mit dem Verhalten des Menschen. Du beobachtest zum Beispiel, was Menschen tun und versuchst zu erklären, warum sie es tun. Du setzt dich auch damit auseinander, wie Menschen etwas erleben und verstehen (klexikon.de).

Forschungsfragen
Aktuell beschäftigst du dich mit dem Klimawandel und stellst dir zum Beispiel folgende Fragen:
- Wie verhalten sich die Menschen im Umgang mit dem Klimawandel?
- Warum tun wir so wenig gegen den Klimawandel, obwohl es viele Handlungsmöglichkeiten gäbe?

Forschungsergebnisse
Du hast bereits herausgefunden, dass unser Verhalten eine große Rolle für die Verursachung und Aufrechterhaltung des Klimawandels spielt. Unser Handeln kann dazu beitragen, den Klimawandel zu schwächen (Clayton et al. 2015). Folgende Forschungsmethoden hast du angewandt: Du hast beobachtet, dass wir im Alltag manchmal genau das Gegenteil von dem tun, was eigentlich richtig wäre: Zum Beispiel rauchen viele Menschen, obwohl sie wissen, dass das schlecht für ihre Gesundheit ist. Du fragst dich, warum das so ist, und untersuchst das menschliche Verhalten genauer. Du erkennst, dass das Wissen und das eigene Verhalten nicht immer zusammenpassen. Wir befinden uns also oftmals in einer Zwickmühle. Mit dieser Situation kommen wir nicht so gut zurecht (Dohm et al. 2021). Deshalb reden wir uns ein, dass manche Dinge schon nicht so schlimm sein werden: „Mein Opa hat sein Leben lang geraucht und ist trotzdem 97 Jahre alt geworden." „Ich rauche ohnehin nur zwei Zigaretten am Tag, das wird schon nicht so schlimm sein." Im Zusammenhang mit dem Klimawandel stellst du Ähnliches fest: Viele Menschen fliegen zum Beispiel in den Urlaub, obwohl sie wissen, dass das schlecht für die Umwelt ist und sie auch den Zug nehmen könnten.

Ausblick
In Zukunft beschäftigst du dich genauer mit deinen Erkenntnissen. Du überlegst, wie Lösungen für das Klima-Problem mithilfe dieses Wissens ausgearbeitet werden können (van Lange et al. 2018).

Abb. 4.19 Vorlage 13: Rollenkärtchen Psychologin/ Psychologe

Literatur

Abfallwirtschaftsgesetz (AWG) 2002 (30.05.2023). § 13 Abschnitt 2 Satz j. ▶ https://www.ris.bka.gv.at/GeltendeFassung.wxe?Abfrage=Bundesnormen&Gesetzesnummer=20002086.

Anderson, J. T., & Song, B. (2020). Plant adaptation to climate change – Where are we? *Journal of Systematics and Evolution, 58*(5), 533–545. ▶ https://doi.org/10.1111/jse.12649.

Berlin-Brandenburgischen Akademie der Wissenschaften. (2022a). Klimakrise. *DWDS – Digitales Wörterbuch der deutschen Sprache online.* ▶ https://www.dwds.de/wb/Klimakrise. Zugegriffen: 16. Nov. 2022.

Berlin-Brandenburgischen Akademie der Wissenschaften. (2022b). Klimakatastrophe. *DWDS – Digitales Wörterbuch der deutschen Sprache online.* ▶ https://www.dwds.de/wb/Klimakatastrophe. Zugegriffen: 16. Nov. 2022.

Berlin-Brandenburgischen Akademie der Wissenschaften. (2022). Klimawandel. *DWDS – Digitales Wörterbuch der deutschen Sprache online.* ▶ https://www.dwds.de/wb/Klimawandel. Zugegriffen: 16. Nov. 2022.

Bundesministerium Klimaschutz, Umwelt, Energie, Mobilität, Innovation und Technologie [=BMK]. (2020). Österreichischer Fußabdruck-Rechner. ▶ https://www.mein-fussabdruck.at.

Breitwieser, A. & Bussmann, B. (2024). Bildung im Anthropozän. Epistemische Kompetenz als fächerübergreifendes Lehr- und Lernziel. In C. Thies & F. Wobser (Hrsg.), Gesellschaftstheorie im Anthropozän. Campus.

Bussmann, B. (2019). Der wissenschaftsorientierte Ansatz. In M. Peters & J. Peters (Hrsg.), *Moderne Philosophiedidaktik. Basistexte* (S. 231–243). Meiner.

Clayton, S., Devine-Wright, P., Stern, P. C., Whitmarsh, L., Carrico, A., Steg, L., Swim, J., & Bonnes, M. (2015). Psychological research and global climate change. *Nature Climate Change, 5*(7), 640–646. ▶ https://doi.org/10.1038/nclimate2622.

Climate stripes – University of Reading. (o. D.). ▶ https://www.reading.ac.uk/planet/climate-resources/climate-stripes.

Defila, R., & Di Giulio, A. (2021). Inter- und Transdisziplinarität ausbuchstabiert: Reflexionen zum angemessenen Umgang mit der Vielfalt an Gegenständen und fachlichen Zugängen in komplexen Forschungsfeldern. In J. Godemann & T. Bartelmeß (Hrsg.), *Ernährungskommunikation* (S. 1–18). Springer VS. ▶ https://doi.org/10.1007/978-3-658-27315-6_4-1.

Dohm, L. Peter, F., & van Bronswijk (Hrsg.). (2021). *Climate Action – Psychologie der Klimakrise. Handlungshemmnisse und Handlungsmöglichkeiten.* Psychosozial-Verlag.

Earp, B. D., & Savulescu, J. (2020). *Love Drugs. The Chemical Future of Relationships.* Stanford University Press. ▶ https://doi.org/10.7765/9781526150851.

Gosseries, A. (2008). Theories of intergenerational justice: A synopsys, *S.A.P.I.EN.S. 1*(1), 61–71. ▶ http://journals.openedition.org/sapiens/165.

Graf, H. (2021). Draußen lernen. Mit Grundschulkindern vom Naturerlebnis zur philosophischen Abstraktion. In M. Tiedemann (Hrsg.), *Außerschulische Lernorte, Erlebnispädagogik und philosophische Bildung* (S. 459–471). J.B. Metzler.

IPCC (2023). *Climate Change 2023: Synthesis Report. Contribution of Working Groups I, II and III to the Sixth Assessment Report of the Intergovernmental Panel on Climate Change.* IPCC. ▶ https://www.ipcc.ch/report/ar6/syr/downloads/report/IPCC_AR6_SYR_FullVolume.pdf

Jenkins, C. (2017). *What Love Is: And what it could be.* Basic Books.

van Lange, P. A. M., Joireman, J., & Milinski, M. (2018). Climate Change: What Psychology Can Offer in Terms of Insights and Solutions. *Current Directions in Psychological Science, 27*(4), 269–274. ▶ https://doi.org/10.1177/0963721417753945.

Martens, E. (2019). Der dialogisch-pragmatische Ansatz. In M. Peters & J. Peters (Hrsg.), *Moderne Philosophiedidaktik. Basistexte* (S. 27–35). Felix Meiner.

Mittelstraß, J. (1989).Wohin geht die Wissenschaft? Über Disziplinarität, Transdisziplinarität und das Wissen in einer Leibnitz-Welt. In J. Mittelstraß (Hrsg.), *Der Flug der Eule. Von der Vernunft der Wissenschaft und der Aufgabe der Philosophie* (S.60–88). Suhrkamp.

National Aeronautics and Space Administration. (2022, 16. November). *Vital Signs oft he planet.* ▶ https://climate.nasa.gov.

Nida-Rümelin, J. (2013). *Philosophie einer humanen Bildung.* edition Körber-Stiftung.

Niemeier, U., & Timmreck, C. (2015). What is the limit of climate engineering by stratospheric injection of SO2? *Atmospheric Chemistry and Physics, 15,* 9129–9141.

Patlan, O. (2021, 19. Juli). Klimawandel, -krise oder -katastrophe? Wie wir richtig übers Klima sprechen. Mitteldeutscher Rundfunk. ▶ https://www.mdr.de/service/impressum/index.html.

Provisional State of the Global Climate in 2022. (2022, 17. November). World Meteorological Organization [=WMO]. ▶ https://public.wmo.int/en/our-mandate/climate/wmo-statement-state-of-global-climate.

Rahmstorf, S. & Schellnhuber, H. J. (2019). *Der Klimawandel. Diagnose. Prognose. Therapie* (9. Aufl). Beck Wissen.

Roser, D., & Seidel, C. (2015). *Ethik des Klimawandels. Eine Einführung* (2. erw. Aufl.). Wissenschaftliche Buchgesellschaft.

Royal Society. (2009). *Geoengineering the climate: Science, governance and uncertainity.* The Royal Society.

Sainte-Rose, B., Lebreton, L., de Lima Rego, J., Kleissen, F., & Reisser, J. (2016). Multi-Scale Numerical Analysis of the Field Efficiency of an Ocean Plastic Cleanup Array. *Mechanical Engineering Magazine,* 2: CFD and VIV. ▶ https://doi.org/10.1115/omae2016-54926.

Schulev-Steindl, E., Hofer, M., & Franke, L. (2020). *Evaluierung des Klimaschutzgesetzes* [Gutachten]. Universität Graz. ▶ https://www.bmk.gv.at/themen/klima_umwelt/klimaschutz/nat_klimapolitik/klimaschutzgesetz.html.

segu, Lernplattform für offenen Geschichtsunterricht. (2021, 14. November). Klimawandel und Wetterereignisse in der Vergangenheit | Digitale Zeitleiste Klimageschichte. ▶ https://segu-geschichte.de/klimageschichte/.

Siegler, R., Eisenberg, N., DeLoache, J., & Saffran, J. (Hrsg.). (2016). *Entwicklungspsychologie im Kindes- und Jugendalter* (4. Aufl.). Springer.

Stelzer, H. (2015). Lebensweltbezug. In J. Nida-Rümelin, I. Spiegel, & M. Tiedemann (Hrsg.), *Handbuch Philosophie und Ethik Band 1: Didaktik und Methodik* (S. 79–86). Ferdinand Schöningh.

The Ocean Cleanup. (2022). ▶ https://theoceancleanup.com.

Tiedemann, M. (Hrsg.) (2021). *Außerschulische Lernorte, Erlebnispädagogik und philosophische Bildung.* J.B. Metzler.

Trümper, S. & Beck, M. L. (2021). Transformative Klimakommunikation: Veränderungsprozesse in Wissenschaft und Gesellschaft anstoßen. *GAIA – Ecological Perspectives for Science and Society, 30*(3), 162–167. ▶ https://doi.org/10.14512/gaia.30.3.7.

Zentralanstalt für Meteorologie und Geodynamik. (o.D.) Lufttemperatur. *ZAMG.* ▶ https://www.zamg.ac.at/cms/de/klima/informationsportal-klimawandel/klimavergangenheit/neoklima/lufttemperatur. Zugegriffen: 16. Nov. 2022.

Zentrale für Unterrichtsmedien im Internet e. V. (2021). Klexikon – das Kinderlexikon. ▶ https://klexikon.zum.de.

Philosophieren mit Bilderbüchern

Sandra Prinz

© Sandra Prinz

Ergänzende Information Die elektronische Version dieses Kapitels enthält Zusatzmaterial, auf das über folgenden Link zugegriffen werden kann ▶ https://doi.org/10.1007/978-3-662-66182-6_5.

© Der/die Autor(en), exklusiv lizenziert an Springer-Verlag GmbH, DE, ein Teil von Springer Nature 2024
B. Bussmann (Hrsg.), *Philosophieren mit Kindern und Jugendlichen*,
Philosophische Bildung in Schule und Hochschule,
https://doi.org/10.1007/978-3-662-66182-6_5

Verwendete Materialien	– Verschiedene, thematisch ausgewählte Bilderbücher, Moderationskarten, Holzspieße, weißes A4-Papier, – Zeitungen, Zeitschriften, gemusterte und farbige Papiere und anderes Material, das sich zum Collagieren eignet (z. B. Bänder, Schnüre, Sticker), Scheren, Kleber, diverse Stifte
Zentrale philosophische Themen	– Sprachphilosophie – Glück – Zeit, Tod und Vergänglichkeit – Freiheit – Individualität
Methoden	– Impulsblume, Sprachspiel, Glücksfahnen, Stille, Glücksfächer, Collage, Elfchen, Dialogisches Vorlesen, Der erste Gedanke, Achtsamer Beobachter, Die Pendeluhr tickt, Gedankenkette auffädeln, Szenisches Spiel, Mini-Faltbuch
Beispiele aus der Praxis	– Impulsblume – Glücksfahnen, -fächer, -elfchen, -collagen – Textauszüge: „Erste Gedanken…" – Mini-Faltbuch: „(M)eine ideale Welt"
Altersstufe	– ab 8 Jahren

5.1 Einführung ins Thema

Die Auseinandersetzung mit Literatur beflügelt die Fantasie, entführt die Leser*innen in ganz unterschiedliche Welten und regt zum Denken und Weiterdenken an. Auch beim Philosophieren können Menschen ihren Gedanken im übertragenen Sinne Flügel verleihen. Dies ist vermutlich der Grund, warum literarische Texte zum Philosophieren mit Menschen aller Altersstufen seit jeher zum Einsatz kommen. Und so ist die Auffassung, dass Literatur und Philosophie zusammengehören, eine mit langer Tradition (vgl. dazu z. B. Engels, 2007; ZDPE, 2/2004, 2/2010; Sistermann, 2017; Ethik und Unterricht, 4/2019; Torkler, 2020). Wird anhand von Literatur philosophiert, spricht man von *narrativem* Philosophieren. Märchen, kurze Sachtexte, Witze und Rätsel können ebenso eingesetzt werden wie Geschichten und Gedichte. Auch Kinder- und Jugendliteratur bietet vielfältige Möglichkeiten, um ein philosophisches Gespräch anzuregen (siehe dazu auch ZDPE, 1/2016 oder Bergmann, 2016). Dazu gehört auch das Medium Bilderbuch. In jahrzehntelanger Praxis hat sich gezeigt, dass Kinderliteratur im Allgemeinen und Bilderbücher im Speziellen als Medium für das Philosophieren mit Kindern hervorragend geeignet sind (vgl. z. B. Haynes & Murris, 2012; Wartenberg, 2013, 2014).

Was macht ein Bilderbuch zum Bilderbuch? Bei einem Bilderbuch handelt es sich in erster Linie um ein für Kinder im Alter zwischen zwei und acht Jahren verfasstes Buch mit vielen Bildern und wenig oder keinem Text. Je nach Thema, Erzählweise und Art der Illustrationen ist das Bilderbuch zusehends ein Medium für

Menschen aller Altersgruppen geworden. Bilderbücher können in verschiedene Kategorien eingeteilt werden (Kurwinkel, 2017). Folgende Bilderbuchkategorien können unterschieden werden:

Konzeptbücher:	Diese sind für sehr junge Kinder (0–3 Jahre) und zeigen Alltagssituationen aus dem kindlichen Umfeld (z. B. *Formen und Gegensätze,* Erne & Weller, 2009).
Informative Bücher:	Dazu zählen beispielsweise Sachbücher zu unterschiedlichen Wissensgebieten (z. B. Bücher aus der *Was ist Was?*-Reihe, Tessloff-Verlag).
Wimmelbücher:	Wimmelbücher enthalten keinen oder sehr wenig Text, dafür sehr detailreiche Illustrationen. Sie laden zum Beobachten, Entdecken und Staunen ein (z. B. *Sommerwimmelbuch,* Perner, 2022).
Postmoderne Bilderbücher:	Beinhalten Themen, die eine Diagnose und Kritik der Moderne beinhalten. Es kann vorkommen, dass Charaktere aus der Handlung heraussteigen und sich plötzlich in einem ganz anderen Umfeld befinden oder dass Buchstaben als Buchstabensalat die Seiten bedecken (z. B. *The Three Pigs,* Wiesner, 2012).
Crossover-Bilderbücher:	Es handelt sich um ein Bilderbuch, dass sich für Menschen aller Altersgruppen eignet (z. B. *Papilios Welt,* Steinkellner & Roher, 2013).

Grundsätzlich muss, egal um welche Bilderbuchkategorie es sich handelt, im Einzelfall geprüft werden, ob ein Bilderbuch zum Philosophieren eingesetzt werden kann. Übergeordnet ist festzustellen, dass sich Konzeptbücher und informative Bücher weniger eignen, da sie wenig Spielraum für Interpretationen und eigene Gedanken lassen und in ihrer Klarheit nicht offensichtlich zum philosophischen Weiterfragen anregen. Bei den Wimmelbüchern kann eine Eignung durchaus vorliegen, je nachdem welches Thema im Buch bearbeitet wird. In einigen Lehrbüchern kommen Wimmelbilder als Impulsgeber zum Philosophieren zum Einsatz (z. B. Lehrwerk *Schauplatz Ethik,* Pfeiffer & Schmid, 2020). Postmoderne-Bilderbücher und Crossover-Bilderbücher bergen das größte Potential zum Philosophieren mit Kindern und Jugendlichen. Sie sind vielfach so konzipiert, dass sie für Menschen aller Altersgruppen interessante Aspekte beinhalten und somit den philosophischen Diskurs anregen können.

Unabhängig von der Bilderbuchkategorie muss für jedes Buch im Einzelfall geprüft werden, ob es sich zum Vorlesen und anschließenden Philosophieren eignet. Aus diesem Grund finden sich in den folgenden Abschnitten noch einige zentrale Praxistipps zur Buchauswahl.

Makro- und Mikroanalyse Bei der Buchauswahl können Aspekte der narratoästhetischen Bilderbuchanalyse hilfreich sein, um einschätzen zu können, ob sich ein Buch zum Philosophieren eignet. Diese besteht aus einer Makroanalyse (jene Aspekte, die das Bilderbuch im Kontext von Produktion, Distribution und Rezeption betrachten) und einer Mikroanalyse (beinhaltet eine Auseinandersetzung mit der Handlung des Buches, den vorkommenden Themen und Motiven, den handelnden Figuren, sowie Erzählzeit und -raum, sowie dem Zusammenhang zwischen Bild und Schrift) (Kurwinkel, 2017). Für eine narratoästhetische Bilderbuchanalyse zum Philosophieren mit Kindern anhand von Bilderbüchern kann die Makroanalyse entfallen, wobei in manchen Fällen die Rezeption als Auswahlkriterium herangezogen werden kann. Wenn man ein Bilderbuch zum Philosophieren mit Kindern auswählt, empfiehlt sich für die Mikroanalyse die folgende Vorgehensweise:

- **Mikroanalyse eines Bilderbuches**

Erster Eindruck – Betrachten Sie zunächst den Einband, die Illustrationen, sowie die verwendete Schrift und beurteilen Sie die Qualität. Das ist zunächst ein sehr subjektiver Vorgang, bei dem es um ein ‚Bauchgefühl' geht, ob man mit dem Buch arbeiten möchte, oder eben auch nicht. *Sind die Illustrationen ansprechend? Wie sind die Farbgestaltung und die Platzierung des Textes auf den einzelnen Seiten? Welche Schriftart wird verwendet? Wie handlich ist das Buch? Welches Format hat es?*

Durchlesen und Betrachten – In einem weiteren Schritt sollte man das Buch mehrfach durchlesen und betrachten und den philosophischen Gehalt einschätzen: *Welche philosophischen Themen sind enthalten? Welche grundlegenden Fragen können gestellt werden? Welche Fragen könnten sich ergeben, die zunächst nicht offensichtlich erscheinen?* In diesem Zusammenhang muss analysiert werden, welcher der vier Kant-Fragen (s. ▶ Abschn. 5.3) das Buch inhaltlich zuzuordnen ist. Dies bietet Orientierung, um die dem Werk zugrunde liegenden philosophischen Probleme herauszufiltern und anschließend philosophische Fragen zu formulieren. Das Wissen um die grundlegenden Themenbereiche, die die vier Kant-Fragen – *Was kann ich wissen? Was soll ich tun? Was darf ich hoffen? Was ist der Mensch?* – zum Ausdruck bringen, erleichtert die Analyse und die Entwicklung des Diskussionsplans, der zum Philosophieren erstellt werden sollte.

Diskussionsplan erstellen – Hat man ein Buch gewählt, erstellt man einen Diskussionsplan. Dabei handelt es sich um eine Auflistung von Themen, die im Buch vorkommen. Außerdem werden Themen antizipiert, die in das philosophische Gespräch einfließen könnten. Zu den Themenblöcken formuliert man jeweils Fragen, die im philosophischen Gespräch als Impuls dienen (Beispiele für Diskussionspläne sind unter diesem Link zu finden: ▶ https://link.springer.com/chapter/10.1007/978–3–662–66.182-6_5).

Art der Vermittlung planen – Neben der Auswahl eines passenden Bilderbuches zum Philosophieren mit Kindern muss man sich über die Art der Vermittlung des Buches Gedanken machen. Häufig werden Bilderbücher als Impuls zu Beginn einer Philosophieeinheit eingesetzt. Sie könnten aber ebenso gut im Verlauf der Einheit, zu einem Zeitpunkt, den die Gesprächsleitung zuvor geplant hat oder intuitiv auswählt, zum Einsatz kommen.

Dialogisches Vorlesen – Methodisch ist das dialogische Vorlesen für das Philosophieren mit Bilderbüchern zu empfehlen. Das dialogische Lesen wurde in den 1980er Jahren vom Kinderpsychologe Grover J. Whitehurst entwickelt (Kurwinkel, 2017). Im Wesentlichen handelt es sich dabei um eine Art des Vorlesens, das die Zuhörenden direkt einbezieht, indem ihnen der Raum für Kommentare während des Vorlesens eröffnet wird. In diesem Fall werden im Vorleseprozess Vorlesen und Philosophieren miteinander verknüpft. Die Gesprächsleitung stellt offene Fragen und ermutigt die Kinder dazu, ihre Ideen zu teilen und als aktive Akteure am Gespräch teilzunehmen. Wenn das Gespräch ins Stocken gerät oder die Forscher*innengemeinschaft vom Thema abkommt, stellt die Gesprächsleitung Impulsfragen und kann auch aktiv Ideen ins Gespräch einbringen.

Neben dem dialogischen Vorlesen kann das Buch aber auch einfach vorgelesen werden und die Schüler*innen fungieren als Zuhörer*innen. Das philosophische Gespräch findet dann im Anschluss statt. Eine mögliche Variante ist, dass sich die Schüler*innen Notizen machen und Fragen und Ideen aufschreiben, die sie sich während des Vorlesens stellen. Diese können dann im Gespräch eingebracht werden.

Generell sollten Sie beim Vorlesen des gewählten Bilderbuches folgende Punkte beachten:
- Das Bilderbuch sollte ausdrucksstark und in einer entsprechenden Lautstärke vorgetragen werden. Hier liegt die Betonung auf ‚vortragen' – vorlesen allein ist zu wenig. Empfehlenswert ist, sich das Buch im Trockentraining ohne Publikum einige Male selbst vorzulesen. Dies könnten Sie auch vor dem Spiegel machen.
- Nehmen Sie regelmäßig Blickkontakt zu den Schüler*innen auf, sodass diese sich gesehen fühlen und mit ihrer Aufmerksamkeit bei Ihnen sind.
- Machen Sie Pausen, um das Betrachten der Bilder zu ermöglichen. Hier empfiehlt es sich, das Tempo stark zu reduzieren. Pausen lassen Raum für neue Gedanken, die die Kinder dann beim Philosophieren teilen können.
- Stellen Sie sicher, dass alle Kinder die Abbildungen gut sehen können. Für größere Gruppen empfiehlt es sich, zumindest einige zentrale Abbildungen vergrößert zu projizieren, sodass alle Details erkennbar sind.

Im folgenden Abschnitt wird erläutert, wie sich das Philosophieren anhand von Bilderbüchern etabliert hat.

5.2 Fachphilosophisches Hintergrundwissen

Entwicklung eines P4C-Curriculums Mathew Lipman, der bereits in den 1970er Jahren mit seiner Kollegin Ann Margaret Sharp Pionierarbeit im Bereich des Philosophierens mit Kindern geleistet hat, arbeitete seit den 1980er Jahren an einem Curriculum zum Philosophieren mit Kindern (P4C-Curriculum). Grundlegendes Ziel dieses Curriculums war es, Kinder bei der Ausbildung logischer Denkstrategien zu unterstützen. Das Curriculum enthielt jeweils für ein bestimmtes Alter konzipierte Geschichten und ein ausführliches Handbuch mit Diskussionsplänen und ergänzenden Übungen (siehe zum Beispiel die Geschichte Das geheimnisvolle Wesen. Lipman, 2007 und das dazu gehörige Handbuch, Lipman 2008). In den Geschichten wird auf Illustrationen verzichtet, damit Kinder sich ihr eigenes Bild machen können. Die Verwendung von Kinderliteratur für das Philosophieren mit Kindern lehnte Lipman ab. Er unterscheidet zwischen der tatsächlichen Bedeutung von etwas (z. B. naturwissenschaftliche Erklärungen), der symbolischen Bedeutung, wie sie beispielsweise in Märchen, Fantasieerzählungen und Sagen vorkommt, und der philosophischen Bedeutung, die für Lipman weder tatsächlich noch symbolisch ist. Kinderliteratur berge die Gefahr, etwas vorwegzunehmen und Kinder somit ihrer Kreativität und ihrer Vorstellungskraft zu berauben (Lipman, 1988, S. 187; Haynes & Murris, 2012, S. 57).

In den 1990er Jahren entstand eine Gegenbewegung, wobei neue methodische und didaktische Zugänge zum Philosophieren mit Kindern erschlossen und neue Perspektiven geschaffen werden sollten. Zu dieser Zeit prägte Joanna Murris den Terminus „Philosophieren mit Bilderbüchern" *(philosophy with picturebooks)* (Haynes & Murris, 2012) und bemängelte Lipmans Ansatz in mehreren Punkten:

Kritik am P4C-Curriculum Haynes & Murris (2012) arbeiten heraus, dass die Auseinandersetzung mit Bild und Text eine komplexe Aufgabe ist. Wenn Leser*innen mit Bilderbüchern in Interaktion treten, müssen sie die Inhalte zunächst erschließen und deuten. Während der Text möglicherweise dazu verleitet, vieles zu überlesen und dadurch zu übersehen, laden die Bilder zum Verweilen und genaueren Betrachten ein. Indem in einer Geschichte bestimmte Aspekte ausgespart werden, oder Realitätsfremdes dargestellt wird, wird die Aufmerksamkeit geweckt und Raum zum Philosophieren eröffnet (Haynes & Murris, 2012, S. 66 ff.). Im Bilderbuch *Papilios Welt* (Steinkellner & Roher, 2013), das in ▶ Abschn. 3.4 noch näher vorgestellt wird, findet sich zum Beispiel auf jeder Doppelseite ein Satz, der beschreibt, was es in Papilios idealer Welt alles gibt. Außerdem findet sich eine Abbildung, die einerseits den Satz bestätigt und bekräftigt, andererseits aber noch so viel mehr aussagt als das geschriebene Wort. So heißt es auf einer Doppelseite „In meiner Welt sind alle frei, diejenigen zu küssen, die sie lieben." Die Abbildung zeigt verschiedene Paare, die sich küssen: zwei Frauen, zwei Männer, einen Mann und eine Frau höheren Alters, zwei Menschen unterschiedlicher Religionszugehörigkeit, eine junge und eine alte Person. Hier eröffnet sich Raum zum Interpretieren und Philosophieren. Und so lädt jede Doppelseite des Buches die Forschergemeinschaft dazu ein, Anschlussfragen zu stellen.

Die Bedeutung von Emotionen beim Philosophieren In Erzählungen steckt wesentlich mehr als die von Matthew Lipman geforderte Entwicklung logischer Denkstrategien. Wenn wir uns in eine Geschichte hineindenken, ist in unsere Denkprozesse nicht nur unser Verstand involviert. Es kommt zu kognitiven Verzerrungen, denn auch Emotionen, Vorstellungen, der Körper mit allen seinen Sinnen sowie kulturelle, soziale und historische Vorprägungen der Leser*innen haben einen Einfluss. Frank Brosow (2018, S. 58) beschäftigt sich mit dem Einfluss kognitiver Verzerrungen auf Denkprozesse und auf das Fällen von Urteilen. Demnach können Denkprozesse, vereinfacht dargestellt, in zwei Systeme eingeteilt werden, wobei System 1 scheinbar mühelos, spontan und intuitiv funktioniert und System 2 ein sorgfältiger, langsamer Denkprozess ist. Je nachdem, welches System aktiviert wird, nehmen unterschiedliche Faktoren Einfluss auf unser Denken. Wenn in der Philosophie also davon ausgegangen wird, dass der Mensch ein rationales Wesen ist, muss mitgedacht werden, dass er dies nie ausschließlich ist, sondern dass andere Faktoren – wie eben Emotionen – Einfluss auf philosophische Denkprozesse haben. Philosophiert wird also nie unabhängig von den Menschen mit all ihren spontanen Emotionen, intuitiv abgerufen Erfahrungen und evozierten Prädispositionen. Vielmehr können Emotionen sogar helfen, philosophische Ideen zu entwickeln. Ein Beispiel: Wird über Freundschaft philosophiert und die Schüler*innen erinnern sich an eine Freundschaft und an alle damit verbundenen Gefühle und Eigenheiten, so können sie aus dieser Erfahrung heraus, also vom konkreten Beispiel ausgehend, zum Wesen von Freundschaft vordringen und diese dann auf rationaler Ebene analysieren. Solche gelebten und gemachten Erfahrungen können von Emotionen ausgelöst werden und dabei helfen, vernünftige, moralische Urteile zu fällen. Der Mensch ist eben nicht nur ein vernunftbegabtes, rationales Wesen, sondern auch ein empfindendes und irrationales – und auf die Vernunft ist nicht immer Verlass. Haase (2021, S. 6 f.) stellt fest, dass Lehrende Gefühle bewusst zur Steuerung ihres Unterrichts einsetzen, um die Aufmerksamkeit und Betroffenheit der Schüler*innen hervorzurufen. Die Lehrenden sollten sich des Einflusses von Emotionen stets bewusst sein, denn schließlich gehören Emotionen zum Leben des Menschen dazu. Sie sind für einen authentischen Beziehungsaufbau zwischen Schüler*innen und Lehrperson wichtig. Dennoch, um Indoktrination zu vermeiden, sollten Lehrende sich ein wirksames Handwerkszeug zur Gesprächsführung aneignen (s. ▶ Kap. 6).

In den vergangenen Jahrzehnten hat sich das Philosophieren mit Bilderbüchern in der Fachdidaktik etabliert und wird von Praktiker*innen des Philosophierens mit Kindern und Jugendlichen neben anderen Ansätzen und natürlich auch neben Lipmans P4C-Curriculum eingesetzt. ▶ Abschn. 5.3 zeigt Möglichkeiten des Einsatzes von Bilderbüchern zum Philosophieren.

5.3 Ablauf, Methoden und Materialien

Ein Beispiel für einen übersichtlichen Lehrplan für das Philosophieren mit Kindern findet sich in den *Fachanforderungen für Philosophie Primarstufe des Ministeriums für Bildung, Wissenschaft und Kultur in Schleswig–Holstein* (2019). Eine Einteilung in vier Kernbereiche, die sich an den vier Kant-Fragen orientieren, gibt einen Rahmen vor, um alle Kernbereiche des Philosophierens mit Kindern abzudecken (s. ◘ Tab. 5.1). Den angeführten Kernbereichen werden Leitthemen zugeordnet, wobei angeführt wird, ob sich diese eher für die Eingangsphase (1. und 2. Schulstufe) oder die Jahrgangsstufen 3 und 4 eignen.

Diese Tabelle kann als Unterstützung verstanden werden, um mit den vier Kant-Fragen zu arbeiten. Die Fragen, die jedem Reflexionsbereich zugeordnet sind, helfen, Leitthemen abzuleiten. Die hier aufgelisteten Leitthemen sind als Beispiele zu verstehen und können je nach Alter, Gruppengröße oder individueller Interessen der Kinder abgewandelt werden. Außerdem kann die Tabelle als Orientierung herangezogen werden, wenn man plant, über einen längeren Zeit-

☐ **Tab. 5.1** Die vier Kernbereiche des Philosophierens mit Kindern im Grundschulalter (Ministerium für Bildung & Kultur des Landes Schleswig–Holstein, 2019, S. 17)

	Kernbereich	Frage	Leitthemen (Beispiele)
I	*Reflexionsbereich 1:* Was kann ich wissen? (Erkenntnistheoretischer Reflexionsbereich)	Was ist Gegenstand meiner Erkenntnis? Woraus resultiert und wie weit reicht sie?	*Eingangsphase (1.–2. Schulstufe):* – Gegenstände und Quellen des Wissens – Wahrheit – Irrtum und Unwahrheit – Gedanken und Gefühle ***3. und 4. Schulstufe*** – Funktion und Bedeutung von Sprache und Zeichen – Welt und Universum als Gegenstand unseres Nachdenkens – Was ist Zeit?
II	*Reflexionsbereich 2:* Was soll ich tun? (Moralischer Reflexionsbereich)	Wie soll ich handeln und wie lässt sich mein Handeln mir selbst und anderen gegenüber begründen?	*Eingangsphase (1.–2. Schulstufe):* – Mut / Tapferkeit – Glück – Gerechtigkeit ***3. und 4. Schulstufe*** – Wahrheit und Lüge – Rechte – Umgang mit Freunden und Familie
III	*Reflexionsbereich 3:* Was darf ich hoffen? (Metaphysischer Reflexionsbereich)	Was sind existentielle Hoffnungen und Befürchtungen und wie gehe ich damit um?	*Eingangsphase (1.–2. Schulstufe):* – Wünsche und Hoffnungen – Alleinsein und Behütetsein ***3. und 4. Schulstufe*** – Leben und Tod – Fragen nach Gott – Was ist der Sinn des Lebens? – Worauf habe ich Einfluss, worauf nicht?
IV	*Reflexionsbereich 4:* Was ist der Mensch? (Anthropologischer Reflexionsbereich)	Wer bin ich als Individuum? Was zeichnet den Menschen aus?	*Eingangsphase (1.–2. Schulstufe):* – Wer bin ich? – Meine Beziehung zu anderen – Mein Tier und ich ***3. und 4. Schulstufe*** – Die Frage nach mir selbst – Die anderen und ich – Menschen und Tiere

raum mit Kindern zu philosophieren. Die Reflexionsbereiche bilden die Basis, darauf aufbauend können jeweils Leitthemen festgelegt werden, die für die Kindergruppe, mit der philosophiert wird, abgestimmt werden können.

In den nun folgenden Abschn. (3.1–3.4) werden basierend auf den vier Kant-Fragen Unterrichtseinheiten zum Philosophieren mit Kindern anhand von Bilderbüchern dargestellt. In jeder Unterrichtseinheit wird an einer bestimmten Stelle ein Bilderbuch als Impuls für das philosophische Gespräch eingesetzt. Der

Aufbau ist wie folgt: Zunächst findet sich eine kurze Hinführung zur Kant-Frage (s. ◘ Tab. 5.1), dann wird das Bilderbuch vorgestellt und schließlich werden einige methodische Umsetzungsmöglichkeiten präsentiert. Viele der Übungen (z. B. Impulsblume, Gedankenkette, achtsamer Beobachter, Mini-Faltbuch) sind für andere Themen abwandelbar. So könnten zum Beispiel der Glücksfächer oder die Glücksfahne (s. ► Abschn. 3.2) auch Wahrheitsfächer oder Zeitfahne heißen und die Schüler*innen beschäftigen sich mit dem je anderen Thema. Auch können Übungen weggelassen werden.

5.3.1 Was kann ich wissen? Philosophieren über Sprache und die Bedeutung von Wörtern

Die Kant-Frage „Was kann ich wissen?" nimmt erkenntnistheoretische Themen in den Blick, d. h., es geht um Erkenntnisse und Wissen über die Welt. Bestehendes Wissen und bestehende Erkenntnisse werden in Frage gestellt: *Wie sind das Universum und unsere Erde entstanden? Was kann ich gesichert wissen? Täuschen mich meine Sinne? Was ist Wahrheit? Was bedeuten Wörter und andere sprachliche Äußerungen genau?* Es wird analysiert, kategorisiert und das, was sich in irgendeiner Weise darstellt, kritisch hinterfragt.

Dazu benötigt man Sprache und sprachliche Zeichen. Die vielen Facetten von Sprache begleiten uns tagtäglich. Ohne darüber nachzudenken, wird Sprache in verbaler und nonverbaler Art angewendet und ermöglicht somit Kommunikation und Verständigung. Diesen zentralen Stellenwert hat sie nicht zuletzt auch für das Philosophieren. Philosophieren mit und über Sprache eignet sich sehr gut, um die Schüler*innen zu ersten erkenntnistheoretischen Fragen hinzuführen. Die Bedeutung von Sprache kann hinterfragt und sprachliche Elemente sollen genau analysiert werden. Dies ist auch das wesentliche Ziel der nun vorgestellten Unterrichtssequenz, zu deren Leitfragen die folgenden zählen: *Was kann Sprache? Welche Bedeutung haben Wörter? Wie können wir uns verständigen? Was ist nötig, um Wörter und sprachliche Äußerungen verstehen zu können? Wie ändert sich die Sprache, wenn einzelne Elemente verändert werden? Wie werden sprachliche Äußerungen verstanden / wahrgenommen? Ist das für alle Menschen gleichbedeutend? Warum / warum nicht?*

- **Thematische Einführung des gewählten Bilderbuches**

Für die Sequenz zur Frage *Was kann ich wissen?* wird mit dem Bilderbuch *Mein Haus ist zu eng und zu klein* (Scheffler & Donaldson, 2003) gearbeitet. Das Buch handelt von Oma Agathe. Sie sitzt traurig zu Hause und beklagt sich darüber, dass ihr Haus zu klein ist. Sie bekommt Besuch von einem weisen Mann, der ihr rät, sich das Huhn, die Ziege, das Schwein und die Kuh ins Haus zu holen. Als sie schließlich alle im Haus hat und es nun viel zu eng ist, rät ihr der Herr, alle wieder hinauszuschicken. So kommt Oma Agathe zur Erkenntnis, dass es sehr geräumig in ihrem Haus ist, wenn sie sich allein darin befindet.

Der Text des Buches ist in Reimen verfasst und lädt dazu ein, mit der verwendeten Sprache zu spielen. In diesem Fall sollen sich die Kinder ihr eigenes Vokabular ausdenken und den Text somit verändern.

- **Methodische Umsetzungsmöglichkeiten**

Einstieg ins Thema – Impulsblume: Als Einstieg kommt die Impulsblume zum Einsatz. Mit der Impulsblume werden zu einer vorgegebenen Frage Ideen gesammelt. Die Frage kann von der Gesprächsleitung vorgegeben oder im gemeinsamen Reflexionsprozess im Plenum entstanden sein. In diesem Fall teilen die Kinder zur Frage *Was kann Sprache?* ihre Ideen mit. Gearbeitet wird mit Moderationskarten, wobei die Impulsfrage in der Mitte der Blume steht. Die Antworten der Kinder werden auf ovale Karten geschrieben, die blütenförmig aufgelegt oder aufgeklebt werden. Am Ende des Prozesses steht eine Blume, die für den Verlauf des philosophischen Gesprächs in der Kreismitte liegt und Gesprächsimpulse liefert (s. ◘ Abb. 5.3).

Wir spielen mit der Sprache: Nun kommt das Bilderbuch *Mein Haus ist zu eng und zu klein* (Scheffler & Donaldson, 2003) zum Einsatz.

Zunächst liest die Gesprächsleitung oder eines der Kinder das Bilderbuch vor. Dann erhalten die Kinder in Kleingruppen einen Ausschnitt aus dem Text (s. ◘ Abb. 5.1). Jede Gruppe kann den gleichen Text erhalten, je nach Alter der Kinder oder zeitlichen Ressourcen könnte man aber auch den gesamten Text in Passagen einteilen und jeder Gruppe eine andere Passage zur Bearbeitung geben. Der Auftrag für die Kinder lautet nun:
1. Ersetze alle Verben (alle blauen Wörter) mit anderen Verben.
2. Ersetze alle Adjektive (alle gelben Wörter) mit anderen Adjektiven.
3. Ersetze alle Nomen (alle roten Wörter) mit anderen Nomen.

Die Kinder machen sich nun eine Vokabelliste (z. B. Oma = Tante; saß = sprang; traurig = süß, etc.) und schreiben anschließend den Text mit dem neuen Vokabular auf.

Vor allem jüngeren Schüler*innen sowie Schüler*innen mit Migrationshintergrund und mangelnden Sprachkenntnissen kann das Angleichen der Texte an eine grammatikalisch richtige Struktur Probleme bereiten und muss im Vorfeld geübt werden. Auf spezielle Vokabeln muss auch hingewiesen werden. So braucht das Wort „Geflatter" auch in der Übersetzung in die eigene Sprache die Vorsilbe „Ge-".

Oma Agathe saß traurig in ihrem Haus und seufzte und klagte tagein und tagaus. Da hörte ein weiser Mann ihr Gejammer: „Mein Haus ist ja bloß eine winzige Kammer!" „Dein Huhn muss ins Haus!", sagte der Mann. „Mein Huhn muss ins Haus? Und was passiert dann? Das Huhn legte gleich mit Gegacker ein Ei und schlug mit Geflatter den Milchkrug entzwei.

◘ Abb 5.1 Mein Haus ist zu eng und zu klein

Nachdem alle Schüler*innen ihre Texte verschriftlicht haben, können einige Beispiele im Plenum vorgelesen werden. Im Anschluss folgt ein philosophisches Gespräch basierend auf folgenden Impulsfragen:

Welche Vorteile / Nachteile hat es, seine eigene Sprache zu haben? Wie erging es dir beim Verfassen deiner eigenen Sprache? Wie war es, die Texte der Mitschüler*innen zu hören?

Wie beziehen wir uns mit Sprache auf Dinge, die sich uns in der Welt zeigen? Welche Rolle spielt es, wie gut eine Sprache verstanden wird? Welche Nachteile ergeben sich aus dem Nichtverstehen einer Sprache? Was passiert, wenn uns der Wortschatz fehlt, um uns auf Dinge zu beziehen?

An dieser Stelle können auch alle Impulsfragen eingesetzt werden, die zu Beginn des Kapitels aufgelistet sind. Für ältere Schüler*innen könnte man die Geschichte *Ein Tisch ist ein Tisch* von Peter Bichsel (1995) einsetzen und ausgewählte Passagen des Textes ebenso abwandeln und mit einem eigenen Vokabular versehen.

Die philosophische Relevanz dieser Sequenz liegt darin begründet, dass sich die Schüler*innen tiefgehend mit dem Wesen von Sprache und sprachlichen Äußerungen auseinandersetzen. Sie analysieren die Struktur von Wörtern und Sätzen und ergründen das Wesen ihrer Bedeutung. Darüber hinaus setzen sie sich mit der Relativität von Größenbestimmungen auseinander. Die Veränderung eines bestehenden Textes erfordert Sicherheit in grammatikalischen Strukturen, aber vor allem auch eine gewisse Fähigkeit, Sprache zu analysieren und zu strukturieren. Mit dem veränderten Text verändert sich der Wahrheitswert und die Aussage des Inhalts. Das Potential von Sprache wird experimentell und spielerisch erprobt. Es ist eine Suche auf dem Weg zur Erkenntnis darüber, was mit Sprache und sprachlichen Äußerungen möglich ist.

5.3.2 Was soll ich tun? Philosophieren über die Kunst, das Glück zu finden

Die Kant-Frage *Was soll ich tun?* befasst sich mit ethischen und moralischen Grundfragen nach Werten (z. B. Freundschaft, Mut, Nächstenliebe), Normen (z. B. Was ist gutes Handeln?), Gefühlen, Tugenden (z. B. Gerechtigkeit, Menschenwürde, Weisheit), Moral als Lebenskunst (z. B. Glück in allen Facetten) und Verantwortung (z. B. Verantwortliches Handeln im Sinne nachkommender Generationen; s. auch ▶ Kap. 14). Bei dieser Kant-Frage geht es also darum, Handlungsmöglichkeiten aufzuzeigen und zu überlegen, welche Entscheidungen moralisch vertretbar sind oder eben auch nicht.

Im Anschluss an die Problematisierung werden Lösungsansätze entwickelt und ihre Umsetzbarkeit diskutiert. Kants Kategorischer Imperativ in der Selbstzweck-Formel („Handle so, daß du die Menschheit, sowohl in deiner Person als in der Person eines jeden anderen, jederzeit zugleich als Zweck, niemals bloß als Mittel brauchst", GMS 429) bildet dabei die Grundlage. Dabei kann der

"Zweck" eines Menschen als sein So-Sein verstanden werden, unabhängig von all den Rollen, die er in seinem Leben spielt. Die Menschenwürde darf nicht verletzt werden.

- **Thematische Einführung des gewählten Bilderbuches**

Dauerhaftes Lebensglück zu finden, ist eine Kunst und eine erstrebenswerte menschliche Tugend. Mit dem Bilderbuch *Großer Wolf und kleiner Wolf – Vom Glück zu zweit zu sein* (Brun-Cosme & Tallec, 2015) können Schüler*innen sich auf den Weg machen und darüber Philosophieren, wie man dauerhaftes Lebensglück erlangen kann und was es bedeuten würde, wenn alle Menschen dauerhaftes Lebensglück erstreben würden.

In diesem Bilderbuch lebt der große Wolf allein auf einem Hügel unter einem Baum. Doch eines Tages kommt der kleine Wolf. Zuerst sieht der große Wolf nur einen Punkt in der Ferne, doch als dieser näher kommt und immer größer wird, bekommt er Angst, dass der, der da kommt, größer sein könnte als er selbst. Doch als er sieht, dass der kleine Wolf kleiner ist, lässt er ihn näherkommen und neben sich Platz nehmen. Lange Zeit sind sie gemeinsam beim Baum, sie reden, beäugen sich, schlafen, kletterten den Baum hoch und machen Gymnastik. Eines Tages ist der kleine Wolf plötzlich weg. Und der große Wolf wartet und wartet und alles ist so wie früher, außer, dass er nun den kleinen Wolf vermisst. Als der kleine Wolf eines Tages zurückkehrt, stellt der große Wolf fest, dass ohne den kleinen Wolf alles langweilig ist – dass das Zusammensein mit dem kleinen Wolf ein wesentlicher Beitrag zu seinem Lebensglück ist. Er erkennt, dass er seinem Wunsch nach Lebensglück nur dann näherkommen kann, wenn der kleine Wolf Teil seines Lebens ist.

- **Methodische Umsetzungsmöglichkeiten**

Glücksmeditation: Nach dem Vorlesen werden die Kinder angeleitet, ihre Augen zu schließen und sich entspannt hinzulegen. Begleitet von leiser Musik hören sie Impulsfragen dieser Art: *Warum hat der große Wolf im Zusammensein mit dem kleinen Wolf sein Glück gefunden? Was ist Glück? Was ist ein glückliches Leben? Ist Glück für jeden Menschen das gleiche? Bin ich allein für mein Glück verantwortlich? Kann ich selbst entscheiden, ob ich glücklich bin? Welche anderen Wörter oder Begriffe findest du für Glück (z. B. innere Zufriedenheit, Seligkeit)?*

Im Anschluss daran stehen mehrere Optionen zur Verfügung, um den Schüler*innen die Aufarbeitung ihrer Gedanken zu ermöglichen (z. B. Glücksfächer, Glücksfahne, Glückscollage). Die Übungen könnten auch als Stationen allen Schüler*innen zur Verfügung stehen. In diesem Fall wird eine Zeit vereinbart (z. B. eine Unterrichtseinheit), in der beliebig viele Stationen bearbeitet werden. Im Anschluss trifft sich die Gruppe zum philosophischen Gespräch im Plenum. Die entstandenen Arbeiten dienen als Impulsgeber.

Glücksfächer: Aus einem A4-Blatt wird ein Fächer gefaltet. Auf jeden Abschnitt sollen die Kinder ein Wort oder einen Satz schreiben, der für sie ein glückliches Leben ausmacht. *Was macht ein glückliches Leben für mich aus? Gibt es etwas, das alle Menschen glücklich macht?* Die entstandenen Fächer werden genutzt, um ins Gespräch zu kommen. Das Kind, das seinen Fächer vorstellt, argumentiert, warum es etwas für ein glückliches Leben wichtig findet. Die anderen Kinder stimmen zu oder bringen Gegenargumente und begründen diese ebenfalls. *Ist x für alle Menschen gleichermaßen für ein glückliches Leben wichtig? Bedeutet die Abwesenheit von x Unglück?* Vielleicht entsteht ein Glücksfächer der gesamten Gruppe, der Dinge enthält, die für alle Menschen Glück bedeuten. Sollte Uneinigkeit herrschen, wird ein Konsens zu erreichen versucht.

Glücksfahnen: Die Kinder erhalten schmale Papierstreifen und sollen darauf Antworten auf folgende Impulsfragen finden: *Was wäre, wenn alle Menschen auf der Welt nach Glück streben? Was wäre, wenn alle Menschen auf der Welt tatsächlich immer glücklich wären? Was wäre die Welt dann für ein Ort?* Den Schüler*innen steht es frei, einen oder mehrere Papierstreifen zu beschriften. Die Streifen werden anschließend auf Holzspießchen geklebt und in eine vorbereitete Vase gestellt. Sollte das philosophische Gespräch ins Stocken geraten, kann ein Fähnchen herausgezogen werden und das Geschriebene als Impuls dienen.

Glückscollage: Die Glückscollage kann allein, in Partnerarbeit oder in der Gruppe angefertigt werden. Den Schüler*innen stehen dazu verschiedene Zeitungen, Zeitschriften, gemusterte und farbige Papiere und anderes Material, das sich zum Collagieren eignet (z. B. Bänder, Schnüre, Sticker…) zur Verfügung. Bei der Auswahl der Zeitungen und Zeitschriften ist darauf zu achten, dass die Inhalte altersgemäß sind. Ideal wäre, wenn sie einen Philosophiebezug hätten. Außerdem stehen verschiedene Zitate und Textausschnitte von Philosoph*innen zum Thema ‚Glück' (oder verwandten Gebieten) zur Verfügung. Neben den genannten Materialien müssen auch Scheren, Kleber und Stifte zum Gestalten bereitgelegt werden. Die Schüler*innen werden angeleitet, eine Collage zu gestalten, die für sie Glück repräsentiert. Es steht ihnen offen, ob sie das Glück von bestimmten Menschen(gruppen) oder Glück allgemein für die Gesellschaft, für die Erde etc. thematisieren möchten. Als Gedankenimpuls hängen an den Wänden im Raum verschiedene Fragen und Gedankenanregungen. Diese können dabei helfen, eine vielfältige Collage anzufertigen: *Welche Wörter und Bilder verbindest du mit Glück? Beschreibe ein Erlebnis, wo du Glück verspürt hast. Wie fühlt sich Glück an? Wie sehen glückliche Menschen aus? Sind Menschen, die lächeln glücklich? Sind Kinder immer glücklich? Sind Hochzeitspaare immer glücklich? Stelle dar, wo Glück zu finden ist. Was braucht jeder Mensch, um glücklich zu sein? Können auch Tiere und Pflanzen glücklich sein? Kann die Erde glücklich sein?*

Mit den Glückscollagen kann auch eine Ausstellung im Eingangsbereich der Schule organisiert werden, sodass auch die Eltern und Besucher der Schule die entstandenen Werke bewundern können.

Glückselfchen: Ein Elfchen ist ein Gedicht, das aus elf Wörtern besteht. Die Schüler*innen können ihr persönliches Glücksgedicht bestehend aus elf Wörtern verfassen. Das philosophische Potential dieser Aufgabe liegt darin, dass die Schüler*innen ihre Gedanken zum Thema Glück vertiefen und sich mit Hilfe von sprachlichem Ausdruck dem Wesen von Glück nähern. Ziel der Sequenz ist es, dass sich die Schüler*innen mit dem Thema ‚Glück' auf einer übergeordneten Ebene auseinandersetzen, deshalb sollte es so formuliert werden, dass sich die

Inhalte auf allgemeines Lebensglück beziehen, nicht auf das, was Glück für das Individuum bedeutet. *Was ist Lebensglück? Was macht alle Menschen glücklich? Wenn x für A Glück bedeutet, bedeutet es dann auch für B, C und D Glück?* Der Aufbau des Gedichtes und ein Beispiel sind in der folgenden Tabelle ersichtlich:

Glückselfchen (© Sandra Prinz)	
1. Zeile: 1 Wort (eine Farbe oder eine Eigenschaft)	hell
2. Zeile: zwei Wörter (ein Nomen mit Artikel)	die Glückseligkeit
3. Zeile: drei Wörter (Wo und wie ist das Nomen aus Zeile 2)	ein erfülltes Leben
4. Zeile: vier Wörter (etwas über sich selbst oder die Welt suchen)	Welt und dauerhafte Zufriedenheit
5. Zeile: ein Wort	Einsicht

Die fertigen Glückselfchen können grafisch aufbereitet und im Schulhaus präsentiert werden. Sie könnten auch im Rahmen eines Vortragsabends mit musikalischer Umrahmung vorgetragen werden. Es bietet sich auch an, alle anderen Produkte, die beim Philosophieren zum Thema Glück entstanden sind (Glücksfahnen, Glücksfächer, …), in Form einer Ausstellung aufzubereiten, die dann mit dem Vortragsabend eröffnet werden kann.

Philosophisch relevant ist diese Sequenz, da sich die Schüler*innen mit einer Form moralischer Lebenskunst – dem Glücklichsein – beschäftigen. Im Prozess könnte es mitunter vorkommen, dass die Forschergemeinschaft zur Erkenntnis gelangt, dass es sich dabei um ein komplexes, schwieriges Unterfangen handelt. Die Bestimmung dessen, worin das Glück zu finden sein könnte, ist eine Mammutaufgabe, die zu bewältigen den größten Philosophen*innen schwerfiel und schwerfällt. Dieser diffizilen Aufgabe widmen sich die Schüler*innen in den beschriebenen Übungen. Die Gesprächsleitung begleitet dabei in dem Bewusstsein, dass es sich nicht um eine literarische, sondern auf einer übergeordneten Ebene um eine philosophische Auseinandersetzung handelt. Um dies zu ermöglichen, ist es empfehlenswert, dass sich die Gesprächsleitung mit philosophischen Texten zum Thema ‚Glück' auseinandersetzt. Hier eignen sich beispielsweise Aristoteles (2017), Epikur (2011), John Stuart Mill (2009), Ludwig Marcuse (2011, 2022) oder die Stoiker (Weinkauf, 2001).

5.3.3 Was darf ich hoffen? Philosophieren über Tod, Zeit und Vergänglichkeit

In diesem Themenkomplex geht es um Fragen des Hoffens, Fragen also, die in den Bereich der Metaphysik, aber auch der Religion und Religionskritik fallen. Es geht um Fragen nach dem gelungenen, guten Leben, dem Sinn des Lebens, nach der Rolle von einschneidenden Erlebnissen und um Fragen danach, was einem Halt und Zuversicht geben kann. Es sind Fragen, die häufig jenseits des sinnlich begreifbaren und weltlich Erklärbaren liegen, Fragen nach Leben und Tod:

Was passiert mit einem Menschen zum Zeitpunkt des Todes? Gibt es ein Leben nach dem Tod? Wenn ja, wie stellt sich das Leben nach dem Tod dar? Existiert Gott? Ist die Seele des Menschen unsterblich? Wird die Seele immer wieder geboren? Was geschieht im Falle des Todes mit Zeit und Raum? Stirbt mit dem Tod eines geliebten Menschen auch ein Teil von einem selbst? Generell stellen solche Fragen eine Verunsicherung der eigenen Existenz dar, da man manche Dinge einfach nicht wissen, sondern nur erahnen oder vermuten kann.

Um metaphysischen Fragen zu begegnen – auch jenen nach Tod, Zeit und Vergänglichkeit – kann es hilfreich sein, Utopien zu entwerfen, d. h. sich fremde, fiktive und mögliche zukünftige Welten auszudenken. Utopien liefern positive Bilder, beispielsweise über eine Welt voller Glück, Freiheit, Hoffnung, Gerechtigkeit und Vernunft. Das Gegenteil der Utopie ist die Dystopie, die zerstörerische Schreckensszenarien liefert. Wenn beim Philosophieren mit Kindern mit Utopien oder Dystopien gearbeitet wird, kann dies in Form von Gedankenexperimenten oder Gedankenspielen sein (s. ▶ Kap. 2). Entscheidet sich die Gesprächsleitung, eine Dystopie in das philosophische Gespräch einzubringen, sollte dies mit sehr viel Fingerspitzengefühl geschehen. Ein Schreckensszenario muss immer an das Alter und den Entwicklungsstand der Schüler:innen angepasst sein. Es sollte sich um eine für die Kinder nachvollziehbare, verständliche Problematisierung handeln, die jedoch nicht verängstigend ist. Eine Möglichkeit wäre auch, zu einer Utopie mit den Kindern gemeinsam eine Dystopie zu entwickeln.

- **Thematische Einführung des gewählten Bilderbuches**

Wenn ein geliebter Mensch stirbt, dann scheint die Zeit stillzustehen. Sterben, Tod, Verlust und Trauer sind Themen, die Kinder genauso betreffen wie Erwachsene. Auch Kindern sollte der Raum gegeben werden, sich damit auseinanderzusetzen. Eltern, Pädagoginnen und Erwachsene allgemein scheinen eine Scheu davor zu haben, mit Kindern über diese Themen zu sprechen – dabei sind es gerade die Kinder, die einen natürlichen, unaufgeregten Zugang dazu haben.

Sterben und Tod sind schwer zu begreifen. Philosophieren bietet Kindern die Möglichkeit, Erklärungen zu finden, die helfen, diese Phänomene besser zu verstehen. Man könnte etwa Vergleiche anstellen mit Dingen, die Kinder besser fassen können.

Zur Umsetzung dieses Themenkomplexes eignet sich das Bilderbuch *Die Uhr meines Großvaters* (Mesa, 2019). Der Protagonist ist ein kleiner Junge, der vor einer Pendeluhr über das Leben vor und nach dem Tod seines Großvaters nachdenkt. Die Aufgabe, die Pendeluhr aufzuziehen, war Zeit seines Lebens die des Großvaters, und mit ihrem Takt gab die Uhr den Takt der Familie vor. Doch eines Tages stirbt der Großvater und es gibt niemanden mehr, der die Pendeluhr aufzieht. Nun scheint die Zeit still zu stehen, zeitliche Abläufe entsprechen nicht mehr gewohnten Rhythmen: alle verschlafen, die Katze schläft sogar vier Tage, die Wäsche trocknet nicht mehr, die Pflanzen hören auf zu wachsen und das Kind der Tante kommt nicht zur Welt. Nach einiger Zeit macht sich der Junge im Zimmer des Großvaters auf die Suche nach dem Schlüssel und als er ihn schließlich findet und die Uhr aufzieht, pendelt sich auch der Lauf der Welt wieder ein.

- **Methodische Umsetzungsmöglichkeiten**

Als Einstiegsimpuls wird das Bilderbuch vorgelesen und den Kindern die Möglichkeit gegeben, die aussagekräftigen Illustrationen eingehend zu betrachten.

Der erste Gedanke: Nun folgt eine Übung, für die jedes Kind einen Zettel mit zwei Impulsfragen erhält: *Welche Gedanken kommen dir zur Geschichte in den Sinn? Welche Fragen hast du?*

Es geht darum, die Gedanken jedes einzelnen Kindes, unbeeinflusst von den Gedanken und Meinungen der anderen Gesprächsteilnehmer*innen, einzufangen (s. Abb. 5.2). Deshalb sollen die Schüler*innen diese Aufgabe in Einzelarbeit ausführen.

Nach Fertigstellung bleiben die Arbeitszettel bei den Kindern, damit sie sie als Gedankenstütze im philosophischen Gespräch verwenden können.

Achtsamer Beobachter: Vor dem philosophischen Gespräch wird das Buch erneut vorgelesen. Im Prozess wird dialogisches Vorlesen angestrebt (s. ▶ Kap. 5.1). Die Schüler*innen fungieren als achtsame Beobachter*innen der Geschehnisse in der Geschichte. Abbildungen und Bildtext können aussagekräftig und detailreich gedeutet werden. Konkret heißt das, dass sich die Kinder während des Vorlesens jederzeit zu Wort melden und ihre Beobachtungen äußern können. Im Sinne der phänomenologischen Methode (s. ▶ Kap. 2) geht es bei dieser Übung darum, dass alles genau beschrieben und beobachtet werden darf und Wahrnehmungen geäußert und bewertet werden können. Als Unterstützung für das Gespräch werden Satzanfänge als Impulsgeber besprochen und gut sichtbar im Raum aufgehängt:

Satzanfänge als Impuls für die Übung „Achtsamer Beobachter"
– Mir ist aufgefallen, dass …
– Ich möchte eine Beobachtung beschreiben, nämlich…
– Ich frage mich, warum …
– Ich war schon einmal in einer ähnlichen Situation, nämlich als…

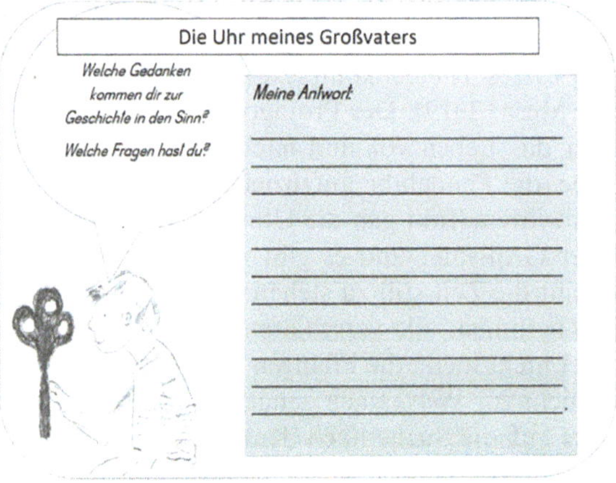

Abb. 5.2 Der erste Gedanke (© Sandra Prinz)

Um die Wortmeldungen zu strukturieren, kann ein optisches (z. B. Aufstehen, Handzeichen) oder akustisches Signal (z. B. Glocke) mit den Schüler*innen vereinbart werden. Meldet sich ein Kind, unterbricht die Gesprächsleitung das Vorlesen der Geschichte und das Kind darf seine Beobachtung äußern. Dabei kann es seinen Satz mit einem der vorgeschlagenen Satzanfänge beginnen.

Mit dieser Übung wird das philosophische Gespräch in Gang gebracht. Auf jede Schüler*innenäußerung darf Bezug genommen werden. Die Ideen, die in der Übung *Der erste Gedanke* gesammelt wurden, können hier eingebracht werden. Die Gesprächsleitung stellt, unterstützt durch einen Diskussionsplan (▶ https://link.springer.com/chapter/10.1007/978-3-662-66.182-6_Kapitel), Fragen, Rückfragen oder Zwischenfragen und begleitet so das Gespräch, gegebenenfalls lenkt sie es auch (s. ▶ Kap. 6).

Die Pendeluhr tickt: Zum Abschluss der Sequenz hören die Kinder das Geräusch einer Pendeluhr. Sie werden gebeten, reihum einen abschließenden Gedanken, eine Aussage, ein Wort, das sie mit der Geschichte und der Philosophiesequenz verbinden, zu äußern. Sobald das letzte Kind seinen Gedanken geäußert hat, wird auch das Ticken der Pendeluhr (z. B. hier: ▶ https://www.youtube.com/watch?app=desktop&v=LkhTpte7xms) gestoppt und die Philosophieeinheit endet.

Die philosophische Relevanz dieser Sequenz liegt darin begründet, dass die Schüler*innen in eine metaphysische Gedankenwelt entführt werden, die über die Grenzen des Erkennbaren und rational Begreifbaren hinausgeht. Es geht hier vor allem um ein tiefes Nachdenken über die Zeitqualität, die sich nach dem Tod eines Menschen im Leben der Hinterbliebenen auftut. Diese kann durch einen Abgleich von Erfahrungen der einzelnen Gesprächsteilnehmer*innen hervorgerufen werden (z. B. *Wie war es für dich, als X gestorben ist? Findest du auch, dass die Zeit da in einem anderen Tempo verging?*). Die abschließende Übung soll diese zeitlose Zeit, die in der Geschichte vermittelt wird, akustisch ausklingen lassen.

5.3.4 Was ist der Mensch? Philosophieren über Freiheit, Einzigartigkeit und Fantasie

Diese Frage beschäftigt sich mit philosophischer Anthropologie (griech. *anthropos*: Mensch). Sie betrachtet den Menschen als

» „*biologisches (Natur)Wesen* mit Körper und Geist
arbeitendes Wesen, das die Natur verändert
kulturelles Wesen, das Kunst, Moral und Wissenschaft hervorbringt
zeitliches Wesen, begrenzt durch Geburt und Tod
geschichtliches Wesen, das Produktivkräfte in verschiedenen Gesellschaften entwickelt
politisches Wesen, das Staaten gründet
einzigartiges Wesen, das eine unverwechselbare Identität besitzt"
(Brüning, 2015, S. 138; Hervorh. im Orig.)

Um zu erkennen, was der Mensch ist, müsste sich der Mensch von einer Metaebene aus betrachten. Dies ist allerdings schwierig, da der Mensch immer nur die menschliche Perspektive einnehmen und die menschliche Sprache zur Analyse heranziehen kann. Somit ist eine Außenperspektive kaum möglich (Sinhart-Pallin & Ralla, 2015). Zur Frage *Was ist der Mensch?* kann beim Philosophieren alles thematisiert werden, was mit dem So-Sein des Menschen zu tun hat: bezogen auf die gesamte Lebensspanne von der Geburt, über alle Lebensphasen hindurch, bis zum Tod, bezogen auf bestimmte Verhaltensweisen und Eigenschaften, auf Wünsche und Träume. Weg von einer Innenschau soll der Blick stets auf die Außenperspektive gelenkt und von einer Metaebene auf das Thema geblickt werden (z. B. *Was ist ein guter Mensch? Was ist das wahre Wesen des Menschen? Was kann der Mensch bewirken? Welche Aufgabe haben wir Menschen hier auf der Erde? Was darf der Mensch? Was unterscheidet den Menschen von anderen Sinnenwesen? Wann ist ein Mensch ein Mensch?*).

- **Thematische Einführung des gewählten Bilderbuches**

Für die Arbeit rund um Fragen, die die philosophische Anthropologie betreffen, eignet sich das Bilderbuch *Papilios Welt* (Steinkellner & Roher, 2013). Papilio, ein Mädchen mit viel Fantasie und Lebenslust, lädt alle in ihre Welt ein, den Mann mit dem Dackel, das Mädchen mit den Sommersprossen, die Seiltänzerin, den Bärtigen, den Anzugträger und die Barfußgeherin. Papilio lädt sie ein, sie zu begleiten, wenn sie ihnen von ihrer Welt erzählt. In Papilios Welt leben alle dort, wo sie sich daheim fühlen, arbeiten alle in dem Beruf, der ihnen liegt, kochen alle, was ihnen schmeckt und besitzen alle die Freiheit zu küssen, wen sie lieben. Die meisten Leute glauben nicht an Papilios Welt, sie stempeln ihre Ideen als märchenhafte Vorstellungen ab – nur das Mädchen mit den Sommersprossen ist bereit, die Arme auszubreiten und sich Papilios Welt zu nähern.

Dieses Buch eignet sich hervorragend, um die Einzigartigkeit eines jeden Menschen hervorzuheben, die menschliche Freiheit zu thematisieren, über menschliche Visionen nachzudenken und Utopien zu entwickeln sowie über Aspekte der menschlichen Identität ins Philosophieren zu kommen.

- **Methodische Umsetzungsmöglichkeiten**

Zu Beginn liest die Gesprächsleitung das Bilderbuch ein- bis zweimal ruhig und betont vor und gibt den Schüler*innen ausreichend Zeit, um die Bilder zu betrachten. Ein zuvor ausgearbeiteter Diskussionsplan (▶ https://link.springer.com/chapter/10.1007/978–3–662–66.182-6_Kapitel) mit antizipierten Themen des philosophischen Gesprächs dient dazu, das Gespräch im Fluss zu halten. Dies kann durch eine oder mehrere der folgenden Übungen ergänzt werden.

Gedankenkette auffädeln: Die Gesprächsleitung erhebt sich von ihrem Platz und bildet die erste Perle einer Kette. Sie gibt einen Satzanfang vor, der nun nach und nach von den Schüler*innen vervollständigt werden soll. Hier einige Beispiele: *Der Mann mit dem Dackel hält Papilios Idee für verrückt, weil … Das Mädchen mit den Sommersprossen glaubt an Papilios Idee, weil … Wenn alle Menschen frei sind, dann … Wenn alle Menschen das arbeiten würden, was sie gut können und gerne tun, dann …* Alle Schüler*innen, die einen Beitrag leisten möchten, stellen sich als nächste Perle neben den*die Vorredner*in. Jüngere Kinder können sich auch die Hände reichen, um sich die Kettenglieder noch besser vorstellen zu können. Wenn niemand mehr etwas zu ergänzen hat, wird die Gesprächskette/der Kreis geschlossen und die Kinder nehmen wieder im Stuhlkreis Platz.

Die Gesprächsleitung kann nun das Gespräch mit der Frage *Welche Idee aus der Gesprächskette findest du besonders interessant?* wieder in Gang bringen.

Szenisches Spiel: In Partnerarbeit werden die Schüler*innen nun gebeten, sich zu überlegen, wie die Geschichte weitergehen könnte. Am Ende der Geschichte glaubt nur das Mädchen mit den Sommersprossen an Papilios Vision. Sie muntert sie auf: *Komm, wir versuchen es!* Und gemeinsam breiten sie ihre Arme aus und warten auf den Wind. An diese Szene sollen die Schüler*innen nun anknüpfen. Sie sollen einen kurzen Dialog zwischen den beiden Mädchen verfassen. *Wo geht es für sie hin? Was passiert nun? Wie setzen sie ihre Vision in die Tat um? Wie leben sie ihre Freiheit? Welche Schritte setzen sie zuerst?* Die entwickelten Dialoge sollen die Schüler*innen dann in Szene setzen und den anderen Kindern vorspielen.

Mini-Faltbuch: Bei dieser Übung ist die Kreativität der Schüler*innen gefragt. Zunächst kann sich die Gruppe auf eine Frage oder einen Satzanfang (z. B. *Gibt es die ideale Welt für alle Menschen? Wie sieht die ideale Welt aus? In meiner idealen Welt…*) einigen, die/der bearbeitet werden soll. Es ist aber auch möglich, dass jede*r Schüler*in seine/ihre Frage selbstständig wählt. Bevor die Frage bearbeitet werden kann, erhält jede*r eine DIN-A4-Seite und stellt sein Faltbüchlein laut Anleitung her (eine Anleitung können Sie hier herunterladen: ▶ https://link.springer.com/chapter/10.1007/978-3-662-66.182-6_5, Quelle: ▶ www.minibooks.ch).

Nun stehen inklusive Titelseite acht Seiten zur Verfügung, die schriftlich, malerisch oder zeichnerisch gestaltet werden können. Im Fall von *Papilios Welt* (Steinkellner & Roher, 2013) würde es sich anbieten, den Satzanfang *In meiner Welt…* auszuwählen. Die Kinder können dann pro Seite des Minibüchleins ein Merkmal ihrer persönlichen Welt darstellen. Mit älteren Schüler*innen könnte man auch in Richtung Utopie gehen und den Satzanfang *In einer idealen Welt…* wählen.

Philosophisch relevant ist diese Sequenz vor allem, weil sich die Schüler*innen mit dem Wesen des Menschen und des Menschseins auseinandersetzen. Sie denken über mögliche Lebensentwürfe und Möglichkeiten der Lebensgestaltung nach und lernen in der Auseinandersetzung mit Literatur und im Austausch mit den Mitschüler*innen neue Lebensentwürfe kennen.

5.4 Erfahrungen aus der Praxis

In ▶ Abschn. 5.3 wurden vielfältige Möglichkeiten aufgezeigt, wie auf Grundlage der vier Kant-Fragen *Was kann ich wissen? Was soll ich tun? Was darf ich hoffen?* und *Was ist der Mensch?* mit Zuhilfenahme von Bilderbüchern mit Kindern philosophiert werden kann. Ziel dieses Abschnitts ist es nun, ausgewählte Ergebnisse darzustellen und aus der Praxis zu berichten.

Abb. 5.3 Impulsblume (© Sandra Prinz)

Was kann ich wissen? Die vorgestellte Unterrichtssequenz beschäftigt sich mit dem Thema ‚Sprache'. Die Schüler*innen analysieren kurze Texte und beschäftigten sich mit der Bedeutung von Wörtern und sprachlichen Äußerungen.
Abb. 5.3 zeigt eine **Impulsblume** mit der Impulsfrage *Was kann Sprache?*
Folgende Äußerungen wurden in der Blume festgehalten:
- Sprache, die der andere versteht
- Diskutieren; Konflikte lösen
- Hunger bekunden
- verletzen, Schaden anrichten
- beim Telefonieren brauche ich Sprache
- Freundschaften schließen
- einander verstehen
- fragen, ob man mitspielen darf
- sich ausdrücken
- warnen

Indem die Schüler*innen den Textausschnitt des Bilderbuches *Mein Haus ist zu eng und zu klein* (Scheffler & Donaldson, 2003) modifizieren, setzen sie sich mit der sprachlichen Bedeutung von Äußerungen auseinander. Sie erfahren, was es bedeutet, wenn diese nicht in ihrem eigentlichen Sinn verwendet werden. Die

Bearbeitung dieser Aufgabe erfordert Kreativität und analytisches Denken. Die Ergebnisse können mitunter sehr überraschend ausfallen und geben Aufschluss über den kreativen Wortschatz der Schüler*innen. Hier ein Beispiel in dem alle Verben, Nomen und Adjektiven verändert wurden:

1. **Vokabular:**
   Nomen: Oma Agathe = Ziege, Haus = Maus, Mann = Apfelbaum, Gejammer = Kammer, Kammer = Gejammer, Huhn = Traktor, Gegacker = Tisch, Ei = Besen, Geflatter = Getrampel, Milchkrug = Ziegeldach
   Verben: *saß = lief, seufzte = tanzte, klagte = schrie, hörte = staunte, ist = muss, muss = ist, sagte = bettelte, passierte = irrte, legte = stellte, schlug = klatschte*
   Adjektive: *traurig = fröhlich, weise = dumm, winzig = riesengroß*
2. **Neuer Text:**
   Ziege lief fröhlich in ihrer Maus und tanzte und schrie tagein und tagaus. Da staunte ein dummer Apfelbaum ihre Kammer: „Meine Maus muss ja bloß ein riesengroßes Gejammer!" „Dein Traktor ist in der Maus!", bettelte der Apfelbaum. „Mein Traktor ist in der Maus?" Und was irrt dann? Der Traktor stellte gleich mit dem Tisch einen Besen und klatschte mit Getrampel das Ziegeldach entzwei.

Was soll ich tun? In dieser Unterrichtssequenz wurde zum Thema ‚Glück' gearbeitet. ◘ Abb. 5.4 zeigt einen Glücksfächer, den mehrere Schüler*innen zusam-

◘ **Abb. 5.4** Glücksfächer (© Sandra Prinz)

◻ **Tab. 5.2** Glückselfchen

bunt	grün
die Liebe	das Gefühl
sie ist schön	ich bin glücklich
ich finde sie schön	es ist wirklich schön
schön	Glück
(von Oliver, 7)	(von Paul, 9)
blau	rot
der Blitz	das Herz
schön am Himmel	in meiner Brust
ich bin genug	ich fühle das Klopfen
schön	sehr
(von Jana, 6)	(von Elias, 7)

men erstellt haben. Das Ergebnis zeigt, dass die Kinder hauptsächlich über ihr persönliches Glück nachgedacht haben. Er enthält zum Beispiel die folgenden Antworten: *die Schule, Dänemark, Hunde, Eis, Eulen, Mama, Sommer, Kuchen, meine Oma, Apfelstrudel.*

Spätestens wenn sich alle im Plenum treffen, sollte herausgearbeitet werden, dass Glück etwas sehr Individuelles sein kann, dass sich aber auch Aspekte von allgemeinem menschlichem Lebensglück definieren lassen. Individuelles Glück wird deutlich, wenn ein Kind äußert, dass Eulen es glücklich machen, während ein anderes Kind sich davor fürchtet. Wenn es darum geht, dass die eigene Mutter zu einem glücklichen Leben gehört, sind sich aber meist alle Kinder einig. Damit die Schüler*innen nicht nur auf der Ebene des individuellen Glücks stehen bleiben, ist es ratsam, Kategorien zu bilden: *Welche Aussagen bedeuten Glück für alle und welche bedeuten lediglich Glück für einzelne? Was braucht jeder Mensch für ein glückliches, gelingendes Leben und wo bedeutet die Abwesenheit dieser Parameter Unglück oder ein nicht lebenswertes Leben?*

Elfchen sind eine sehr beliebte Gedichtform. Die Beispiele (◻ Tab. 5.2) zeigen allerdings, dass es den Schüler*innen schwerfällt, ihr Gedicht ausschließlich auf allgemeinem Lebensglück aufzubauen. Dies könnte umgangen werden, indem einige Wörter oder Wortgruppen (z. B. Pronomen, Namen) nicht verwendet werden dürfen.

Was darf ich hoffen? Diese Unterrichtssequenz beschäftigt sich mit den Themen Tod, Vergänglichkeit und Zeit. Im Bilderbuch *Die Uhr meines Großvaters* gibt es große Lücken zwischen Text und Bild. Die Schüler*innen brauchen für die Betrachtung Zeit, um die Bedeutung der Abbildungen im Zusammenhang mit dem Text zu erschließen und zu deuten. Nachdem die Schüler*innen die Geschichte gehört haben, bearbeiten sie die Aufgabe *Der erste Gedanke*. Mit dieser Aufgabe soll ein individuelles Stimmungsbild eingefangen werden, unbeeinflusst von den Gedanken der anderen Gesprächsteilnehmer*innen. Wichtig ist hier, die Schüler*innen zu ermutigen, ihre eigenen Gedanken niederzuschreiben. Wenn möglich, achten Sie darauf, dass die Kinder weit voneinander entfernt sitzen. Die folgenden Abb. (5.5 und 5.6) zeigen Ergebnisse der Übung *Der erste Gedanke*. Dabei wird deutlich, in welch unterschiedliche Richtungen die Gedanken gehen. Der Aspekt des Magischen, der von Sophie eingebracht wurde, wurde so im Diskussionsplan (► https://link.springer.com/chapter/10.1007/978-3-662-66182-6_5) nicht im Vorfeld antizipiert.

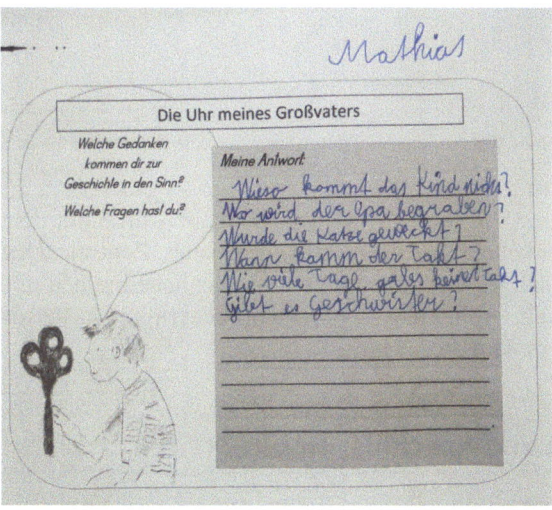

◘ **Abb. 5.5** Der erste Gedanke von Mathias (10 Jahre): *Wieso kommt das Kind nicht? Wo wird der Opa begraben? Wurde die Katze geweckt? Wann kommt der Takt? Wie viele Tage gab es keinen Takt? Gibt es Geschwister?*

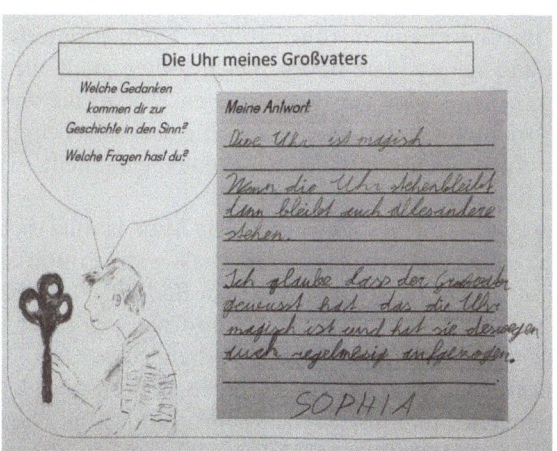

◘ **Abb. 5.6** Der erste Gedanke von Sophie (9 Jahre): *Die Uhr ist magisch. Wenn die Uhr stehenbleibt, dann bleibt auch alles andere stehen. Ich glaube, dass der Großvater gewusst hat, dass die Uhr magisch ist und er hat sie deswegen auch regelmäßig aufgezogen.*

Abb. 5.7 a) Sophies Welt: In meiner Welt mögen sich alle (Sophie, 9), b) In meiner Welt herrscht Frieden (Malia, 8)

Was ist der Mensch? In dieser Unterrichtssequenz wurde mit dem Bilderbuch *Papilios Welt* (Steinkellner & Roher, 2013) gearbeitet. Zentrale Themen im philosophischen Gespräch waren Individualität, menschliche Freiheit und die Vorstellung einer idealen Welt. Anhand von Mini-Faltbüchern entwarfen die Schüler*innen ihre ideale Welt (s. ▶ Abb. 5.7 a/b).

5.5 Ausblick und Anschlussmöglichkeiten

Sven Nickel (2008, S. 89) verweist auf die Wichtigkeit „elaborierter, also alltagsferner Gespräche in der Familie", als Teil von Kinderkultur. Nun sollte das Philosophieren mit Kindern anhand von literarischen Texten – dazu zählen neben Bilderbüchern auch Comics, Geschichten, Gedichte, Romane etc. – zwar alles andere als alltagsfern sein. Man kann diese Textpassage aber als Hinweis darauf verstehen, dass Kindern die Gelegenheit gegeben werden soll, sich in Bildungseinrichtungen und im Elternhaus ausführlich über Themen unterhalten zu können, die im Alltag häufig keinen Platz haben. Dazu sollten auch alle philosophischen (Kinder-)Fragen im Sinne der vier Kant-Fragen zählen, die wunderbar anhand von sorgfältig gewählter Kinder- und Jugendliteratur bearbeitet werden können. Im Folgenden werden noch einige Möglichkeiten vorgestellt, wie im Anschluss mit den Büchern weitergearbeitet werden kann:

- **Gleiches Bilderbuch, anderes Themengebiet:** Man könnte sich den in diesem Kapitel vorgestellten Bilderbüchern nochmals widmen und andere Fragestellungen herausarbeiten. So könnten mit dem Bilderbuch *Großer Wolf und kleiner Wolf – Vom Glück zu zweit zu sein* (Brun-Cosme & Tallec, 2015) auch Fragen rund um Freundschaft oder Fairness behandelt werden.
- **Offene Themenrunde:** Jedes der vorgestellten Bilderbücher könnte Ausgangspunkt für eine offene, philosophische Themenrunde sein. Dazu wird das Buch vorgelesen. Die Schüler*innen formulieren Fragen, die ihnen zur Geschichte in den Sinn kommen. Die Fragen werden im Plenum gesammelt. Schließlich wird abgestimmt, welche Frage im philosophischen Gespräch diskutiert werden soll.

- **Bilderbücher vergleichen:** Die Schüler*innen werden aufgefordert, nach Bilderbüchern zu recherchieren, die sich mit dem gleichen Thema befassen. Im Fall von *Die Uhr meines Großvaters* (Mesa, 2019) wird Literatur zum Thema Tod und Trauer gesucht. Wurden drei bis vier Werke ausgewählt, werden diese vorgelesen und verglichen: Wie werden Tod und Trauer jeweils dargestellt?

Die Arbeit mit Bilderbüchern hat einen Mehrwert für das Philosophieren mit Kindern und im Grunde für das Philosophieren mit Menschen aller Altersstufen. Das philosophische Potential, das in den Texten und Illustrationen von gut ausgewählten Bilderbüchern steckt, ist bemerkenswert. Wenn Schüler*innen inspiriert von einem Bilderbuch ins Philosophieren kommen, werden sie herausgefordert, kritisch und kreativ zu denken, sich in die Handlung einer vorgegebenen Geschichte hineinzuversetzen und daraus Aspekte zu ziehen, die ihr eigenes Leben oder gesamtgesellschaftliche Themen betreffen. Statt als Impulsgeber kann das Bilderbuch aber auch dazu genutzt werden, ein philosophisches Gespräch in eine bestimmte Richtung zu lenken oder um ein eigentliches Kernthema herum zu verdichten. Diese Vorgehensweise verlangt allerdings ein entsprechendes Gespür der Gesprächsleitung dafür, welche Literatur sich in welchen Situationen eignet.

Literatur

Aristoteles. (2017). *Nikomachische Ethik*. Reclam.
Bergmann, K. (2016). Philosophieren mit Jugendliteratur. In B. Brüning (Hrsg.), *Ethik/Philosophie-Didaktik. Praxishandbuch für die Sekundarstufe I und II* (S. 151–159). Cornelsen GmbH.
Bichsel, P. (1995). *Ein Tisch ist ein Tisch*. Suhrkamp.
Brosow, F. (2018). Zur Relevanz kognitiver Verzerrungen für die Didaktik der Philosophie und Ethik. In B. Bussmann & M. Tiedemann (Hrsg.), *Lebenswelt und Wissenschaft. Jahrbuch für Didaktik der Philosophie und Ethik 19*. Thelem Verlag.
Nadine, B.-C., & Tallec, O. (2015). *Großer Wolf & kleiner Wolf. Drei Geschichten vom Glück*. Gerstenberg.
Brüning, B. (2015). *Philosophieren mit Kindern. Eine Einführung in Theorie und Praxis*. LIT.
Epikur. (2011). *Wege zum Glück*. Übersetzer: R. Nickel. De Gruyter.
Engels, H. (2007). *Blaue Schokolade. Geschichten zum Denken und Querdenken*. Siebert Verlag.
Erne, A., & Weller, W. (2009). *Wieso? Weshalb? Warum? Junior, Band 31: Formen und Gegensätze*. Ravensburger.
Ethik und Unterricht (2019). *Bilderbuch und Comic*. Ausgabe 4/2019. Friedrich.
Haase, V. (2021). Emotionen im Philosophie- und Ethikunterricht. In *ZDPE. Zeitschrift für Didaktik der Philosophie und Ethik. Heft 2. Emotionen*. C.C. Buchner.
Haynes, J., & Murris, K. (2012). *Picturebooks, Pedagogy and Philosophy*. Routledge.
Kant, I. (1965). Grundlegung zur Metaphysik der Sitten. K. Vorländer (Hrsg.). Felix Meiner Verlag.
Kranz, C. (2014). Dialogisches Vorlesen und Anschlusskommunikation. Die Bedeutung des Vorlesens für die Entwicklung der Lesefähigkeit. In J. Knopf & U. Abraham (Hrsg.), *BilderBücher. Band 2: Praxis. Deutschdidaktik für die Primarstufe*. Schneider Verlag Hohengehren.
Kurwinkel, T. (2017). *Bilderbuchanalyse. Narrativik – Ästhetik – Didaktik*. utb.
Kümmerling-Meibauer, B. (2018). *The Routledge Companion to Picturebooks*. Routledge.
Künnemann, H., & Müller, H. (1984). Bilderbuch. In K. Doderer (Hrsg.), *Lexikon der Kinder- und Jugendliteratur. Personen-, Länder- und Sachartikel zur Geschichte und Gegenwart der Kinder- und Jugendliteratur*. Beltz.
Lipman, M. (1988). *Philosophy goes to school*. Temple University Press.

Lipman, M. (2007). *Das geheimnisvolle Wesen*. Philosophieren mit Kindern. 2. Auflage. Übersetzt und herausgegeben von Daniela G. Camhy. St. Augustin: Academia Verlag.

Lipman, M. (2008). *Das geheimnisvolle Wesen*. Philosophieren mit Kindern. Handbuch. 2. Auflage. Übersetzt und herausgegeben von Daniela G. Camhy. St. Augustin: Academia-Verlag.

Marcuse, L. (2011). *Epikur. Über das Glück*. Diogenes.

Marcuse, L. (2022). *Philosophie des Glücks. Von Hiob bis Freud*. Diogenes.

Mesa, S. C. (2019). *Die Uhr meines Großvaters. El reloj de mi abuelo*. Baobab Books.

Mill. J. S. (2009). *Utilitarismus. Übersetzer: Manfred Kühn*. Felix Meiner

Kühn, M. (2009). *John Stuart Mill. Utilitarismus. Philosophische Bibliothek, Band 581*. Meiner Verlag.

Ministerium für Bildung und Kultur des Landes Schleswig-Holstein. (Hrsg.). (2019). Fachanforderungen Philosophie. Primarstufe/Grundschule. Fachanforderungen Philosophie Primarstufe (2019). pdf. Zugegriffen: 10. Sept. 2022.

Nickel, S. (2008). Beobachtung kindlicher Literacy-Erfahrungen im Übergang von Kindergarten und Schule. In U. Graf & E. Moser-Opitz (Hrsg.), *Diagnostik und Förderung im Elementarbereich und Grundschulunterricht: Lernprozesse wahrnehmen, deuten und begleiten*. Schneider Verlag Hohengehren.

Perner, R. S. (2022). *Sommer-Wimmelbuch. Sonderausgabe: Pappausgabe mit Hardcovereinband*. Gerstenberg.

Peters, M., & Peters, J. (2021). *Philosophieren mit Comics und Graphic Novels: Methoden für den Philosophie- und Ethikunterricht*. Felix Meiner Verlag GmbH.

Pfeiffer, M., & Schmid, K. (Leitung Autorenteam). (2020). *Schauplatz Ethik*. Wahrnehmen – fragen – begründen, Lehrmittel in vier Bänden für die 1./2., 3./4., 5/6., 7.–9. Schulstufe mit digitalem Kommentar und Klassenmaterial. Lehrmittelverlag.

Scheffler, A., & Donaldson, J. (2003). *Mein Haus ist zu eng und zu klein*. Beltz & Gelberg.

Sinhart-Pallin, D. & Ralla, M. (2015). Handbook for philosophizing with children. Kindergarten, elementary school, independent institutions. 2nd revised and expanded edition. Baltmannsweiler: Schneider Verlag Hohengehren.

Sistermann, R. (2016). Zur Erschließung „philosophischer Implikationen" in Texten der Jugendliteratur. In: M. Tiedemann & R. Sistermann (Hrsg.), *Zeitschrift für Didaktik der Philosophie und Ethik. Jugendliteratur. Heft 1 / 2016*. Siebert.

Sistermann, R. (2017). Literarische Texte. In: J. Nida-Rümelin, I. Spiegel, & M. Tiedemann (Hrsg.), *Handbuch Philosophie und Ethik. Band I: Didaktik und Methodik* (2. Aufl.). Utb.

Steinkellner, E., & Roher, M. (2013). *Papilios Welt*. Picus Verlag.

Torkler, R. (2020). Erzählend Philosophieren. Überlegungen zum Verhältnis von Philosophie, Bildung und Literatur. In A. Hilt, R. Torkler, & A. Waczek (Hrsg.), *Erzählend philosophieren – ein Lehr- und Lesebuch* (S. 11–42). Alber.

Tan, S. (2010). Drawing the world as if we had never seen it before. Interview with Shaun Tan at the international Youth Library. Das Bücherschloss. Mitteilungen der Internationalen Jugendbibliothek (S. 63–71).

Tan, S. (2014). *Die Regeln des Sommers*. Aladin.

Wartenberg, T. (2013). *A Sneetch Is a Sneetch and Other Philosophical Discoveries: Finding Wisdom in Children's Literature*. Wiley.

Wartenberg, T. E. (2014). *Big Ideas for Little Kids. Teaching Philosophy through children's literature* (2. Aufl.). Rowman & Littlefield Publishing Group.

Weinkauf, W. (2001). *Die Philosophie der Stoa. Ausgewählte Texte*. Reclam.

Wiesner, D. (2012). *The Three Pigs*. Andersen Press.

ZDPE. Zeitschrift für Didaktik der Philosophie und Ethik. (2004). Heft 2. Literatur. C.C. Buchner.

ZDPE. Zeitschrift für Didaktik der Philosophie und Ethik (2010). Heft 2. Narratives Philosophieren. C.C. Buchner.

ZDPE. Zeitschrift für Didaktik der Philosophie und Ethik. (2016). Heft 1. Jugendliteratur. C.C. Buchner.

ZDPE. Zeitschrift für Didaktik der Philosophie und Ethik. (2020). Heft 3. Lesestrategien. C.C. Buchner.

Leitlinien und Hilfestellungen für die Unterrichtspraxis

Bettina Bussmann

© wakila / Getty Images / iStock

Ergänzende Information Die elektronische Version dieses Kapitels enthält Zusatzmaterial, auf das über folgenden Link zugegriffen werden kann ▶ https://doi.org/10.1007/978-3-662-66182-6_6.

© Der/die Autor(en), exklusiv lizenziert an Springer-Verlag GmbH, DE, ein Teil von Springer Nature 2024
B. Bussmann (Hrsg.), *Philosophieren mit Kindern und Jugendlichen*, Philosophische Bildung in Schule und Hochschule,
https://doi.org/10.1007/978-3-662-66182-6_6

6.1 Das philosophische Fundament

Ein Unterricht, der sich tatsächlich „philosophisch" nennen möchte, muss zentrale Merkmale aufweisen, damit man ihn auch als einen solchen bezeichnen kann. Es ist deshalb wichtig, dass Personen, die das Philosophieren mit Kindern und Jugendlichen praktizieren wollen, eine Grundausbildung in Philosophie erhalten haben. Man kann genauso wenig automatisch philosophieren, wie man automatisch rechnen oder ein Aquarell malen kann. Dass man drauf extra hinweisen muss, liegt daran, dass in der breiten Bevölkerung und abhängig vom jeweiligen Kulturkreis, ganz unterschiedliche Vorstellungen darüber herrschen, was Philosophieren ist – und was es leisten sollte. Für viele ist Philosophieren die Diskussion über eigene Lebenserfahrungen, für andere sind es Gespräche, in denen man frei assoziieren, spekulieren und fantasieren darf. Wieder andere erwarten, dass man die Gedanken der philosophischen Tradition wiedergeben kann. Lehrkräfte, die das Philosophieren mit Kindern und Jugendlichen als eine kontinuierliche Praxis ausüben möchten (vor allem, wenn der Unterricht in der Schule stattfindet und ein Lehrplan existiert), benötigen deshalb ein Verständnis von Philosophie(ren), das über die Freude am Diskutieren hinausgeht. Philosophische Gespräche sind etwas anderes als Nachdenkgespräche, die zwar eine wichtige Hinführung zum Philosophieren sind, denen aber in der Regel das methodische und inhaltliche Handwerkzeug fehlt, um die Schüler*innen in ihrem Denken auch philosophisch *herauszufordern*. Ebenso müssen Lehrkräfte ein Gefühl dafür entwickeln, welche Inhalte und Methoden sie den Kindern und Jugendlichen ihrer Lerngruppe zumuten können. Eine kontinuierliche Überforderung ist genauso schädlich, wie eine kontinuierliche Unterforderung. Lehrkräfte, die sich fachlich sicher fühlen und weiterbilden, können sich auf die Gedanken der Kinder voll einlassen, die philosophische Relevanz des Gesagten erkennen und den Schüler*innen entsprechende Rückmeldungen geben, die sie in ihrem Denken fördern. Wenn das gegeben ist, dann ist das Philosophieren besonders gut dafür geeignet, auch auf die besonderen Begabungen, Interessen und kulturellen Hintergründe der Schüler*innen einzugehen.

In Bezug auf das fachliche Fundament eröffnen sich für Lehrkräfte besonders zwei Spannungsfelder, die ihnen bewusst sein sollten. Die Kenntnis und Auseinandersetzung mit diesen Spannungsfeldern bietet die Möglichkeit, sich ein tragfähiges Philosophieverständnis und damit auch ein tragfähiges *Professionsverständnis* aufzubauen.

Spannungsfeld 1 Anders als in anderen Fächern müssen Sie davon ausgehen, dass verschiedene Auffassungen darüber existieren, was Philosophie ist und welche Aufgabe ihr im Unterricht zukommen sollte. Es wird kaum vorkommen, dass Biologie- oder Mathematiklehrkräfte grundsätzlich unterschiedliche Auffassungen von ihrem Fach haben. Es mag unterschiedliche Auffassungen darüber geben, welche Inhalte gelehrt werden sollten; aber dass man sich gegenseitig vorwirft, nicht Biologie oder Mathematik zu unterrichten, scheint abwegig zu sein. In der Philosophie ist das nicht so. Das Spektrum unterschiedlicher Auffassungen reicht von

Philosoph*innen, die eine stark akademische Auffassung vertreten und das Philosophieren mit Kindern in Schulkontexten sogar ablehnen (vgl. Heinrich et al., 2020), bis zu Personen, die gerade das natürliche und unverbildete Philosophieren der Kinder fördern und sie in ihrer Denkfreiheit nicht (zu früh) durch philosophische Denkzwänge oder andere Normierungen der Erwachsenenwelt beschneiden wollen. Je nachdem, wo Sie sich verorten – eher akademisch-traditionell oder eher antagonistisch dazu – werden Sie auch Ihren Unterricht planen und durchführen.

Welches Philosophieverständnis haben Sie entwickelt? Lehrpläne, Schulbücher und ministerielle Vorgaben sind zwar wichtige und notwendige Rahmenkonzepte, aber sie ersetzen nicht die persönliche Erarbeitung einer Auffassung darüber, was Philosophie(ren) ist. Das zu wissen, hilft Ihnen auch dabei, den Eltern der Schüler*innen Auskunft über die Ziele des Unterrichts zu geben und sich mit den Kolleg*innen zielführend auszutauschen, um z. B. Projekte zu entwickeln. Die Literaturhinweise und Links zum Selbststudium (s. „Weiterführende Literatur und Links zum Selbststudium" im Anhang des Buches) bieten Ihnen eine Möglichkeit, Ihre Grundlagen zu vertiefen.

Spannungsfeld 2 Philosoph*innen, vor allem historisch-traditionelle, haben die Angewohnheit, über „die Welt" zu sprechen, wenn Sie die komplexen Zusammenhänge menschlicher Erkenntnis und menschlichen Verhaltens analysieren und verstehen wollen. So lautet z. B. ein Werk von Hildegard von Bingen (1098–1179) *Welt und Mensch* und ein zeitgenössisches von Wolfgang Welsch *Mensch und Welt* (2012). Beide Begriffe sind natürlich nur Platzhalter und müssen – je nach Thema und Kontext – weiter ausdifferenziert werden. Für das Philosophieren mit jungen Menschen ist es hilfreich, drei Ebenen von Welt zu unterscheiden: die *persönliche* Welt des eigenen Erlebens, die *gesellschaftliche* Welt der persönlichen Umgebung und die *globale* Welt aller Menschen. Wenn Sie also mit einer Lerngruppe philosophieren, kann es passieren, dass unterschiedliche Schüler*innen sich auf drei ganz unterschiedliche Weltebenen beziehen. Einige beziehen sie sich nur auf ihre persönlichen Erfahrungen, die sie zu Hause gemacht haben, während andere eventuell schon ihren Erfahrungskreis erweitert haben und damit auch Kenntnisse aus anderen Kulturkreisen oder Wissen aus den Medien mit einschließen. Wenn Sie z. B. das Thema „Wie sollen wir Tiere behandeln?" diskutieren, werden jüngere Kinder oft Beispiele vorbringen, die aus den Erfahrungen mit ihren Haustieren stammen. Aber darauf kann man sich nicht verlassen, da Schüler*innen bereits unzählige Filme über Tiere (und deren Haltung) gesehen haben und möglicherweise bereits über gesellschaftliche Missstände sprechen wollen. Hier können in einer Lerngruppe große Unterschiede bestehen, die sich dann auch in unterschiedlichen Wünschen der Schüler*innen niederschlagen, worüber diskutiert werden sollte.

Mit zunehmendem Alter und mit zunehmender philosophischer Erfahrung wird der Nahbereich verlassen und das Nachdenken wird universalistischer. In der Matrix von Frank Brosow wird philosophisches Denken als eine kontinuierliche Entwicklung vom intuitiven und egozentrischen zum unparteiischen Urteilen beschrieben (s. ▶ Kap. 3). Dies wird gestützt durch die Erkenntnisse der

Entwicklungspsychologie, die die Entwicklung des Denkens als einen Prozess beschreibt, in dem Kinder im Zusammenspiel mit ihren Anlagen und den Herausforderungen der Umwelt zunehmend komplexere Denkprozesse ausbilden. Als Lehrkraft ist es Ihre Aufgabe, die Schüler*innen auf diesem Weg zu begleiten. Dabei sollten Sie den Schüler*innen ihr kindliches Denken nicht durch Philosophie ‚austreiben'; denn dadurch, so Immanuel Kant, „erschnappt der Schüler eine Art Vernunft, ehe noch der Verstand an ihm ausgebildet wurde, und trägt erborgte Wissenschaft, die an ihm gleichsam nur geklebt und nicht gewachsen ist" (Kant, 2010, S. 72). Altkluges philosophisches Nachplappern sollte nicht gefördert werden. Stattdessen sollten Themen und Methoden bereitgestellt werden, mit denen die Schüler*innen ihr Potential nach und nach entfalten können.

6.2 Philosophische Gespräche führen können – pädagogisch-psychologische Grundlagen

Philosophische Gespräche (an)leiten zu können und dabei ein bestimmtes Lernziel nicht aus den Augen zu verlieren, gehört zweifelsfrei zu den schwierigsten Kompetenzen, die angehende Lehrkräfte zu erlernen haben. Auf sehr viele Dinge muss gleichzeitig geachtet werden: Haben alle verstanden, was ich gefragt oder gesagt habe? Ist die Frage zielführend gewesen? Hören sich die Schüler*innen gegenseitig aufmerksam zu? Kann ich die Lerngruppe mit meinen Ideen und Materialien motivieren? Sind die Ideen und Materialien tatsächlich geeignet für das, was ich vorhabe? Habe ich auch alle Schüler*innen in das Gespräch einbinden können? Die Auswahl an Unterrichtsvorschlägen in diesem Buch soll zeigen, dass man das Philosophieren zwar mit sehr vielen unterschiedlichen Methoden und Arbeitsaufgaben erlernen kann – aber das Gespräch ist und bleibt der zentrale Dreh- und Angelpunkt. Im Folgenden werden deshalb einige Grundlagen und Hilfestellungen für die Durchführung philosophischer Gespräche vorgestellt.

6.2.1 Sokratisches Philosophieren und die *community of inquiry*

Wenn Sie mit Menschen – egal, welchen Alters – philosophieren wollen, sollten Sie Prinzipien verinnerlicht haben, die den Prinzipien des sokratischen Philosophierens und der Etablierung einer *Forschergemeinschaft (community of inquiry)* gerecht werden. Das sokratische Philosophieren, auch als *Mäeutik* (altgr. Geburtshilfe) bezeichnet, ist eine Gesprächsform, in der eine Person einer anderen durch passende Fragen dabei hilft, ein bestimmtes Problem *eigenständig* zu lösen (vgl. Martens, 2004; Draken, 2011).

Die Etablierung einer Forschergemeinschaft geht wahrscheinlich auf den Philosophen Charles Sanders Pierce zurück, der die Arbeitsweise von Naturwissenschaftlern vor Augen hatte, die in Forscherteams Probleme analysieren und zu lösen versuchen. Durch die Philosophieren-mit-Kindern-Bewegung ist dieses

Konzept seither zum Paradigma modernen Unterrichtens geworden. Ein Klassenzimmer in eine Forschergemeinschaft zu verwandeln bedeutet, eine Arbeitsweise zu etablieren, in der Schüler*innen sich aufmerksam zuhören, respektvoll aufeinander reagieren, ihre Ideen gegenseitig kritisch befragen, Schwachstellen in den Argumentationen finden sowie gemeinsam ihre Ideen weiterentwickeln (Lipman, 2003, S. 20). Dieses Konzept verlangt die Transformation des traditionellen Unterrichtsgesprächs, in dem die Lehrkraft alle Fäden in der Hand hat, zu einer offenen Gesprächsführung, in der jede*r auf jede*n reagiert. ◘ Abb. 6.1 zeigt beide Konzepte im Kontrast.

Offene Gespräche verlangen von der Lehrkraft besondere Kompetenzen. Sie müssen Schüler*innen z. B. ermutigen, eigenständig Fragen zu stellen, andere Auffassungen respektvoll zu kritisieren aber auch selber Kritik annehmen zu können. Alle folgenden Informationen und Vorschläge bieten Ihnen Hilfestellungen an, wie Sie Ihre philosophische Forschergemeinschaft aufbauen können.

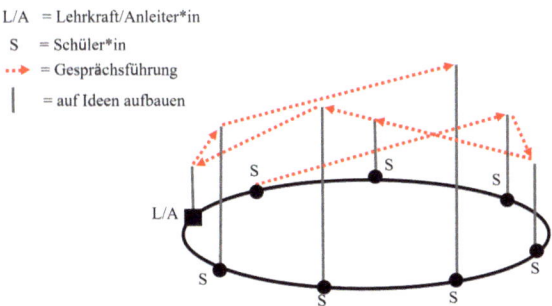

◘ **Abb. 6.1** Traditionelle und offene Gesprächsformen. Abbildungen leicht verändert aus Haynes und Murris (2012, S. 52/53)

6.2.2 Der Einfluss der Gesprächsleitung

Als Lehrkraft oder Gesprächsleiter*in sind Sie eine Autorität. Ihnen ist das berufliche Recht erteilt worden, mit einer Gruppe von jungen Menschen über bestimmte Themen zu sprechen und sie befragen zu dürfen. Ins Philosophieren zu kommen ist eine besonders verantwortungsvolle Tätigkeit: durch das Fragenstellen an sich, aber auch durch bestimmte Themen, die Emotionen und innere Konflikte auslösen können. Deshalb sollten Sie die Fähigkeit ausbilden, zum richtigen Zeitpunkt das Gespräch zu lenken und sich an anderen Stellen zurückzuhalten. Besonders, wenn Sie begeistert mit der Gruppe mitphilosophieren, ist die Gefahr groß, dass Ihre eigenen Auffassungen zu bestimmten Themen die (möglichst) freie Urteilsbildung der Schüler*innen verhindert oder blockiert. So ist z. B. bei kontroversen Themen wie z. B. Tier- und Umweltethik häufig zu beobachten, dass die persönliche Auffassung der Lehrkräfte durch die Wahl ihrer Worte und durch die Auswahl ihrer Materialien die Meinungsbildung der Forschergemeinschaft stark beeinflusst. Der Dresdner Konsens hat 2016 auf diese Problematik reagiert und 4 Leitlinien für den Philosophie- und Ethikunterricht formuliert, die für das Philosophieren mit Kindern ebenso richtungsweisend sein sollten.

> **Dresdner Konsens für den Philosophie- und Ethikunterricht**
> Die folgenden Grundsätze formulieren einen Konsens darüber, was für die Praxis des Philosophie- und Ethikunterrichts gelten soll. Die normative Grundorientierung des Unterrichts an Verfassung und Menschenrechten bleibt davon unberührt.
> 1. STÄRKUNG DER URTEILSKRAFT
>   Grundlegendes Ziel des Philosophie- und Ethikunterrichts ist die Stärkung der *Urteilskraft*. Sie ergibt sich erst aus einem ganzheitlichen Konzept der Urteilsbildung. Sie darf nicht auf die Beförderung der emotionalen Intelligenz oder das Einüben kognitiver Strategien philosophischen und ethischen Argumentierens verkürzt Gwerden.
> 2. GEBOT DER KONTROVERSITÄT
>   Ein besonders wirksamer Schutz gegen Indoktrination besteht in der Anlage des Unterrichtes nach dem Kriterium der *Kontroversität*. Es gilt demnach, den Unterricht von einem strittigen Sachverhalt so zu strukturieren, dass mehrere, wohlbegründete, voneinander abweichende Positionierungen möglich sind. Er besteht nicht allein im Austausch dieser Standpunkte, vielmehr sollen schlechter begründete und belegte Argumente aufgrund ihrer normativen, sachlichen oder logischen Fragwürdigkeit zurückgestellt und besser begründete und belegte Argumente demgegenüber gewürdigt werden können.
> 3. GEBOT WELTANSCHAULICHER UND RELIGIÖSER NEUTRALITÄT
>   Das *Neutralitätsgebot* für Lehrerinnen und Lehrer darf nicht mit Beliebigkeit verwechselt werden. Das Gegenbild der Indoktrination ist die standpunktlose Unentschiedenheit und beides ist im Philosophie- und Ethikunterricht zu vermeiden. Die Lehrerinnen und Lehrer sollen in den Verlauf der Urteilsbildungen

ihrer Schülerinnen und Schüler nicht durch eine besondere Akzentuierung bestimmter weltanschaulicher oder religiöser Standpunkte oder sonstiger Voreinstellungen partieller Interessengruppen eingreifen. Es gilt vielmehr, zur Prüfung der Gewichtung von Argumenten anzuleiten.
4. BEWUSSTSEIN VON SUGGESTIVITÄT
Der besonderen *Suggestivkraft von Bildern und Filmen* ist durch die Ermöglichung kritischer Distanzierung und argumentativer Prüfung entgegenzuwirken. Das Deutungs- und Provokationspotenzial visuell-akustischer Medien im Philosophie- und Ethikunterricht ist diskursiv auszuschöpfen.
(Quelle: ▶ https://philosophiedidaktik.com/erklaerungen)

6.2.3 Der Einfluss des Elternhauses und der Peer-Group

Stellen Sie sich vor, Sie haben eine Unterrichtssequenz zu einem bestimmten Thema geplant und wollen diese mit verschiedenen Gruppen von Kindern und Jugendlichen umsetzen. Wird die Sequenz mit jeder Gruppe gleich verlaufen? Vermutlich nicht. Auch wenn sich viele Antworten, Ideen und Vorschläge der Kinder und Jugendlichen häufig ähneln, weil sie dasselbe Alter haben und ähnliche Erfahrungen in einer geteilten Lebenswelt machen, gibt es Sozialisationshintergründe, die sehr unterschiedlich sind. Je nachdem, in welcher Kultur ein Mensch aufwächst, wird er mit unterschiedlichen Werten, Normen, Traditionen, Einstellungen und Verhaltensweisen konfrontiert, die seine Entwicklung gravierend prägen. Die primäre Sozialisation ist die Prägung durch das Elternhaus. Die sekundäre Sozialisation ist die Prägung durch Gleichaltrige, die Peer-Group und durch die Schule. Da für das Philosophieren, – anders als z. B. für den Mathematik- oder Sportunterricht – dieses System aus Werten, Normen, Traditionen, Einstellungen und Verhaltensweisen sehr oft die Diskussionsgrundlage ist, werden Sie in den Gesprächen nicht nur die persönliche Meinung des Kindes hören, sondern auch die Einstellungen und Werturteile des Elternhauses und der Peers. Sie sollten sich also darüber im Klaren sein, dass die Eltern und Freunde des Kindes sozusagen immer anwesend sind und „mitsprechen". Das ist vollkommen normal, denn zunächst muss sich jeder Mensch darüber bewusst werden und *aussprechen,* wie er oder sie über eine bestimmte Sache eigentlich denkt. Und als soziale Wesen äußern wir als erstes die Überzeugungen unserer Gemeinschaft. Nur wenn dieser Schritt gemacht wurde – ein Bewusstsein zu erlangen über familiäre und gesellschaftliche Überzeugungen –, kann das Philosophieren als eine zunehmend kritische Prüfung eigener und fremder Sichtweisen und Überzeugungen vollzogen werden. Erst diese kritische Distanz führt zu einem Verständnis des eigenen Denkens und Fühlens und ermöglicht es, dass auch das Denken und Fühlen anderer Personen nachvollzogen werden kann. Ziel ist es also, die Autonomie der Schüler*innen zu fördern, um damit gleichzeitig die Fähigkeit zu schulen, andere Perspektiven einnehmen und verstehen zu können. In diesem Prozess kritischer

Distanzierung sollten Sie selbstverständlich behutsam vorgehen und auf das Alter achten. Es hilft den Schüler*innen und der Forschergemeinschaft nicht, wenn Sie als Lehrkraft es als Ihre Hauptaufgabe ansehen, ununterbrochen die Grundfesten der Kinder ins Wanken zu bringen und sich damit eventuell ihr Vertrauen verspielen. Dennoch: Langfristig sollen die Werte und Meinungen der Eltern, Freunde und Peers nur dann übernommen werden, wenn sie verstanden und gute Gründe für sie angegeben werden können. Dieser Lernprozess ist von vielen Einflussfaktoren abhängig, die Ihren Unterricht zum Teil erheblich erschweren können. Im Folgenden werden einige Überlegungen aufgelistet, damit Sie mögliche Schwierigkeiten bereits im Vorfeld Ihrer Planung berücksichtigen können.

— *Wie ist die Zusammensetzung der Gruppe in Bezug auf religiös-kulturelle Unterschiede?* Je nachdem, an welchem Ort Sie philosophieren, haben Sie es womöglich mit sehr heterogenen Gruppen zu tun. Heterogenität bezieht sich auf verschiedene Parameter: Alter und Geschlecht, vorhandenes Wissen, Interessen, Lerntypen, Motivation, kulturelle und soziale Herkunft (Sorgalla, 2015, S. 2). Heterogenität kann immer beides sein: Ein besonderes Erschwernis, weil Konflikte in den Vordergrund treten, aber auch eine besondere Bereicherung, weil dadurch vielfältige Perspektiven und Zugangsweisen in die Forschergemeinschaft eingebracht werden. Konfliktpotential ist besonders dann gegeben, wenn Themen besprochen werden, zu denen Kinder und Jugendliche z. B. aus sehr religiösen Familien bestimmte Auffassungen vertreten, die für die Familie und damit für das Kind aus dieser Familie nicht angesprochen werden dürfen oder verhandelbar sein sollen. In solchen Fällen können vielfältige Konflikte entstehen. Zwischen den Gesprächsteilnehmenden oder für einzelne Schüler*innen, die sich psychisch belastet fühlen und dadurch nicht mehr am Gespräch teilnehmen wollen oder können. Eine Kenntnis von der Heterogenität der Gruppe und der Ausprägung ihrer Merkmale hilft Ihnen dabei, Ihren Unterricht so zu planen, dass Sie bestimmte Themen entweder gar nicht, sensibler oder an die Rahmenbedingungen angepasst durchführen (vgl. z. B. Hinrichs et al., 2012, Bartsch, 2009).

— *Welche Diskussions- und Fragekultur herrscht in der Familie?* Haben Sie den Eindruck, dass Fragen gestellt werden dürfen und auch beantwortet werden? Ist es den jungen Menschen in ihrer Herkunftsfamilie erlaubt zu widersprechen beziehungsweise die Eltern auch einmal in Frage zu stellen? Diese Informationen sind wichtig, weil sie mit Kindern behutsam umgehen müssen, wenn diese zu Hause selten über ihr Innenleben und ihre Gedanken sprechen (dürfen) und die deshalb weder den Mut noch die Fähigkeiten zu neugierigem und kritischen Denken entwickeln konnten. Andererseits stoßen sie auch auf Schüler*innen, die aus sehr diskussionsstarken Familien kommen und die von Ihnen als Lehrkraft einen kognitiv anspruchsvollen Unterricht erwarten, der herausfordernd ist und auch wettbewerbsorientiert sein darf. Diese Schüler*innen schüchtern die erstgenannten mit ihrem natürlichem Selbstbewusstsein mit großer Wahrscheinlichkeit ein, so dass eine Gesprächskultur entstehen kann, in der eine Gruppe diskussionsstarker Schüler*innen dominiert und eine andere Gruppe die Lust am Philosophieren langsam aber sicher verliert. Diese Situation kann als die Standardsituation jeglicher Lehre bezeichnet werden. Für das Philosophieren mit Kindern ist es besonders wichtig, diese Standardsituation mit pädagogisch-didaktischem Geschick von Anfang an zu berücksichtigen, damit eine vertrauensvolle Forschergemeinschaft überhaupt entstehen kann. Es sollte niemals der Eindruck entstehen, dass es beim Philosophieren nur ums „Gewinnen" in Diskussionen geht – viele Schüler*innen denken im Stillen mit und brauchen sehr lange, um sich mutig an Gesprächen zu beteiligen.

— *Welche Bedeutung haben Sprache und sprachliche Auseinandersetzungen in der Familie?* Haben die Schüler*innen Zugang zu Büchern sowie zu künstlerischen und kulturellen Angeboten wie Kino, Theater oder Museum? Philosophieren ist eine *sprachliche* Tätigkeit. Unsere Fragen, Gefühle und Gedanken können wir nur so gut ausdrücken, wie wir uns in der Sprache, in der wir philosophieren, sicher und zu Hause fühlen. Viele Kinder und Jugendliche kommen aus Familien, in denen nur wenig miteinander gesprochen wird, in denen kulturelle Angebote eher begrenzt zur Verfügung stehen oder die es aufgrund ihres Migrationshintergrunds ohnehin schwer haben, die Zusammenhänge des Themas zu verstehen und dazu etwas zu sagen. Hier müssen Sie bei der Planung und Durchführung Ihrer Stunden darauf achten, das Material an die sprachlichen Voraussetzungen der Schüler*innen anzupassen, indem Sie *differenziert* unterrichten und Aufgaben auf verschiedenen Niveaustufen entwerfen.

— *Gibt es Schüler*innen, an denen sich viele andere orientieren?* Die Beliebtheit eines*r Schüler*in kann einen starken Einfluss auf die gesamte Forschergemeinschaft haben. Ist er oder sie begeistert vom Philosophieren, dann werden die anderen zunächst ebenfalls aufgeschlossen sein. Ist er oder sie es nicht, stört vielleicht oder ist enttäuscht, weil Schwierigkeiten auftreten, so kann auch das einen Einfluss haben. Wer sich in der Klasse nicht wohl fühlt, wird sich möglicherweise scheuen, vor den Mitschüler*innen zu sprechen, weil die Angst besteht, für die eigenen Ansichten ausgelacht oder gehänselt zu werden. In einer solchen Situation werden dann häufig *sozial erwünschte* Antworten und Aussagen gegeben. Soziale Erwünschtheit „beschreibt die Tendenz, ein Verhalten zu zeigen, das die eigene Person in günstigem Licht erscheinen lässt, d. h. Verhalten, von dem man glaubt, dass es von den anderen erwartet und gebilligt wird" (Werth & Mayr, 2008, S. 384). Entwickeln Sie deshalb ein Gespür dafür, wann Schüler*innen Ihnen Antworten geben, mit denen sie Ihnen oder den Mitschüler*innen lediglich gefallen wollen.

6.3 Philosophische Gespräche führen können – methodische Unterrichtshilfen

6.3.1 Philosophisches Denken anregen durch Fragen stellen

Es ist am Anfang nicht leicht zu erkennen, was ein philosophisches Gespräch z. B. von einem bloß privaten Austausch oder einer gesellschaftskritischen Unterhaltung unterscheidet. Wenn die Forschergemeinschaft bereits Fuß gefasst hat und

◘ **Tab. 6.1** Philosophisches Denken anregen durch gute Fragen, © Bettina Bussmann

Philosophisches Denken anregen	
Umformulieren und Klären (Mäeutik)	„Möchtest du sagen, dass…?"
Identifikation von Rätseln und Fragen	„Verwirrt dich hier etwas…?"
Begründungen erfragen	„Warum findest du, dass X…?"
Aufzeigen von Ähnlichkeiten	„Ich denke, du stimmst Sarah hier zu, dass…"
Aufzeigen von Unterschieden	„Stimmst du mit Bogdan darin überein, dass…oder …?"
Beispiele finden	„Kannst du für deine Auffassung ein Beispiel geben?"
Gegenbeispiele finden	„Fällt jemandem ein Beispiel ein, bei dem das nicht funktioniert?"
Prämissen erfragen	„Bedeutet das nicht auch, dass du X annehmen musst?"
Generalisierungen/Universalisierungen versuchen	„Können wir eine Regel finden, die für alle unsere Beispiele gilt?"
Folgen deutlich machen	„Welche Folgen hätte deine Meinung/diese Regel/diese Forderung?"
Relevanz überprüfen	„(Wie) hilft uns das weiter?"
Gedankenexperimente anregen	„Was wäre, wenn…?"
Ideen zusammenfügen	„Lasst uns unsere Diskussionsergebnisse einmal zusammenfassen: …"
Aufzeigen von Fortschritten	„Welche Probleme haben wir bis jetzt besser verstanden? Welche Fragen konnten wir bis jetzt beantworten?"

alle lebhaft miteinander diskutieren, kann schnell der Eindruck entstehen, dass die Unterrichtsstunde gelungen war: Alle haben sich beteiligt, einige haben Interessantes gesagt und die Stimmung war gut. Keine Frage, das ist eine notwendige Bedingung für gelingende philosophische Gespräche, aber sie reichen nicht aus. Als Gesprächsleiter*in müssen Sie dafür sorgen, dass die philosophischen Methoden (s. ▶ Kap. 2) nach und nach vertiefend eingeübt werden. Dabei sind Sie selbst das philosophisches Vorbild, indem Sie vormachen, wie man philosophiert. Gleichzeitig sind Sie aber auch *mäeutisch* tätig, indem Sie den Schüler*innen durch gezieltes Fragen helfen, in ihrem eigenen Denken klarer zu werden. ◘ Tab. 6.1 präsentiert einige Vorschläge, die Ihnen sowohl während des Gesprächs als auch bei der Entwicklung von Diskussionsplänen und Arbeitsaufträgen helfen sollen.

6.3.2 Erstellung von Diskussionsbausteinen für die Lerngruppe

Egal, welches Alter Ihre Schüler*innengruppe hat, die Erstellung von Diskussionsbausteinen und deren ständige Präsenz an einem gut sichtbaren Ort sind für die Etablierung philosophischer Gesprächskreise von großem Wert.

□ **Abb. 6.2** Diskussionsbausteine für philosophische Gespräche © Bussmann

□ Abb. 6.2 präsentiert ein Poster, das 10 Diskussionsbausteine auflistet, die sowohl das individuelle philosophische Denken schulen, als auch ein wertschätzendes Gruppenklima fördern sollen. Sie können die Diskussionsbausteinen den Rahmenbedingungen und den Lernfortschritten ihrer Gruppe anpassen und sie kontinuierlich durch neue (und anspruchsvollere) ersetzen. Eine leere Postervorlage finden Sie hier: ▶ https://link.springer.com/chapter/10.1007/978-3-662-66182-6_6.

6.3.3 Erstellung von Gesprächskarten für jede*n Schüler*in

Besonders dann, wenn die Gruppe noch gar keine Erfahrung mit dem Philosophieren hat, ist es hilfreich, eine Auswahl an Gesprächskarten zu Verfügung zu stellen, mit deren Hilfe man sich an das offene und selbstbestimmte Philosophieren gewöhnen kann. In □ Abb. 6.3 finden Sie eine kleine Auswahl an Vorschlägen. Es ist ratsam, die Aussagen und Wünsche – z. B. „Halt! Ich kennen mich nicht mehr aus" – mit entsprechenden Symbolen zu versehen und farblich ansprechend zu gestalten. Selbstverständlich sollten zuvor allgemeine Gesprächsregeln etabliert worden sein, die für jeden Unterricht gelten.

◘ **Abb. 6.3** Auswahl möglicher Abb. Gesprächsregeln, © Anna Breitwieser & Philipp Luger

6.3.4 Leitlinien für eine autonomieförderliche und resonanzsensible Gesprächsführung

Die Autonomie der Schüler*innen zu fördern, ist ein allgemein anerkanntes Bildungsziel. Das dies auch resonanzsensibel zu geschehen hat, ist eine eher jüngere Errungenschaft, die Erkenntnisse der Psychologie, Soziologie und Pädagogik berücksichtigt (z. B. Rosa, 2016). Es sollte darauf geachtet werden, eine wertschätzende und grundsätzlich interessierte Atmosphäre zu gestalten, in der auf die Antworten und Beträge der Gesprächsteilnehmer*innen so reagiert wird, dass sie sich verstanden fühlen. Daraus erwächst dann der Wille, sich selber anzustrengen und sich anderen zu öffnen. Folgende acht Leitsätze fassen das Kapitel über Gesprächsführungskompetenzen zusammen (die Leitlinien orientieren sich an Blesenkemper & Varig, 2022, S. 108/109 und sind an wenigen Stellen wörtlich übernommen worden):

1. **Seien Sie ein Vorbild.** Auch wenn es wie eine Plattitüde klingt: Sie sind das philosophische Vorbild: in der Art des Philosophierens, in der Begeisterung, die Sie für das Thema auslösen, in der Neugierde, die Sie hervorrufen und in der Wertschätzung und dem Arbeitsklima, das Sie etablieren. Und selbstverständlich mit Ihrem Wissen und dem methodischen Know-how.
2. **Hören Sie aufmerksam zu.** Signalisieren Sie den Schüler*innen, dass Sie alle Beiträge zur Kenntnis und ernst nehmen. So stärken Sie die

Selbstwirksamkeitserfahrung. Heben Sie zum Beispiel durch knappe Zusammenfassung gelungene Beiträge hervor, so dass die Gruppe lernt, an welchen Stellen sie weiterdenken können.
3. **Haben Sie Geduld.** Gute Gedanken fasst man nur selten auf Knopfdruck. Es braucht Zeit, um unbekannte und komplexe Ideen zu verstehen und noch mehr Zeit, um darauf etwas Sinnvolles sagen zu können. Signalisieren Sie der Gruppe deshalb stets, dass kein Zeitdruck herrscht und reagieren Sie nicht zu schnell, wenn das Gespräch einmal ins Stocken gerät.
4. **Halten Sie sich mit Antworten zurück.** Wenn Sie stark durch die traditionelle Gesprächskultur geprägt sind, dann sind Sie es gewohnt, dass die Schüler*innen von Ihnen Antworten und Lösungen erwarten. Geben Sie ihnen diese aber nur, wenn Sie wissen, dass der Gruppe ein bestimmtes Wissen fehlt, ohne das der weitere Gesprächsverlauf blockiert wäre. Signalisieren Sie, wo immer möglich, dass die gemeinsame Denkanstrengung nötig und jede*r für die Problemlösung mit verantwortlich ist.
5. **Etablieren Sie eine Fehlerkultur.** Etablieren Sie eine Arbeitsatmosphäre, in der Fehler nicht als Mangel, sondern als Chance gesehen werden. Fehler verbessern das Denken.
6. **Merken Sie sich zielführende Schüler*innenbeiträge.** Um eine offene Gesprächskultur zu etablieren, müssen Sie den Schüler*innen aufzeigen, welche Beiträge oder Fragen für das Thema der Stunde wichtig sind. Lassen Sie die Schüler*innen wichtige Beiträge noch einmal wiederholen und bitten Sie die Lerngruppe, darauf zu reagieren.
7. **Zeigen Sie den „roten Faden" der Diskussion auf.** Wer engagiert philosophiert, verliert früher oder später den roten Faden. Erinnern Sie deshalb von Zeit zu Zeit an die Problemstellung, um die es geht. Ordnen Sie dabei die einzelnen Beiträge in den Lernkontext ein.
8. **Wenden Sie den gemäßigten „sokratischen Stich" an.** Sokrates war ein ungemütlicher Gesprächspartner, da er sich nie mit den Antworten seiner Gesprächspartner zufriedengegeben, sondern immer wieder nachgehakt und problematisiert hat. Nur so konnte er zeigen, dass unsere Antworten häufig nicht korrekt, nicht wünschenswert oder nicht vollständig sind. Orientieren Sie sich an der sokratischen Methode, aber achten Sie darauf, den Bogen nicht zu überspannen (was Sokrates häufig getan hat): Unablässiges Hinterfragen ermüdet den Gesprächspartner und die Gruppe. Wenden Sie die Methode gemäßigt an, um das Denken der Schüler*innen zu schärfen und sie zu ermutigen, eine eigene Meinung und damit eigene Urteilskraft zu entwickeln.

Literatur

Bartsch, M. (2009). *Gesellschaftlicher Dialog im Klassenzimmer: Didaktische Implikationen interkulturelle Hermeneutik im Fach Praktische Philosophie.* LIT Verlag.
Blesenkemper, K., & Varig, A. (2022). *Praxissemester Philosophie und Ethik.* utb Verlag.
Draken, K. (2011). *Sokrates als moderner Lehrer. Eine sokratisch reflektierte Methodik und ein methodisch reflektierter Sokrates für den Philosophie- und Ethikunterricht.* LIT Verlag.
Haynes, J., & Murris, K. (2012). *Picturebooks, pedagogy and philosophy.* Routledge.

Heinrich, C., Berner-Zumpf, D., & Teichert, M. (Hrsg.). (2020). *Alle Tassen fliegen hoch. Eine Kritik der Kinderphilosophie*. Betz-Juventa.

Hinrichs, U., Romdhane, N., & Tiedemann, M. (2012). *Unsere Tochter nimmt nicht am Schwimmunterricht teil! 50 religiös-kulturelle Konfliktfälle in der Schule und wie man ihnen begegnet*. Verlag an der Ruhr.

Kant, I. (2010). Nicht Gedanken, sondern denken lernen. Auszug aus Nachricht von der Einrichtung seiner Vorlesungen in dem Winterhalbjahre 1765–1766. In K. Meyer (Hrsg.), *Texte zur Didaktik der Philosophie* (S. 71–75). Reclam Verlag.

Konsens, D. (2016). *In: Zeitschrift für die Didaktik der Philosophie und Ethik 3/2016. Ideologien im 21. Jahrhundert*, S. 106. Siebert Verlag.

Lipmann, M. (2003). *Thinking in education*. Cambridge University Press.

Martens, E. (2004). *Sokrates. Eine Einführung*. Reclam Verlag.

Rosa, H. (2016). *Resonanz. Eine Soziologie der Weltbeziehung*. Suhrkamp Verlag.

Sorgalla, M. (2015). *Heterogene Lerngruppen. Der DIE-Wissensbaustein für die Praxis*. Heterogene Lerngruppen (die-bonn.de). Zugegriffen: 5. Apr. 2023.

Welsch, W. (2012). *Mensch und Welt. Eine evolutionäre Perspektive der Philosophie*. C.H. Beck.

Werth, L., & Mayr, J. (2008). *Sozialpsychologie*. Spektrum Akademischer Verlag.

Von Bingen, H. (1965). *Welt und Mensch. Das Buch „De Operatione Dei" aus dem Genter Kodex by Hildegard von Bingen, übersetzt v. Heinrich Schipgers*. Otto Müller Verlag.

Praxis: Philosophische Einführung, Methoden, Unterrichtsbeispiele

‚Was ist Gerechtigkeit?' Vom Meinungsaustausch zum Philosophieren

Frank Brosow, Lynn Hartmann und Patrick Maisenhölder

© Frank Brosow, Patrick Maisenhölder

Verwendete Materialien	– Fallbeispiele; ‚das *Wort*'
Philosophische Themen	– Gerechtigkeit – Philosophieren
Methoden	– Philosophische Gesprächsführung
Beispiele aus der Praxis	– Gesprächsverläufe in mehreren Klassen
Dauer	– 1–2 Stunden zur Einführung in die Thematik
Altersklasse	– Erprobt ab Klasse 5; geeignet ab ca. 9 Jahren

7.1 Einführung ins Thema

Im Folgenden stellen wir Ihnen eine Möglichkeit vor, wie gemäß der DNA des Philosophierens/TRAP-Mind-Theory von Frank Brosow (2020a) im Unterricht philosophiert werden kann (s. ▶ Kap. 3: die Akronyme stehen im Englischen für die mentalen Tätigkeiten *Thinking*, *Reflecting*, *Arguing* und *Philosophizing*, im Deutschen für *Denken*, *Nachdenken*, *Argumentieren* und *Philosophieren*). ▶ Kap. 3 dieses Buches bildet die theoretische Grundlage für die hier präsentierte Unterrichtsstunde. Diese versteht sich nicht nur als Anwendungsbeispiel der vorgestellten Technik des Philosophierens, sondern war 2019 Grundlage einer empirischen Studie, in der die TRAP-Mind-Theory einem ausgiebigen Praxistest unterzogen wurde. Das Forschungsprojekt im Rahmen der Innovationsinitiative *Kooperation in allen Lehramtsfächern auf- und ausbauen* (KOALA) wurde von der Professional School of Education (PSE) Stuttgart-Ludwigsburg finanziert (▶ https://www.ph-ludwigsburg.de/fakultaet-1/institut-fuer-philosophie/forschung-des-instituts-fuer-philosophie/koala-forschungsprojekte/koala-2019). Die These war, dass die nach der TRAP-Matrix konzipierte Stunde Lerngruppen unterschiedlicher Schularten und Altersgruppen wirksam zum Philosophieren anregt. Diese These hat sich bestätigt.

Um zu prüfen, ob sich die theoretischen Überlegungen zur DNA des Philosophierens/TRAP-Mind-Theory in der Praxis bewähren, haben wir eine 45-minütige Beispielstunde zum Thema ‚Gerechtigkeit' konzipiert und in verschiedenen Schulen und Jahrgangsstufen erprobt. Die Stunde verstand sich als erste in einer Reihe zum Thema ‚Gerechtigkeit'. Sie wurde 2019 in 17 Klassen an unterschiedlichen Schulformen durchgeführt. Es nahmen 267 Schülerinnen und Schüler der Jahrgangsstufen 5 bis 12 teil. Außerhalb der Studie wurde die Stunde auch in einer Grundschulklasse und einer SBBZ-Lerngruppe des Förderschwerpunktes *Lernen* erfolgreich durchgeführt. Um Vergleichbarkeit zwischen den Stunden herzustellen, war der Stundenaufbau immer gleich. Nur die Formulierung der Impulse wurde den Voraussetzungen der Lerngruppen und ihren konkreten Beiträgen angepasst. Die Gesprächsleitung hatte stets derselbe Absolvent der PH Ludwigsburg inne, der in der TRAP-Mind-Theory geschult war, dessen Schulerfahrung sich aber auf Praktika während des Studiums beschränkte, so dass er mögliche Lücken des Konzeptes nur bedingt intuitiv schließen konnte. Die

Gruppen kannten die Gesprächsleitung vor der Stunde nicht und wurden videografiert. Der Praxistest fand also unter herausfordernden Bedingungen statt.

Ziel: Worauf kommt es an? Die Gruppe geht der Frage nach, was Gerechtigkeit ist. Dabei stehen das Sammeln und Prüfen von Gründen sowie das Herausarbeiten eines kritisch reflektierten Konzepts von Gerechtigkeit im Vordergrund. Trotz der zur besseren Vergleichbarkeit festen Struktur der Beispielstunde ist ihr Ergebnis offen. Die zu prüfenden Konzepte und der Bildungsprozess, der zu ihnen führt, können je nach Lerngruppe unterschiedlich aussehen. Wichtig ist, dass es beim Philosophieren auf die Qualität der Begründungen ankommt, weniger auf die Meinungen, die dadurch gestützt werden.

Die Lerngruppe wird dazu angehalten, ihre Antwort auf die philosophische Frage als vorläufig zu betrachten. Auch über bereits geprüfte Konzepte kann jederzeit neu diskutiert werden. Von der Gruppe erfordert dies das Aushalten von Unsicherheit. Das steht im Kontrast zu Fächern, in denen die Benennung eindeutiger Lösungen angestrebt wird. Die Auseinandersetzung mit philosophischen Fragestellungen in einem offenen Bildungsprozess kann und will dies nicht bieten. An die Stelle der einen, *richtigen* Lösung treten alternative, *gut begründete* Lösungen. Ein wesentlicher Bestandteil des Lernprozesses ist also die Schulung von *Ambiguitätstoleranz*.

Gleichzeitig ist ein Abkippen in einen naiven Relativismus zu vermeiden, bei dem der Pluralismus guter Gründe als ‚Gleichgültigkeit' im Sinne des kritiklosen Nebeneinanders subjektiver Ansichten missverstanden wird. Dies würde übersehen, dass auf dem Weg zu gut begründeten Lösungen viele andere die philosophische Qualitätsprüfung *nicht* bestehen. Der Pluralismus philosophischer Theorien ist eine Art *best-of*, kein Beleg für ein *anything goes* in der Philosophie. Das Philosophieren gemäß der TRAP-Mind-Theory fördert somit beides: Toleranz gegenüber Ambiguität und Widerstand gegenüber unzureichenden Begründungen.

Vorbereitung: Was ist vor der Stunde zu tun? Wer ein offenes Unterrichtsgespräch über Gerechtigkeit führen will, muss vorher selbst der *Form* und dem *Niveau* nach über diesen *Inhalt* philosophieren. Die Gesprächsleitung muss historische *und* systematische Positionen und Begründungsstrukturen kennen und auf einem Niveau reflektieren, das dem Kenntnisstand der Lerngruppe und der Komplexität des Problems Rechnung trägt. Sie antizipiert Vorkenntnisse und Interessen der Lerngruppe als mögliche Ansatzpunkte, wahrscheinliche Assoziationen der Gruppe als mögliche Richtung und relevante philosophische Theorien zum Thema als mögliche Fluchtpunkte der Diskussion. Dies ist nötig, um sinnvoll in das Diskussionsgeschehen eingreifen, Hilfestellungen leisten und fruchtbare Impulse setzen zu können.

Das Antizipieren ermöglicht die Vorbereitung von Materialien, die zum Weiterdenken einladen. Die Materialsammlung, welche von der Gesprächsleitung bei der Vorbereitung selbst erstellt und auf die individuellen Bedürfnisse ihrer Lerngruppe zugeschnitten wird, kann den Einsatz verschiedener Medien,

Arbeitsformen und Methoden vorsehen. Je nach Verlauf der Diskussion bringt die Gesprächsleitung andere Materialien in die Stunde ein. Eine lineare Detailplanung aller Schritte würde die Offenheit des Unterrichtsgesprächs zerstören. Statt am Problem orientiert sich die Gruppe dann womöglich daran, was die Gesprächsleitung hören will, um zum nächsten Programmpunkt im Stundenverlauf übergehen zu können. *Damit man im Unterricht spontan sein kann, bedarf es paradoxerweise einer gründlichen und umfangreichen Vorbereitung.*

Für die Gerechtigkeitsstunde formulierten wir lebensnahe Fallbeispiele, die auf den Kriterien ‚Gleichheit' und ‚Verdienst' aufbauen, da wir davon ausgingen, dass die Gruppen auf diese in einem intuitiven Stundeneinstieg ohnehin stoßen würden. Andere der zahlreichen Kriterien wie ‚Unterschiede in den Bedürfnissen' und ‚Leistungsvoraussetzungen' hielten wir gezielt aus den Fallbeispielen heraus, damit diese beim freien Philosophieren über das Problem als relevant entdeckt werden konnten, ohne durch das Material vorgegeben zu sein.

In Folgestunden dient ein von der Gesprächsleitung selbst erstellter und auf die Lerngruppe zugeschnittener Impuls- und Materialbaukasten dazu, die in der Einstiegsstunde gefundenen Definitionen herauszufordern und zu einer vertiefenden Auseinandersetzung mit dem Thema anzuregen. Die Materialauswahl sollte unter dem Gesichtspunkt erfolgen, inwiefern in den gewählten Textauszügen bereits der Form, dem Inhalt und dem Niveau nach philosophiert wird und ob das Material zielgruppengerecht dazu provoziert. Besonders in der Grundschule können auch nicht-schriftsprachliche Impulse ausgewählt werden, etwa Bilder(-Geschichten), Film- oder Audiobeiträge, Lieder oder Materialien aus einem Phänomenkoffer (s. ▶ Kap. 1). In höheren Klassenstufen können didaktisch angepasste Stellen aus Primärtexten hinzugezogen werden, etwa John Stuart Mills (1985, S. 96–102) oder Immanuel Kants (AA VI 332 f.) Gedanken zur Verteilungs- bzw. Strafgerechtigkeit, Grundlegendes aus John Rawls (1979) *Theorie der Gerechtigkeit* oder Richard Brandts Text über die „Drei Formen des Relativismus" (Brandt, 2000). Letzterer empfiehlt sich insbesondere für höhere Jahrgangsstufen, da diese in ethischen Fragen erfahrungsgemäß zu relativistischen Positionen neigen (Pfister, 2021).

Auch wenn es philosophische Texte dieser Art in niedrigen Klassenstufen aufgrund ihres Anspruchs oft nicht in den Impuls- und Materialbaukasten schaffen werden, sollte zumindest die Gesprächsleitung selbst sie bei der inhaltlichen Vorbereitung zur Kenntnis nehmen. Bevor Lehramtsstudierende die Nützlichkeit spontan abrufbaren Fachwissens für das Philosophieren nicht am eigenen Leib erfahren haben, zweifeln viele an dessen Relevanz für die Lehrpraxis in den unteren Jahrgangsstufen. Praktische Übungen im Philosophieren haben sich als ein gutes Mittel erwiesen, um diese Theorie-Praxis-Lücke zu schließen. Viele Studierende bemerken erst beim aktiven Philosophieren mit einer Gruppe, wie stark der Erfolg der Stunde von adäquaten Impulsen auf Basis eines sicheren, fachlichen Fundaments abhängt (◘ Tab. 7.2). Im Zweifel raten wir dazu, lieber über ein nicht-philosophisches Problem zu philosophieren, mit dem sich die Gesprächsleitung gut auskennt, als über ein philosophisch anspruchsvolles Problem, auf das sie inhaltlich nicht vorbereitet ist.

Setting: Was ist der richtige Rahmen? Als Modell philosophischer Bildungsprozesse ist die DNA des Philosophierens überall anwendbar, wo eine entsprechende Offenheit gegeben ist. Die Theorie, die auf dem Modell aufbaut, versteht sich nicht als eine Methode, sondern als Leitlinie zur Auswahl von Methoden. Sie ist grundsätzlich auch mit anderen Modellen wie dem Bonbon-Modell (Sistermann, 2016) zu vereinbaren. Die folgende Beispielstunde ist nur *eine* mögliche Praxisumsetzung der TRAP-Mind-Theory, deren Elemente auch sehr viel freier in philosophische Unterrichtsgespräche integriert werden können.

Als Sitzordnung eignet sich für die in dieser Stunde eingesetzten Methoden und Materialien ein zur Tafel hin offener Halbkreis. Für Textarbeit ist die Sitzordnung an Tischen vorzuziehen. Zum Festhalten von Beiträgen dient die Tafel oder das Whiteboard. Auch die Lerngruppe wird aufgefordert, Schreibmaterialien mit in den Halbkreis zu bringen. Blöcke und Stifte können zeitweise unter dem Stuhl abgelegt werden.

Die Gesprächsleitung nimmt beim Philosophieren eine moderierende, nicht jedoch passive oder unkritische Funktion ein, um den Schwierigkeitsgrad flexibel zu regulieren. Ihre Impulse unterstützen die Gruppe einerseits dabei, den Widerstand des Problems zu überwinden, erhalten diesen andererseits aber auch aufrecht, falls die Gruppe dazu tendiert, das Problem vorschnell als gelöst zu betrachten.

Optionales Hilfsmittel: Am Anfang war *das Wort* Die Stunde beginnt mit der Einführung *des Wortes*. Das Wort ist sonst als Gesprächsball oder -tier bekannt. Es kann ein Klangstab, ein glatter Stein oder ein anderer haptisch interessanter Gegenstand sein. Außer der Gesprächsleitung redet nur, wer ‚das Wort' hat. Die Gesprächsleitung erklärt, dass dies das gegenseitige Aussprechenlassen zum Ziel hat. Wer das Wort will, meldet sich. Das Wort darf niemals geworfen werden und wird (ggf. nach Aufforderung der Gesprächsleitung) durch die Lernenden selbst weitergegeben. Um die Diskussion zu beschleunigen, kann auch jemand aus der Gruppe die Daueraufgabe erhalten, das Wort von einer Person zur nächsten zu reichen.

7.2 Ablauf, Methoden und Materialien

Intuitiver Einstieg im Problembereich *Bewerten* Der inhaltliche Einstieg beginnt immer auf dem Niveau des intuitiven *Denkens* und in dieser Beispielstunde im Problembereich *Bewerten* (s. ◘ Tab. 7.1; für die Erläuterung der Bereiche und Niveaus s. ▶ Abschn. 3.2).

Um einen Ausgangspunkt für das Philosophieren zu schaffen, werden nacheinander drei Fallbeispiele an die Wand projiziert:

» *Fallbeispiel A:* Ihr schreibt eine Mathe-Arbeit. Die Lehrerin korrigiert die Arbeiten. Die Mädchen bekommen gute Noten, die Jungen bekommen schlechte Noten.

> *Fallbeispiel B:* Ihr schreibt eine Mathe-Arbeit. Manche von euch haben sehr lange und gründlich für die Arbeit gelernt, manche von euch haben sich gar nicht auf die Arbeit vorbereitet. Die Lehrerin korrigiert die Arbeiten. Einige, die sich gar nicht vorbereitet haben, bekommen gute Noten. Einige, die sehr viel gelernt haben, bekommen schlechte Noten.

> *Fallbeispiel C:* Ihr schreibt eine Mathe-Arbeit. Die Zahl der Fehler ist bei einigen niedriger als bei anderen, aber nicht unbedingt bei denen, die mehr gelernt haben. Die Lehrerin korrigiert die Arbeiten. Diejenigen, die wenige Fehler gemacht haben, bekommen gute Noten. Diejenigen, die viele Fehler gemacht haben, schlechte Noten.

Zu jedem Beispiel wird die Lerngruppe gebeten, es in Stillarbeit spontan als *gerecht, ungerecht* oder *so nicht zu beurteilen* zu bewerten und dies stichpunktartig zu begründen. Dabei ist darauf zu achten, dass die Fallbeispiele nacheinander (enges Framing) statt gemeinsam (weites Framing) präsentiert werden, da dies die Bandbreite der intuitiven Antworten erhöht. Die notierten Begründungen legen das Fundament für das Philosophieren der *Form* nach (s. ▶ Abschn. 3.2). Die Gesprächsleitung lässt der Gruppe Zeit, um ihre Überlegungen zu notieren. Am Ende fragt sie, ob irgendjemand *keinen* der Beispielfälle als gerecht oder ungerecht beurteilt hat. Alle anderen weist sie darauf hin, dass sie demnach über ein Konzept von Gerechtigkeit verfügen. Diejenigen, die keines der Fallbeispiele beurteilen konnten, werden gefragt, welche Informationen ihnen zur Bewertung fehlen. Dies leitet ggf. schon die Phase des Sammelns ein.

Tab. 7.1 Die DNA des Philosophierens/TRAP-Mind-Matrix (s. ▶ Kap. 3)

Niveau →	**Denken**	**Nachdenken**	**Argumentieren**	**Philosophieren**
	intuitiv	*egozentrisch*	*sozial aber parteiisch*	*unparteiisch*
Problem-↓ bereich ↓	ohne Gründe	Gründe für *mich*	Gründe für konkrete *andere* / Gruppen	Gründe für *alle*
Verstehen	Idee	Konzept	Definition	Theorie der Bedeutung
Bewerten	Meinung	Urteil	Argumentation	Theorie der Qualität
Handeln	Impuls	Entscheidung	Haltung / Praxis	Theorie des Verhaltens

Fallbeispiel Grundschulklasse
In einer Grundschulklasse könnte man mit folgenden, in der Studie nicht verwendeten Fallbeispielen einsteigen. Der beschriebene Ablauf bleibt dabei derselbe. Nach jedem Fallbeispiel lautet die Impulsfrage: „Findet ihr die Verteilung der Bonbons gerecht, ungerecht oder kann man es nicht sagen? Begründet kurz eure Antworten."

» *Fallbeispiel A:* Jojo, Sam und Meral besuchen die Nachbarin Frau Bär. Frau Bär schenkt den Kindern immer leckere Süßigkeiten. Heute gibt es in ihrem Süßigkeitenglas noch genau 12 Bonbons. Frau Bär verteilt sie alle. Sie gibt Jojo 5 Bonbons, Meral auch 5 Bonbons und Sam bekommt 2 Bonbons.

» *Fallbeispiel B:* Jojo hat Frau Bär heute Morgen bei der Gartenarbeit geholfen. Darum gibt Frau Bär Jojo heute mehr Bonbons als sonst. Sam und Meral haben nicht geholfen. Frau Bär gibt ihnen daher nur so viele Bonbons, wie an einem normalen Tag.

» *Fallbeispiel C:* Merals Haustier ist davongelaufen. Darum ist Meral heute sehr traurig. Frau Bär gibt Meral darum heute mehr Bonbons als sonst. Sam und Jojo sind gut gelaunt. Sie waren im Schwimmbad und hatten einen schönen Tag. Frau Bär gibt ihnen daher nur so viele Bonbons, wie an einem normalen Tag.

Nach diesem Muster kann die Gesprächsleitung eigene Beispiele konstruieren, die auf die Bedürfnisse, Fähigkeiten und Interessen ihrer Lerngruppe zugeschnitten sind. Eine Pointe bei der Konstruktion der Fallbeispiele A–C liegt darin, dass sie alle miteinander kompatibel sind. Sie können als alternative Beschreibungen *derselben* Situation gelesen werden. Da ihr Framing so gewählt ist, dass sie unterschiedliche Aspekte betonen, ist es dennoch wahrscheinlich, dass sie von vielen aus der Lerngruppe unterschiedlich bewertet werden. Denselben Fall in unterschiedlichen Beschreibungen zugleich als gerecht und ungerecht zu bewerten, deutet darauf hin, dass die Möglichkeiten des philosophischen Hinterfragens der Situation noch nicht ausgeschöpft wurden. Ob Fallbeispiel A ungerecht ist oder nicht, lässt sich nicht allein an der Schilderung des Geschehens erkennen, sondern erst auf Basis der *Begründung* des Geschehens. Es steht zu erwarten, dass philosophisch erfahrene Gruppen mit der Zeit skeptischer werden als solche, die zum ersten Mal Philosophieren.

Sammeln im Problembereich *Verstehen* Der zweite Schritt führt die Lerngruppe von den spontan notierten Assoziationen zu konkreten Beispielen zur Frage nach *allgemeinen* Aspekten von Gerechtigkeit und damit zum Philosophieren dem *Inhalt* nach. In den Begriffen der TRAP-Matrix ausgedrückt wechseln wir dabei vom Problembereich *Bewerten* in den Bereich *Verstehen* (s. ▶ Abschn. 3.2). Impulse hierzu lauteten in den unterschiedlichen Klassen etwa:

- Welche Stichworte sollten nicht fehlen, wenn wir über Gerechtigkeit sprechen?
- Aus welchen Gründen nennt ihr etwas gerecht?
- Nach welchen Kriterien kann man etwas als gerecht oder ungerecht bezeichnen?

Die Gruppe darf auf ihre Notizen aus der ersten Phase zurückgreifen. Diese sollen jedoch nur vorgelesen werden, wenn sie auch auf die allgemeinere Fragestellung passen. Die genannten Kriterien für Gerechtigkeit werden wörtlich, aber nur stichwortartig an die Tafel gebracht. Zu unklaren Beiträgen können Rückfragen gestellt werden. Zunächst wird hier aber noch nicht geprüft, sondern einfach gesammelt, bis niemand mehr neue Aspekte nennen möchte. Die 17 Klassen der jeweiligen Jahrgangsstufen (JS) nannten in der Studie die folgenden Kriterien:

Gesammelte Kriterien für Gerechtigkeit aus 17 Klassen unterschiedlicher Jahrgangsstufen (Realschulen, Gemeinschaftsschulen, Gymnasien in Baden-Württemberg)	
JS 5	Fairness; Gleichbehandlung; Gleichberechtigung; Politik; Mut; Streit(-schlichter); Fußball; Schiedsrichter; Klassensprecher; Abzocker; auf Lehrer hören; aufhören, wenn einer ‚Stopp' sagt; Lieblingsschüler haben ist ungerecht; alle haben das Recht, gemocht zu werden; man soll nicht lügen; keine Lehrer austricksen
JS 6	Fair sein; drüber nachdenken, was man sagt, um niemanden zu verletzen; Gleichberechtigung; kein Rassismus/Sexismus; keine Ausgrenzung/Belästigung; gleiche Bewertung; sachlich bleiben
JS 7	Dass jeder Mensch gleich/unter gleichen Vorsätzen behandelt wird; kein Rassismus; Gleichheit; Leistung
JS 8	Gleichberechtigung; Leistung; Fleiß; gesellschaftlicher Status; Können; Fairness; Bestrafung; Toleranz; Unvoreingenommenheit; Meinungsfreiheit
JS 9	Gleichberechtigung; Gleichstellung; Fairness; (Un-)Gerechtigkeit; Sexismus; Ausgeschlossenheit; Mobbing
JS 10	Equality/Gleichheit; Anpassung an Bedürfnisse; moralische Relativität = man muss den Einzelfall betrachten; Leistung; individuelle Wahrnehmung dessen, was gerecht ist; allgemeine Wert- und Normvorstellungen; Respekt/Wertschätzung; Gleichberechtigung/Gleichbehandlung; Werte/Rechte; Herkunft ist egal; neutral/unparteiisch; jeder die gleichen Chancen
JS 11	Gleichberechtigung/Gleichbehandlung; Leistungsgerechtigkeit; Objektivität; Individualität/Wirtschaftliches; Vergleichbarkeit; Kultur; Geschlecht; Herkunft; jede/r soll bekommen, was ihm/ihr zusteht; gleiche Möglichkeiten; Informationen; Dinge aus verschiedenen Perspektiven betrachten; Leistung
JS 12	Gleichberechtigung; Objektivität; Chancengerechtigkeit; Effektivität; Bedarfsgerechtigkeit; (Chancen-)Gleichheit; Subjektivität; Maßstäbe; moralisch gut; Gesetz; Normen und Werte

Wie zu erwarten war, werden die Kriterien mit steigender Jahrgangsstufe abstrakter. Niedrige Klassenstufen nennen vergleichsweise konkrete Beispiele (Schiedsrichter, Rassismus, Sexismus, etc.). Dies kann dadurch erklärt werden, dass niedrige Klassenstufen konkretere Beispiele zum Philosophieren benötigen, etwa konkrete Fälle von Ungleichbehandlung, während höhere Klassenstufen diese eher als nur *eine* Form von Ungleichbehandlung erkennen und deshalb die Überkategorie nennen, um keine Unterform auszuschließen.

In den Stunden zeigte sich jedoch, dass auch die abstrakten Begrifflichkeiten in den höheren Klassen an konkrete Beispiele rückgebunden werden mussten, um über ihre Plausibilität entscheiden zu können. Trotz der unterschiedlichen Abstraktionsfähigkeiten der Lerngruppen gibt es also Überschneidungen beim Philosophieren: Die Prüfung der jeweiligen Ideen benötigt die Rückbindung an konkrete Beispiele. So kam es vor, dass in den höheren Klassen Rassismus nicht als Kriterium genannt wurde, in den Diskussionen dann aber als Beispiel vorkam.

Prüfen im Problembereich *Verstehen* Das nun anschließende Prüfen der Kriterien stellt *keinen* Wechsel in den Problembereich *Bewerten* dar, denn der Gegenstand der Prüfung sind noch immer Überlegungen zu einem Problem im Bereich *Verstehen* (s. ▶ Abschn. 3.2).

Die Gesprächsleitung schreibt den Satz „Gerechtigkeit ist, wenn…" an die Tafel und bittet die Gruppe, ihn unter Rückgriff auf die gemeinsam gesammelten Kriterien zu beenden. Das erste so formulierte *Konzept* von Gerechtigkeit wird daraufhin geprüft, ob es in der Gruppe als eine mögliche *Definition* von Gerechtigkeit akzeptiert wird oder sich gar als Grundlage einer allgemeinen *Theorie* der Gerechtigkeit eignet. (Die hier hervorgehobenen Begriffe bezeichnen jeweils unterschiedliche Felder der TRAP-Matrix, also die Schnittstellen der drei Bereiche und vier Niveaus; s. ◘ Tab. 7.1). Ist dies nicht der Fall, wird das Konzept nach den Vorschlägen der Person, die das Wort hat, geändert. Dies geschieht, bis sich alle einig sind, dass sie es mit einer möglichen *Definition* von Gerechtigkeit zu tun haben oder dass man das Konzept lieber ganz neu formulieren sollte, um eine solche zu finden.

Zu prüfen sind auch Konzepte, von denen die Gesprächsleitung sofort sieht, dass sie fehlerhaft sind. Produktives Fehlermachen ist besonders fruchtbar und bewirkt nachhaltige Lernprozesse (Beck, 2021, Kap. 3.3). Entscheidend ist hier nicht Effizienz, sondern die gemeinsame Erfahrung, dass die erste Formulierung in der Regel nicht die bestmögliche ist.

Konzepte werden geprüft, indem man sie auf die Fallbeispiele vom Beginn der Stunde überträgt oder weitere Beispiele sucht, in denen das Konzept *scheitert*. Die Gruppe soll dabei bemerken, dass realistische Gegenbeispiele für das Prüfen wertvoller sind als zusätzliche Beispiele, in denen die Anwendung des Konzeptes funktioniert *(Bestätigungsfehler)*. Lautet das Konzept etwa „Gerechtigkeit ist, wenn alle gleich bewertet werden.", wäre ein Gegenbeispiel:

» *Fallbeispiel D:* Eine andere Klasse schreibt eine Mathe-Arbeit. Niemand in der Klasse hat dafür gelernt. Die Zahl der Fehler ist bei einigen niedriger als bei anderen. Zufällig haben die Jungen weniger Fehler gemacht als die Mädchen. Der Lehrer korrigiert die Arbeiten nicht. Alle in der Klasse bekommen dieselbe gute Note.

Fallbeispiel Grundschulklasse
In einer Grundschulklasse könnte das Beispiel so ausgedrückt werden:

> *Fallbeispiel D:* Frau Bär bittet Jojo, Sam und Meral ihr zu helfen, das Treppenhaus zu putzen. Meral und Sam kommen pünktlich. Meral hilft sehr gut. Sam hat heute wenig Lust und gibt sich keine Mühe. Jojo hat verschlafen und kommt deswegen erst, als die anderen schon fast fertig sind. Als das Treppenhaus sauber ist, gibt Frau Bär jedem 4 Bonbons.

Diese Überlegungen sollen das Konzept und seine Bestandteile auf *Klarheit, Korrelation* mit dem Problem, *Konsistenz* und *Vollständigkeit* hin prüfen. In diesem Fall wurde in der Vorbereitung klar, dass Gleichheit ein zentrales Kriterium bei Gerechtigkeitsfragen sein wird. Um dies herauszufordern, wurde Fallbeispiel D entwickelt, aber in der Stunde nur eingesetzt, sofern die Gruppe ihr Konzept von Gerechtigkeit basierend auf dem Kriterium der Gleichheit formulierte. Basierend auf ihrer Vorbereitung, ihrem philosophischen Hintergrundwissen und ihrer Vertrautheit mit der Lerngruppe kann die Lehrkraft passende Beispiele auch spontan entwickeln und fortgeschrittene Gruppen dazu ermutigen, selbst Beispiele zu konstruieren oder aus dafür bereitgestellten Materialien aus dem Impulsbaukasten herauszuarbeiten. Wenn Zeit ist, können alternative Konzepte geprüft werden, auch wenn die Gruppe bereits eine gute Definition gefunden hat. So können am Ende verschiedene Definitionen miteinander *verglichen* werden. Impulse, die sich zur Prüfung von Überlegungen und Gründen eignen, sind:
1. Wie kommst du auf …?
2. Was spricht aus deiner Sicht für/gegen …?
3. Fallen dir auch Gründe ein, anders über … zu denken?

Als besonders ergiebig haben sich gezielte Fragen gemäß der *3K2V-Kriterien* erwiesen (s. ▶ Abschn. 3.2). ◻ Tab. 7.2 führt einige Beispielfragen im Problembereich *Verstehen* für die drei rationalen Niveaus auf. Die Tabelle zeigt, dass die Schwierigkeit einer Frage und der Anspruch, den sie an das Vorwissen der Gruppe stellt, *nicht* an das Niveau gebunden sind, auf dem die Frage formuliert wird. Das Niveau der Frage wird durch die gewünschte Reichweite der Antwort (gültig für *mich*, für *einige*, für *alle*) bestimmt. Auf allen Niveaus können in allen Jahrgangsstufen altersgerechte Fragen formuliert werden.

Nachdenken, Argumentieren, Philosophieren Die Änderungsvorschläge der Person, die das Wort hat, werden nur umgesetzt, wenn die Gründe dafür auch diejenigen überzeugen, die zuvor an der Formulierung des Konzeptes mitgearbeitet haben. In der Sprache des Modells ist das nur möglich, wenn sich entweder die Person, die das Wort hat, diejenigen, die vor ihr das Wort hatten, oder alle vom subjektiven Niveau des *Nachdenkens* auf das soziale Niveau des *Argumentierens* begeben. Das tun sie, indem sie Gründe nachvollziehen oder antizipieren, die nicht (nur)

■ Tab. 7.2 Impulsfragen nach den 3K2V-Kriterien auf den drei rationalen Niveaus

Bereich: Verstehen	Nachdenken (Ziel: Konzept) (gilt für mich)	Argumentieren (Ziel: Definition) (gilt für jemand anderen)	Philosophieren (Ziel: Theorie) (gilt für alle)
Klarheit	Kannst du noch genauer sagen, was du dir unter ‚Fairness' vorstellst?	Kannst du an einem Beispiel veranschaulichen, was er/sie mit ‚Leistung' meinen könnte?	Kannst du präzise erklären, was ‚Leistung' im Allgemeinen bedeutet?
Korrelation	(Wie) hängen Mobbing und Fairness für dich zusammen?	(Was) hat Fleiß für Angehörige dieser Gruppe mit Gerechtigkeit zu tun?	(Warum) gehört Gehorsam auf die Liste der Kriterien für Gerechtigkeit?
Konsistenz	(Wie) passt dein Konzept von Fairness dazu, was du über Leistung gesagt hast?	(Wie) ist das Leistungsprinzip mit dem vereinbar, was er/sie über Diskriminierung sagt?	(Inwiefern) steht Gleichheit im Widerspruch zu Leistung?
Vollständigkeit	Möchtest du noch etwas ergänzen, um uns dein Konzept von ‚Fairness' zu erklären?	Ist ‚Gerechtigkeit' für Rawls damit komplett beschrieben? Was würde er noch ergänzen?	Ist ‚Fairness' damit restlos beschrieben?
Vergleich	Welche dieser beiden Formulierungen beschreibt besser, was du meinst?	Wird das Maximinprinzip Menschen mit Behinderung eher gerecht als das Leistungsprinzip?	Ist Gleichheit oder Leistung wichtiger für Gerechtigkeit?

für sie selbst, sondern (auch) *für andere* gute Gründe sind. *Nachdenken* und *Argumentieren* vollziehen in guten Diskussionen ein natürliches Wechselspiel.

Wenn alle in der Gruppe ein *Konzept* als mögliche *Definition* für Gerechtigkeit akzeptieren, folgt nach Ermessen der Gesprächsleitung der optionale Schritt ins Philosophieren dem *Niveau* nach. Die Gruppe wird gefragt, ob sie meint, dass *alle* Menschen gute Gründe haben, die entwickelte Definition als Basis einer philosophischen *Theorie* der Gerechtigkeit zu akzeptieren. Als Impulsfragen eignen sich hier Fragen nach Bedingungen, unter denen bestimmte Gruppen (*Argumentieren*) oder sogar alle Menschen (*Philosophieren*) gute Gründe haben, die von der Gruppe gefundene Definition von Gerechtigkeit *abzulehnen*:

- Fällt euch ein Grund ein, warum jemand dem vielleicht *nicht* zustimmt?
- In welcher Situation könnte jemand das *anders* sehen?
- Gibt es Menschen, die dieser Definition *widersprechen* würden?
- Ist das aus Sicht *aller* Menschen eine gute Definition?
- Warum könnte jemand mit dieser Definition *unzufrieden* sein?

Ziel ist hier das Formulieren einer gemeinsamen *Theorie* der Gerechtigkeit im Sinne der TRAP-Mind-Theory, also eines *Konzeptes,* das auf Gründen aufbaut, die *jede* Person akzeptieren kann, sofern sie einen unparteiischen Standpunkt einnimmt. Dieses Ziel ist nicht von jeder Gruppe zu erreichen. Wie jede Tätigkeit, muss auch das Philosophieren über längere Zeit hinweg eingeübt werden. Auch das Erreichen lerngruppenspezifischer Zwischenziele ist während dieser Zeit ein Erfolg. Dennoch sollte das Ziel allgemeingültiger Begründungen stets anvisiert werden. Im Fall einiger Problemstellungen kann es allerdings gar nicht erreicht werden. Nicht zu jeder Frage lassen sich *Theorien* im Sinne allgemeingültig begründbarer Antworten formulieren. Selbst in Fällen, in denen das möglich ist, bleibt oft ein Teil des Problems ungelöst, so dass individuelle und gruppenspezifische Begründungen ergänzt werden müssen, um die Problemlösung abzuschließen. Wenn wir etwa wissen, was *alle* Menschen als Bestandteil des Glücks gelten lassen, kann Glück *für uns* zusätzlich Elemente enthalten, die sich nur in unserer Kultur oder sogar nur für uns als Individuen als relevant begründen lassen.

Die von der Gruppe formulierte Theorie ist als Zwischenergebnis zu verstehen und kann von neuen Argumenten jederzeit hinterfragt werden. Vielleicht hat sich die Gruppe bei der Beurteilung der Sichtweise anderer Menschen getäuscht oder bestimmte Gruppen übersehen (Hartmann & Maisenhölder, 2022). So oder so kann das Zwischenergebnis als Ausgangspunkt für weitere Überlegungen in anderen Unterrichtsstunden dienen, in denen weitere Materialien genutzt werden. Dazu ist es wichtig, die Ergebnisse gut zu dokumentieren, um später daran anknüpfen zu können.

Im Gegensatz zu manchen Varianten der *Neosokratischen Methode* (Birnbacher, 2017) muss beim Philosophieren mit der Matrix nicht unbedingt ein Konsens angestrebt werden. Auch ein Dissens kann das Ergebnis sein, wenn man am Ende zwei oder mehr gut begründete Positionen formuliert hat, die sich wechselseitig ausschließen. In diesem Fall sollte jedoch Einigkeit über die Qualität der *Begründungen* hinter diesen Positionen angestrebt werden. Dazu gehört, dass die Punkte, auf denen der Dissens beruht, klar herausgearbeitet und benannt werden. Die Gruppe lernt so, dass es zwar lohnt, nach der am besten begründeten Position zu suchen, dass wir aber manchmal zwischen gleichermaßen gut begründeten Positionen wählen müssen. Darin liegt keine Geringschätzung alternativer Positionen, solange wir die Qualität ihrer Begründungen anerkennen und für die Entscheidung, ihnen aufgrund anderer, ebenfalls guter Gründe *nicht* zu folgen, die Verantwortung übernehmen (Brosow, 2020b).

7.3 Erfahrungen aus der Praxis

Die folgende Gegenüberstellung zeigt, in welchen Schritten sich die Diskussion in zwei der Lerngruppen entwickelt hat und mit welchen Impulsen darauf jeweils reagiert werden kann.

Ablauf der Stunde in zwei ausgewählten Klassen	
Jahrgangsstufe 6, Realschule	**Jahrgangsstufe 12, Gymnasium**
Gesammelte Kriterien: kein Rassismus; kein Sexismus; keine Ausgrenzung; gleiche Bewertung; keine Belästigung	**Gesammelte Kriterien:** Gleichheit; Subjektivität; Chancengleichheit; Maßstäbe; moralisch gut; Gesetz; Normen und Werte
Impuls: *Wenn ihr den folgenden Satz zu Ende schreiben müsstet, wie würdet ihr das machen, wenn ihr euch die Worte anschaut, die wir gerade gesammelt haben: „Gerechtigkeit ist, wenn…"*	**Impuls:** *Wenn ihr den folgenden Satz – „Gerechtigkeit ist, wenn…" – beenden müsstet, wie würdet ihr das auf Basis der gerade gesammelten Kriterien machen?*
Konzept K1: „Gerechtigkeit ist, wenn alle gleich bewertet werden." (nach 15 Min.)	**Konzept K1:** „Gerechtigkeit ist, wenn jeder gleichbehandelt wird." (nach 17 Min.)
Impuls: Die Gesprächsleitung lässt die Gruppe Fallbeispiel D (s. o. Mathe-Arbeit) bewerten und fragt, was für das Konzept daraus folgt.	**Impuls:** *Warum könnte jemand mit dieser Konzeption von Gerechtigkeit unzufrieden sein?*
3K2V-Diskussion: Durch 3K2V-Impulse der Gesprächsleitung bemerkt die Gruppe, dass es zwar schön wäre, die Klasse zu sein, die nicht gelernt und dennoch gute Noten bekommen hat, dass es aber aus Sicht anderer Klassen nicht gerecht wäre, weil man für erbrachte Leistung auch besser bewertet werden sollte.	**3K2V-Diskussion:** Angeleitet durch 3K2V-Impulse der Gesprächsleitung diskutiert die Gruppe, ob eine Gleichbehandlung übersieht, dass manche Menschen ‚Defizite' haben und ob diese Ungleichheit durch ungleiche Behandlung ausgeglichen werden müsste, um Gerechtigkeit zu schaffen.
Impuls: *Wie würdet ihr nach dem Gesagten die Vorstellung von Gerechtigkeit ändern, die wir bisher aufgeschrieben haben?*	**Impuls:** *Was würdet ihr nach dem Gesagten am bisherigen Konzept von Gerechtigkeit ändern, das wir festgelegt haben?*
Konzept K1a: K1 + „…Aber alle sollen auch nach ihren Leistungen bewertet werden." (nach 23 Min.)	**Konzept K1a:** K1 + „…und wenn Defizite ausgeglichen werden." (nach 21 Min.)
Impuls: *Fallen euch weitere Beispiele ein, bei denen man sagen müsste: Naja, wenn man diese Vorstellung von Gerechtigkeit hat, dann muss man Dinge als gerecht bewerten, die man eigentlich ungerecht findet oder andersherum?*	**Impuls:** *Würde jemand von euch sagen, dass das nicht gerecht ist? Wenn alle die gleiche Mathearbeit schreiben, aber nur einige Förderungsmöglichkeiten erhalten, ist das nicht ein Widerspruch zur Gleichbehandlung?*
3K2V-Diskussion: Manche Menschen können keine Leistung zeigen, z. B. weil es keine Arbeitsstellen in ihrer Region gibt. Das ist ungerecht, weil zwar alle gleich und nach ihren Leistungen bewertet werden, aber dieses *alle* eigentlich nicht alle umfasst, sondern nur *alle, die in einer Situation sind, in der sie Leistung zeigen können.*	**3K2V-Diskussion:** Hilfsangebote und Ausgleichsleistungen für Defizite sind für alle Menschen zu öffnen. So kann bei Bedarf eine Förderung stattfinden, aber die grundsätzliche Gleichbehandlung ist nicht gefährdet.
Konzept K1b: K1a + „…Gleichzeitig sollte jeder Mensch die Chance haben, die eigene Leistung zeigen zu können." (nach 28 Min.)	**Konzept K1b:** K1a + „…, die Möglichkeit dazu aber allen offen steht." (nach 25 Min)

(Fortsetzung)

(Fortsetzung)	
Jahrgangsstufe 6, Realschule	**Jahrgangsstufe 12, Gymnasium**
Impuls: *Kann der Umgang mit Menschen mit Behinderung durch diese Vorstellung von Gerechtigkeit abgedeckt werden?*	**Impuls:** *Statt oder zusätzlich zu Hilfsangeboten könnte man auch überlegen, ob die Bewertungsmaßstäbe für Leistungen an die Leistungsfähigkeit angepasst werden sollte. Was haltet ihr von dieser Idee?*
3K2V-Diskussion: Menschen mit (schwerer) Behinderung können auch mit einer gegebenen Chance nicht gleiche Leistungen erbringen. Diese sollten deshalb unterstützt werden, damit sie so viel Leistung erbringen können, wie es ihnen möglich ist.	**3K2V-Diskussion:** Die Gruppe kommt zu dem Ergebnis, dass die Bedingungen, um 15 Punkte zu bekommen, für alle die gleichen sein sollten, weil man für die gleiche Bewertung das Gleiche geleistet haben sollte. Dennoch sollte jeder beim Weg dahin unterstützt werden.
Konzept K1c: K1b+„...Gerecht wäre auch, wenn man Menschen mit schwerer Behinderung fördert." (nach 34 Min.)	**Konzept K1c:** „Gerechtigkeit ist, wenn jeder gleichbehandelt wird und wenn Defizite ausgeglichen werden. Die Möglichkeit dazu sollte aber allen offen stehen und die Leistung sollte an gleichen Maßstäben gemessen werden." (nach 42 Min.)
Impuls: *Könnt ihr mir sagen, was ihr genau mit ‚fördern' meint? Wie könnte man das genauer ausdrücken?*	
Konzept K1d: „Gerechtigkeit ist, wenn alle gleich bewertet werden. Aber alle sollen auch nach ihren Leistungen bewertet werden. Gleichzeitig sollte jeder Mensch die Chance haben, die eigene Leistung zeigen zu können. Gerecht wäre auch, wenn man Menschen mit schwerer Behinderung fördert, z. B. helfen, so dass man ihre Fähigkeiten erweitert." (nach ca. 35 Min.)	

In einem gut vorbereiteten und gut geführten Unterrichtsgespräch ist es auch niedrigen Klassenstufen möglich, in Richtung ausgearbeiteter philosophischer Theorien zu denken. Das zeigt sich an den Konzepten in Klasse 6, die durchaus an den *Capability Approach* (Sen, 2010; Nussbaum, 2006) erinnern. Dieser betont den ethischen Anspruch auf die Möglichkeit zur Realisierung grundlegender, menschlicher Fähigkeiten, die ein gelingendes Leben ausmachen. Dazu gehört etwa, einer Arbeit nachgehen und den eigenen Lebensvollzug selbst gestalten zu können. Dies ist umso beachtlicher, weil die Gruppen nicht mit Texten oder mündlich vorgetragenen Positionen, sondern nur mit Szenarien, Beispielen und Fragen konfrontiert wurden. Zudem macht es nochmals deutlich, warum Gesprächsleitungen für gute Impulse in philosophisch-ethischen Bildungssettings über philosophische Bildung verfügen müssen.

Durch die Studie konnte gezeigt werden, dass mit Kindern und Jugendlichen Philosophieren in einem anspruchsvollen Sinne möglich ist, wenn die Gesprächsleitung auf eine theoretisch durchdachte, methodisch aufbereitete und empirisch erprobte Technik des Philosophierens wie die TRAP-Mind-Theory zurückgreift. Hervorzuheben ist, dass diese Ergebnisse mit im Philosophieren noch unerfahrenen Lerngruppen und ohne langjährige Praxiserfahrung der Gesprächsleitung innerhalb oder außerhalb der Institution Schule erzielt wurden. Es steht zu erwarten, dass ein regelmäßiger Einsatz dieser Technik weitere positive Effekte erzielt. Langzeitstudien dazu stehen noch aus. Die allgemeinen Grundsätze der Theorie eignen sich zur Anwendung in unterschiedlichen Jahrgangsstufen, solange die Gesprächsleitung über das nötige Fachwissen verfügt und zielgruppengerechte Impulse gibt.

7.4 Ausblick und Anschlussmöglichkeiten

Evaluation: Was lerne ich fürs nächste Mal? Die Nachbereitung der Stunde ist ein wichtiger Baustein für eine gelingende Nutzung der TRAP-Mind-Matrix. Welche Stolpersteine gab es? Welche Verbesserungen für weitere Durchgänge oder Fortsetzungen bieten sich an? Braucht es andere oder zusätzliche Materialien? Muss man bestimmte Überlegungen der Lerngruppe vertiefend antizipieren oder an den Impulsfragen arbeiten? Einige dieser Fragen betreffen nur die Gesprächsleitung, andere sollten durchaus offen mit der Gruppe diskutiert werden.

Die Beantwortung dieser Fragen hängt immer eng mit der Lerngruppe zusammen. Diese muss stets im Fokus der Überlegungen stehen. Bei jüngeren Lerngruppen, solchen mit sprachlichen Schwierigkeiten oder kognitiven Lerneinschränkungen kann das Nutzen von Bildmaterialien sinnvoll sein. Diese können, mit der dazugehörigen sprachlichen Erklärung, anstelle oder zusätzlich zu den schriftlichen Fallbeispielen eingesetzt werden. Ziel ist es, allen in der Gruppe den Zugang zu den in der Beispielstunde zunächst schriftlich angedachten Materialien zu ermöglichen. Für die Bewertung der Fallbeispiele können auch Arbeitsblätter ausgeteilt werden. Der Vorteil hierbei ist die bereits vorhandene Struktur, bei der beispielsweise nur noch angekreuzt werden muss, ob das Beispiel als gerecht, ungerecht oder nicht zu bewerten beurteilt wird. Durch gezieltes Nachfragen im Sinne der TRAP-Mind-Theory kann die Gruppe anschließend aufgefordert werden, die gesammelten Meinungen mündlich zu begründen.

Im Hinblick auf andere Unterrichtsstunden mit der Matrix können auch weiterführende Materialien benötigt werden. Möglichkeiten bieten themenbezogene Texte, kurze Filmsequenzen oder auch die Einbeziehung von Songtexten. Je nach Thema, Klasse und Leistungsniveau sollte hierbei wieder eine bewusste Differenzierung stattfinden. Dabei muss auch bedacht werden, dass interessierten oder schnellen Personen weiterführende Materialien mit komplexeren Themeninhalten zur Verfügung gestellt werden. Diese können sowohl als Impuls für den Einstieg der nächsten Stunde als auch als Input für eine kontroverse Diskussion aufbereitet und eingesetzt werden.

Ein weiterer Stolperstein ist das Vermischen der Phasen des Sammelns und Prüfens. Wird des Sammeln von Kriterien mit deren Bewertung vermischt, dauert es sehr lange. Man kommt von Hölzchen auf Stöckchen, ohne im Problem weiterzukommen. Beim Prüfen von Beiträgen ist umgekehrt darauf zu achten, dass die Gruppe nicht ad hoc neue Kriterien einführt oder zu immer neuen Konzepten übergeht, statt das zu prüfende Konzept zu verbessern. Es sollten nur so viele Konzepte ausformuliert werden, wie man realistischerweise prüfen kann. Das stellt sicher, dass am Ende nur Konzepte an der Tafel stehen, die einer kritischen Prüfung standgehalten haben. Die Gruppe erkennt so, dass es beim Philosophieren auf Sorgfalt und Qualität ankommt.

❓ Reflexionsaufgaben für die Gesprächsleitung

a. Versuchen Sie, im Problembereich *Handeln* auf den Niveaus *Nachdenken*, *Argumentieren* und *Philosophieren* jeweils einen Grund für sich selbst, für andere und für alle Menschen anzugeben, warum man sich nicht ungerecht verhalten sollte.

b. Formulieren Sie zur Aussage „Was man für gerecht hält, muss jeder selbst wissen." jeweils eine Rückfrage, um sie auf *Klarheit*, die Art der *Korrelation* mit dem Problem ‚Was ist Gerechtigkeit?', *Konsistenz* mit Werten, die unter Jugendlichen allgemein anerkannt sind, und auf *Vollständigkeit* als Konzept zu prüfen. Formulieren Sie dann eine alternative Aussage, die im *Vergleich* zur ersten Aussage plausibler ist.

c. Erstellen Sie unter Rückgriff auf Kapitel 3 eine neue Version von Abbildung 7.2, die im Kontext Gerechtigkeit Beispielfragen zu den *3K2V-Kriterien* in einem anderen Problembereich (entweder *Bewerten* oder *Handeln*) auflistet.

Literatur

Beck, H. (2021). *Das neue Lernen heißt Verstehen*. Ullstein.
Birnbacher, D. (2017). Neosokratische Methode und Sokratisches Gespräch. In: J. Nida-Rümelin, I. Spiegel, & M. Tiedemann (Hrsg.), *Handbuch Philosophie und Ethik. Bd 1: Didaktik und Methodik* (2., durchgesehene Aufl., S. 171–178). Ferdinand Schöningh..
Brandt, R. B. (2000). Drei Formen des Relativismus, *in D. Birnbacher, N. Hoerster (Hrsg.): Texte zur Ethik*. Dtv.
Brosow, F. (2020a). Die DNA des Philosophierens. Philosophieren über Heimatverlust nach der TRAP-Mind-Theory. *Zeitschrift für Didaktik der Philosophie und Ethik (ZDPE), 2* (2020), 64–81.
Brosow, F. (2020b). Die Bedeutung philosophisch-ethischer Bildung für die Lehrkräfteausbildung. *Zeitschrift SEMINAR – Lehrerbildung und Schule, 3*, 65–79.
Hartmann, L., Maisenhölder, P. (2022). Ethik-, Medien- und Politikdidaktik im Gespräch – Über den Nutzen der TRAP-Mind-Theory und digitaler Medien für die inklusive politische Bildung. In G. Marci-Boehncke, M. Rath, M. Delere, & H. Höfer-Lück (Hrsg.), *Medien – Demokratie – Bildung* (S. 171–189). Springer VS.
Kant, I. (1900ff.). *Gesammelte Schriften (= Akademie-Ausgabe).* hrsg. von der Preußischen, Deutschen, & Göttinger/Berlin-Brandenburgischen Akademie der Wissenschaften. (AA)
Mill, J. S. (1985). *Der Utilitarismus*. Reclam.
Nussbaum, M. (2006) *Frontiers of Justice. Disability, Nationality, Species Membership*. Harvard University Press.

Pfister, J. (2021). Wer sagt, es gebe keine Wahrheit? *Zeitschrift für Didaktik der Philosophie und Ethik, 4*(2021), 80–96.
Rawls, John (1979): Eine Theorie der Gerechtigkeit. Suhrkamp.
Sen, A. (2010). *Die Idee der Gerechtigkeit*. Beck.
Sistermann, R. (2016). Das Bonbonmodell im problemorientierten Philosophieunterricht. *Information Philosophie, 04*(2016), 102–107.

Ist Diebstahl manchmal gerechtfertigt?

Ellen Möller

© Jonas, 8 Jahre

Ergänzende Information Die elektronische Version dieses Kapitels enthält Zusatzmaterial, auf das über folgenden Link zugegriffen werden kann ▶ https://doi.org/10.1007/978-3-662-66182-6_8.

© Der/die Autor(en), exklusiv lizenziert an Springer-Verlag GmbH, DE, ein Teil von Springer Nature 2024
B. Bussmann (Hrsg.), *Philosophieren mit Kindern und Jugendlichen*,
Philosophische Bildung in Schule und Hochschule,
https://doi.org/10.1007/978-3-662-66182-6_8

Verwendete Materialien	– Paraphrasiertes Zitat: Der Birnendiebstahl des Augustinus
Philosophische Themen	– Ethische Implikationen des Diebstahls – Werteabwägung – Eigentum
Methoden	– Plenumsdiskussion – Schreibgespräch via Placemat – Clustering
Beispiele aus der Praxis	– Gesprächsauszüge – Schüler*innenprodukte: ausgefüllte Arbeitsblätter und Placemats
Dauer	– Fünf Sitzungen à 45 min
Altersstufe	– 8–10 Jahre

8.1 Einführung in das Thema

Die folgende Einheit lädt dazu ein, sich mit Diebstahl aus Sicht der Täter*innen auseinanderzusetzen. Das Thema ‚Diebstahl' ist mindestens in vierfacher Hinsicht ein fruchtbares Thema für philosophische Reflexionen mit Kindern:
1. Das Thema enthält ein typisch ethisches Problem.
2. Es ist für Kinder besonders relevant.
3. Es baut eine Brücke zu klassischen Philosophen.
4. Man kann das Thema so aufbereiten, dass die bloße Wiedergabe fremder Moralvorstellungen erschwert und Reflexion angeregt wird.

Zu 1 **Ethische Probleme** sind häufig so aufgebaut, das Werte miteinander in Konflikt stehen. Auf der einen Seite steht ein universelles, moralisches Prinzip, ein allgemeiner Grundsatz, der generell handlungsleitend sein sollte. Auf der anderen Seite fragen wir uns, ob es Umstände gibt, die eine Missachtung dieses Prinzips in Ausnahmefällen rechtfertigen. Es gibt offenbar neben allgemein akzeptierten moralischen Prinzipien unseres Zusammenlebens, wie dem Verbot zu lügen oder dem Gebot, Menschen in Notlagen zu helfen, auch Bedingungen, die diese Prinzipien situativ auszuhebeln vermögen.

Beim Thema ‚Diebstahl' lautet das Prinzip in seiner biblischen Form: Du sollst nicht stehlen. Es gibt gute Gründe, dieses Prinzip zu verteidigen. Niemand möchte in einer Gesellschaft leben, in der Diebstahl zulässig ist – in einer solchen Gesellschaft gäbe es kein Eigentum. Obwohl dieses Prinzip breite Zustimmung erfährt, wird seine Missachtung in bestimmten Fällen allerdings unterschiedlich bewertet: Manchmal begehen Diebe ein Verbrechen, manchmal begehen sie nur Kavaliersdelikte oder Jugendsünden und manchmal entschuldigen wir ihr Verhalten, weil sie gute Gründe ins Feld führen können, die den Diebstahl moralisch vertretbar machen. Die Empörung, die wir gegenüber einem Diebstahl empfinden, hängt zunächst nicht so sehr an der Missachtung des Prinzips, sondern scheint von Konventionen, sozialen Normen und kulturellen Faktoren abzuhängen, die

unser gesellschaftliches Zusammenleben prägen. Beispiele für wichtige Fragen, die sich zur Bewertung des Diebstahls stellen, sind z. B.:
- Stiehlt die Person für sich oder für andere?
- Bestiehlt die Person vertraute Personen oder Fremde?
- Handelt die Person aus Habgier oder aus Not?
- Wie groß ist der entstandene Schaden?
- Einmal ist keinmal: Ist es wirklich so schlimm, wenn man *einmal* etwas stiehlt?

Das Thema ‚Diebstahl' lädt dazu ein, Bedingungen, Grenzfälle und Konventionen anhand von Beispielen gemeinsam mit den Schüler*innen näher zu beleuchten.

Zu 2   Dieses Thema ‚Diebstahl' ist ein Thema für **Kinder**. Viele Kinder haben bereits in jungen Jahren Erfahrungen mit Diebstahl gemacht – entweder, indem sie selbst etwas gestohlen oder indem sie eine andere Person aus ihrem Umfeld dabei beobachtet haben, oder indem es ihnen berichtet wurde. Die meisten Vergehen lassen sich als kindliche Fehltritte einordnen:
a) Erstens erfährt das Kind seine **Wirkmächtigkeit gegenüber Autoritäten:** Es entdeckt seine Fähigkeit, ihm auferlegte Einschränkungen und Gesetze zu missachten. Zunächst orientieren Kinder ihr moralisches Urteil an Autoritäten, sie befinden sich nach Lawrence Kohlbergs *Theorie des moralischen Urteils* (1974), auf dem präkonventionellen Niveau, Stufe 1. Auf dieser Stufe befinden sich Kinder meist bis zum neunten Lebensjahr (vgl. Siegler et al., 2016, S. 533–535). Durch einen Diebstahl verringert das Kind die Absolutheit der Autoritäten, während es seine eigene Selbstbestimmung erhöht. Entsprechend werden häufig Autoritäten bestohlen, etwa Eltern, Ladenbesitzer*innen oder Einrichtungen wie Kindertagesstätten. Auch geht es dabei gar nicht so sehr um den gestohlenen Gegenstand selbst: Häufig ist dieser klein und stellt keine wesentliche Bereicherung dar. Das Kind lernt: Es muss sich nicht zwingend an das halten, was andere ihm vorschreiben (vgl. Gehrlach, 2016, S. 257). Eine Frage, die man in diesem Zusammenhang mit Kindern diskutieren könnte, lautet: ‚Muss ich tun, was andere Leute mir vorschreiben?'
b) Zweitens erfährt das Kind seine **Individualität in Abgrenzung zur Gruppe:** Grundsätzlich erlebt sich das Kind als Teil einer Gemeinschaft, ist in einen gesellschaftlichen Kontext eingebunden, ist Sohn oder Tochter, ist Teil der Gruppe in Schule und Kindertagesstätte. In diesem Zusammenhang gilt für das Kind, was für alle anderen auch gilt. Indem es die gängigen Regeln missachtet, stellt es fest, dass es sich nicht zwingend an das halten muss, was für alle gilt. Das Kind erlebt sich als eine Person, die von der Gruppe unabhängig handeln kann. Das ist eine sehr starke Erfahrung der eigenen Individualität, ein „Urmoment des Ich" (Gehrlach, 2016, S. 254). Eine Frage, die man in diesem Zusammenhang mit Kindern diskutieren könnte, lautet: ‚Muss ich mich immer an die Regeln in Familie, Schule und Staat halten?'

Zu 3   Das Thema ‚Diebstahl' bietet ein hohes Anknüpfungspotential an **klassische Philosophen** und Denker, in diesem Falle lediglich männliche. So berich-

ten etwa Franz von Assisi, Jean-Jacques Rousseau, Charles Darwin oder Jacques Derrida in ihren Autobiografien von kleineren Diebstählen (vgl. Gehrlach, 2016, S. 254–255). Die Darstellung erfüllt bei ihnen eine wichtige Funktion: Jedes Vergehen wird in der persönlichen Rückschau auf das Leben als einschneidend angesehen, und die Autoren nehmen es als Anlass, die Entwicklung ihrer individuellen Persönlichkeit zu schildern. Die vorliegende Einheit zeigt das Anknüpfungspotential exemplarisch anhand des Birnendiebstahls des Augustinus: Augustinus schildert in seinen *Confessiones* einen Birnendiebstahl, begangen in jugendlichem Übermut. Er gibt das Motiv seiner Tat explizit an: den „Ekel vor der Gerechtigkeit und der Sättigungstrieb der Sündhaftigkeit" (Augustinus: *Confessiones*, II, 4, 9*)*. Die religiöse Färbung des Augustinus-Textes – die Bekenntnisse geschehen vor Gott, und er spricht mehrfach von Sünde – wird hier ignoriert; der vereinfachte Text, den die Schüler*innen erhalten, kommt ohne diese Färbung aus. Der Textausschnitt soll in dieser Einheit den Schilderungen der Kinder gegenübergestellt werden. Fragen, die man in diesem Zusammenhang mit Kindern diskutieren könnte, lauten:
1. Warum stehlen Menschen?
2. (Inwiefern) unterscheidet sich das vorgetragene Vergehen von deinem Diebstahl?
3. Manchmal finden wir einen Diebstahl sehr schlimm, beim nächsten Mal dann wieder nicht. Woran liegt das?

Weitere mögliche Fragen hängen von dem/der jeweils gewählten Autor*in ab. Man kann die Fragen nicht im Voraus allgemein festlegen. Franz von Assisi etwa hat seinen eigenen Vater bestohlen; durch diese Geschichte bieten sich andere Impulse für das weitere Geschehen an.

Es wäre wünschenswert, wenn in Zukunft auch weibliche Quellen aufgenommen werden. Hier kann die Gesprächsleitung tätig werden, indem sie nach entsprechenden Geschichten und Fällen aus Romanen, Filmen oder anderen Medien Ausschau hält.

Zu 4 Es wird den Kindern erschwert, **lediglich die Moralvorstellungen wiederzugeben,** die sie im Laufe ihrer Sozialisation aus dem sozialen Umfeld oder aufgrund von medialem Einfluss erworben haben. Es ist davon auszugehen, dass Kinder, wenn sie stehlen, bewusst entgegen der Anweisung der Eltern, Großeltern, Lehrer*innen und weiterer erwachsener Bezugspersonen handeln. Darüber hinaus setzen sich die Kinder über die Regeln der Gesellschaft hinweg. Die Handlungen der Kinder stehen im Kontrast zu den Moralvorstellungen. Dieser doppelte Akt kindlicher Rebellion kann folglich nicht angemessen beschrieben werden, indem man Moralvorstellungen anderer wiedergibt. Statt fremde Moralvorstellungen wiederzugeben, äußern Kinder sich authentisch. Philosophieren schließlich setzt die Authentizität kindlicher Äußerungen voraus.

Eine generelle Gefahr beim Philosophieren mit Kindern kann so abgewendet werden: Was Kinder selbst denken, legen sie häufig gar nicht offen und antworten stattdessen im Rahmen der sozialen Erwünschtheit. Philosophische Reflexion, welche sich im Sinne der Aufklärung dem eigenständigen Denken verpflichtet sieht und dieses bereits mit Kindern schrittweise einüben will, sollte demnach immer darauf achten, dass die Aussagen der Kinder Produkte ihres eigenen Denkens sind – und nicht (nur) die Reproduktion von Autoritäten.

Auf das Beispiel aus der Praxis hat das folgende Auswirkungen: Die Unterrichtsphasen, in denen die Kinder ihre eigenen Diebstahlgeschichten verhandeln, werden nur wenig durch die Gesprächsleitung gelenkt. Es soll sichergestellt werden, dass die Kinder sich wirklich authentisch äußern und ungefiltert offenlegen, wie sie sich zum Thema positionieren. Ganz bewusst werden daher die Diebstähle der Kinder nicht verurteilt. Die Gesprächsleitung springt an keiner Stelle ein, um den Kindern ihr Fehlverhalten aufzuzeigen. Dieses Vorgehen wäre auch nicht zielführend: Kinder wissen, dass sie nicht stehlen dürfen. Sie zu ermahnen, ließe sie verstummen, nicht aber ihr Verhalten ändern. Im Sinne einer offenen Auseinandersetzung wurde darauf verzichtet.

Gleichzeitig liegt in dieser Entscheidung eine Gefahr. Wenn die Mehrzahl der Kinder, wie im vorliegenden Fall, schon einmal etwas gestohlen haben, und wenn das Gespräch immer ausgelassener wird, die Kinder sich zu übertrumpfen versuchen, und sie miteinander lachen, dann bestärken sie sich gegenseitig in der Annahme, Diebstahl sei *cool* und allgemein anerkannt – und nicht einmal die Lehrkraft kritisiert es. Es ist ein schmaler Grat zwischen der Ermöglichung authentischen Sprechens und der schweigenden Bestärkung des Fehlverhaltens.

In den dargestellten Praxisphasen hat die Gesprächsleitung wenig gelenkt, und die Kinder haben das Stehlen mehrheitlich gutgeheißen. Im Ausblick schließlich wird aufgezeigt, welche lenkenden Elemente ein differenziertes Denken der Kinder evozieren sollte. Denn die hier dargestellten Sequenzen aus der Praxis stellen ein Ausschnitt aus einer längeren Unterrichtseinheit dar, die im Rahmen einer empirischen Erhebung durchgeführt und nicht in Gänze dargestellt werden konnte. Die erhobenen Daten sind Grundlage einer Dissertationsschrift, die zum Zeitpunkt der Veröffentlichung des vorliegenden Bandes noch nicht veröffentlicht wurde.

Es wäre daneben sicherlich spannend zu untersuchen, ob nicht das Thema, sondern auch die Methoden eine entscheidende Rolle spielen zur Frage, ob Kinder im philosophischen Gespräch eher sozial erwünscht handeln als in einem Schreibgespräch oder einer Gruppensituation ohne Beisein eines oder einer Erwachsenen – vom Einfluss der anderen Kinder ganz zu schweigen!

8.2 Ablauf und Methoden

Die vorgestellte Einheit ist stark von den Interessen der Lerngruppe geprägt. Die Einheit umfasst fünf Stunden à 45 Minuten. Wie beim Philosophieren mit Kindern üblich, sollte man sich allerdings keinen zeitlichen Vorgaben verpflichten. Die Einheit lässt sich in drei Schritte unterteilen:
- Erster Schritt: Es wird **anonym abgefragt,** wer schon einmal gestohlen hat.
- Zweiter Schritt: Darauf folgt die breite **Erzählung der Diebstahlgeschichten** der Lerngruppe.
- Dritter Schritt: Die Kinder setzen sich mit dem **Birnendiebstahl des Augustinus** auseinander. Die Geschichte des Augustinus wird neben die Geschichten der Kinder gestellt.

8.2.1 Die anonyme Abfrage

Zunächst wird anonym erfragt, wer schon einmal etwas gestohlen hat: Die Frage „Hast du schon einmal etwas gestohlen?" steht an der Tafel. Die Schüler*innen antworten auf kleinen Zetteln mit „ja" oder „nein". Die Auswertung erfolgt anhand einer Strichliste. Alternativ kann die Abfrage digital per online-Tool erfolgen, etwa über die App „Kahoot!". Digitale Alternativen sind sicherlich auch an anderen Stellen dieser Einheit denkbar. Hinweise dazu sind unter ▶ Abschn. 8.5 („Material") aufgelistet.

Die Abfrage hat zwei Vorteile. Sowohl die Gesprächsleitung als auch die Lerngruppe können sehen, ob das Thema für die Lerngruppe relevant ist:
1. Die Gesprächsleitung kann sich auf mögliche **Besonderheiten** einstellen: Ist ein Diebstahl in der Lerngruppe eher ein Regelfall? Dann wäre zu überlegen, ob vielleicht eine Opferperspektive aufgegriffen werden sollte. Ist der Diebstahl in der Lerngruppe die Ausnahme? Dann ist darauf zu achten, dass einzelne Kinder nicht an den Pranger gestellt werden.
2. Der Lerngruppe hält dieses Ergebnis einen **Spiegel** vor. Sie können über einen Diebstahl nun nicht mehr so sprechen, als ginge es sie nichts an. Wir erleben eine unmittelbare Verankerung in der Lebenswelt der Schüler*innen.

Das anschließende Gespräch sensibilisiert für die allgemeine Haltung der Lerngruppe gegenüber dem Diebstahl. Wird ein Dieb als mutig und verwegen angesehen oder als Straftäter? Ist ein Diebstahl ein erschütternder Einzelfall oder tritt er regelmäßig auf, bleibt aber unerkannt? Daran lässt sich das folgende Vorgehen anpassen.

8.2.2 Die Kinder erzählen ihre Diebstahlgeschichten

Für die Erzählungen der Kinder sollte sich viel Zeit genommen werden. Wer bisher nichts gestohlen hat, wird gebeten, eine Geschichte von Freund*innen oder Verwandten zu erzählen, oder sich eine Geschichte rund um das Thema ‚Diebstahl' auszudenken. Das geschieht in zwei Schritten: Zunächst als schriftliches Gespräch in Vierergruppen (a) anhand der *Placemat-Methode,* dann (b) erzählend im Plenum (für Literatur und weiterführende Hinweise zur Placemat-Methode s. Abschn. 5). Praktisch umgesetzt wird diese Methode hier so: Ein Blatt Papier (bevorzugt DIN A3) wird durch Linien in so viele Teile unterteilt, wie sich Kinder beteiligen. In der Mitte wird Platz gelassen für die Gedanken aller. Das Blatt liegt für alle zugänglich in der Mitte des Tischs. In der ersten Runde notiert jedes Kind eine Diebstahlgeschichte in seinem Feld. Im Anschluss wird das Blatt gedreht, jedes Kind liest die Geschichte des/der Sitznachbar*in, und kommentiert diese schriftlich. Das geschieht, bis jedes Kind jede Geschichte einmal gelesen hat. Bis dahin gilt ein absolutes Gesprächsverbot. Im Anschluss steigt die Gruppe in ein Gespräch ein. In der Mitte notiert die Gruppe, welche Geschichte im Plenum vorgestellt werden soll.

Die Placemat-Methode hat drei Vorteile: Jedes Kind kann erstens seine Geschichte in Ruhe aufschreiben, ohne unterbrochen oder verurteilt zu werden. Jedes Kind kann zweitens seine Geschichte zunächst in einer vertrauten Vierergruppe offenbaren, nicht im Plenum. Drittens wollen manche Kinder ihre Geschichte vielleicht gar nicht offen erzählen. Indem die Kleingruppe eine Geschichte auswählt, die allen vorgestellt werden soll, wird die Privatsphäre dieser Kinder gewahrt. Natürlich ist es möglich, im Plenum weitere, nicht ausgewählte Geschichten zu präsentieren, wenn weitere Kinder ihre Geschichte vorstellen möchten und die Situation es erlaubt.

Im Anschluss werden diejenigen Geschichten im Plenum erzählt, die in den Vierergruppen dafür ausgewählt wurden. Die Kinder werden gebeten, ihre Geschichte möglichst facettenreich zu erzählen, und die restliche Lerngruppe wird dazu angehalten, Verständnisfragen zu stellen. In dieser Phase sollte man sich viel Zeit lassen. Je nach Interesse können auch weitere Diebstahlgeschichten vorgetragen werden. Mit dieser breiten Schilderung aus der Lebenswelt wird der Nährboden für anschließende philosophische Reflexionen gelegt.

8.2.3 Die Lerngruppe setzt sich mit dem Birnendiebstahl des Augustinus auseinander

Schließlich erhalten die Kinder eine externe Diebstahlgeschichte, die neben den Geschichten der Lerngruppe stehen soll. Es handelt sich um eine Diebstahlgeschichte des heiligen Augustinus. Sie wurde für den Einsatz mit Kindern in einfacheres Deutsch übersetzt und insgesamt modifiziert. Den paraphrasierten Text sowie den Originaltext finden Sie am Ende dieses Kapitels in ▶ Abschn. 8.5. Augustinus berichtet in seinen *Confessiones* davon, als Jugendlicher Birnen gestohlen zu haben. Die Kinder sollen zunächst Verständnisfragen mit einem/einer Partner*in klären und im Anschluss in einem kurzen schriftlichen Text beschreiben, welche Gedanken und welche Gefühle die Geschichte auslöst. Eine Plenumsdiskussion schließt daran an.

Ein Vorteil dieses Materials liegt darin, dass die Geschichte den Geschichten der Kinder ähnelt: So wie die Kinder von ihren Vergehen berichteten, so berichtet auch Augustinus von einem früheren Vergehen. Er ist nicht anders als die Kinder, und das, obwohl er ein berühmter Gelehrter ist: Die Stadt, in der die hier beschriebene Einheit durchgeführt wurde, ist nach ihm benannt worden (Sankt Augustin im Rhein-Sieg-Kreis, Deutschland). Die Geschichte kann also nebenordnend, auf gleicher Ebene, gelesen werden. Sie steht nicht über den Beiträgen der Kinder, sondern reiht sich in die Berichte ein. Gleichzeitig führt sie auch einen Schritt weiter, indem Augustinus explizit ein Motiv für seine Tat angibt. Das ist nicht in allen Geschichten der Kinder zu erwarten und kann als Ausgangspunkt zu Fragen nach Motiven des Stehlens verwendet werden.

8.3 Erfahrungen aus der Praxis

Die folgenden Äußerungen der Schüler*innen entstammen einem Gedächtnisprotokoll, das unmittelbar im Anschluss an die Stunden verfasst wurde. Während der Stunde wurden die Äußerungen stichpunktartig notiert. Die Lerngruppe (21 Kinder: 12 Mädchen, 9 Jungen) wurde jahrgangsübergreifend unterrichtet, die Altersspanne umfasst ungefähr zwei Jahre (8 -10). Es herrschte allgemein ein gutes Arbeits- und Sozialklima, in dem die Kinder sich offen und ohne Scheu äußerten.

Zunächst soll erwähnt werden, dass der ursprüngliche Plan gar nicht vorsah, das Thema ‚Diebstahl' mit den Kindern zu behandeln. Die Kinder selbst haben es aufgebracht, nachdem sie im neuen Schuljahr darum gebeten wurden, sich mit einem kleinen Erlebnis vorzustellen. Von neun Kindern haben vier erzählt, wie sie schon einmal etwas gestohlen hatten. Schelmisch grinsend, ganz offen und auch ein bisschen stolz. Die anschließende anonyme Umfrage in der Lerngruppe ergab, dass vierzehn von neunzehn Kindern, das sind knapp 74 %, schon einmal etwas gestohlen hatten. Das Thema hatte eine hohe Relevanz innerhalb der Lerngruppe, daher wurde es spontan aufgegriffen.

Mit einem Augenzwinkern sei angemerkt: Die Leser*innen mögen nun entrüstet sein über den ‚verwahrlosten' Zustand dieser Lerngruppe. Es sei empfohlen, diese Frage einmal in vertrauter Runde unter Bekannten und Verwandten zu stellen: Viele Menschen können von einem meist kleineren Diebstahl in jungen Jahren berichten, und die meisten Geschichten haben einen hohen Unterhaltungswert.

8.3.1 Praxis: Die anonyme Abfrage

Im Folgenden soll dargestellt werden, wie die Kinder auf den ersten Schritt, die anonyme Abfrage, reagiert haben. Während die Abfrage anhand einer Strichliste an der Tafel ausgewertet wurde, waren die Kinder extrem aufmerksam und still. Schließlich stand das Ergebnis der Abfrage als ein stiller Impuls an der Tafel: 14 zu 5. Dieser Impuls allein sorgte für einen hohen Gesprächsbedarf. Die Kinder hatten offenbar nicht damit gerechnet, dass die überwältigende Mehrheit ihrer Lerngruppe bereits gestohlen hatte:

Aden:	*Es bestärkt mich darin, dass das [Klauen] cool ist. Die Kinder, die nur zu fünft sind, fragen sich jetzt bestimmt, warum alle anderen sowas schon mal gemacht haben und ob sie irgendwie komisch sind.*
Mariam:	*Ich finde das irgendwie lustig. Warum haben so viele schon mal geklaut? Warum? Häh? Ich weiß nicht, ist einfach lustig.*
Aden:	*(kann es nicht in Worte fassen) Keine Ahnung. (Will immer wieder ansetzen, etwas zu sagen) Keine Ahnung. Keine Ahnung.*
	Die Lerngruppe lacht über sein Stammeln.

Gladness:	*Das ist schon komisch! Warum habt ihr hier alle geklaut?*
	Einige Kinder äußern ihre Verwirrung. Aber einen richtigen Redebeitrag kann niemand mehr leisten. In diese zaghafte, gespannte Stille hinein platzt Lisa. Lisa ist eine derjenigen, die ihre Diebstahlgeschichte bereits im Plenum breit erzählt haben:
Lisa:	*Also ich finde Klauen super.*
	Die Spannung der Lerngruppe entlädt sich in einem großen Gelächter, so, als habe Lisa etwas Falsches gesagt. Ein Stimmengewirr erhebt sich. Nach und nach steigen auch andere Kinder ein.
Marcel:	*Ich finde Klauen auch cool. Warum? Weil man dann etwas bekommen kann, das man sich gewünscht hat.*
Lisa:	*Ich habe aber auch geklaut, weil ich eifersüchtig auf meine Cousine bin. Die bekommt nämlich immer so tolle Geschenke von ihren Eltern, immer richtig viel. Ich bekomme nicht so viel von meinen Eltern.*
Marcel:	*Häh, Lisa, das stimmt doch nicht. Letztens hast du noch erzählt, du hättest auch tolle Barbies bekommen!*
	In der zufrieden grinsenden Lerngruppe macht sich zunehmend die Ansicht breit, Klauen sei super, sei die Möglichkeit, sich lang gehegte Wünsche zu erfüllen. Das veranlasst mich zu folgender Übertreibung:
Gesprächsleitung:	*Also, wenn ich euch richtig verstehe, sollten wir einfach alles nehmen, das uns gefällt? In den Spielzeugläden die Regale leerräumen? Nicht mehr auf Weihnachten warten mit unseren Wünschen? Was man haben möchte, sich einfach nehmen?*
Florian:	*Zumindest, bis man kein Kind mehr ist. Dann kann man keinen Ärger kriegen.*
Mariam:	*Aber die Eltern kriegen dann Ärger. Und dann kommt das Jugendamt.*
	Einige Kinder finden Klauen aber auch ein bisschen schlecht:
Mariam:	*Man hat ein schlechtes Gefühl dabei und man möchte nicht erwischt werden.*
Elisa:	*Ein anderes Kind könnte dann traurig sein.*
Aden:	*Guck mal, man könnte das so machen. Man zieht sich ganz schwarz an. Und deine Freunde haben so bunte Trainingsanzüge an und lachen und sind laut und so. Und dann kannst du dich wegducken, und keiner guckt auf dich. Und dann kannst du was klauen.*
	Hannah versucht, die ambivalenten Gefühle beim Klauen in Einklang zu bringen:
Hannah:	*Beim Klauen fühlt man sich schlecht, aber hinterher fühlt man sich gut, weil man etwas Neues hat.*

In dieser Phase haben zwar nicht alle Kinder aktiv etwas gesagt. Aber es haben alle zugehört. Die Kinder waren überrascht vom Ergebnis der Umfrage, und haben sich intensiv ausgetauscht. Es ist eine Gesprächssituation entstanden, bei der die Kinder nicht aufhören wollten zu sprechen. Das Gespräch zog sich über das Stundenende hinaus, nur mit Mühe konnte die Stunde beendet werden. Kevin wollte unbedingt noch etwas sagen, das musste auf die nächste Stunde verschoben werden. In der Lerngruppe überwiegt der Eindruck, dass Diebstahl etwas *Cooles* sei.

Reflexion Allein die anonyme Abfrage hat die Kinder zu einem (philosophischen) Gespräch veranlasst, in dem das Für und Wider des Diebstahls abgewogen wurde. Die folgenden Hinweise sind für zukünftige Durchführungen hilfreich. Bevor die Kinder gefragt werden, ob sie schon einmal etwas gestohlen haben, sollte zweierlei geschehen:
- Erstens sollte mit der Lerngruppe verhandelt werden, **was als Diebstahl gilt:** Gilt auch das heimliche Naschen von Gummibärchen aus dem elterlichen Wohnzimmerschrank als Diebstahl?
- Zweitens sollte den Kindern **Zeit zum Nachdenken** gegeben werden: Manche Diebstähle ereignen sich so beiläufig, dass das Kind diese Handlung nicht sofort als Diebstahl einstuft und für die Umfrage nicht abrufen kann – etwa, wenn es einen Legostein aus der Kindertagesstätte entwendet.

Während der Umfrage sollte Anonymität gewährleistet werden – das betrifft auch verstohlene Blicke des/der Sitznachbar*in. Darauf sollte die Gesprächsleitung achten. Die Kinder geben, wenn auch anonym, etwas Persönliches von sich preis. Jede*r bestimmt selbst, was er/sie von sich preisgeben möchte und darf keinem Zwang unterliegen. Urteile gegen Einzelpersonen innerhalb der Lerngruppe müssen unterbunden werden. Die Gesprächsleitung sollte darauf hinweisen, dass Details aus dem Gespräch vertraulich behandelt und nicht außerhalb der Lerngruppe weitererzählt werden – etwa zu Hause am Küchentisch.

Im Ergebnis gibt es drei Möglichkeiten:
a. Die Kinder, die gestohlen haben, sind in der **Mehrheit**,
b. die Kinder, die gestohlen haben, sind in der **Minderheit**,
c. oder Kinder, die gestohlen haben, **halten sich** mit denen **die Waage**, die noch nicht gestohlen haben.

Das weitere Vorgehen in der Lerngruppe hängt entscheidend von diesem Ergebnis ab. Insbesondere, wenn die Diebe in der Minderheit sind (b), muss sorgsam abgewogen werden. Mehr dazu in der Reflexion des nächstens Schritts.

8.3.2 Praxis: Die Kinder erzählen ihre Diebstahlgeschichten

In einem zweiten Schritt sollte die Lerngruppe konkreter werden und ihre Diebstahlgeschichten erzählen. Alle Kinder haben die Gelegenheit erhalten, eine Diebstahlgeschichte zu formulieren, und der Darstellung dieser Geschichten wurde viel Raum gegeben. Sie wurden in der Lerngruppe breit diskutiert, Rückfragen ermöglicht. Wer selbst keine Erfahrung hatte, durfte sich eine Geschichte ausdenken. Im Folgenden soll dargestellt werden, welche Geschichten die Kinder erzählt haben. Die ◘ Abb. 8.1 und 8.2 zeigen beispielhaft die Placemats zweier Gruppen (die Vorlage einer Placemat zum Ausdrucken finden Sie in ◘ Abschn. 8.5 „Material" verlinkt):

Ist Diebstahl manchmal gerechtfertigt?

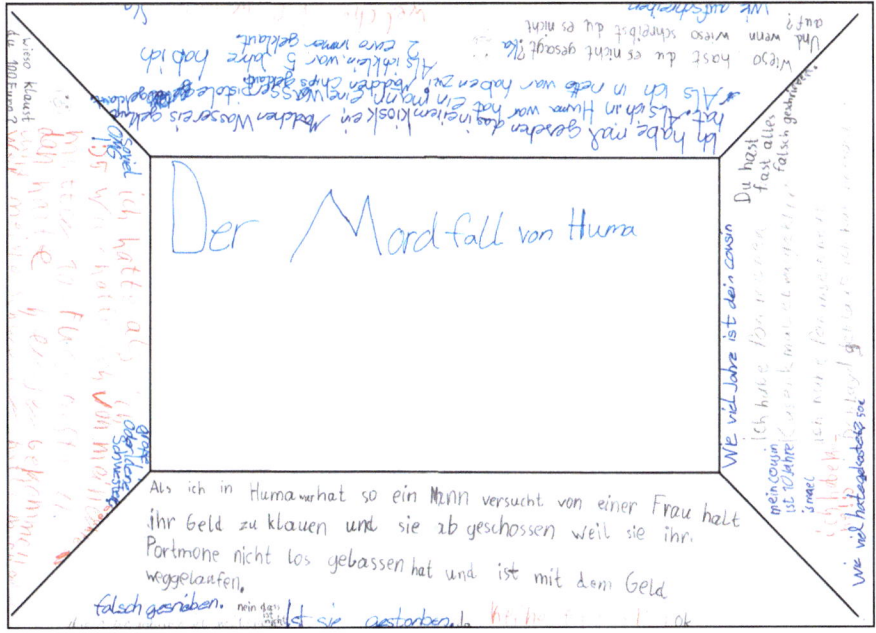

Abb. 8.1 Ausgefülltes Placemat zum Thema Diebstahl

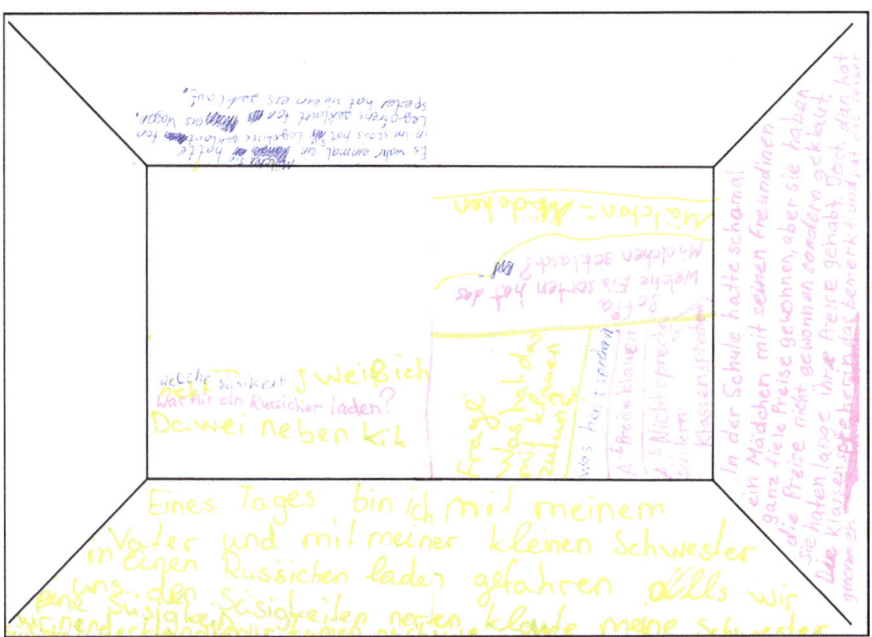

Abb. 8.2 Aufgefülltes Placemat zum Thema Diebstahl

Eine Auswahl der gesammelten Diebstahlgeschichten der Kinder ist im Folgenden aufgelistet, behutsam von Rechtschreibfehlern bereinigt:

- „Eines Tages saß Hanna vor dem Fernseher. Und sah Werbung. Und da sah sie eine wunderschöne Barbie. Und wollte sie haben. Und dann hat sie sie geklaut."
- „Eines Tages bin ich mit meinem Vater und mit meiner kleinen zweijährigen Schwester zu einem russischen Laden gefahren. Als wir uns den Süßigkeiten näherten, klaute meine Schwester eine Süßigkeit. Wir kamen nach Hause und wir entdeckten die Süßigkeit."
- „In der Schule hatte schonmal ein Mädchen mit seinen Freundinnen ganz viele Preise gewonnen, aber sie hatten die Preise gar nicht gewonnen, sondern geklaut. Sie hatten die Preise für eine lange Zeit gehabt. Doch dann hat die Klassensprecherin das bemerkt und hat das selber genommen."
- „Ich habe im Kindergarten eine Playmobil-Figur geklaut, weil ich die schon immer haben wollte und weil sie so schön war. Ich habe sie gefunden. Sie hat dem Kindergarten gehört; nicht einem anderen Kind."
- „Als ich im Shopping-Center war, hat ein Mann versucht von einer Frau ihr Geld zu klauen. Er hat sie abgeschossen, weil sie ihr Portemonnaie nicht losgelassen hat und ist mit dem Geld weggelaufen."
- „Ich habe von meinem Cousin mal etwas geklaut. Ich habe ihm sein neues Beyblade gestohlen und habe es immer noch. Es hat 50 € gekostet."
- „Ich habe, als ich 5 Jahre alt war, von meiner Mutter 100 € gestohlen. Dann habe ich Ärger bekommen. Meine Schwester hat mich geschlagen."
- „Ich habe im Geschäft eine kleine Legofigur gestohlen. Ich habe sie mir unter meinen Arm geklemmt. Am Ausgang habe ich sie über die Diebstahlsicherung geworfen, damit sie nicht piepst. Ich bin dann mit dem Bus nach Hause gefahren und habe mir einen Fahrschein gekauft."
- „Ich habe bei meiner Cousine übernachtet. Als alle geschlafen haben, habe ich ganz viele Barbies geklaut und auch noch andere Sachen. Niemand hat es mitbekommen. Die Barbies waren in einer Kiste, die Cousinen spielen eigentlich nicht mehr mit ihnen."
- „Ich habe ein Klackarmband in einem Kiosk geklaut [Anmerkung: Ein Klackarmband ist ein Armband, das zunächst flach und steif ist und das sich um den Arm wickelt, sobald man es gegen den Arm schlägt.]. Auf der Klassenfahrt in der ersten Klasse. Alle Kinder hatten so etwas, aber ich hatte kein Geld dafür. Da habe ich es einfach eingesteckt. Als die anderen Kinder mich fragen, wo ich es herhabe, sage ich, ich habe es gekauft. Die anderen Kinder haben es nicht mitbekommen, mit Ausnahme eines Freundes. Es standen auch Mädchen im Laden."

Reflexion Die Geschichten selbst wurden nicht mehr anonym vorgetragen. Das kann sinnvoll sein, denn so kann man die Geschichten der Kinder unmittelbar verhandeln und auch Rückfragen stellen. Natürlich sind auch andere, stärker anonymisierte Ansätze denkbar. Insbesondere dürfen die Kinder selbst entscheiden, ob sie ihre Geschichte erzählen möchten oder nicht. Es muss sichergestellt werden, dass niemand moralisch verurteilt wird. Denn die Einheit lebt davon, dass die Kinder ihre Geschichten detailreich und ausführlich erzählen. Das gelingt nur unter dieser Bedingung.

Insbesondere, wenn innerhalb der Lerngruppe die Diebe in der Minderheit sind, sollten die folgenden zwei Möglichkeiten bedacht werden: Die Kinder berichten (1) **offen** oder (2) **zurückhaltend** von ihren Diebstählen.
1. Die Diebe in der Minderheit berichten **offen** und ohne Scham. Sie genießen es, wenn ihr Erlebnis verhandelt wird. Dann können diese Geschichten Ausgangspunkt des weiteren Geschehens werden.
2. Die Diebe in der Minderheit könnten sich **zurückhaltend** oder gar nicht äußern wollen. In diesem Fall könnten etwa hier dargestellten Diebstahlgeschichten als authentische Berichte Gleichaltriger in die Lerngruppe transportiert werden. Diese Beispiele wurden im Rahmen einer Veranstaltung der KölnerKinderUni anderen Kindern vorgelegt – daraus hat sich ein intensives Gespräch entwickelt.

Im Fall der vorliegenden, durchgeführten Einheit waren die Diebe in der Mehrheit; der Diebstahl wurde als eine mutige Grenzüberschreitung in der Lerngruppe durchaus hoch angesehen. Die Kinder haben offen und ohne Scham berichtet. Auch darin schlummert eine Gefahr: Es entstand der Eindruck, dass die Kinder einander zu übertrumpfen versuchten. Möglicherweise wurde den Geschichten etwas hinzugedichtet. Das ist allerdings nur eine Vermutung, die sich weder ausschließen noch belegen lässt. Diesem Effekt gilt es vorzubeugen, ohne den Kindern gegenüber offen misstrauisch zu sein. Daher sollte die Methode, mit der man die Geschichten der Lerngruppe einsammeln möchte, vornehmlich schriftlich sein. So können die Kinder ungestört und ohne Rampenlicht einen ersten Entwurf ihrer Geschichte verfassen. Auf eine Methode, die den Kindern außerhalb des Plenums zunächst Privatheit, dann Raum zum Austausch gibt, kann an dieser Stelle nicht verzichtet werden. Andere Methoden als die Placemat-Methode sind ebenfalls denkbar, etwa, dass jedes Kind eine Geschichte auf ein eigenes Blatt Papier schreibt, diese eingesammelt, gemischt, und schließlich an die Lerngruppe wieder ausgeteilt werden mit der Bitte um einen Antwortbrief.

Wenn man die Kinder aus ihrer Lebenswelt berichten lässt, ist es immer möglich, dass ihre Geschichten belastende oder traumatische Elemente enthalten: So berichtet ein Junge von einem brutalen Raubüberfall („Er hat sie abgeschossen..."). Hier ist Sensibilität gefragt, denn mitunter könnte ein pädagogisches Eingreifen erforderlich sein – etwa, indem man das Einzelgespräch mit dem Kind sucht. Im vorliegenden Beispiel hat der Junge keine persönliche Betroffenheit signalisiert, es schien eher so zu sein, dass der Junge die Aufmerksamkeit der anderen Kinder genoss.

Auch in dieser Phase scheinen die Kinder ihren Diebstahl mehrheitlich gutzuheißen. Mit Blick auf die Authentizität der Äußerungen wurde auf eine starke Lenkung verzichtet. Im Ausblick wird aufgezeigt, wie dieser Haltung im weiteren Unterrichtsverlauf begegnet wurde.

8.3.3 Praxis: Die Lerngruppe setzt sich mit dem Birnendiebstahl des Augustinus auseinander

In einem dritten Schritt haben sich die Kinder mit dem Birnendiebstahl des Augustinus auseinandergesetzt. Mit diesem Materialstück sollten die Motive des Stehlens in den Blick genommen werden. Zunächst wurden die Kinder angehalten, das Arbeitsblatt selbstständig und in Einzelarbeit zu bearbeiten. Es folgt eine Auswahl der Antworten. Ein bearbeitetes Arbeitsblatt ist exemplarisch in ◘ Abb. 8.3 zu sehen.

- „Ich denke die Geschichte ist wahr, weil es so ehrlich klingt. Er wollte böse sein, weil es ihm Spaß macht zu klauen."
- „Also ich bin enttäuscht, aber ich frag mich, warum das verboten ist. Aber dass er etwas Verbotenes tut, das dachte ich nicht. Aber das ist auch nicht Klauen, oder war das so früher? Das ist nichts Verbotenes!"
- „Gemein. Warum klaut er einfach Sachen, die er überhaupt nicht braucht. Das geht gar nicht. Er wollte ja einfach was Böses tun, kann ich verstehen."
- „Augustinus hat das gemacht, weil er böse sein wollte und mal was Verbotenes machen wollte und er wollte nicht immer auf seine Eltern und Lehrerin hören."
- „Ich finde einmal böse zu sein ist nicht schlimm. Die Geschichte wirkt sehr traurig, aber auch eklig, weil **die armen Schweine, die müssen Birnen essen, die gar nicht reif sind und auch ein bisschen böse, weil das verboten war**."
- „Mir fällt auf, dass es auch ein Diebstahl ist und irgendwie auch nicht, weil er was geklaut hat, aber er hat auch den Schweinen was zum Essen gegeben."
- „Ich denke, dass er… er hat einfach nur geklaut. Das ist dumm. Für was hat er das gemacht? Ja ich weiß, er wollte Spaß haben, aber für was wollte er Spaß haben?"
- „Ich finde das unverschämt, weil das verboten ist."

Die folgenden Äußerungen der Schüler*innen entstammen einem Gedächtnisprotokoll, das unmittelbar im Anschluss an die Stunde verfasst wurde. Im Anschluss an diese Einzelarbeit entwickelte sich das folgende Gespräch:

Louis:	*Das ist irgendwie nicht so richtig Klauen. Es ist zwar Klauen, weil er halt etwas geklaut hat. Aber er hat die Birnen ja an die Schweine weiterverschenkt. Von daher war es sowohl gut als auch schlecht.*
Mariam:	*Er hat es zwar den Schweinen gegeben, aber die Birnen haben nicht geschmeckt. Es war also schlecht für die Schweine und deswegen auch nichts Gutes*
Gladness:	*Fressen Schweine überhaupt Birnen?*
	Darüber entstand eine kleine Diskussion.
Jonas:	*Ich kann Augustinus verstehen. Mir macht es auch Spaß, etwas Verbotenes zu tun.*
Marcel:	*Ich habe auch Spaß, etwas Verbotenes zu tun: Zum Beispiel 500 € klauen, bei Aden einbrechen oder ins Fitnessstudio gehen, obwohl man erst ab zwölf Jahren dort hingehen kann. Ich bin aber erst neun.*

Ist Diebstahl manchmal gerechtfertigt?

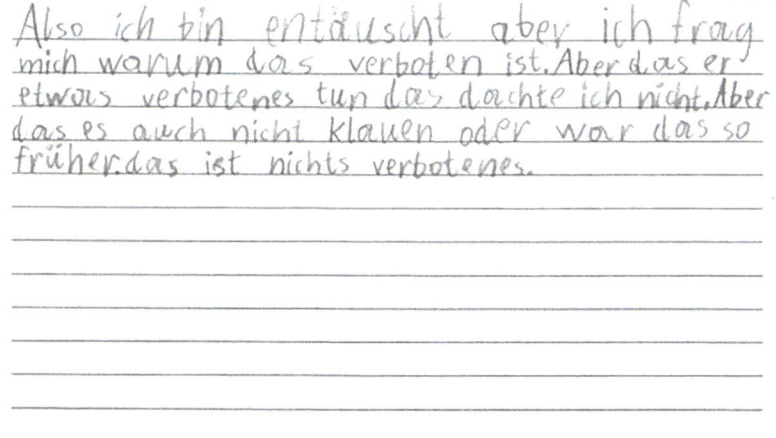

Der Birnendiebstahl des Augustinus

Ich möchte dir erzählen, wie ich einmal etwas klaute. Das kam so:
Einmal, als ich ein Jugendlicher war, traf ich mich meinen Freunden. Wir wollten gemeinsam etwas unternehmen. Den ganzen Abend lang haben wir miteinander geredet und viel gelacht. Die Stimmung war super.
Es war schon tief in der Nacht, als wir einen Birnbaum ganz in der Nähe sahen. Der Birnbaum war zwar voller Früchte, aber die Birnen sahen nicht saftig und lecker aus. Wir wollten die Birnen gar nicht haben. Aber das störte uns nicht. Wir begannen, den Baum zu schütteln. Die Birnen fielen massenweise herunter. Wir steckten sie alle ein und nahmen sie mit.
Dabei wollten wir sie gar nicht essen! Die Birnen waren uns ganz egal. Auf dem Heimweg haben wir sie den Schweinen zum Fressen hingeworfen.

Du fragst dich bestimmt, warum wir das gemacht haben. Es hat so viel Spaß gemacht! Einfach, weil es verboten war. Ich hatte damals keine Lust mehr, immer nur brav zu sein und meinen Eltern und Lehrern zu gehorchen. Ich wollte etwas Verbotenes tun. Ich wollte böse sein.

Aufgaben:

1.) Lies den Text und unterstreiche Wörter, die du nicht kennst.

2.) Erzähle die Geschichte deinem Sitznachbarn oder deiner Sitznachbarin.

3.) Was denkst du über die Geschichte? Welche Gefühle löst die Geschichte in dir aus? Beschreibe.

Also ich bin entäuscht aber ich frag mich warum das verboten ist. Aber das er etwas verbotenes tun das dachte ich nicht. Aber das es auch nicht klauen oder war das so früher. das ist nichts verbotenes.

Abb. 8.3 Schülerantwort zu Augustinus' Birnendiebstahl (eine Vorlage zum Ausdrucken finden Sie in Abschn. 5 „Material" verlinkt)

Marcel hat beim Erzählen leuchtende Augen. Aden reagiert mit einem Zwischenruf:

Aden: *Ich zeig' dich an!*

Gesprächsleiterin: *Marcel, gibt es einen Unterschied zwischen deinem Spaß und dem Spaß von Augustinus?*

Marcel: *Das macht alles einfach Spaß.*

Elisa: **Ich bin enttäuscht, dass Augustinus das gemacht hat und unsere Stadt nach ihm benannt ist.**

Mariam fragt sich, ob diese Tat wirklich so schlimm ist:

Mariam: *Warum ist das überhaupt verboten, wenn man etwas von einem Baum klaut? Ist das wirklich geklaut?*

Zainab: *Ich finde es nicht schlimm,* einmal *zu klauen. Ein einziges Mal kann man das schon machen. Ich finde es nur ein bisschen böse, weil die Birnen nicht lecker waren.*

Hannah reagiert empört:

Hannah: **Ich finde, man sollte gar nicht klauen!**

Aden: **Du willst bestimmt auch etwas klauen, aber du traust dich nur nicht!**

Louis: *Ich habe etwas einzuwenden.* **Auch, wenn man einmal klaut, ist das nicht in Ordnung.** *Er wusste, dass es verboten war. Es könnte also schlecht sein.* **Aber, wenn man einmal drüber nachdenkt: Er hat nichts Schlimmes gemacht! Der Text ergibt keinen Sinn!**

Gladness: **Also, es ist von Augustinus schon unverschämt, weil es verboten ist. Aber ich habe es auch einmal gemacht, weil ich es wollte.**

Mariam: **Aber eigentlich darf man das doch – wenn sie [die Geschädigten] es nicht wissen [wenn sie nichts davon mitbekommen]. Man will ja auch nicht, dass die Birnen verschimmeln.**

Reflexion Die Geschichte des Augustinus hat die Kinder zu philosophischer Reflexion angeregt. Insbesondere fällt auf, dass die Kinder weniger prinzipiell, sondern vielmehr pragmatisch und zukunftsgerichtet argumentieren: Für die Kinder spielt es zur ethischen Bewertung der Handlung eine Rolle, ob die Schweine von der Birnengabe profitieren konnten *("die armen Schweine, die müssen Birnen essen, die gar nicht reif sind und auch ein bisschen böse, weil das verboten war")*. Mariam nimmt zudem eine Abwägung vor *("Aber eigentlich darf man das doch – wenn sie [die Geschädigten] es nicht wissen [wenn sie nichts davon mitbekommen]. Man will ja auch nicht, dass die Birnen verschimmeln.")*: Das Stehlen an sich sei nicht prinzipiell zu verurteilen. Erstens könnte es sein, dass die Bestohlenen nicht bemerken, dass etwas fehlt. Folgt man dieser Annahme, so müsste man vermeiden, dass die Birnen verschimmeln – Augustinus hat also gut daran getan, sich die Birnen anzueignen, denn er hat Schaden an den Birnen abgewendet.

Manchen Kindern, bereitet diese zweifache Sichtweise, die pragmatische und die prinzipielle, Schwierigkeiten – insbesondere Louis: Es gelingt ihm nicht, den Diebstahl als Faktum von der Frage zu trennen, ob die Handlung gut oder böse gewesen ist *("Das ist irgendwie nicht so richtig Klauen. Es ist zwar Klauen, weil er halt etwas geklaut hat. Aber er hat die Birnen ja an die Schweine weiterverschenkt. Von daher war es sowohl gut als auch schlecht."*). Diese Doppelbewertung ist für Louis ausreichend, um in den Raum zu stellen, dass kein reiner Diebstahl vorliege: Diese Verwirrung beschäftigt Louis auch im weiteren Gesprächsverlauf. Zwar lehnt er Diebstahl generell ab (*"Auch, wenn man einmal klaut, ist das nicht in Ordnung"*). Gleichzeitig aber ist der konkret vorgetragene Fall von Augustinus nach Louis' Maßstäben nicht böse (*"Aber, wenn man einmal drüber nachdenkt: Er hat nichts Schlimmes gemacht!"*) Das kann Louis nicht zusammenbringen. Diebstahl an sich ist schlecht/Augustinus hat gestohlen/Augustinus hat nichts Schlechtes gemacht. Daher konstatiert Louis schließlich, der Text ergebe keinen Sinn.

Dieser Auszug macht deutlich, dass die Kinder einen Diebstahl prinzipiell als etwas Böses ansehen. Das ist bemerkenswert, da die Kinder mit Blick auf ihre eigenen Diebstahlgeschichten keine ablehnende Haltung erkennen ließen. Eindeutig sind sie in dieser Hinsicht indes nicht. Während Hannah wie Louis den Diebstahl prinzipiell ablehnt (*"Ich finde, man sollte gar nicht klauen!"*), hält Aden Diebstahl weiterhin für cool (*"Du willst bestimmt auch etwas klauen, aber du traust dich nur nicht!"*).

Auf welche Weise an dieser Stelle weitergearbeitet werden kann, ist abhängig von der Lerngruppe. Im vorliegenden Fall bietet es sich an, im weiteren Unterrichtsverlauf den Unterschied zwischen den Motiven und den Folgen einer Handlung herauszustellen.

8.4 Ausblick und Anschlussmöglichkeiten

Im Folgenden sollen zwei kurze Ausblicke gegeben werden: Erstens, wie das gemeinsame Philosophieren weitergeführt werden könnte, und zweitens, mit welchem Ertrag man die Produkte der Kinder als Material in einer anderen Lerngruppe einsetzen könnte.

Weiterführung des Geschehens Die Lerngruppe setzt sich zwar mit einer Anekdote aus dem Leben des Augustinus auseinander. Der Philosoph Augustinus und seine Philosophie spielt aber neben seiner Vorbildfunktion keine Rolle: Seine Schilderung des Diebstahls ist nur eine unter vielen, und die Darstellung seines Motivs erfüllt einen methodischen Zweck: Sie dient den Schüler*innen lediglich als Aufhänger, sich auch mit den Motiven ihrer eigenen Diebstahlgeschichten auseinanderzusetzen. Man könnte dieser Einheit eine gewisse Achtlosigkeit im Umgang mit Augustinus unterstellen, und manchen Schüleräußerungen lässt sich in der Tat eine gewisse Abneigung gegenüber Augustinus entnehmen („Ich bin enttäuscht, dass Augustinus das gemacht hat und unsere Stadt nach ihm benannt ist."). Offenbar wird Augustinus als Vorbild an anderen Standards gemessen.

Die ablehnende Haltung ist in Teilen bereits im Setting angelegt, indem die Anekdote aus dem Kontext gerissen wurde: Tatsächlich schildert Augustinus seine Tat, um anschließend zu einer Reflexion zu gelangen. Diese Reflexion ist der eigentlich philosophisch bedeutsame Gegenstand dieser Textstelle: Rückblickend verurteilt Augustinus seine Tat. Er berichtet von seinem Birnendiebstahl, um seine

Entwicklung, seine Läuterung durch Gott hervorzuheben. Er möchte mit dieser Geschichte aufzeigen, wie ihm ohne Gott der rechte Maßstab für sein Handeln fehlte und er seinen Begierden unterlag (vgl. Kommentar in Augustinus, 2008, S. 411–412).

Augustinus spricht metasprachlich *über* seine Tat, er schildert seine Selbsterkenntnis. Diese Episode ist ein berühmtes Beispiel dafür, dass man sein eigenes Verhalten reflektieren, in Rückschau anders betrachten, sich selbst zu einem anderen Menschen machen kann. Viele sehen darin ein Ziel des Philosophierens. In gleicher Weise bietet es sich an, analog mit den Kindern das eigene Verhalten zu reflektieren. Man könnte ihnen Augustinus' Erkenntnis präsentieren und sie in gleicher Weise ihre eigenen Memoiren verfassen lassen. Sie sollen sich vorstellen, wie sie, inzwischen in die Jahre gekommen, ihr Leben an sich vorüberziehen lassen. Doch Vorsicht: Die Kinder wissen, dass sie nicht stehlen dürfen. Es könnte passieren, dass sie bei dieser Aufgabenstellung im Rahmen der sozialen Erwünschtheit antworten werden.

Dem Eindruck, dass Diebstahl etwas Cooles sei, kann man durch weiterführende Phasen begegnen:

— Die Lerngruppe hat ausführlich dargestellt, wer von ihnen auf welche Weise bestohlen wird. Demgegenüber könnte man fragen: **Wen bestiehlst du nicht?** In der anschließenden Diskussion schließlich kann die Lehrkraft auf Begründungen beharren.
— Da Kinder die Bewertung von Diebstahl nur schwer von trennen konnten, kann man mit den Kindern eine **Definition von Diebstahl** entwickeln, die ohne eine Bewertung auskommt.
— Kinder verurteilten zwar den fremden Diebstahl des Augustinus scharf, ihren eigenen aber nicht. Diesen doppelten Maßstab könnte man den Kindern spiegeln, etwa indem man ein Zitat aus der Lerngruppe hervorhebt (*„Also, es ist von Augustinus schon unverschämt, weil es verboten ist. Aber ich habe es auch einmal gemacht, weil ich es wollte."*).
— Im vorliegenden Praxisbeispiel hat die Lerngruppe sich zudem mit der Frage beschäftigt, wie man Diebstahl ahnden könnte. Die Kinder waren phantasievoll und zur **Frage des Strafmaßes** gnadenlos. Auch diese Ausführungen standen im Gegensatz zur Toleranz, die die Kinder gegenüber ihren eigenen Vergehen hatten.

Idee: Weiterverwendung der Schüler*innenprodukte Es empfiehlt sich, die hier präsentierten Diebstahlgeschichten der Lerngruppe in anderen Settings mit anderen Kindern einzusetzen. Insbesondere, wenn die Kinder ihre eigenen Diebstahlgeschichten nicht äußern möchten. Kinder können sich möglicherweise freier austauschen, wenn die verhandelten Geschichten zwar anschlussfähig sind, aber niemanden persönlich betreffen. Diese Geschichten wurden in zwei anderen Lerngruppen eingesetzt. Die Kinder der anderen Lerngruppen waren ebenfalls acht bis zehn Jahre alt. Die Fragestellung dieser Einheit lautete: *Woran liegt es, dass wir manche Diebstähle verurteilen, andere hingegen gar nicht so schlimm finden?*

Im Folgenden sollen in aller Kürze die Erkenntnisse dargelegt werden, die in den anderen Lerngruppen diskutiert und erarbeitet wurden. Die Darstellung zeigt, welche Reaktionen man erwarten kann, wenn man die Diebstahlgeschichten einsetzt.

In den anderen Lerngruppen konnte beobachtet werden, dass einerseits die Folgen der Tat eines Diebstahls herangezogen wurden, um einen Diebstahl zu bewerten:
- Wenn der Verlust **nicht bemerkt** wird, ist es kein Diebstahl.
- Entscheidend ist, wie **wertvoll** der entwendete Gegenstand ist.
- Wenn ein Gegenstand ohnehin **nicht mehr gebraucht** wird, kann er auch gestohlen werden.
- Wenn man den Schaden **rückgängig** machen kann, ist es nicht so schlimm.
- Wenn ein **kleines Kind** etwas stiehlt, wohl wissend, dass man nicht stehlen darf, ist das viel schlimmer, als wenn ein älteres Kind etwas stiehlt – das kleine Kind wird sich unweigerlich in eine noch viel kriminellere Richtung entwickeln.
- Wenn es **noch eine andere Möglichkeit** als den Diebstahl gibt, das zu bekommen, was man möchte, ist ein Diebstahl viel schlimmer.

Andererseits wurde der/die Täter*in und seine/ihre Zurechnungsfähigkeit besonders in den Blick genommen:
1. Vielleicht stiehlt jemand **unbewusst** und bekommt den Diebstahl gar nicht mit.
2. Vielleicht stiehlt ein kleines Kind, das noch gar **nicht verstanden** hat, dass man nicht stehlen darf.
3. Vielleicht stiehlt jemand, weil es an **Essen fehlt**, und der Diebstahl ist der letzte Ausweg.

Daneben wägen die Kinder bestimmte Werte gegeneinander ab: Sie werten Gewaltlosigkeit höher als eigene Bedürfnisbefriedigung, und man dürfe keine Gewalt anwenden.

Eine Diskussion entstand zu der Frage, wie ein Diebstahl innerhalb der Familie zu bewerten sei. Kinder, die einen Diebstahl innerhalb der Familie vehement verurteilten, betonten insbesondere von dem Vertrauensbruch, den man damit begehe. Kinder, die einen Diebstahl innerhalb der Familie als eher harmlos betrachteten, führten einen anderen Eigentumsbegriff ins Feld: Innerhalb der Familie gelte eine Wegnahme nicht unbedingt als Diebstahl, da man ohnehin miteinander teile.

Dieser kurze Abschnitt ist eine Einladung, selbst einmal mit einer Lerngruppe das Thema ‚Diebstahl' zu verhandeln und dabei auch die hier vorgestellten Diebstahlgeschichten einzusetzen.

8.5 Material

- **Links zur vertieften Auseinandersetzung mit Methoden**
- Benutzerfreundliche Übersicht über mögliche Online-Tools: ▶ https://digital-learninglab.de (zuletzt aufgerufen am 14.10.2021)
- Informationen zu Kahoot!: kahoot.com (zuletzt aufgerufen am 14.10.2021)
- Informationen zur Methode ‚Placemat': ▶ https://www.betzold.at/blog/placemat/ (zuletzt aufgerufen am 14.10.2021)

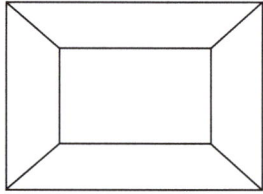

◘ **Abb. 8.4** Vorlage 01: Leeres Placemat

▪ **Vorlagen**

Alle Vorlagen (◘ Abb. 8.4–8.5) können auf SpringerLink heruntergeladen werden:
► https://link.springer.com/chapter/ ► https://doi.org/10.1007/978-3-662-66182-6_8

> **Übersicht**
>
> „Es ist gewiss, dass den Diebstahl dein Gesetz, Herr, und das Gesetz, das den Herzen der Menschen eingeprägt ist und das nicht einmal die Sündhaftigkeit selbst austilgen kann, strafen: Welcher Dieb ertrüge denn gelassen einen Diebstahl? Nicht einmal der Reiche bleibt gleichmütig, auch wenn Not zum Diebstahl trieb. Ich aber wollte stehlen und stahl, ohne dass mich Bedürftigkeit dazu zwang, es sei denn, der Mangel an, ja der Ekel vor der Gerechtigkeit und der Sättigungstrieb der Sündhaftigkeit. Denn ich stahl das, was mir bereits in reichem Maße und in weitaus trefflicherer Qualität zur Verfügung stand, und hatte es auch gar nicht darauf abgesehen, was ich durch Diebstahl an mich zu bringen suchte, zu genießen, sondern auf den Diebstahl und die Sünde selbst. Ein Birnbaum stand in der Nähe unseres Weinbergs, voll von Früchten, die weder durch Aussehen noch Geschmack anzulocken vermochten. Bis tief in die Nacht hatten wir jungen Nichtsnutze nach übler Gewohnheit unser Spiel auf unseren Tummelplätzen ausgedehnt, machten uns nun daran, den Baum zu schütteln und zu plündern, und schleppten riesige Mengen von Früchten fort, nicht etwa, um sie selbst zu verspeisen, sondern um sie vielmehr den Schweinen vorzuwerfen; selbst wenn wir ein wenig davon aßen, dann doch nur aus Gefallen am Unerlaubten. Sieh mein Herz, mein Gott, sieh mein Herz, dem du im tiefsten Abgrund deine Barmherzigkeit erwiesen hast! Sieh, nun soll dieses mein Herz dir sagen, worauf es damals aus war, mir den Freibrief des Übeltäters zu erteilen, ohne dass es für meine Bosheit einen Grund gab, ausgenommen die Bosheit selbst. Sie war widerwärtig, ich aber liebte sie; ich liebte mein Verderben, liebte meinen Fehl, nicht etwa den Gegenstand meines Fehls, sondern meinen Fehl als solchen liebte ich: eine nichtswürdige Seele, die sich von deinem festen Grund losreißt und in die eigene Vernichtung stürzt, indem sie nicht etwa durch schändliches Tun auf etwas aus ist, sondern auf das schändliche Tun selbst."
> Augustinus, Confessiones, II 4,9 (übers. Flasch/Mojsisch 2008, S. 63–64)

Ist Diebstahl manchmal gerechtfertigt?

Der Birnendiebstahl des Augustinus

Ich möchte dir erzählen, wie ich einmal etwas klaute. Das kam so:

Einmal, als ich ein Jugendlicher war, traf ich mich mit meinen Freunden. Wir wollten gemeinsam etwas unternehmen. Den ganzen Abend lang haben wir miteinander geredet und viel gelacht. Die Stimmung war super.

Es war schon tief in der Nacht, als wir einen Birnbaum ganz in der Nähe sahen. Der Birnbaum war zwar voller Früchte, aber die Birnen sahen nicht saftig und lecker aus. Wir wollten die Birnen gar nicht haben. Aber das störte uns nicht. Wir begannen, den Baum zu schütteln. Die Birnen fielen massenweise herunter. Wir steckten sie alle ein und nahmen sie mit.

Dabei wollten wir sie gar nicht essen! Die Birnen waren uns ganz egal. Auf dem Heimweg haben wir sie den Schweinen zum Fressen hingeworfen.

Du fragst dich bestimmt, warum wir das gemacht haben. Es hat so viel Spaß gemacht! Einfach, weil es verboten war. Ich hatte damals keine Lust mehr, immer nur brav zu sein und meinen Eltern und Lehrern zu gehorchen. Ich wollte etwas Verbotenes tun. Ich wollte böse sein.

Aufgaben:

1.) Lies den Text und unterstreiche Wörter, die du nicht kennst.

2.) Erzähle die Geschichte deinem Sitznachbarn oder deiner Sitznachbarin.

3.) Welche Gedanken, welche Gefühle löst die Geschichte in dir aus? Beschreibe.

■ Abb. 8.5 Vorlage 02: Der Birnendiebstahl des Augustinus im Original

Literatur

Augustinus, A. (2008). *Bekenntnisse. Aus dem Lateinischen übers. und hrsg. von Kurt Flasch und Burkhard Mojsisch. Mit einer Einleitung von Kurt Flasch.* Reclam

Gehrlach, A. (2016). *Diebe. Die heimliche Aneignung als Ursprungserzählung in Literatur, Philosophie und Mythos.* Wilhelm Fink

Kohlberg, L. (1974). *Zur kognitiven Entwicklung des Kindes.* Suhrkamp

Siegler, R., Eisenberg, N., DeLoache, J., Saffran, J. (2016). Moralentwicklung. In S. Pauen (Hrsg.), *Entwicklungspsychologie im Kindes- und Jugendalter* (Deutsche Ausgabe 4. Aufl. S. 529–573). Springer

Gehrlach, A., & Kimmich, D. (Hrsg.). (2018). *Diebstahl! Zur Kulturgeschichte eines Gründungsmythos.* Wilhelm Fink

Ist das ein Stuhl?

Bettina Bussmann

© Bussmann

Ergänzende Information Die elektronische Version dieses Kapitels enthält Zusatzmaterial, auf das über folgenden Link zugegriffen werden kann ▶ https://doi.org/10.1007/978-3-662-66182-6_9.

© Der/die Autor(en), exklusiv lizenziert an Springer-Verlag GmbH, DE, ein Teil von Springer Nature 2024
B. Bussmann (Hrsg.), *Philosophieren mit Kindern und Jugendlichen*,
Philosophische Bildung in Schule und Hochschule,
https://doi.org/10.1007/978-3-662-66182-6_9

Verwendete Materialien	– Vielfältige kontroverse Fotos, die sich für die Begriffsbestimmung von Stühlen (und anderen Gegenständen) eignen – Audioaufnahme – 3 Bilder: Naturphänomen, Tier, Computer, – Geschichte und Gedicht – Alltagsgegenstände
Philosophische Themen	– Metaphysik, Sprachphilosophie, Erkenntnistheorie
Methoden	– Genaue Bildanalyse (phänomenologische und analytische Übung) – Begriffsarbeit – Philosophische Antworten schreiben
Beispiele aus der Praxis	– Antworten und Bilder der Kinder
Dauer	– Drei Doppelstunden
Altersklasse	– ab 8 für jedes Alter

9.1 Einführung in das Thema

Dieses Kapitel möchte in analytischer und dennoch spielerischer Art erste metaphysische und erkenntnistheoretische Grundfragen stellen. Es soll gelernt werden, wie der Gebrauch der Sprache unsere Begriffe über die Gegenstände der Welt festlegt – und welche Schwierigkeiten dabei entstehen. Die philosophischen Disziplinen ‚Metaphysik' und ‚Erkenntnistheorie' gehören in den Bereich der Theoretischen Philosophie und sind für viele sicherlich nicht die naheliegendsten Disziplinen, wenn man mit Kindern philosophieren möchte. Es klingt einigermaßen furchteinflößend, wenn in einem philosophischen Lexikon die Metaphysik als „höchste Disziplin" bezeichnet wird (Gerhardt, 2008, S. 373) oder, wie Aristoteles in seinem klassischen Grundlagenwerk „Metaphysik", als „Wissenschaft, die das Seiende als solches und das, was diesem an sich zukommt, betrachtet" (Aristoteles: Metaphysik IV, 1003 a 21). Das klingt kompliziert für alle Menschen und Altersgruppen (ist es auch) und scheint nur wenig Anhaltspunkte für einen motivierenden und spannenden Unterricht zu liefern. Was soll das „Seiende" denn sein und welche Eigenschaften kann dem Seienden „an sich" zukommen? Entweder es scheint banal und man zählt die Dinge auf, die man in seiner Umgebung gerade sieht – z. B. Stühle, Tassen, Bohrmaschinen oder Schokolade – oder es wird sehr voraussetzungsreich und theoretisch: Ist Gott der Urgrund des Seins und also auch von dieser Bohrmaschine? Gibt es die Seele, gibt es die Idee der Freiheit, gibt es ein Leben nach dem Tod? Wie können wir mit unseren geistigen Konstrukten – Sätzen, Theorien, Modellen – die Welt erklären, verstehen und Prognosen stellen? In der Philosophie arbeitet man bei ganz schwierigen Fragen zunächst mit den ganz einfachen Gegenständen, wie Stühlen, Tassen und Bohrmaschinen. Und man fragt ebenso einfach: Was gibt es überhaupt? Und in welchen Beziehungen steht alles zueinander? Dann erkennt man schnell, dass diese Aufgabe gar nicht so banal ist, wenn man die philosophische Frage stellt, was diesen Gegenständen *notwendig* für Eigenschaften zukommen müssen, damit sie Stühle, Tassen und Bohrmaschinen sind, und welche Eigenschaften ihnen nur *akzidentiell,* also zufällig, zukommen, d. h. sie sind nicht notwendig und würden den Stuhl auch einen Stuhl bleiben lassen, wenn er diese Eigenschaften nicht (mehr) hat. Stühle sind zwar Dinge, auf denen man sitzen kann, aber nicht jedes Ding, auf dem man sitzen kann, ist automatisch ein Stuhl. Im Gegensatz dazu ist jeder Tiger eine Katze und wenn es keine Katze ist, ist es auch kein Tiger. Diese wichtigen logischen Unterscheidungen waren für Matthew Lipman zentrale Grundlagen philosophischen Denkens. Deshalb finden sich Unterscheidungen dieser Art in vielen seiner Handbücher für die Lehrkräfteausbildung, z. B. in *Harry Stottlemeier's Discovery* (Lipmann, 1974).

Eine weitere wesentliche Grundfrage der Metaphysik lautet: Wie kann etwas dasselbe bleiben, wenn es sich ändert? Bleibt das Einzelding gleich, wenn sich seine Eigenschaften verändern? Hier geht es um die Frage der Identität über die Zeit hinweg und ein klassisches Beispiel, das dieses Problem veranschaulicht, ist das *Schiff des Theseus* (Plutarch, 1995)*:*

» Das Schiff, auf dem Theseus mit den Jünglingen losgesegelt und auch sicher zurückgekehrt ist, eine Galeere mit 30 Rudern, wurde von den Athenern bis zur Zeit des Demetrios Phaleros aufbewahrt. Von Zeit zu Zeit entfernten sie daraus alte Planken und ersetzten sie durch neue intakte. Das Schiff wurde daher für die Philosophen zu einer ständigen Veranschaulichung zur Streitfrage der Weiterentwicklung; denn die einen behaupteten, das Boot sei nach wie vor dasselbe geblieben, die anderen hingegen, es sei nicht mehr dasselbe.

Diese Fragestellung lässt sich auf viele andere Gegenstände übertragen. Ein Frage könnte z. B. lauten: Ist die 1,00 m große, dreijährige Bettina noch dieselbe wie die 1,76 m große Bettina zum jetzigen Zeitpunkt? Was sind die wichtigsten Eigenschaften von Bettina, von Stühlen, Bohrmaschinen und Schokolade, die garantieren, dass es auch nach einer gewissen Zeit noch dieselben Gegenstände sind? (Siehe zu dieser Frage auch „das Schiff des Theseus" in der Reihe *filosofix.*
▶ https://youtu.be/9zl8j7eq-Is.)

- **Warum sind diese Fragen philosophisch und psychologisch wichtig?**

Menschen klassifizieren Phänomen, Gegenstände und Ereignisse nach Wichtigkeiten. Der gesamte schulische Bildungsweg – insbesondere in den naturwissenschaftlichen Fächern – ist eine Schulung im Feststellen und Bewerten von wichtigen Eigenschaften bestimmter Dinge. Diese Tätigkeit ist eine notwendige Voraussetzung dafür, dass Menschen die Welt überhaupt erkennen und beherrschen können. Wir verwenden Begriffe, wie z. B. ‚Stuhl', um uns auf bestimmte Gegenstände zu beziehen und mit anderen Menschen kommunizieren zu können – in der Hoffnung, dass diese den Begriff ebenso verstehen und verwenden, wie wir es tun. Kinder fragen bereits sehr früh, warum die Dinge so heißen, wie sie heißen. Die Fragen von Kindern nach Namen und Klassifizierungen sind auch darauf zurückzuführen, dass sie ihre Umwelt verstehen wollen. Sie schaffen einen begrifflichen Rahmen, um ihr Wissen über die Welt zu ordnen. Indem sie fragen, warum

ein Frosch ‚Frosch' heißt, und ob wir ihn auch anders nennen können, versuchen sie, die zugrunde liegenden Prinzipien der Kategorisierung und die Beziehungen zwischen Wörtern und Objekten zu verstehen (z. B. Siegler et al., 2016, S. 239 ff.). Dabei wundern sie sich über eine ganze Reihe von Dingen, die in der Philosophie von unterschiedlichen Disziplinen behandelt werden:
- **Metaphysik:** Warum gibt es eigentlich Frösche?
- **Sprachphilosophie:** Können wir sie einfach anders nennen?
- **Erkenntnistheorie:** Wodurch wird garantiert, dass wir alle mit ‚Frosch' dieselben Gegenstände meinen?

In der Philosophie haben in der Metaphysik seit Mitte des 20. Jahrhunderts besonders die sprachanalytischen und naturalistischen Richtungen zugenommen, da das religiöse Zeitalter einem wissenschaftlichen gewichen ist. Das bedeutet nicht, dass religiöse Zugänge in der Metaphysik heute keine Rolle mehr spielen. Ob es Gott oder göttliche Wesen gibt, wird nach wie vor diskutiert. Es bedeutet allerdings, dass naturalistische, der wissenschaftlichen Methode verpflichtende Welterklärungsmodelle in der westlichen Philosophie immer prägender geworden sind.

Das hat dazu geführt, dass Philosoph*innen sehr häufig auf die Erkenntnisse aus den Natur- und Sozialwissenschaften zurückgreifen, denn auch Psychologi*innen und Neurowissenschaftler*innen erforschen, wie Menschen sich auf Gegenstände in der Welt beziehen. Bei ihnen steht aber die Frage im Vordergrund, welche psychologischen Mechanismen ablaufen, wenn man z. B. bestimmte Begriffe wie ‚Stuhl', ‚Frosch' oder ‚Frau' hört und diese verwendet. Psychologi*innen verwenden statt des philosophischen Terminus ‚Begriff' den Terminus ‚mentales Konzept'. Wie funktionieren diese? Menschen bilden auf Grundlage ihrer Erfahrungen und ihres Wissens mentale Konzepte von *konkreten Gegenständen,* wie z. B. „Stuhl", aber auch von *abstrakten Gegenständen,* wie z. B. ‚Moral' oder ‚Zahl'. Dabei bündeln sie bestimmte Merkmale als typisch für diesen Gegenstand (Sternberg & Sternberg, 2012, S. 326, ausführlich Brown & Cordon, 2009). Mentale Konzepte können sich stark unterscheiden, je nachdem, in welcher Kultur man aufwächst und welches Wissen man erworben hat. Der Begriff ‚Stuhl' bzw. das mentale Konzept, welches sich auf die konkreten Gegenstände bezieht, ist sicher weniger problematisch als der abstrakte Begriff ‚Frau' oder ‚Gott'. Denn was eine Frau zur Frau macht, ist gerade heutzutage sehr umstritten, und ob es einen Gott überhaupt gibt, gehört zur größten Streitfrage der Menschheit. Fest steht dadurch aber, dass wir die Welt niemals so erfahren, wie sie ‚wirklich' ist. Das ist sehr bedauerlich, denn in diesem Falle würden alle Menschen beim Verwenden ihrer Begriffe die gleichen mentalen Konzepte haben, was die sprachliche Kommunikation und unsere Erkenntnis der Welt erheblich vereinfachen würde! Im Umkehrschluss heißt das aber nicht, dass jede Person ihre privaten Begriffe und mentalen Konzepte entwickelt, die notwendigerweise verschieden sind von denen aller anderen Menschen. Da wir soziale Wesen sind, teilen wir mit allen anderen sowohl biologische als auch kulturelle Prägungen.

Bei der Verwendung von Begriffen werden also mentale Konzepte aktiviert, die wie ein kognitiver Filter wirken, so dass die Welt mittels dieser kognitiven Filter erkannt und bewertet wird. Sprachlich korrelieren diese mentalen Konzepte ganz wesentlich mit Begriffen. Für Philosoph*innen sind sprachliche und erkenntnistheoretische Reflexionen über die Verwendung von Begriffen aber noch aus anderen Gründen wichtig: Als notwendiges Werkzeug des Denkens und Urteilens beziehen wir uns mit ihnen auf die Welt und urteilen darüber, ob etwas gut oder schlecht ist, richtig oder falsch.

Wenn wir uns philosophisch mit der Frage „Welche Eigenschaften fallen unter den Begriff X?" befassen wollen, müssen folgende Dimensionen unterschieden werden, die in der Praxis des Philosophierens häufig miteinander verschwimmen:

1. **Sprachliche Dimension:** Wie werden bestimmte Begriffe verwendet und wie sollten sie verwendet werden?
2. **Psychische Dimension:** Welche Erinnerungen, Vorstellungen, Gefühle werden mit diesem Begriff aktiviert?
3. **Realitätsdimension:** Auf welche Gegenstände in der Welt beziehen wir uns?
4. **Umfangsdimension:** Teilen die Gegenstände bestimmte Eigenschaften mit anderen Gegenständen, wenn ja, welche?

- **Warum sind diese Fragen lebensweltlich wichtig?**

Wer sich mit den Fragedimensionen (1) bis (4) noch nie beschäftigt hat, könnte mit einem bestimmten Einwand kommen, der lautet: Diese abstrakten philosophischen Fragen spielen doch keine Rolle für unsere Lebenswelt, wir haben es hier mit Elfenbeinturm-Philosophie zu tun. Dem ist nicht so, denn das Nachdenken über diese Fragen fördert ein genaues Unterscheidungsdenken, das für das zukünftige Leben in vielen Bereichen von großer Wichtigkeit ist. Ein Beispiel soll dies verdeutlichen. Was eine bestimmte psychische Krankheit zu einer *Krankheit* macht, ist in den beiden großen Krankheitskatalogen ICD *(International Statstical Classification of Diseases and Related Health Problems)* und DSM *(Diagnostic and Statistical Manual of Mental Disorders)* erfasst und dient als Grundlage für die Erstellung von Diagnosen. Hier werden die Merkmale aufgelistet, die mindestens erfüllt sein müssen, damit ein Syndrom als eine bestimmt psychische Krankheit identifiziert und eine Diagnose richtiggestellt werden kann bzw. darf. Über die Anzahl der Merkmale und ihre Beschreibungen wird zwischen Expert*innen allerdings immer wieder gestritten – was wichtig und gut ist, denn immerhin geht es um Menschen, deren weiteres Leben sich erheblich unterscheidet, je nachdem, ob eine Diagnose gestellt wird oder nicht. Deshalb ist eine Kenntnis der Fragedimensionen (1) bis (4) für alle Personen wichtig, die in diesem Bereich tätig sind – und auch für Laien. Wir übertragen die Dimensionen auf die psychische Krankheit „Depression":

1. **Sprachliche Dimension:** Alle Menschen verwenden den Begriff einer bestimmten Krankheit, z. B. ‚Depression', für gewissen Menschen, die ein bestimmtes Verhalten zeigen. Wenn wir andere Menschen mit bestimmten Begriffen bezeichnen, dann ‚zeichnen' wir sie dadurch auch. Sie werden von ihren Mit-

menschen dann möglicherweise anders behandelt, was deutlich macht, dass unsere Sprachhandlungen einen moralischen Aspekt aufweisen. 1984 strich die WHO (Weltgesundheitsorganisation) z. B. Homosexualität aus der internationalen Liste der Krankheiten mit der Begründung, dass es keine wissenschaftliche Evidenz dafür gebe, gleichgeschlechtliches sexuelles Verhalten als eine Krankheit einzustufen. Mit zunehmendem wissenschaftlichen und moralischen Fortschritt ändern sich unsere Begriffe und das, was wir darunter verstehen. Klinische Psycholog*innen hingegen müssen die korrekte Verwendung des Begriffs ‚Depression' kennen und einschreiten, wenn sie merken, dass sich in der Gesellschaft eine Sprachgebrauch eingebürgert hat, der nicht korrekt bzw. schädlich ist.
2. **Psychische Dimension:** Die psychische Dimension beschreibt das Erleben der Krankheit bei den Betroffenen, ihre negativen Gefühle, ihre Ängste, ihre Erinnerungen etc. Auch Laien erfahren in zweiter Instanz, welches Erleben und Verhalten mit dieser Erkrankung verbunden ist.
3. **Realitätsdimension:** Die korrekte Verwendung des Begriffs ‚Depression' bezieht sich auf die mentalen Zustände depressiver Menschen, die ein gewisses *Verhalten* nach sich ziehen, z. B. Isolation, Schweigsamkeit, Traurigkeit etc.
4. **Umfangsdimension:** Da eine Depression als *psychische* Krankheit klassifiziert wird, teilt sie mit anderen psychischen Krankheiten eine bestimmte Menge an Eigenschaften, z. B. das Gefühl von Niedergeschlagenheit. Hier entstehen Probleme der Abgrenzung zu anderen Krankheiten (auch körperlichen), wenn man auf Grundlage einer Reihe von Krankheitsmerkmalen, die sich mit anderen Krankheiten überschneiden, eine korrekte Diagnose stellen möchte.

Dieses Beispiel veranschaulicht, dass das Nachdenken über Fragen der Form „Was macht eigentlich X zu X?" nicht nur eine zentrale philosophische Schulung des Denkens ist, sondern auch von enormer gesellschaftlicher und persönlicher Relevanz.

Philosophische Überlegungen anzustellen, welche Eigenschaften die gewöhnlichen Gegenstände unserer Alltagswelt auszeichnen, sind ideale Einstiegsübungen für die später zunehmend schwierigeren Fragen, was z. B. ein Kunstwerk zu einem Kunstwerk macht, eine menschliche Reaktion zu einem bestimmten Gefühl oder – wie oben gezeigt – eine Krankheit zu einer Krankheit. Übungen in definitorischer Reflexion und Genauigkeit sind die Grundfesten philosophischer und wissenschaftlicher Arbeit. Wissenschaft – und damit auch die Philosophie – steht und fällt mit der Formulierung klar definierter Begriffe. Nur dadurch kann eine Verständigung unter den Forscher*innen gelingen und zielführende Experimente und Forschungsarbeiten durchgeführt werden. Aber auch die private Kommunikation mit anderen Menschen verbessert sich, wenn man sich seiner eigenen sprachlichen Verwendungsweise von Wörtern und Begriffen bewusst wird.

- **Wenn Sprache scheitert – ein Beispiel**

Beginnen wir mit einer lustigen Geschichte (Köhler, 2001, S. 15), die auch im Unterricht eingesetzt werden kann, hier aber lediglich eine explikatorische Funktion erfüllt:

> Ein Mann verfolgte einen Flüchtenden und rief Sokrates zu: „Halt ihn auf!" Sokrates rührte sich nicht, der Mann entkam, und der Verfolger fragte den Philosophen, warum er den Mörder nicht aufgehalten habe. „Ein Mörder? **Was verstehst du unter einem Mörder?**"
> „Was für eine Frage! Ein Mörder ist jemand, der tötet."
> „Also ein Metzger?"
> „Unsinn, ich meine einen Menschen, der einen anderen Menschen tötet."
> „Aha - ein Soldat."
> „Aber nein, ich meine jemand, der einen im tiefsten Frieden umbringt."
> „Ach so, ein Henker."
> „Bei Zeus! Der einen anderen in seinem Haus tötet!"
> „Jetzt verstehe ich dich. Du meinst einen Arzt."

Diese Geschichte zeigt zunächst etwas ganz Zentrales, nämlich wie schwer es mitunter ist, sich jemandem verständlich zu machen bzw. die Aussage einer anderen Person so zu verstehen, wie sie es intendiert hat. Auch wenn man an dieser Stelle berücksichtigen sollte, dass Sokrates den Verfolger absichtlich missversteht, um ihm zu zeigen, dass seine Definitionsversuche allesamt ungenau bzw. zu weit geraten sind, zeigt dieses Beispiel, dass Menschen in der Verwendung ihrer Worte unterschiedliche Dinge als wichtig betrachten. Dies kann in Folge zu Missverständnissen, Streitereien, fehlerhaftem Verhalten und schlechten Beziehungen führen. Sokrates' Frage „Was verstehst du unter einem Mörder?" ist somit eine philosophische Einstiegsfrage in die eigentliche philosophische Arbeit der Begriffsbestimmung.

Im Folgenden sollen zwei wesentliche Gründe umrissen werden, die zeigen, dass Reflexionen über das Wesen sprachlicher Begriffe Kompetenzen schulen, die weit über das Erlernen metaphysischer Kenntnisse hinausgehen.

1. **Bestimmung des Gegenstandsbereiches:** Angenommen ich weiß wirklich nicht, was ein Mörder ist, dann erhalte ich mit der ersten Definition die allgemeine Erkenntnis, dass es eine Person ist, die jemand anderen tötet. Da es aber viele Berufsgruppen und viele Situationen gibt, in denen Lebewesen töten oder getötet werden, ist diese Definition natürlich viel zu weit: Soldaten, Metzger, Henker und Ärzte töten alle in bestimmten Situationen, aber würden wir sie alle auch als ‚Mörder' bezeichnen? Der Witz der Geschichte ergibt sich aus den kläglichen Versuchen, den zu weiten Gegenstandsbereich auf die Vorschläge von Sokrates hin einzugrenzen. Das scheitert und wir haben am Ende keine Merkmale gefunden, die für eine Definition von ‚Mörder' taugen. Da es sich bei diesem Begriff in erster Linie um einen juristischen Begriff handelt, kann man das Strafrecht zu Hilfe holen und sich hier den Paragraphen 211 des deutschen Strafgesetzbuches durchlesen: „(1) Der Mörder wird mit lebenslanger Freiheitsstrafe bestraft. (2) Mörder ist, wer aus *Mordlust*, zur *Be-*

friedigung des Geschlechtstriebs, aus *Habgier* oder sonst aus *niedrigen Beweggründen, heimtückisch* oder *grausam* oder mit *gemeingefährlichen Mitteln* oder um *eine andere Straftat zu ermöglichen* oder *zu verdecken,* einen Menschen tötet." (Hervorh. B.B.). Die philosophische Arbeit beginnt jetzt: Auf welche der oben angegeben Personen – Soldat, Metzger, Henker, Arzt – treffen die Mordmerkmale zu? Sind diese Merkmale vollständig? Was ist ein „niederer Beweggrund"? Wann ist eine Tat „grausam"? Dies sind allesamt schwierige Fragen, die zu unterschiedlichen Zeiten und in unterschiedlichen politischen Systemen unterschiedlich beantwortet wurden und werden.

2. **Kontextgebundenheit von Sprache und Wirklichkeit:** Je nachdem in welchem Beruf man arbeitet oder welcher Tätigkeit man nachgeht, beschäftigt man sich mit unterschiedlichen Gegenstandsbereichen. So beschäftigen sich Biolog*innen mit den Gegenständen der belebten Welt, Mediziner*innen mit dem menschlichen Körper und KFZ-Mechatroniker*innen mit Gegenständen der unbelebten Welt, zum Beispiel mit Autos. Die Biolog*in beschreibt die Einzeldinge der belebten Welt und deren Eigenschaften und Beziehungen zueinander. So hat jeder einzelne Pudel gewisse Eigenschaften, von denen einige für alle Pudelrassen und einige sogar für alle Hunde gelten. Alle Pudel zeichnen sich durch äußere Erscheinungsformen (z. B. wollige, gekräuselte Behaarung) aus, die sie zu ihrer Art machen, und sie teilen mit allen Hunden ihre Abstammung vom Wolf. Mediziner*innen können z. B. eine menschliche Leber identifizieren und bestimmen, welche Eigenschaften einer gesunden und welche einer kranken Leber zukommen. Mechatroniker*innen sind darin geschult, mechanische, elektronische und informationstechnologische Eigenschaften, z. B. eines Automobils, zu identifizieren und zu bestimmen, ob deren Teile aufgrund ihrer Eigenschaften funktionstüchtig sind. Was alle drei Berufsgruppen in ihrer Arbeit eint, ist die Fähigkeit, für ihre konkreten Gegenstände (Pudel, Leber, Auto) genau angeben zu können, welche Merkmale und Eigenschaften sie auszeichnen, welche notwendig sind und welche nicht. Besonders für Kinder haben diese Fragen eine große Bedeutung, da sie in vielen Fächern genau das lernen. Welches Tier ein Pudel ist und welches nicht, kann möglicherweise zu Streitereien führen, wenn das Tier die dominanten Merkmale nicht offensichtlich zur Schau trägt. Dass es eine Leber gibt und was diese auszeichnet, wird mühsam erlernt, selbst viele Erwachsene wissen wahrscheinlich nicht, was ihre Merkmale und Eigenschaften sind. Noch schwieriger (und damit philosophisch interessant!) wird es, wenn wir danach fragen, was einen Mann zu einem Mann macht oder ein Kind zu einem Kind. Hier gibt es eine Reihe von Antworten, die sich kulturell und historisch stark unterscheiden – und die bei der interkulturellen Verständigung zu Unverständnis und zu Kontroversen führen können. Ekkehard Martens schreibt deshalb: „Ein erstes Ziel der Begriffsbildung ist daher, daß die Kinder erfahren, Begriffe nicht als starre Marken von den Erwachsenen zu übernehmen und Menschen, Dingen oder Ereignissen anzuheften oder gegen andere Namensschildchen einfach auszutauschen" (Martens, 1999, S. 111). Wer mit Kindern, Jugendlichen *und* Erwachsenen kontinuierlich diese

Art des Denkens übt, kann sie für die Extremformen des Dogmatismus („Das ist so und soll so sein!") und des Relativismus („Das muss jede*r selber wissen, es gibt keinen Maßstab") unempfänglicher machen. Letztlich gründet Matthew Lipmans starke Konzentration auf das Erlernen logischen Denkens nicht nur darin, dass er selbst Logiker war, sondern auch in seinen Erfahrungen mit seinen Studierenden zur Zeit des Vietnam-Kriegs (wie aus einem persönlichen Gespräch zwischen Ekkehard Martens und Matthew Lipmann überliefert ist). Er bemerkte, dass sie keine *thinking skills* besaßen, um zu verstehen, was Politiker*innen eigentlich behaupten, und um sich sinnvoll an politischen Debatten zu beteiligen. Das eher theoretische Philosophieren über Metaphysik, Sprache und Logik hat auch im Bereich des Philosophierens mit Kindern eine lange Tradition und kann als ihre Ausgangsdisziplin bezeichnet werden. Hieran soll jetzt angeknüpft werden.

9.2 Ablauf und Methoden

Die didaktische Herausforderung für das Philosophieren mit eher abstrakten philosophischen Fragestellungen liegt darin, diese spannend und ansprechend einzubetten. Das kann man tun, indem sie als Kindergeschichten geschrieben werden (bekannte Beispiele sind z. B. *Harry Stottlemeier's Discovery* von Matthew Lipman und „Ein Tisch ist ein Tisch" von Peter Bichsel; s. ▶ Abschn. 9.3). Man kann aber auch eine*n fiktive*n Gesprächspartner*in einführen, mit dem/der die Klasse über die gesamte Unterrichtsstunde (oder -einheit) in einen Dialog tritt. In dieser Unterrichtssequenz ist das der Außerirdische Orin. Die Fiktion eines Außerirdischen hat den Vorteil, dass man von keinem gemeinsamen Wissensschatz ausgehen kann, wenn man ihm etwas erklären möchte. In einer solchen Situation sind wir ohnehin immer dann, wenn wir Kindern unbekannte Dinge erklären wollen und dabei auf Fachsprache und erworbenes Wissen nicht zurückgreifen können. In einer ähnlichen Situation ist man ebenfalls, wenn man sich in einer fremden Kultur befindet und passende Worte und Bilder sucht, um bekannte Dinge einfach und grundlegend zu erklären. Für Philosoph*innen gehört diese Fähigkeit zur professionellen Grundeinstellung. Diese Grundeinstellung soll mit der Figur Orin eingeübt werden.

Orin wird eingeführt Orin ist ein Außerirdischer von einem fernen Planeten. Die Lehrkraft kennt ihn und stellt ihn der Klasse vor (hier dürfen Sie spontan und kreativ werden). Orin möchte die Welt der Menschen kennenlernen und will auch verstehen, wie sie ihre Begriffe verwenden. So hat er Beobachtungen gemacht und Hypothesen aufgestellt. Heute will er verstehen, was ein Stuhl ist. Dafür hat er verschiedene Fotos ausgesucht, auf denen er glaubt, Stühle zu sehen, und er hat sie der Lehrkraft mitgegeben. Es sind fünf Fotos (s. ◘ Tab. 9.1), auf denen ein Affe auf einem Elefanten, eine Frau in einem Elefantenrüssel, Fischer auf Holzstelzen, ein Mann auf einem Brett und ein Klosett abgebildet sind. Die Lehrkraft hängt die Fotos an die Wand und fragt: *Welcher dieser Gegenstände ist ein Stuhl? Findet Gründe, warum es ein Stuhl ist und/oder warum es keiner sein kann.*

Jetzt können, je nach Lerngruppenvoraussetzung, verschiedene Arbeitsformate gewählt werden:
a) Man geht mit allen Kindern die Fotos durch und philosophiert ganz frei. Im Vordergrund steht das Einüben eines geregelten philosophischen Gesprächs.
b) Man geht mit allen Kindern die Fotos durch und erstellt zugleich an der Tafel eine Liste mit den Begründungen.
c) Man teilt je ein Foto an eine Lerngruppe aus. Diese diskutiert darüber, ob es sich um einen Stuhl handelt oder nicht und notiert sowohl Gründe, die dafür, als auch Gründe, die dagegen sprechen. Danach stellt jede Gruppe ihre Ergebnisse im Plenum vor.

Sehr junge Kinder können vorab auch einen Stuhl zeichnen und die wichtigsten Merkmale aufschreiben. Beides kann im Anschluss mit den Fotos von Orin verglichen werden.

Was macht einen Stuhl zu einem Stuhl? Bildanalysen Die folgenden Fotos bauen aufeinander auf, insofern es von der Tätigkeit des Sitzens zum Gegenstand hinführt:
— Auf dem ersten Foto geht es nicht um Menschen, sondern um das Sitzen.
— Auf dem zweiten Foto geht es ebenfalls um das Sitzen, aber das findet nicht auf einem menschlichen Artefakt statt, sondern in einem Elefantenrüssel.
— Das dritte Fotos bezieht das Sitzenkönnen auf eine berufliche Tätigkeit, für die sich gewöhnliche Stühle nicht eignen, weshalb man kreativ werden muss.
— Das vierte Foto zeigt einen Mann von hinten auf einem Brett sitzend.
— Das fünfte Foto zeigt ein Klosett in der Herstellung.

Es ist sehr wichtig, dass dem Sammeln der Gründe eine genaue Beschreibung der Fotos vorausgeht, denn viele Informationen sind nicht auf den ersten Blick sichtbar. So muss z. B. zunächst diskutiert werden, was die Männer auf den Holzstelzen eigentlich machen und warum die Stelzen so hoch sein müssen. Ebenso fällt nur wenigen auf, dass es sich bei dem Mann auf dem Brett wahrscheinlich um einen Wasserträger handelt, der eine Pause macht (und sich vielleicht im Sand nicht die Kleidung dreckig machen möchte).

In der linken Spalte finden Sie das entsprechende Foto und eine Beispielantwort einer*s Schüler*in der Klassenstufe 1–4. In der rechten Spalte eine Auswahl häufig gegebener Antworten.

Tab. 9.1 Antworten von Schüler*innen einer Grundschule der Klassen 1–4 auf verschiedene Fotos (Fotos 1 und 4 aus Kalman, 1997; Foto 2: © Tatiana Morozova / stock.adobe.com, Foto 3: © eranda / stock.adobe.com, Foto 5: © Seva_001 / stock.adobe.com)

1. Ein Affe sitzt auf einem Elefanten

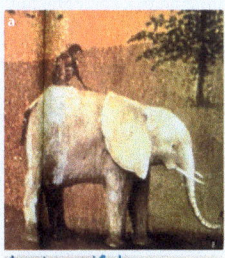

NEIN, weil….
- …das ein Tier ist
- …Tiere keine Möbel sind
- …sich der Elefant bewegt, Stühle stehen still
- …das zu hoch ist für einen Stuhl
- …man da hinaufklettern muss
- …das zu gefährlich ist
- …Tiere keine Stühle brauchen

JA, weil….
- …das für Affen vielleicht ein Stuhl ist, Affen können ja keine Stühle herstellen
- …jede*r für sich bestimmen kann, was ein Stuhl für ihn/sie ist
- …man alles als Stuhl bezeichnen könnte, worauf man sich setzen kann. Auch auf einen Stein z. B

2. Eine Frau sitzt auf einem Elefantenrüssel

NEIN, weil….
- …das ein Rüssel ist und damit immer noch ein Tier
- …sich der Rüssel bewegt
- …Stühle am Boden stehen
- …man mit dieser Art von Stuhl nichts anfangen kann, man muss dann immer den Elefanten mitnehmen

JA, weil….
- …der Elefant darauf trainiert ist und die Frau ihn als ihren persönlichen Stuhl verwenden kann
- …die Neandertaler früher ja auch keine Stühle wie heute hatten, Stühle entwickeln sich

3. Fischer sitzen auf Holzstelzen

NEIN, weil….
- …man herunterfallen kann
- …(viele Gründe von oben werden erneut genannt)
- …es unbequem ist

JA, weil….
- …man für das Wasser keinen normalen Stuhl nehmen konnte und deshalb etwas gebaut hat
- …Menschen bestimmen können, was ein Stuhl ist

(Fortsetzung)

Tab. 9.1 (Fortsetzung)

4. Ein Mann sitzt auf einem Brett 	**NEIN, weil….** – …das eine Bank ist, und eine Bank ist kein Stuhl – …ein Stuhl eine Rückenlehne hat – …ein Stuhl vier Beine hat **JA, weil….** – …(die Gruppe der Befürworter sinkt in der Regel auf 0 durch die Überzeugungskraft der Gegner und die bereits erstellten Gründe der vorherigen Fotos)
5. Ein Klosett während der Herstellung 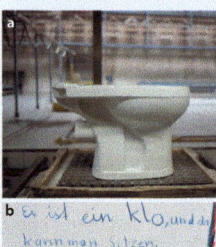	**NEIN, weil….** – …das ein Klo ist und kein Stuhl – …ein Klo nicht zum Sitzen erfunden wurde (auch wenn sich viele dort sehr lange aufhalten) – …das Klo immer nur an einem bestimmten Ort ist und nicht mitgenommen werden kann – …Menschen haben das extra „Klo" genannt, weil es kein Stuhl ist. Und zwar überall auf der Welt **JA, weil….** – …das zwar ein Klo ist, aber wir darauf sitzen – …nichts spricht dagegen, ein Klo an seinen Schreibtisch zu stellen und den Wasserkasten als Box für Schreibsachen zu verwenden

Die Antworten zu den einzelnen Fotos können von Lerngruppe zu Lerngruppe sehr stark variieren. Manchmal steht die Frage nach dem Benutzen von Tieren im Vordergrund, manchmal werden bereits sehr früh die notwendigen Bestandteile von Stühlen diskutiert. Spätestens Sätze wie „Der Stuhl hat eine Rückenlehne" führen dann zur Frage, welche Teile *notwendigerweise* zum Stuhl gehören und welche nicht. Dabei werden z. B. Abgrenzungen getroffen zu Bänken, Hocker, Couches und sogenannten Sitzlandschaften. In der Regel werden relativistische Antworten – „Jede*r kann selbst bestimmen, was ein Stuhl ist" – recht früh gegeben. Dies sollte aufgegriffen und diskutiert werden (s. die folgenden Diskussionspunkte sowie die Geschichte von Peter Bichsel in ▶ Abschn. 9.3).

Nach der Diskussion könnten einige Schüler*innen sich wundern, warum Orin so merkwürdige Fotos mitgebracht hat: „Bestellen Sie Ihrem Orin, dass auf allen Fotos kein richtiger Stuhl drauf ist. Wo hat er denn seine Augen?" (Maurice, 4. Klasse). Sie können also entweder noch weitere „echte" Stühle mit in die Sammlung mit aufnehmen oder Sie beauftragen die Schüler*innen, ihren Wunschstuhl zu entwerfen und farblich zu markieren, welches die notwendigen Bestandteile sind und welches die nicht notwendigen. Nicht notwendige Bestandteile sind z. B. Verzierungen, die nur schön aussehen, oder praktische Funktionen (z. B. Ladestation für das Handy im Stuhlbein oder Armlehnen o.Ä.).

- **Diskussionspunkte im Anschluss (für alle Fotos)**
- Bestimmt jede*r selber, was man als Stuhl bezeichnet. Warum/Warum nicht?
- Könnten wir uns entscheiden, statt ‚Stuhl' einfach einen anderen Namen einzuführen?
- Können verschiedene Berufsgruppen und Kulturen ihre eigenen Stühle einfach anders nennen?
- Wie kann ich erkennen, ob ich den Begriff ‚Stuhl' so verstehe wie alle anderen Menschen?
- Kann sich ein Stuhl weiterentwickeln und zu etwas ganz anderem werden?

Orins Antwort Nach der Unterrichtseinheit sammeln Sie die Ergebnisse ein und werten sie aus. Wie verlief die Stunde? Wie war die Diskussion? Wurden viele verschiedene Gründe genannt oder gab es eher den Konsens, dass es sich bei allen Fotos nicht um Stühle handelt? Traten ganz andere Fragen in den Vordergrund? Auf Grundlage Ihrer Auswertung verfassen Sie eine Antwort von Orin auf die Antworten der Kinder zu seinen Stuhlfotos. In der hier präsentierten Stunde waren die Antworten nicht konsensual. Folgend finden Sie Orins Antwort sowohl als Sprachnachricht (mit Stimmenverzerrer aufgenommen) als auch als Text. Nachdem die Schüler*innen entweder die Sprachnachricht gehört oder den Text gelesen haben, verfassen sie einen Antwortbrief oder eine Sprachnachricht an Orin. Ältere Schülerinnen wollen wahrscheinlich eine Sprachnachricht verfassen. Hier zu sollten sie vorab schriftlich eine Liste von Überlegungen, Fragen und Antworten erstellen, die sie Orin mitteilen wollen.

Übersicht
Orin: Audio-Datei (MP3) verfügbar auf ▶ https://link.springer.com/chapter/
▶ https://doi.org/10.1007/978-3-662-66.182-6_9.
Liebe Kinder,
mein Name ist Orin vom Planten EJ581B. Ich habe eure Antworten zu den Stühlen gelesen. Ihr wart mit meinen Fotografien nicht ganz zufrieden. Ich habe mir eure Antworten notiert und gemerkt, dass ihr nur bei einem Foto einer Meinung seid: Ein Elefant ist kein Stuhl, weil Tiere keine Stühle sind. Aber bei den anderen Fotos wart ihr nicht alle einer Meinung.
Die einen sagen:
Ein Stuhl ist ein Möbelstück, das stabil ist und mindestens 4 Beine haben muss.
Die anderen sagen:
Ein Stuhl ist eine Sitzgelegenheit, auf der ein Mensch irgendwie sitzen können muss.
Offenbar verwendet ihr Menschen eure Sprache und eure Begriffe nicht alle gleich. Könnt ihr euch etwa selber aussuchen, was ihr unter einem Stuhl verstehen wollt? Legt niemand wirklich fest, was ein Stuhl ist und was nicht? Wie könnt ihr über Stühle sprechen, wenn ihr nicht wisst, was das Wort ‚Stuhl' bedeutet? Ich bin jetzt sehr verwirrt.

Welche Eigenschaften sind die wichtigsten? Thomas E. Wartenberg diskutiert in seinem Buch *A Sneetch is a Sneetch*" (2013), warum das Kinderbuch *The Important Book* (Brown/Weisgard 1949) unter metaphysischen Gesichtspunkten nicht gelungen ist. Das Buch legt für viele Gegenstände fest, was deren wichtigste Eigenschaften sind. Über Regen wird z. B. gesagt „But the most important thing about rain is that it is wet" (Brown & Weisgard, 1949, o.S.)

Wartenberg kritisiert, viele der Bestimmungen in diesem Buch „seem true but uminformative, others completely false" (Wartenberg, 2013, S. 18). Die folgende Übung beginnt mit drei Aussagen zum Regen aus dem Kinderbuch (Wartenberg, 2013, S. 16–23) und führt Wartenbergs kritische philosophische Fragen auf der rechten Seite auf. Nach diesem Muster können Sie selbst oder die Kinder Phänomene (wie den Regen), Lebewesen (wie die Giraffe) oder Artefakte (wie den Computer) aussuchen, um die wichtigsten Eigenschaften zu bestimmen. Lassen Sie die Kinder zu den Gegenständen im Internet oder in Fachbüchern recherchieren.

Während in der ersten Spalte drei Beispiele aus Wartenberg (2013) abgebildet sind, listen die zweite und die dritte Spalte beispielhaft Antworten von Kindern und ihre kritischen (Rück-)Fragen auf. Die jeweils letzten Fragen (ab Frage 3) in den beiden rechten Spalten lassen erahnen, dass es zu lebhaften Gesprächen kommen wird. Die Bestimmung der wichtigsten Eigenschaften unterscheidet sich erheblich, je nachdem, welches Alter die Kinder haben (◘ Tab. 9.2).

Durch die Erweiterung der Gegenstände um Giraffe und Computer (Sie können hier auch erneut den Phänomenkoffer aus ▶ Kap. 1 heranziehen) werden in dieser Übung Fragen andere Art auftauchen. Insbesondere beim Tier scheint die Frage nach den wichtigsten Eigenschaften oft problematisch. Tiere und Gegenstände unterscheiden sich dadurch, dass man Tieren (besonders Wirbeltieren) einen Eigenwert, ein Bewusstsein, unter Umständen auch Ziele und Wünsche zuschreibt. Gegenständen nicht. Wenn wir für ein Tier eine der „wichtigste Eigenschaften" suchen sollen, dann machen wir, so scheint es, das Tier zum bloßen Mittel für den Menschen, der über den Wert des Tieres bestimmen darf. Das fühlt sich – zumindest in unserer jetzigen Zeit (das war nicht immer so) – falsch an. Hier sollte man die Frage nach den wichtigsten Eigenschaften auch aus der Sicht des Tieres miteinschließen, wobei damit die Berücksichtigung der genaueren Umstände (Kontext) gemeint ist. Für die Giraffe ist ihr langer Hals z. B. eine wichtige Eigenschaft, da sie nur dadurch an Futter herankommt, was ihr Überleben garantiert (Kontext: Überleben in der Umwelt). Dennoch wird die Diskussion über die Giraffe nicht so ergiebig sein, wie die Diskussion über den Computer. Der Computer erfüllt für den Menschen eine Vielzahl an Funktionen, so dass man angeben kann, *welche Eigenschaften* in *welchem Kontext* die wichtigsten sind. Im Kontext der Pandemie sind dies andere Eigenschaften als im Kontext der Recherche oder der Kommunikation. Hier kommen wir auf die in ▶ Kap. 1 erwähnte Wichtigkeit des Klassifizierens in den einzelnen Berufen zurück, auf die Bezug genommen werden kann.

◻ **Tab. 9.2** Die wichtigsten Eigenschaften von Regen, Giraffen und Computer (Fotos Regenwolke und Giraffe: ▶ https://pixabay.com/ Bildnr. 37011 und 171318, Computer: © lineartestpilot / Getty Images / iStock)

Phänomen, Lebewesen, Artefakt	Wichtigste Eigenschaften	Fragen
(Regenwolke)	1. … ist nass	1. Ist Regen selbst nass oder *macht* er die Dinge nass?
	2. …klingt nach Regen	2. Entweder tautologisch (alles klingt wie es selbst) oder nicht verständlich, denn Regen klingt immer unterschiedlich, je nachdem, *worauf er fällt*.
	3. …macht Dinge glänzend	3. Nur einige Dinge glänzen, wenn sie nass sind, andere nicht (z. B. eine Zeitung).
(Giraffe)	1. …hat Flecken	1. Ein Leopard hat auch Flecken.
	2. …lebt in Afrika	2. Es leben viele Tiere in Afrika.
	3. …hat einen langen Hals	3. Hat den längsten (!) Hals. Das wäre die wichtigste Eigenschaft. Aber für wen? Für das Tier oder den Menschen? Macht die Frage überhaupt Sinn?
(Computer)	1. …man kann sich Informationen besorgen	1. Informationen kann man auch aus Büchern und von anderen Personen bekommen.
	2. …man kann Filme sehen und Spiele spielen	2. Geht auch anders. Aber Computerspiele sind wirklich nur am Computer spielbar, oder?
	3. …macht süchtig	3. Er muss nicht süchtig machen, das kommt auf die Person an. Und außerdem machen viele Dinge süchtig.
	4. …verbindet die gesamte Menschheit	4. Was heißt ‚verbinden'? Was verbindet uns?
	5. …kann die Pandemie bekämpfen durch Modelle	5. Die scheint eine zentrale Eigenschaft von Computern zu sein, denn die Rechenleistung, die für die Erstellung von Modellen benötigt wird, kann nur von Computern bereitgestellt werden.

- **Diskussionspunkte im Anschluss**
- Warum stellen sich Philosoph*innen und Wissenschaftler*innen Fragen nach wichtigen, den wichtigsten und nicht-wichtigen Eigenschaften?
- Was haben wir durch unsere Übungen und Diskussionen gelernt?

9.3 Ausblick und Anschlussmöglichkeiten

Abschließend sollen vier Möglichkeiten für die Weiterarbeit vorgestellt werden.
1) Die erste Möglichkeit überträgt die Frage nach dem Wesen von Dingen auf **weitere Gegenstände,** die auch von den Schüler*innen selber ausgesucht werden können. Folgend finde Sie zwei Beispiele für die Frage „Was ist ein Schuh?" (◘ Abb. 9.1, 9.2).

◘ Abb. 9.2 zeigt, dass sich aus der Beschäftigung mit den Eigenschaften von Schuhen weitere philosophische Fragen anschließen können, die aufgegriffen werden sollten. Der Schüler schreibt, dass er Schuhe am besten findet, „die nicht aus irgendwelchen Tieren hergestellt wurden". Überlegungen zu den Eigenschaften eines gewöhnlichen Schuhs haben ihn zu ethischen Problemen der Schuhherstellung bzw. zu tierethischen Fragen geführt („Ich finde das einfach nur böse!"). Ebenso greift er die Problematik auf, dass sich nicht jeder bestimmte Kleidung leisten kann. Diese Assoziationen können gesammelt werden und zu einer neuer Unterrichtseinheit führen.

2) Eine weitere Anschlussmöglichkeit besteht im gemeinsamen Lesen der **Geschichte „Ein Tisch ist ein Tisch" von Peter Bichsel (1989).** Die Geschichte handelt von einem Mann, der beschließt, die Gegenstände um sich herum alle anders zu nennen. Er entwickelt keine neuen Worte, sondern vertauscht sie: Zum Spiegel sagt er Stuhl, zum Wecker Fotoalbum, zum Schrank Zeitung usw. Die Geschichte kann an vielen Stellen unterbrochen werden, um mit den Kindern zu diskutieren, was gerade passiert und was noch passieren könnte. Entwickeln Sie, wie im Kapitel „Philosophieren mit Bilderbüchern" (s. ▶ Kap. 5) vorgestellt, für diese Geschichte einen Diskussionsplan, der nicht nur philosophische, sondern auch psychologische Fragen enthalten kann, denn die Gefühlslage des Mannes und das Verhalten der Umwelt spielen eine große Rolle. Einen Ausschnitt der Geschichte finden Sie im folgenden Kasten.

◘ **Abb. 9.1** Definition eines Schuhs von einer Schülerin aus der 5. Klassenstufe. © Anna Breitwieser

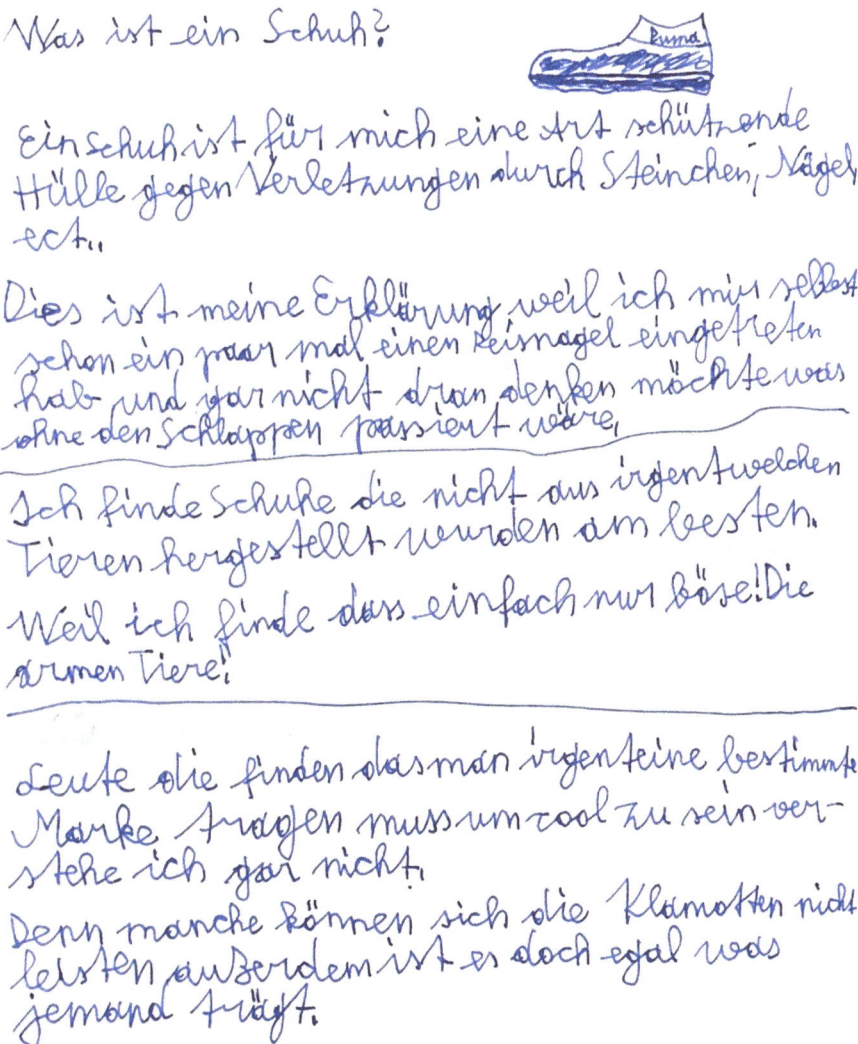

◼ **Abb. 9.2** Definition von ‚Schuh' und weitere philosophische Überlegungen von einem Schüler einer 5. Klassenstufe. © Anna Breitwieser

Peter Bichsel: Ein Tisch ist ein Tisch

„Immer derselbe Tisch", sagte der Mann, „dieselben Stühle, das Bett, das Bild. Und dem Tisch sage ich Tisch, dem Bild sage ich Bild, das Bett heißt Bett, und den Stuhl nennt man Stuhl. Warum denn eigentlich?" Die Franzosen sagen dem Bett „li", dem Tisch „tabl", nennen das Bild „tablo" und den Stuhl „schäs", und sie verstehen sich. Und die Chinesen verstehen sich auch.

„Weshalb heißt das Bett nicht Bild", dachte der Mann und lächelte, dann lachte er, lachte, bis die Nachbarn an die Wand klopften und „Ruhe" riefen.

> „Jetzt ändert es sich", rief er und sagte von nun an dem Bett „Bild".
> „Ich bin müde, ich will ins Bild", sagte er, und morgens blieb er oft lange im Bild liegen und überlegte, wie er nun dem Stuhl sagen wolle, und er nannte den Stuhl „Wecker".
> Er stand also auf, zog sich an, setzte sich auf den Wecker und stützte die Arme auf den Tisch. Aber der Tisch hieß jetzt nicht mehr Tisch, er hieß jetzt Teppich.
> Am Morgen verließ also der Mann das Bild, zog sich an, setzte sich an den Teppich auf den Wecker und überlegte, wem er wie sagen könnte.
> (aus: Bichsel, 1997 [1969], S. 24–25).

3) Eine dritte Anschlussmöglichkeit ist ein **Gedicht aus Peter Worleys Stundenplansammlung** *Lessons to get children thinking* (Worley, 2015, S. 30 ff.). Es behandelt die Frage nach der Identität von Dingen (s. das Schiff des Theseus in ▶ Abschn. 9.1). Das Gedicht lässt sich leicht ins Deutsche übersetzen.

» **The Dog That Meowed**

Dogs bark!
Mice squeak!
Angels hark!
People speak!
They're among the first things you learn
I have a dog, though,
That sounds a sound
which may cause some concern

Because my dog meows
When he opens his snout
And does what should be a ‚woof'

On the outside
My dog is a dog
But inside
He's not cat enough

- **Diskussionspunkte (Worley, 2015, S. 31)**
— Wann ist ein Hund kein Hund?
— Wann ist ein Hund eine Katze?
— Kann ein Hund im Inneren eine Katze sein?
— Kann eine Katze aussehen wie ein Hund?
— Wann ist ein Hund ein Hund?
— Wann ist eine Katze eine Katze?
— Kann etwas anderes als ein Hund/eine Katze ein Hund/eine Katze sein?

- Wenn etwas wie ein Hund *aussieht*, sich aber wie eine Katze verhält, ist es dann ein Hund oder eine Katze?
- Gibt es einen Unterschied zwischen einem Hund, der sich wie eine Katze verhält und einer Katze, die sich wie ein Hund verhält?

Spannend wird es, wenn Sie den Fall Hund und Katze auf die Frage übertragen, was ein Junge zu einem Jungen und ein Mädchen zu einem Mädchen macht: Wenn jemand wie eine Junge aussieht, sich aber wie ein Mädchen verhält, ist er dann ein Junge oder ein Mädchen?

4) Als letzte Möglichkeit kann die etwas anspruchsvollere **Übung „Was ist? Was existiert?"** durchgeführt werden (vgl. Shapiro, 2012, S. 83–86). Unten sind sieben Sätze aufgelistet, die nach Schwierigkeitsgrad gestaffelt sind und entsprechend des Lernstands der Gruppe verteilt werden können (der erste Satz ist leicht, der letzte sehr schwer). Die Schüler*innen erhalten folgenden Auftrag: *Suche dir 3 Sätze aus und finde ein Beispiel.*

1. Etwas, von dem DU wünschtest, es würde existieren.
2. Etwas, von dem Kleinkinder glauben, es existiert, aber es existiert gar nicht.
3. Etwas, von dem Kleinkinder glauben, es existiert nicht, aber es existiert doch.
4. Etwas, dass glücklicherweise nicht existiert.
5. Etwas, das weder existiert noch nicht existiert.
6. Etwas, von dem die Menschen früher glaubten, es existiert, aber es existiert gar nicht.
7. Etwas, von dem wir (noch?) nicht sagen können, ob es existiert oder nicht existiert.

Mit dieser Übung entstehen erkenntnistheoretische, wissenschaftsphilosophische aber auch naturwissenschaftliche Diskussionen zu den Quellen unseres Wissens und zu der Frage, woher wir wissen können, ob diese Quellen verlässlich und vertrauenswürdig sind.

Literatur

Bichsel, P. (1997). *Kindergeschichten [1969]*. Suhrkamp.
Brown, K. W., & Cordon, S. (2009). Toward a phenomenology of mindfulness: Subjective experience and emotional correlates. In F. Didonna (Hrsg.), *Clinical Handbook of Mindfulness* (S. 59–81). Springer.
Brown, M. W., & Weisgard, L. (1949). *The Important Book*. HarperCollins Publishers.
Gerhardt, V. (2008). Metaphysik. In: P. Prechtl & F-P. Burkard (Hrsg.), *Metzler Lexikon Philosophie* (S. 373–376). J.B. Metzler, Springer-Verlag GmbH.
Kalman, T. (1997). *Chairman Rolf Fehlbaum*. M&Co Labs and Lars Müller Publishing.
Köhler, P. (2001). *Geh mir aus der Sonne. Anekdoten über Philosophen und andere Denker*. Reclam Verlag.
Lipmann, M. (1974). *Harry Stottlemeier's Discovery*. IAPC. ▶ https://files.eric.ed.gov/fulltext/ED103298.pdf
Martens, E. (1999). *Philosophieren mit Kindern. Eine Einführung in die Philosophie*. Reclam Verlag.
Plutarch. Vita Thesei 23. Deutsche Ausgabe: Plutarch. (1995). Was ist und zu welchem Zweck betreibt man Metaphysik? Übers. W. K. Essler. *Dialectica, 49*, 281–315.

Shapiro, D. A. (2012). *Plato was wrong. Footnotes on doing philosophy with young people*. Rowman&Littlefield Education.

Siegler, R., Eisenberg, N., DeLoache, J., & Saffran, J. (2016). Die Entwicklung von Konzepten. In R. Siegler, N. Eisenberg, J. DeLoache, & J. Saffran (Hrsg.), *Entwicklungspsychologie im Kindes- und Jugendalter* (4. Aufl., S. 239–273). Springer.

Sternberg, R., & Sternberg, K. (2012). *Cognitive Psychology*. Wadsworth Cengage Learning.

Strafgesetzbuch in der Fassung der Bekanntmachung vom 13. November 1998 (BGBl. I S. 3322), das zuletzt durch Artikel 4 des Gesetzes vom 4. Dezember 2022 (BGBl. I S. 2146) geändert worden ist.

Wartenberg, T. E. (2013). *A sneetch is a sneetch and other philosophical discoveries. Finding wisdom in children's literature*. John Wiley & Sons UK.

Worley, P. (2015). *40 Lessons to Get Children Thinking. Philosophical Thought Adventures Across the Curriculum*. Bloomsbury

Was ist Liebe?

Anna Breitwieser

© Anna Breitwieser

Verwendete Materialien	– Phänomenkoffer mit ca. 30 Gegenständen – Bunte Kärtchen – QR-Code (GIF eines Aliens) – Comic – Vorlage Postkarte
Philosophisches Thema	– Liebe
Methoden	– Plenumsgespräch – Blitzlicht – Inszenierung einer Geschichte – Künstlerisch-kreative Erklärungsfindung – Schriftliche Ausarbeitung einer Erklärung
Beispiele aus der Praxis	– Fragestellungen der Lernenden zu den Gegenständen – Zeichnungen zur Erklärung des Begriffs *Liebe* – Gesprächsauszüge – Postkarten ans Alien, in welchen der Begriff *Liebe* erklärt wird
Dauer	– 4 Einheiten
Altersstufe	– 9–12 Jahre

10.1 Einführung in das Thema

Was ist Liebe? – eine Frage, die uns alle auf die eine oder andere Weise bewegt, zu der jeder etwas zu sagen hat und über die eigentlich niemand so richtig Bescheid weiß. Probieren Sie es selbst aus und eröffnen Sie ein Gespräch mit dieser Frage oder versuchen Sie, diese für sich zu beantworten. Mit großer Wahrscheinlichkeit passieren folgende drei Dinge: Als erstes werden Ihre Gesprächspartner:innen oder Sie selbst vermutlich einmal schwer schlucken und die Frage mehrmals laut oder leise wiederholen. Zweitens werden Sie eine Antwort erhalten oder geben, die zu großen Teilen auf dem eigenen Erfahrungsschatz basiert. Drittens werden Sie bemerken, dass sich noch im Prozess der Beantwortung der Frage eine Reihe weiterer stellen, wie beispielsweise: Woran erkennen wir, ob wir jemanden lieben? Woher wissen wir, ob es sich um ‚wahre' Liebe handelt? Welchen Stellenwert hat die Liebe in unserem Leben und welche moralischen Ansprüche und Pflichten gehen damit einher? Welche Verantwortung kommt uns in der Liebe zu? Ist Liebe etwas typisch Menschliches oder können auch Tiere lieben? Empfinden Männer und Frauen Liebe auf unterschiedliche Art und Weise? Was passiert in unserem Körper, wenn wir uns verlieben?

Was ist Liebe? Warum wir uns diese Frage stellen sollten Romantische Liebe, freundschaftliche Liebe, religiöse Liebe, familiäre Liebe, Tierliebe, Mutterliebe, Nächstenliebe, Liebe zu bestimmten Hobbys oder Liebe zu materiellen Gütern. Wir lieben jemanden oder etwas und verhalten uns in gewissen Situationen liebevoll. Wie Sie sehen, wird der Begriff ‚Liebe' in vielen Kontexten verwendet, mit unterschiedlichen Eigenschaften attribuiert und ist durch die Ausbildung eines

Vollverbs und eines Adjektivs fest in unserem Wortschatz verankert (vgl. Tiedemann, 2014, S. 15). Doch weshalb sollten wir uns genauer mit diesem Begriff auseinandersetzen? Wir scheinen ihn doch bereits mit einer großen Selbstverständlichkeit zu verwenden, oder?

Die Philosophin Carrie Jenkins (2017) setzt sich in ihrem Buch *What love is: and what it could be,* auf welches im Folgenden immer wieder Bezug genommen wird, genauer mit dem Phänomen ‚Liebe' auseinander. Sie zeigt auf, dass wir zwar Phrasen wie „Ich liebe dich" häufig gebrauchen, dies aber, ohne genau darüber nachzudenken, was diese Wörter konkret bedeuten. Viele Menschen treffen jedoch ihre wichtigsten Lebensentscheidungen vor dem Hintergrund, ob sie lieben oder zumindest glauben zu lieben. Nicht zu wissen, was Liebe ist, macht uns folglich verletzlich und ist auch gefährlich, da einige unserer wichtigsten Lebensentscheidungen von einem Phänomen beeinflusst werden, das wir nicht genau erklären können (vgl. Jenkins, 2017, S. 6). Man könnte an dieser Stelle argumentieren, dass gerade dieses Unwissen, diese Schwierigkeit, das Phänomen zu fassen, ein Wesensmerkmal der Liebe ist. Im selben Atemzug, in dem man dieser Sichtweise zustimmt, mystifizieren wir jedoch den Begriff ‚Liebe' und erlauben uns so, einen wichtigen Bestandteil unseres Lebens unerklärt hinzunehmen.

Kinder und Jugendliche kommen von klein auf mit unterschiedlichen Vorstellungen von der Liebe in Berührung. Analysiert man die Verwendung des Begriffs ‚Liebe' in der westlichen Welt näher, so stößt man unweigerlich auf einen zentralen Konflikt, mit dem junge Menschen heutzutage konfrontiert sind. Dieser entsteht dort, wo Kinder unterschiedlichen Normen und Werten unserer Gesellschaft begegnen. Wirft man einen Blick in ein aktuelles Kinderliederbuch, wie *Sim Sala Sing. Das Liederbuch für die Volksschule* (Maierhofer et al., 2019), so findet man dort unter anderem die Lieder „Vogelhochzeit" und „Meine Mami". Analysiert man zunächst ersteres, so zeigt sich, dass ein bestimmtes Bild über die Liebe, in diesem Fall über die romantische Liebe, konstruiert wird, welches sich von da an in den Köpfen der Kinder festsetzt – die Liebe besteht am besten für immer zwischen zwei Menschen (einer Frau und einem Mann) und geht mit Ehe sowie Fortpflanzung einher. Obwohl beim zweiten Lied die Mutterliebe vordergründig ist, trägt dieses ebenso zur Aufrechterhaltung der skizzierten Vorstellung bei, da sowohl im Refrain als auch in den Folgestrophen der Vater die Bühne betritt. In der Realität sieht es jedoch oftmals anders aus. Hohe Scheidungszahlen (vgl. eurostat, 2021) oder unterschiedliche Familienkonstellationen (Patchwork-Familien, alleinerziehende Eltern, gleichgeschlechtliche Eltern, Adoptiveltern, Eltern mit mehreren Partner:inne:n), welche Teil des Alltags sind, stehen nun im Widerspruch zum konstruierten „Verliebt-verlobt-verheiratet"-Bild, in welchem Beständigkeit, Heteronormativität und Monogamie als zentrale Kriterien herangezogen werden. Dies kann gerade bei Kindern und Jugendlichen zu Orientierungslosigkeit im Themenbereich ‚Liebe' führen. Ein entsprechend aufbereiteter Unterricht bietet Denkimpulse und Orientierung in diesem vielfältigen Themenkomplex, denn er gibt jungen Menschen die Möglichkeit, sich genauer mit der Frage „Was ist Liebe?" auseinanderzusetzen sowie gemeinsam nach Antworten zu suchen.

Auf der Suche nach Antworten „Aus Liebe zum Automobil" (VW), „Liebe ist kein Zufall" (ElitePartner.de), „You're nobody'till somebody loves you" (Song von James Arthur), „Love on the brain" (Song von Rihanna), „Liebe" (Song von Moop Mama), „Liebe macht blind", „Oh doch – wir können Liebe gedanklich steuern" (welt.de, 2016) – ob in der Werbung, in Liedern, Spruchweisheiten oder Schlagzeilen, der Begriff ‚Liebe' ist omnipräsent. Fraglich ist jedoch, was die Sängerin Rihanna damit meint, wenn sie von der Liebe im Gehirn singt, was der Autohersteller VW gegenüber seinen Autos empfindet, wieso James Arthur sich wertlos vorkommt, wenn er nicht geliebt wird, oder wie wir uns wirklich bewusst verlieben und diesen Vorgang auch noch gedanklich steuern können, obwohl uns die Liebe eigentlich „blind" macht. Wie Sie sehen, ist der Begriff ‚Liebe' mit vielen unterschiedlichen Vorstellungen verknüpft. Frei nach Moop Mama stellt sich folglich die Frage: Was bedeutet Liebe und wo sollen wir mit der Suche nach einer Antwort beginnen?

Die Frage nach dem Wesen der Liebe ist eine immerwährend philosophische und so scheint es erst einmal nachvollziehbar, dass unsere Suche nach einer Erklärung ihren Ausgangspunkt in der Philosophie nimmt, die sich selbst wörtlich als „Liebe zur Weisheit" versteht. An dieser Stelle gilt es nun zu überprüfen, was die Philosophie für die Suche nach einer Antwort leisten kann.

Auf der Suche nach Antworten Um sich mit der Frage „Was ist Liebe?" auseinanderzusetzen, bietet sich zunächst ein Streifzug durch die Philosophiegeschichte an, denn sie eröffnet „einen enormen Fundus an Kartenmaterial und Navigationstechniken" (Tiedemann, 2014, S. 22). Ein Streifzug durch die Philosophiegeschichte ist hinsichtlich des Phänomens ‚Liebe' durchaus ergiebig. Schauen wir uns exemplarisch einige Sichtweisen genauer an: Der griechische Philosoph Platon (428/427–348/347 v. Chr.) präsentiert uns beispielsweise den Mythos vom Kugelmenschen – eine relativ frühe Theorie über die Liebe, welche das Streben nach Wiedervereinigung mit einer Person, die wörtlich „die andere Hälfte" ist, beschreibt (vgl. Platon, *Symposion/Gastmahl* 189d–191d). Der französische Philosoph Michel de Montaigne (1533–1592) wird meist im Zusammenhang mit freundschaftlicher Liebe erwähnt, die er als einen Akt vollständiger Verschmelzung beschreibt (vgl. Montaigne, 2016 [1530]). Der britische Philosoph Bertrand Russell (1872–1970) hat sich dagegen aufgelehnt, die Sexualmoral als lustfeindlich zu bezeichnen, und beispielsweise das Konzept der Monogamie kritisch hinterfragt (vgl. Russell, 1929). Außerdem setzt er sich mit der Elternliebe und dem Zusammenhang von Liebe und Glück auseinander (vgl. Russell, 2012 [1930]). Als Teil ihrer Untersuchung des Geschlechts hat sich die französische Philosophin Simone de Beauvoir (1908–1986) intensiv mit der romantischen Liebe auseinandergesetzt. Beauvoir bezeichnet die romantische Liebe sowohl für Frauen als auch für Männer als gefährlich und schädlich. Der Grund dafür liegt darin, dass die romantische Liebe Frauen dazu animiert, sich selbst aufzugeben, indem sie sich dem Leben und der Identität eines Mannes unterwerfen. Andernfalls würden sie als unweiblich angesehen werden. Erst wenn Frauen und Männer einander gleichgestellt sind, wird die romantische Liebe eine Quelle des Lebens und nicht der tödlichen Gefahr sein (vgl. de Beauvoir, 1988 [1949]). Texte wie diese liefern wichtige Denkimpulse und können sich nach einer entsprechenden Reflexion als fruchtbar für den Unterricht erweisen (s. auch ▶ Abschn. 10.4).

Welche Vorteile bietet nun eine Auseinandersetzung mit der Philosophiegeschichte? Die Antworten der Philosoph:inn:en zeigen auf, dass die Frage „Was ist Liebe?" von Beginn an kontrovers diskutiert wurde und mit unterschiedlichen Vorstellungen einher geht. Es ist sinnvoll, sich mit verschiedenen tradierten Perspektiven auseinanderzusetzen, um einen Einblick in zentrale Grundkontroversen und unterschiedliche Ansichten zu erhalten.

Allerdings gilt es bei unserem Streifzug durch die Philosophiegeschichte einen wesentlichen Aspekt zu bedenken – viele Texte aus der Tradition sind aus einer anderen Lebenswelt heraus entstanden. Kann man der Beantwortung der Frage „Was ist Liebe?" gerecht werden, wenn der Blick primär auf die Vergangenheit gerichtet bleibt, während gegenwärtige Theorien und die Erkenntnisse anderer Wissenschaften nicht miteinbezogen werden? Warum dies zu verneinen ist, tritt anhand zweier Fragen, die von Kindern gestellt wurden, deutlich zutage:

» „Kann ich jemanden verliebt machen?" (Felix, 10 Jahre, mit einem Fläschchen, das wie ein Liebestrank aussieht in der Hand)

» „Stimmt es, dass man da auch ein Kind drinnen machen kann?" (Lisa, 11 Jahre mit einem Reagenzglas in der Hand)

Zunächst kommt zum Ausdruck, dass Kinder im Zusammenhang mit dem Begriff ‚Liebe' Fragen stellen, die ebenso andere Themen wie beispielsweise die Fortpflanzung berühren. Der Themenkomplex ‚Liebe' ist folglich mit vielen anderen Bereichen verknüpft.

Zudem lässt sich erkennen, dass Fragestellungen an Bedeutung gewinnen, deren Beantwortung erst seit Kurzem realistisch erscheint. Der Blick in die Vergangenheit zeigt uns zwar, dass der Wunsch, die Liebe durch das Verabreichen von Liebestränken zu kontrollieren, relativ alt ist (vgl. z. B. Gottfried von Straßburg, *Tristan,* V. 11367–11874) doch erst neuere empirische Studien führen uns zu der Erkenntnis, dass dies bald Realität werden könnte (vgl. z. B. Julian Savulescu und Anders Sandberg: *Neuroenhancement of Love and Marriage: The Chemicals Between Us,* 2008). Es kann also festgehalten werden, dass wir bei der Beantwortung der Fragestellung „Was ist Liebe?" nicht nur Vergangenes und Gegenwärtiges berücksichtigen können, sondern uns auch Themen widmen müssen, welche uns erst in Zukunft betreffen werden.

Darüber hinaus ist festzustellen, dass in Auseinandersetzung mit diesen Fragen auch andere Disziplinen hinzugezogen werden müssen. Die Antworten auf Felix' und Lisas Fragen finden wir beispielsweise im Bereich der empirischen Wissenschaften, da einmal neurochemische Prozesse und deren Beeinflussung und das andere Mal die Fortpflanzungsmedizin thematisiert wird. Man muss also über den philosophischen Tellerrand hinwegblicken und in anderen Lebensbereichen nach Antworten suchen, um erstens der Fragestellung an sich und zweitens, wie Bettina Bussmann (2019a, S. 233) aufzeigt, dem wissenschaftlichen Erklärungsbedürfnis der Lernenden gerecht werden zu können. Wir leben in einer Welt, die immer stärker durch die Erkenntnisse der empirischen Wissenschaften geprägt ist. Die Fragen der Kinder zeigen, dass diese ihre wissenschaftlichen Sichtweisen in den Unterricht mit einbringen. Das Phänomen ‚Liebe' ist in den letzten Jahren zunehmend zum Thema der empirisch-wissenschaftlichen Forschung geworden. Es ist essenziell, auch diese wissenschaftlichen Fragen der Lernenden ernst zu nehmen und in die philosophischen Gespräche mit aufzunehmen (s. ▶ Kap. 1). Auch über die wissenschaftliche Neugierde der Kinder kann man zu philosophischen Problemen und Fragen gelangen.

An diesem Punkt ist bereits einiges klar geworden, was bei der Suche nach Antworten auf die Frage „Was ist Liebe?" berücksichtigt werden soll. Erstens kommt zum Ausdruck, dass das Thema ‚Liebe' viele Lebensbereiche durchdringt. Zweitens zeigt sich, dass zentrale Fragestellungen nicht nur von der Philosophie beantwortet werden können, sondern ebenso nicht-philosophische Beiträge – insbesondere aus den empirischen Wissenschaften – herangezogen werden müssen. Drittens sind Vergangenheit, Gegenwart und Zukunft gleichermaßen in den Blick zu nehmen. Die Fragestellung „Was ist Liebe?" erfordert folglich eine systematische und problemorientierte Herangehensweise, die nicht nur Bestände der philosophischen Tradition und Gegenwart berücksichtigt, sondern insbesondere auch empirisch informiert ist. Eine solche wählt Bettina Bussmann (2019b) in Auseinandersetzung mit zentralen Genderfragen. Ihre Art des problem- und wissenschaftsorientierten Philosophierens ist richtungsweisend für folgende Auseinandersetzung mit der Frage „Was ist Liebe?".

Problemorientiertes Philosophieren Stellen Sie sich vor, Sie müssten einem Alien, das keine Ahnung von der Liebe hat, erklären, was sich gegenwärtig hinter diesem Begriff verbirgt (s. ▶ Abschn. 10.2.2). Wie sieht Ihre Erklärung aus?

Jenkins (2017) würde dem Alien zunächst verdeutlichen, dass sich auf der Erde insbesondere zwei Erklärungsansätze herauskristallisieren, die einander konträr gegenüberstehen.

Es gibt diejenigen, welche lautstark für eine **biologische Sichtweise** argumentieren. Eine der einflussreichsten Vertreterinnen dieser Position ist die Wissenschaftlerin Helen Fisher (2004). Ihrer Meinung nach ist Liebe ein rein biologisches Phänomen, das in erster Linie von den Naturwissenschaften untersucht werden sollte. Dank empirischer Erkenntnisse verstehen wir die biologische Maschinerie der Liebe immer besser. Wir entdecken folglich immer mehr neurochemische Zusammenhänge, welche Fishers Meinung nach Liebe erklären. Liebe wird dieser Sichtweise zufolge als etwas Universelles aufgefasst, als ein Phänomen, welches über den Ort und die Zeit hinweg konsistent ist (ausgenommen sind leichte zwischenmenschliche Variationen). Liebe hat sich evolutionär entwickelt und wir können sie durch die Untersuchung von Individuen (insbesondere von deren Gehirnen) erforschen. Falls Sie schon einmal verliebt waren, erscheint Ihnen diese Position wahrscheinlich durchaus plausibel, wenn Sie an das Herzrasen, Kribbeln im Bauch und alle weiteren körperlichen Reaktionen denken. Dennoch geht diese Sichtweise für viele von uns mit einem bitteren Beigeschmack einher. Woran liegt das? Erstens haben wir ein Autonomie-Problem. Fraglich ist, inwiefern wir uns noch frei für die Liebe entscheiden, wenn diese Entscheidung durch biologische Vorgänge für uns getroffen wird. Zweitens könnten wir, wie Jenkins (2017, S. 34, Übers. A.B.) betont, Aussagen wie „Romantische Liebe unterscheidet sich stark zwischen den Kulturen" und „Romantische Liebe hat sich in den letzten Jahren stark verändert und verändert sich noch" nicht mehr treffen. Dies liegt daran, dass sich chemische Prozesse im Gehirn sowie grundlegende menschliche Triebe weder von Kultur zu Kultur noch über kürzere Zeiträume hinweg grundlegend ändern. Wie wir während unseres Streifzugs durch die Philosophiegeschichte erfahren haben, gab es jedoch über die Zeit hinweg jeweils unterschiedliche Vorstellungen von der Liebe. Ebenso existieren heutzutage in verschiedenen Kulturen divergierende Ansichten. Doch wie ist das möglich, wenn es sich um ein konsistentes biologisches Phänomen handeln soll?

An dieser Stelle treten diejenigen auf die Bühne, welche eine **sozialkonstruktivistische Sichtweise** befürworten. Zu ihnen zählen unter anderen die Psychologin Anne Beall und der Psychologe Robert Sternberg (1995). Im Gegensatz zur biologischen Sichtweise wird die Liebe nicht als ein biologisches Phänomen, sondern als eine soziale Rolle betrachtet, die wir nicht entdecken, sondern erschaffen. Aufgabe der Geistes- und Sozialwissenschaften ist es, die unterschiedlichen gesellschaftlichen Strukturen zu untersuchen. Liebe wird folglich als etwas beschrieben, das sich abhängig von Zeit und Kultur ändern kann und das wir sowohl durch das Studium unterschiedlicher Gesellschaften als auch individueller Perspektiven besser fassen können. Bei dieser Position muss man jedoch ebenso Vorsicht walten lassen, da die kulturelle Variation, welche sich hinsichtlich des Begriffs ‚Liebe' feststellen lässt, noch nicht beweist, dass es sich hierbei um ein soziales Konstrukt handelt (vgl. Jenkins, 2017, S. 43–44). Und wo bleibt bei dieser Sichtweise eigentlich das Herzrasen oder das Kribbeln im Bauch?

Ist Liebe nun ein biologisches oder ein sozialkonstruktivistisches Phänomen? Liebe ist, laut Jenkins (2017, S. 79–81), beides zu gleichen Teilen. Ihrer Meinung nach verfügt die Liebe über zwei Seiten, ist also doppelter Natur. Zunächst gibt es die biologische Seite, welche Liebe als ein Phänomen beschreibt, das sich evolutionär entwickelt hat und auf biochemischen Prozessen beruht. Gleichzeitig existiert jedoch auch eine sozialkonstruktivistische Seite, welche das abhängig von zeitlichen und gesellschaftlichen Faktoren konstruierte Bild beschreibt. (Erinnern Sie sich an dieser Stelle an das zuvor erwähnte Verständnis von Liebe, das beispielsweise durch Kinderlieder evoziert wird). Je nachdem worauf wir den Blick richten, fällt uns entweder das Zusammenspiel unterschiedlicher Hirnregionen bzw. die Beteiligung verschiedener Hormone oder die „Verliebt-verlobt-verheiratet"-Vorstellung auf. Diese Sichtweise hilft uns nun, das Phänomen ‚Liebe' zu identifizieren und besser zu begreifen, indem unter Einbezug empirischer Erkenntnisse, eine Erklärung dafür gegeben wird, wie Liebe funktioniert (biologische Perspektive) und gleichzeitig zum Vorschein kommt, warum es unterschiedliche Vorstellungen über Liebe gibt, die sich mit der Zeit verändern können (sozialkonstruktivistische Perspektive).

■ **Tab. 10.1** Systematisierung einiger Fragen aus dem Themenkomplex ‚Liebe'

Philosophische Disziplinen	
Erkenntnistheorie	– Woran erkennen wir, ob wir jemanden lieben? – Woher wissen wir, ob es sich um „wahre" Liebe handelt?
Ethik	– Welchen Stellenwert hat die Liebe in unserem Leben und welche moralischen Ansprüche und Pflichten gehen damit einher? – Welche Verantwortung kommt uns in der Liebe zu?
Anthropologie	– Ist Liebe etwas typisch Menschliches oder können auch Tiere lieben?
Empirische Wissenschaften	
Psychologie	– Empfinden Männer und Frauen Liebe auf unterschiedliche Art und Weise?
Neurobiologie	– Was passiert in unserem Körper, wenn wir uns verlieben?

Was wir bisher über die ‚Liebe' gelernt haben Es gibt zwei unterschiedliche Vorgehensweisen, um sich einer Antwort auf die Frage „Was ist Liebe?" zu nähern. Während die einen eher der Aufarbeitung historisch tradierter Ansätze verhaftet bleiben, unterschiedliche Sichtweisen herausdestillieren und diese einander gegenüberstellen, setzen die anderen die aktuelle Lebenswelt an den Ausgangspunkt ihrer Überlegungen. Letztere gehen insofern problemorientiert vor, als dass sie die Schwierigkeit, das Phänomen ‚Liebe' zu fassen, als Problem benennen. Beide Vorgehensweisen haben ihre Berechtigung. Das problemorientierte Philosophieren (wie z. B. Bussmann 2011a und 2019b) ermöglicht eine systematischere Auseinandersetzung mit dem Phänomen ‚Liebe' und motiviert dazu, weiterführende Fragen zu stellen und in unterschiedlichen Lebensbereichen nach Antworten zu suchen und eignet sich daher für das Philosophieren mit Kindern. ■ Tab. 10.1 fasst unsere anfangs gestellten zentralen philosophischen Fragestellungen zusammen und ordnet sie den einzelnen Disziplinen zu.

Persönliche Vorbereitung: Entwicklung philosophischer Fragen Möchte man sich im Unterricht näher mit der Frage „Was ist Liebe?" auseinandersetzen, ist es sinnvoll, zunächst eigene Fragen an das Thema zu stellen, diese schriftlich festzuhalten und in unterschiedliche Bereiche zu kategorisieren. Dieser umfangreichen Themensammlung können Sie mögliche Schwerpunkte im Zusammenhang mit der Fragestellung „Was ist Liebe?" entnehmen. Zudem erhalten Sie wie in ■ Abb. 10.1 ersichtlich eine hilfreiche Reflexionsfolie zur Ableitung unterrichtspraktischer Impulse. Aufgrund des disziplinenübergreifenden Charakters der Fragestellung „Was ist Liebe?" verschwimmen die Grenzen zwischen philosophischen Fragen und jenen aus anderen Disziplinen.

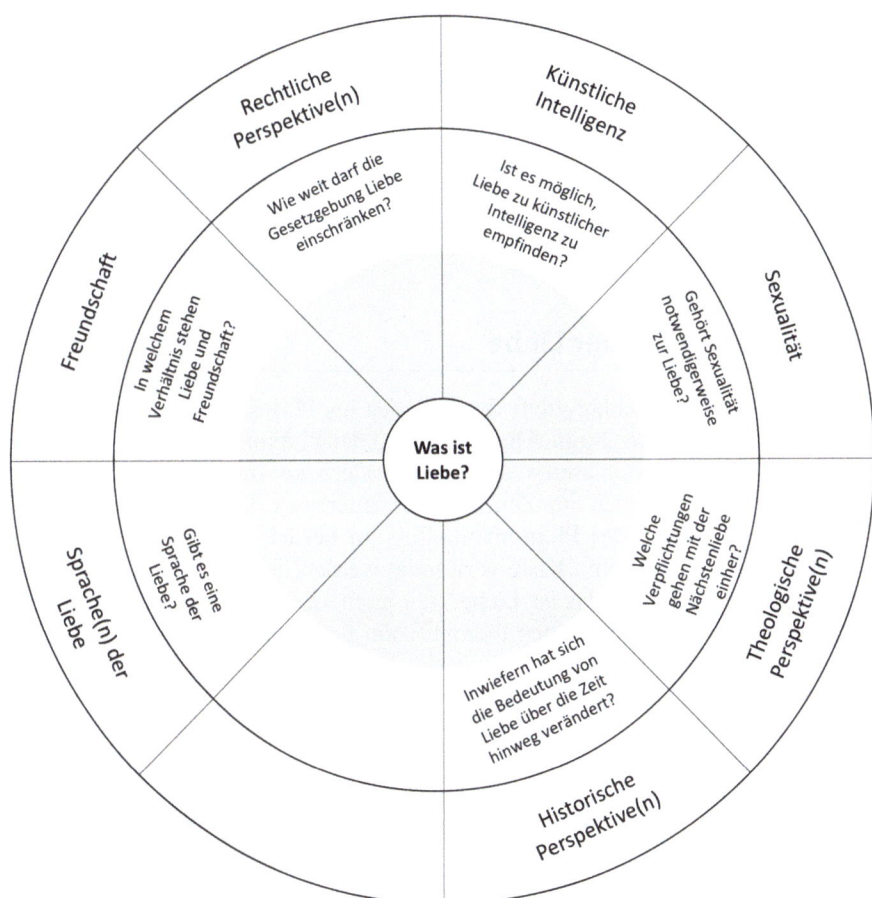

Abb. 10.1 Themensammlung „Was ist Liebe?". (© Anna Breitwieser)

? Aufgaben
1. Ergänzen Sie weitere Fragen in den grauen Feldern zu den unterschiedlichen Bereichen in ◘ Abb. 10.1.
2. Ergänzen Sie eine weitere Perspektive inklusive einer Fragestellung im leeren Segment des äußeren Kreises.

10.2 Ablauf und Methode

Im Zentrum der Unterrichtsreihe steht die Leitfrage „Was ist Liebe?". Diese Konzeption verfolgt das Ziel,
— eine erste Begegnung und Auseinandersetzung mit der Frage „Was ist Liebe?" zu initiieren.
— durch das Stellen weiterführender Fragen das Bewusstsein der Kinder dafür zu schärfen, dass philosophische Fragestellungen vielfältig sind dazu einladen, weiterzudenken und mit weiteren (nicht-philosophischen) Fragen einhergehen können.

– durch erste eigene Erklärungsversuche das Wesen philosophischer Fragen, die meist verschiedene Standpunkte beinhalten und oftmals mit keinen eindeutigen Antworten einhergehen, zu erschließen.

Der Ausgangspunkt für die Unterrichtseinheit ist die Leitfrage „Was ist Liebe?", der wir uns zunächst durch die Formulierung weiterführender Fragen nähern und erkennen, dass sich unterschiedliche *Problemräume* öffnen lassen (z. B. in den Bereichen *Familie*, *Sexualität* und *Freundschaft*).

10.2.1 Ein Koffer voller Liebe

Dieser Unterrichtsvorschlag greift den Einstieg ins Philosophieren mit dem Phänomenkoffer aus ▶ Kap. 1 auf. Allerdings wird der Phänomenkoffer hier nicht als Einstieg in das Philosophieren verwendet, sondern als Impuls. Es steht folglich ein spezifisches Phänomen im Zentrum des Interesses. Dies ist bei der Vorbereitung und Befüllung des Phänomenkoffers zu berücksichtigen. An dem Koffer, optional kann auch eine Kiste verwendet werden, ist ein Zettel anzubringen, auf welchem die Frage „Was ist Liebe?" zu lesen ist. Die Gegenstände sollen so ausgewählt werden, dass sie einen thematischen Bezug zu dieser Frage aufweisen. Gehen Sie durch Ihre Wohnung oder in die Natur und überlegen Sie, welche Gegenstände sich mit dem Thema ‚Liebe' verbinden lassen. Sie werden feststellen, dass es viele sind (Liste mit Vorschlägen s. ◘ Tab. 10.2 in ▶ Abschn. 10.3). Methodisch wird der Phänomenkoffer sowohl zur Begriffsklärung als auch zur Erhebung der Vorstellungen der Lernenden hinsichtlich des Themas ‚Liebe' genutzt.

Die Arbeit mit dem Phänomenkoffer gliedert sich in die Schritte „Begegnung mit dem Thema" und „Auswahl eines Gegenstands und Formulierung weiterführender Fragen".

Begegnung mit dem Thema Zunächst wird ein Sitz- oder Sesselkreis gebildet. Der Phänomenkoffer wird verschlossen in der Mitte des Kreises platziert, so dass lediglich die Frage „Was ist Liebe?" zu sehen ist. Als erstes geht es darum, die Erwartungen und Vorannahmen der Kinder zu erfassen. Dies gelingt am besten, wenn die Neugierde der Kinder geweckt wird – ein verschlossener Koffer erledigt diesen Teil für Sie. Die Lernenden werden zu Beginn mit folgender Frage konfrontiert: „Was könnte deiner Meinung nach in dem Koffer sein und warum?". Ziel ist es, dass die Kinder gemeinsam über diese Fragestellung spekulieren. Diesbezüglich dürfen sie den Phänomenkoffer genauer untersuchen, diesen aufheben und schütteln, jedoch nicht öffnen. Es ist wichtig, eine genaue Reihenfolge festzulegen, da ansonsten die Gefahr besteht, dass alle Kinder gleichzeitig in die Mitte des Kreises laufen. Anschließend sollen die Lernenden reihum jeweils eine Vermutung sowie eine damit einhergehende Begründung über den Inhalt des Koffers äußern („Ich glaube in dem Koffer ist/sind, weil…").

Diese Vorgehensweise ist aus zwei Gründen vorteilhaft: Die Lernenden beginnen sogleich, sich mit einer spezifischen Fragestellung auseinanderzusetzen und äu-

◼ **Tab. 10.2** Fragestellungen der Kinder zu den Gegenständen

1. Weltkugel		Wer passt noch auf diese Welt auf?
2. FFP2-Maske		Was passiert, wenn sie nicht mehr schützt?
3. Ultraschallbild		Muss die Mutter ihr Kind lieben?
4. Familienfoto		Warum liebt man sich in einer Familie?
5. Figur eines Schweins mit Flügeln und einer Glocke		Wie hört sich Liebe an?
6. Rubiks Cube		Was haben die Farben auf dem Würfel mit Liebe zu tun?
7. Pflanzensamen		Ist es immer aus Liebe, wenn neues Leben entsteht?
8. Erste-Hilfe-Paket		Warum ist das Erste-Hilfe-Paket rot wie die Liebe?
9. Kette mit Kreuz		Sollen wir jedem Menschen helfen?
10. Regenbogen-Radiergummi		Können wir nur Menschen lieben, die wir kennen?
11. Glas mit Geld		Ist Geld wichtig?
12. Kuscheltier		Wieso ist der Hase so weich wie die Liebe?
13. Statue mit zwei Nilpferden		Was ist Tierliebe?
14. Silbernes Herz		Hat die Form eines Herzen etwas mit Liebe zu tun?
15. Fläschchen mit Herz		Kann man jemanden verliebt machen?
16. Freundschaftsarmband		Ist ein Freundschaftsarmband Liebe für dich?
17. Kopfhörer		Ist Musik Liebe?
18. Disko-Kugel		Kann ich Gegenstände lieben, die ich von Menschen habe, die ich liebe?
19. Plastikblume		Kann man Blumen lieben?
20. Barbie-Hochzeitskleid		Muss man sich für ein Date hübsch machen?
21. Reagenzglas		Stimmt es, dass man da auch ein Kind drinnen machen kann?
22. Schokolade-Pralinen in Herzform		Warum einander Pralinen schenken, wenn eine Umarmung so viel mehr sein kann?
23. Kerze		Ist die Liebe immer ein warmes Gefühl?
24. Lineal		Kann man die Liebe messen?

ßern erste Vermutungen. Gleichzeitig erhält man als Lehrperson einen Eindruck davon, welche Vorstellungen die Lernenden mit dem Begriff ‚Liebe' assoziieren.

Auswahl eines Gegenstands und Formulierung weiterführender Fragen Nun wird der Phänomenkoffer geöffnet. Damit die Kinder alle Gegenstände sehen können, ist es ratsam, diese auszupacken und neben dem Koffer zu platzieren. Im Anschluss daran darf sich jedes Kind einen Gegenstand aussuchen und überlegen, ob bzw. inwiefern dieser im Zusammenhang mit dem Thema ‚Liebe' steht. Wiederum soll jede/jeder der Reihe nach eine kurze Begründung für die Wahl des Gegenstands äußern („Für mich steht der Gegenstand (nicht) in Verbindung mit

dem Thema Liebe, weil…"). Dies stellt eine wichtige Vorbereitung und Hilfestellung für die nächste Aufgabe dar, welche darin besteht, eine Frage zu formulieren, die einen thematischen Bezug zum Begriff ‚Liebe' aufweist. Für diese Aufgabe ist es notwendig, dass jedes Kind einen Gegenstand in der Hand hält, welchen es nachvollziehbar mit dem Thema ‚Liebe' in Verbindung bringen kann. Lernende, die keine sinnvolle Verbindung herstellen konnten, haben nun zwei Möglichkeiten:
1. Sie legen den Gegenstand zurück in den Koffer und wählen einen anderen.
2. Sie nehmen ein Blatt Papier und zeichnen einen Gegenstand, den sie mit dem Begriff ‚Liebe' verbinden.

Die Fragen werden anschließend auf bunte Kärtchen geschrieben.

Das Formulieren spezifischer Fragen ist für Lernende herausfordernd. Aus diesem Grund ist es wichtig, ausreichend Zeit einzuplanen und den Kindern anhand eines Beispiels zu erläutern, worin die Aufgabe besteht. An dieser Stelle gilt es zu beachten, wie man die Beispielfragen formuliert. Fragen der Art „Kann man XX lieben?" sind nicht empfehlenswert. Dies führt im schlimmsten Fall dazu, dass alle Kinder diese auf ihren Gegenstand projizieren, da man an dieser Stelle gewissermaßen jeden Gegenstand einsetzen könnte. Besser ist es, beispielsweise ein Freundschaftsbuch in die Hand zu nehmen und eine spezifische Frage wie „Können Freundschaft und Liebe voneinander unterschieden werden?" zu formulieren.

Bemerkt man, dass einige der Schüler:innen Schwierigkeiten bei der Formulierung ihrer Fragen haben, sind zwei Hilfestellungen möglich:
1. Die Lernenden können an ihre zuvor formulierten Begründungen erinnert werden.
2. Die Lernenden können auf gewisse Eigenschaften des Gegenstands aufmerksam gemacht werden (z. B. Farbe, Geruch, Haptik).

Die Fragen werden anschließend inklusive des Gegenstands rund um den geschlossenen Phänomenkoffer gelegt, so dass der Bezug der jeweiligen individuellen Frage zur Leitfrage ersichtlich wird. Danach werden die formulierten Fragen in einem Gespräch reflektiert. Ziel dieser Sequenz ist es, dass die Schüler:innen lernen, dass philosophische Fragen oftmals mit vielen weiteren Fragen in unterschiedlichen Lebensbereichen einhergehen.

Den Abschluss dieser Einheit bildet eine kurze Reflexionsphase. In dieser sollen die Kinder versuchen, eine erste eigene Erklärung für den Begriff ‚Liebe' zu finden. Diesbezüglich eignet sich die Methode des Blitzlichts. Alle sollen kurz einen Gedankenimpuls äußern. Dieser Abschluss bietet den Vorteil, dass sich die Lernenden bereits einem ersten eigenen Erklärungsversuch des Phänomens ‚Liebe' annähern.

10.2.2 Ausflug ins All

Diese Einheit verfolgt das Ziel, die Lernenden dabei zu unterstützen, eine Erklärung für den Begriff ‚Liebe' zu finden. Robert Siegler et al. (2016, S. 130) weisen darauf hin, dass Kinder bis zum Alter von 12 Jahren Schwierigkeiten im Umgang mit abstrakten Begriffen haben, so auch mit jenem der Liebe. Aus diesem Grund ist es erstens wesentlich, der Phase der Begriffsklärung ausreichend Zeit zu widmen. Zweitens bietet es sich an, eine *Identifikationsfigur* in den Unterricht miteinzubinden, welche die Lernenden durch die Phase der Erklärungsfindung begleitet. Dadurch werden die Kinder motiviert, sich mit denselben Fragen und Problemen auseinanderzusetzen. Der Einbezug einer Identifikationsfigur ist demnach aus psychologischer Sicht für die Arbeit mit dem abstrakten Begriff ‚Liebe' empfehlenswert.

An dieser Stelle darf ich Ihnen das kleine Alien namens Alfonso vorstellen, welches sich mit der Frage „Was ist Liebe?" beschäftigt. Wenn Sie den QR-Code scannen, können Sie ihm begegnen:

Warum wird als zentrale Identifikationsfigur ein Alien und nicht ein Freund, ein Tier oder eine andere Person vorgeschlagen? Der Grund dafür liegt darin, dass das Alien kein Bewohner der Erde ist und somit keinerlei Erfahrung mit dem Phänomen ‚Liebe', wie wir es auf der Erde erleben, gemacht hat. Es wird folglich ein unwissender Dialogpartner für die Lernenden konstruiert. Einem Alien den Begriff ‚Liebe' zu erklären, erfordert eine wichtige philosophische Grundkompetenz. Denkt man sich zunächst noch, „Liebe, jeder weiß doch, was das ist", und begegnet dann einem Laien bzw. einer Laiin auf diesem Gebiet, so wird man in seinem Denken auf etwas Grundlegendes zurückgeworfen – man muss an die Fundamente dessen gehen, was man selbst tut, denkt oder wahrnimmt. Übernehmen Sie nun die Rolle des Aliens im Gespräch, so erlangen Sie die Berechtigung, aus der Perspektive eines neutralen unwissenden Beobachters bzw. einer neutralen unwissenden Beobachterin heraus, die Aussagen der Lernenden in Frage zu stellen und auf bestimmten Ebenen – seien es jene der Argumentation oder der eigenen Erfahrungen – immer mehr Genauigkeit einzufordern. Ein Alien als zentrale Identifikationsfigur einzusetzen, ist philosophiedidaktisch also eine gute Wahl (vgl. bereits Bussmann, 2011a).

Der Unterricht gliedert sich daher in vier Schritte:
1. Begegnung mit Alfonso
2. Einsatz eines Comics
3. Plenumsgespräch „Was ist Liebe?"
4. Schriftliche Ausarbeitung einer eigenen Erklärung

Begegnung mit Alfonso Es ist wichtig, Spannung aufzubauen, um die Neugierde der Kinder zu wecken, das kleine Alien kennenzulernen. Gehen Sie beispielsweise in die Klasse und berichten Sie den Schüler:inne:n, dass Sie seit der letzten Einheit jemanden kennengelernt haben, der heute unbedingt an der Unterrichtsstunde teilnehmen möchte, weil er sich ebenso wie die Kinder mit der Frage „Was ist Liebe?" beschäftigt und diesbezüglich die Hilfe der Lernenden benötigt. Leider kann er nicht persönlich vorbeischauen, weil der Weg von Galaxie 97 bis ins Klassenzimmer zu weit ist. Halten Sie den Zettel mit dem QR-Code in die Höhe. Ein Kind darf den Code mit dem iPad oder Handy, welches mit dem Beamer verbunden ist, einscannen, wodurch die animierte Version des Aliens an die Wand projiziert wird.

Einsatz eines Comics Im Anschluss an die Vorstellung des Aliens wird den Lernenden ein Comic (s. ◘ Abb. 10.5; dort Link zu einer ausdruckbaren Vorlage des Comics „Was ist Liebe?") ausgeteilt. Dieser ist so aufgebaut, dass die Kinder zunächst dem zentralen Problem Alfonsos begegnen, welches sich darin manifestiert, keine Erklärung für den Begriff ‚Liebe' zu haben. Die Schüler:innen werden nun mit folgender Frage konfrontiert: „Was könnte Alfonso sehen, das du als Liebe bezeichnen würdest?" Ihre Vorstellungen sollen sie in das dafür vorgesehene Feld, die Linse des Fernrohrs, zeichnen.

Der Einsatz des Comics im Unterricht ist aus mehrerlei Hinsicht vorteilhaft. Die bildliche Darstellung des Problems und der zentralen Frage erleichtert Kindern die Umgangsweise mit dem abstrakten Begriff ‚Liebe'. Um dem kleinen Alien diesen erklären zu können, ist es notwendig, dass sich die Kinder in Alfonso hineinversetzen. Es wird folglich ein Perspektivenwechsel initiiert. Dieser ist für den Umgang mit der Frage „Was ist Liebe?" insofern von Vorteil, als eine emotionale Distanz zu diesem Begriff aufgebaut wird, indem die Kinder durch die Annahme der Perspektive des Aliens dieses Phänomen einem unwissenden neutralen Beobachter bzw. einer unwissenden neutralen Beobachterin gleich von außen betrachten. Dies erleichtert es den Schüler:inne:n später, unterschiedliche Vorstellungen miteinander zu vergleichen und zu reflektieren. Die Gestaltung des Comics ist darauf ausgerichtet, diesen Perspektivenwechsel zu vereinfachen. In den ersten beiden Panels (Fachbegriff für das Einzelbild eines Comics) erhalten die Schüler:innen in der „third person perspective" einen Einblick in die Handlung. Beim letzten Panel kommt jedoch die „first person perspective" zum Einsatz – die Lernenden betrachten das Geschehen aus der Sicht der Reflexionsfigur. Zusätzlich werden die Kinder dazu aufgefordert, das Sichtfeld des Fernrohrs selbst zu gestalten. Dieser Comic bietet folglich den Vorteil, sich zunächst künstlerisch-kreativ der Erklärung des abstrakten Begriffs ‚Liebe' zu nähern.

Plenumsgespräch „Was ist Liebe?" Ziel dieser Phase ist es, in einem Gespräch die unterschiedlichen Erklärungen der Kinder zu diskutieren. Als Sozialform ist diesbezüglich ein Sitz- oder Sesselkreis empfehlenswert. Der Lehrperson kommt in diesem Gespräch eine zentrale Rolle zu, da sie als Sprachrohr Alfonsos fungiert und kritische Rückfragen zu den Antwort- und Erklärungsversuchen der Schüler:innen stellt. In diesem Gespräch ist Ihr schauspielerisches Talent gefragt. Je glaubhafter Sie die Rolle des unwissenden Aliens verkörpern, desto leichter fällt es den Kindern, auf Ihre Fragen zu reagieren.

Das Gespräch gliedert sich in zwei Phasen: Zunächst sollen die Lernenden reihum ihre Zeichnungen vorstellen und begründen, warum sie das jeweilige

Motiv gewählt haben. Ihre Aufgabe ist es, kritische Rückfragen zu stellen. Es ist nicht erwünscht, dass Sie basierend auf Ihrer Fachexpertise eine Antwort vorgeben, sondern, dass Sie aus der Perspektive einer unwissenden Person heraus gezielt Fragen formulieren, um die Lernenden zu animieren, ihr Motiv so zu erklären, dass es für einen Laien bzw. eine Laiin verständlich ist (s. Gesprächsausschnitt in ▶ Abschn. 10.3.2 „Ausflug ins All").

Nachdem alle Lernenden ihre Zeichnungen vorgestellt haben, geht es darum, diese miteinander zu vergleichen. Dafür legen die Lernenden ihre Zeichnungen für alle sichtbar in die Mitte des Kreises. Diese Phase kann sich als herausfordernd gestalten. Ihnen kommt als Gesprächsleitung die Aufgabe zu, weiterführende Fragen zu stellen. Sie können in Ihrer Rolle als Alfonso beispielsweise mit der Impulsfrage beginnen, warum so viele unterschiedliche Motive gezeichnet worden sind und ob man nun eigentlich alles als Liebe interpretieren könnte oder es sich nur bei einigen bestimmten Dingen um Liebe handelt. Es bietet sich ebenso an, konkurrierende Annahmen einander gegenüberzustellen, wie beispielsweise Zeichnungen von materiellen (z. B. Geschenken) und immateriellen (z. B. Gefühlen) Dingen (s. Gesprächsausschnitt in ▶ Abschn. 10.3.2 „Ausflug ins All").

Der Vorteil dieses Gesprächs liegt darin, dass es zu einer Umkehrung des traditionellen Experten-Laien-Verhältnisses in der Klasse kommt. In diesem Fall sind es nicht Sie, die eine Erklärung auf die Fragen der Lernenden liefern, sondern die Schüler:innen, die gemeinsam versuchen, Ihre bzw. Alfonsos Rückfragen zu klären und so die Frage „Was ist Liebe?" diskutieren. Ihre „Alfonso-Performance" bietet Kindern die Möglichkeit, unterschiedliche Gedanken durchzuspielen und neue Sichtweisen und Erklärungsansätze zu erproben.

Schriftliche Ausarbeitung einer eigenen Erklärung Die Schüler:innen erhalten die Aufgabe, eine Postkarte (s. ◨ Abb. 10.6; dort Link zu einer ausdruckbaren Vorlage einer Postkarte) an Alfonso zu schreiben, in welcher sie ihm ihre Erkenntnisse bezüglich der Auseinandersetzung mit der Frage „Was ist Liebe?" mitteilen. Als Hilfestellung kann folgende Formulierung an die Tafel geschrieben werden: „Lieber Alfonso, ich habe gehört, dass Du wissen willst, was Liebe ist. Das ist meine Erklärung: …".

Auf diese Weise werden die Erkenntnisse der Unterrichtsreihe in einer finalen Erklärung des Phänomens ‚Liebe' gebündelt und schriftlich wiedergeben.

10.3 Erfahrungen aus der Praxis

10.3.1 Ein Koffer voller Liebe

Begegnung mit dem Thema Das Betreten der Klasse mit dem Phänomekoffer weckt in der Regel die Neugierde der Kinder und führt dazu, dass diese dessen Inhalt in Erfahrung bringen wollen. Dass Kinder durch die Untersuchung des Phänomenkoffers zu unterschiedlichen Vermutungen angeregt werden, zeigt folgende exemplarische Auswahl an Aussagen.

1. Ich glaube, in dem Koffer sind Geschenke für uns, weil es ja um Liebe geht und da schenken sich die Menschen oft etwas.
2. Ich glaube, in dem Koffer sind verschiedenen Steine vom Schulhof, weil er so schwer ist.
3. Ich glaube, in dem Koffer sind unterschiedliche Hölzer und Blätter aus dem Wald, weil ich etwas rascheln gehört habe. Damit müssen wir wahrscheinlich ein Herz legen, das für die Liebe steht.
4. Ich glaube, in dem Koffer ist viel Spielzeug, weil er so schwer ist.

Betrachtet man diese Aussagen, so ist festzustellen, dass die Begründungen der Lernenden zu großen Teilen auf ihren Erfahrungen, die sie während der Untersuchung des Koffers (Gewicht, Geräusche etc.) gemacht haben, basieren. Aus diesem Grund ist es ratsam, die Vermutungen der Lernenden bezüglich des Inhalts vor der Untersuchung des Koffers zu erheben, damit diese nicht von Vornherein eine gewisse Einschränkung erfahren. Besteht bei manchen Kindern beispielsweise die Vorstellung, dass der Koffer leer ist oder sich leichte Gegenstände in diesem befinden, werden diese sofort unterbunden, da die Untersuchung des Koffers ihrer Vorstellung widerspricht. Haben Lernende Schwierigkeiten bei der Begründung ihrer Vermutungen, kann die Untersuchung des Koffers zu einem späteren Zeitpunkt als Hilfestellung herangezogen werden.

Auswahl eines Gegenstands und Formulierung weiterführender Fragen Die Lernenden haben in den meisten Fällen keine Schwierigkeiten damit, sich für einen Gegenstand zu entscheiden und eine Verbindung zum Thema ‚Liebe' herzustellen.

Hier ist eine Auswahl an Aussagen, welche einen Eindruck von der Vielfalt der Verknüpfungen, die Kindern zwischen den Gegenständen und dem Themenbereich ‚Liebe' herstellen, vermittelt.
- Für mich stehen die Kopfhörer in Verbindung mit dem Thema ‚Liebe', weil ich es liebe, Musik zu hören.
- Das Freundschaftsarmband passt zum Thema ‚Liebe', weil man seine Freunde liebt, wenn man ihnen so etwas schenkt.
- Dieser Kuschelhase bedeutet für mich Liebe, weil er so weich ist und sich angenehm anfühlt.
- Die FFP2-Maske steht auch für die Liebe, weil wir ja die anderen damit schützen. Es handelt sich um Nächstenliebe.
- Die Weltkugel steht deshalb mit Liebe in Verbindung, weil es wichtig ist, dass Liebe weltweit ist.

Im Anschluss an die Begründung für die Wahl des Gegenstands folgt die Formulierung einer Fragestellung mit thematischem Bezug zum Begriff ‚Liebe'. Das ist für manche Kinder schwer. Sie können mit Rückfragen folgender Art rechnen „Stimmt meine Frage?", „Habe ich eine gute Frage formuliert?". Gehen Sie vorsichtig mit solchen Fragen um und legen Sie den Kindern keine Formulierungen in den Mund, sondern stellen Sie Rückfragen zum Gegenstand oder heben Sie auffällige Merkmale hervor (z. B. Farbe, Geruch, Haptik).

🔹 Tab. 10.2 ist zu entnehmen, dass die Fragen der Kinder sehr unterschiedlich sein können. Interessant ist beispielsweise die Frage „Was haben die Farben auf dem Würfel mit Liebe zu tun?". Diese mag auf den ersten Blick etwas unverständlich erscheinen. In seiner Begründung für die Wahl der Fragestellung hat der Junge jedoch die unterschiedlichen Farben des Würfels mit den verschiedenen Gefühlen, die er mit dem Begriff ‚Liebe' verbindet, in Zusammenhang gestellt (z. B. blau für Traurigkeit, rot für Wut, gelb für Freude). Spannend ist zudem die Frage „Können wir nur Menschen lieben, die wir kennen?". Nina hat diese Frage folgendermaßen erklärt: „Es gibt so viele Menschen auf der Welt und ich frage mich, ob ich jeden persönlich kennen muss, um ihn zu lieben oder ob ich zum Beispiel auch Menschen in Afrika lieben kann, obwohl ich noch nie dort war." Anhand beider Fragen kommt zum Ausdruck, wie wichtig es ist, Rückfragen zu stellen und Begründungen für die Wahl der Fragen einzufordern.

Wie in 🔹 Tab. 10.2 ersichtlich, kann es im Zuge dieser Unterrichtseinheit vorkommen, dass die Kinder die Wahl ihres Gegenstands begründen, ohne eine Verbindung zum Begriff ‚Liebe' aufzubauen. Folgende Situation hat sich während der Durchführung dieser Unterrichtskonzeption ergeben:

Paul: *Ich habe die Frage „Ist Geld wichtig?", weil es in unserem Leben sehr wichtig, aber trotzdem nicht immer so toll ist. Jetzt frage ich mich, warum ist es denn überhaupt wichtig?*

Annalena: *Die Aufgabe war aber, dass du eine Frage stellst, die was mit der da* (zeigt in die Mitte des Kreises, in welcher die Frage „Was ist Liebe?" ersichtlich ist) *zu tun hat. Wolltest du nicht eher fragen „Ist Geld für die Liebe wichtig?"*

Auf der einen Seite ist Annalenas Einwand nachvollziehbar, da die Aufgabe darin bestand, eine Fragestellung im Themenkomplex ‚Liebe' zu formulieren. Auf der anderen Seite ist es ebenso verständlich, dass es für Paul in diesem Moment wichtiger war, die generelle Relevanz des Geldes zu hinterfragen als eine Verbindung zum Begriff ‚Liebe' herzustellen. Wie geht man nun als Gesprächsleiter:in mit Situationen wie diesen um? Grundlegend ist ein wertschätzender und sensibler Umgang mit allen Fragen der Kinder. Es ist völlig normal, dass man durch die Beschäftigung mit einer Frage auf andere stößt, die nicht notwendigerweise im selben Themenbereich anzusiedeln sind. Darauf können Sie die Lernenden hinweisen. Paul hat seine Frage nicht in den Kontext des Begriffs ‚Liebe' gesetzt, und es ist wesentlich, ihm im Nachhinein keine thematische Verbindung aufzuzwingen. In Situationen wie diesen kann kurz darüber gesprochen werden, dass es sehr viele unterschiedliche Fragen gibt, mit denen man sich auseinandersetzen kann. Bei Pauls Frage handelt es sich um eine interessante, die im Zusammenhang mit Liebe thematisiert werden kann, aber auch ohne diese Verbindung viel Diskussionspotential bietet.

10.3.2 Ausflug ins All

Einsatz eines Comics Im Zuge dieser Unterrichtsphase kommt es häufig vor, dass Kinder gezielte Rückfragen zum Comic stellen. Ein Großteil dieser bezieht sich meist auf die Funktionsweise des Fernrohrs. Kinder wollen genau wissen, ob man durch das Fernrohr Details sehen oder durch Wände blicken kann. Es ist wichtig, diese Fragen ernst zu nehmen und die Funktionsweise des Fernrohrs, welches über ein besonders gutes Zoom-Objektiv verfügt, aber ansonsten wie ein herkömmliches funktioniert, genau zu erklären. Diese Informationen benötigen die Lernenden für die Bewältigung der Aufgabe, etwas in das Suchfeld zu zeichnen, bei dem es sich um Liebe handelt. Die Wahl der Motive kann abhängig vom Alter und vom Erfahrungsschatz der Lerngruppe sehr unterschiedlich ausfallen. In ◘ Abb. 10.2 sehen Sie einige der entstandenen Bilder, die Ihnen verdeutlichen sollen, dass die Zeichnungen in der Regel vielfältig sind und von materiellen Dingen (z. B. Geschenken), über Pflanzen, Herzen, bestimmte Orte oder Tiere bis hin zu schwangeren Frauen, Hochzeitspaaren, Familienmitgliedern und Freunden alles umfassen können.

Das darauffolgende Gespräch zum Thema ‚Liebe' ist in entscheidendem Maß von den Zeichnungen und den damit verbundenen Vorstellungen hinsichtlich des Begriffs ‚Liebe' abhängig. Prinzipiell sind zwei Ausgangssituationen für das Gespräch denkbar:

– In der Klasse existieren viele unterschiedliche Vorstellungen vom Phänomen ‚Liebe'.
– In der Klasse existiert eine eher homogene Vorstellung vom Phänomen ‚Liebe'.

◘ Abb. 10.2 Bilder der Kinder zum Thema Liebe

Wie in beiden Fällen vorzugehen ist, wird im nächsten Abschnitt geklärt.

Plenumsgespräch „Was ist Liebe?" Es hat sich bewährt, dass die Lehrkraft das Namensschild „Alfonso" an der eigenen Kleidung befestigt. Daran erkennen die Lernenden, dass Sie nun im folgenden Gespräch das kleine Alien vertreten.

Folgende Ausschnitte geben einen Einblick in die erste Phase des Gesprächs, in der die Kinder ihre Zeichnungen der Reihe nach vorstellen und ihr Motiv erklären.

Moritz zeigt sein Bild eines Fisches (s. Abb. 10.2) in die Runde

Moritz:	*Ich habe einen Fisch gezeichnet. Ich habe viele Fische in meinem Aquarium zum Beispiel Guppy, Neonfische und eben auch einen Skalar, so wie den, den ich gezeichnet habe. Der sieht genau gleich aus, zumindest fast. Ich habe ihn noch nicht so lange, weil mein anderer…* (wird von Paul unterbrochen, der als nächstes an der Reihe ist).
Paul:	*Du sollst uns jetzt nicht wieder deine ganzen Fische beschreiben* (zeigt auf Lehrerin/Alfonso), *sondern ihm da erklären, wieso du jetzt genau den gezeichnet hast.* (Moritz schaut ratlos zu Lehrerin/Alfonso.)
Lehrerin/Alfonso	*Moritz, ich bin jetzt ein bisschen verwirrt. Fische habe ich schon oft durch mein Fernrohr gesehen. Da habe ich mir dann immer gedacht, ein Fisch ist ein Fisch und nicht mehr oder weniger. Wieso soll ich, wenn ich diesen Fisch sehe, verstehen, was Liebe ist?*
Moritz:	*Ja, weil ich meine Fische liebe – ist doch klar. Und diesen hier ganz besonders, deswegen habe ich ja diesen Fisch gezeichnet.*
Lehrerin/Alfonso:	*Und wenn ich jetzt einen anderen Fisch sehe?*
Moritz:	*Ja, das ist jetzt schwierig, weil das kommt darauf an, ob dieser Fisch geliebt wird* (denkt nach). *Ich glaube nicht, dass jeder Fisch geliebt wird.*
Lehrerin/Alfonso:	*Woher weiß ich denn, ob ein Fisch geliebt wird?*
Moritz:	*Naja – wenn ich jetzt mich neben meinen Fisch gemalt hätte, dann würdest du es jetzt besser verstehen. Also ich liebe meinen Fisch. Das ist ähnlich wie bei ihr und der Familie* (schaut zu Julia, die vorher anhand ihrer Zeichnung die Liebe zu ihrer Familie beschrieben hat). *Also ich tue halt etwas.*
Lehrerin/Alfonso:	*Was genau tust du? Was kann ich da beobachten?*
Moritz:	*Ich kümmere mich zum Beispiel um ihn und gebe ihm nur spezielles Futter, sonst stirbt er. Du kannst mir also dabei zuschauen, wie ich ihn füttere. Außerdem verbringe ich viel Zeit mit ihm und putze zum Beispiel mein Aquarium.* (kurze Pause) *Und ich esse ihn nicht.*
Lehrerin/Alfonso:	*Alles klar, also wenn ich etwas liebe, dann kümmere ich mich darum und esse es nicht.*

Laura, die sich letzte Stunde eine Schachtel mit Schokolade-Pralinen aus dem Phänomenkoffer ausgesucht hat, meldet sich zu Wort: *Das stimmt auch nicht ganz, weil ich liebe Schokolade* (schaut in die Runde). *Ich glaube, die meisten von uns. Und die Schokolade haben wir ja am Ende der letzten Stunde auch gegessen.*

Es entsteht eine kurze Diskussion darüber, ob man Dinge, die man liebt, essen darf oder nicht.

Im Folgenden finden Sie einen Ausschnitt aus der zweiten Phase des Gesprächs, welche einen Vergleich der Zeichnungen vorsieht.

Lehrerin/Alfonso hält zwei Zeichnungen in die Luft (s. ◻ Abb. 10.2): *Ich sehe hier einmal Geschenke und einmal zwei Personen, die sich umarmen. Das sind für mich zwei völlig unterschiedliche Dinge. Kann mir jemand von euch erklären, warum ihr Menschen beide Male von Liebe sprecht?*

Paul:	*Liebe kann halt vieles sein* (zeigt auf die Zeichnungen), *aber für mich ist Liebe eher das* (zeigt auf Zeichnung von Personen, die sich umarmen).
Tina, die die Geschenke gemalt hat:	*Für mich ist aber eher das Liebe. Zu Weihnachten bekomme ich Geschenke, weil ich geliebt werde, also sind Geschenke für mich Liebe.*
Lehrerin/Alfonso:	*Das heißt jeder von euch bestimmt selbst, was Liebe ist?*
Paul:	*Nein, das stimmt auch nicht. Es ist so, wenn du jetzt drei verschiedenen Personen fragst, sagt jede, was anderes, aber meint trotzdem das Gleiche.*
Lehrerin/Alfonso:	*Wie kann man etwas anderes sagen, aber trotzdem das Gleiche meinen?*
Paul:	*Das weiß ich jetzt auch nicht mehr* (schaut Alfonso etwas verärgert an). *Hast du jetzt nicht schon langsam genug Fragen gestellt?*
Julia:	*Sei jetzt nicht so gemein. Er kann ja auch nichts dafür, dass er es nicht versteht. Denk mal an Mathe, da verstehen wir auch oft was nicht und dann doch irgendwann.* (Die Kinder lachen und schauen zur Mathematik-Lehrerin, die als zweite Lehrperson in der Klasse anwesend ist.).

Einige Kinder beteuern, dass sie sich auch manchmal in Mathematik nicht auskennen und zählen weitere Situationen auf, in denen sie sich nicht auskennen.

Lehrerin/Alfonso:	*Da bin ich aber beruhigt, dass ihr euch auch manchmal nicht auskennt. Aber Paul hat mich vorher neugierig gemacht. Wie kann es sein, dass bei der Liebe jeder etwas anderes sagt, aber doch dasselbe meint?*
Emilia:	*Das ist so, wenn ein Wort viele Dinge meint. Bei der Liebe ist das so. Für Tina ist es das Geschenk, das kannst du auch anfassen und für Paul eben eher ein Gefühl. Für mich zählt irgendwie beides dazu.*

Wie Sie den Gesprächsausschnitten entnehmen können, verfügten die Kinder dieser Lerngruppe bereits zu Beginn des Gesprächs über differenzierte Vorstellungen des Begriffs ‚Liebe'. Ist dies der Fall, kommt der Gesprächsleitung die Aufgabe zu, auf die unterschiedlichen Vorstellungen einzugehen und diese durch das Stellen kritischer Fragen zu problematisieren. Es ist jedoch ebenso möglich, dass innerhalb der Lerngruppe eine homogene Vorstellung hinsichtlich des Begriffs ‚Liebe' vorherrscht und ähnliche Zeichnungen entstehen. Trifft dies zu, können von der Gesprächsleitung kontroverse Ansichten ins Gespräch eingebracht und diesen gegenübergestellt werden (*Ich habe gehört, dass für manche Menschen auf der Erde XY* [eine spezifische Vorstellung einsetzen] *Liebe bedeutet. Was sagt ihr dazu?*).

Im Zuge dieser Unterrichtskonzeption kommt es häufig vor, dass bereits die erste Phase des Gesprächs sehr viel Zeit in Anspruch nimmt. Hat man nicht so viel Zeit zur Verfügung, ist es sinnvoll, die Kinder kurz in einer Partner- oder Gruppenarbeit ihre Ansichten miteinander austauschen zu lassen, während sich das Plenumsgespräch auf eine Gegenüberstellung und Reflexion der unterschiedlichen Erklärungsversuche fokussiert. Für größere Lerngruppen ist es empfehlenswert, die Kinder dazu aufzufordern, lediglich einen Satz zu formulieren, der dann reihum präsentiert wird (*Ich habe XX gezeichnet, weil…*).

Wie in beiden Gesprächssauschnitten zum Ausdruck kommt, kann es passieren, dass die Kinder in solch offenen Gesprächen abgelenkt werden und sich über andere als die intendierten Dinge zu unterhalten beginnen. Als Lehrperson gilt es spontan einzuschätzen, ob es sich um ertragreiche Exkurse handelt oder das Gespräch durch das Stellen gezielter Fragen in eine andere Richtung gelenkt werden soll. Dies ist keine leichte Aufgabe. Man sollte sich stets dessen bewusst sein, dass ein philosophisches Gespräch eine völlig andere Richtung einnehmen darf als beabsichtigt, muss allerdings darauf achten, dass es nicht entgleitet und zu einem bloßen Meinungs- und Erfahrungsaustausch wird.

Der zweite Gesprächsausschnitt zeigt zudem, dass Kinder frustriert reagieren, wenn sie keine Antwort geben können oder gerne eine Antwort hätten, aber nicht erhalten. Das ist völlig in Ordnung, ist doch gerade die Auseinandersetzung mit philosophischen Fragen keine leichte. Frustrationserfahrungen wie diese können als Anstoß gewertet werden, um das Wesen philosophischer Fragen zu reflektieren.

Schriftliche Ausarbeitung einer eigenen Erklärung Das Verfassen einer Postkarte an Alfonso, in welcher der Begriff ‚Liebe' näher erklärt wird, bildet den Abschluss der Unterrichtsreihe. Es ist möglich, dass die Kinder Schwierigkeiten bei der Formulierung einer Erklärung haben. Für manche Lerngruppen ist es daher ratsam, die wichtigsten „Lichtblicke" während des gemeinsamen Gesprächs schriftlich festzuhalten. Diese können beispielsweise in Glühbirnen notiert (s. ◘ Abb. 10.7; dort Link zu einer ausdruckbaren Vorlage einer Glühbirne) und in die Mitte des Kreises gelegt werden. Zudem kann man diese Glühbirnen nach dem Gespräch an der Tafel befestigen oder in der Klasse auslegen, um den Kindern die wichtigsten Punkte des Gesprächs in Erinnerung zu rufen und sie damit bei der Erfüllung der letzten Aufgabe zu unterstützen. ◘ Abb. 10.3 und 10.4 zeigen zwei Postkarten der Kinder.

Abb. 10.3 Postkarte zum Thema Liebe

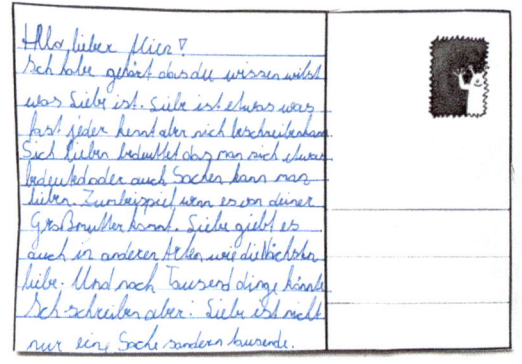

Abb. 10.4 Postkarte zum Thema Liebe

10.4 Weiterführende Vorschläge: Thematische Kinderbücher und philosophische Dialogpartner:innen

Durch die Arbeit mit dem Phänomenkoffer werden viele unterschiedliche Fragestellungen gesammelt. Diese können als Impuls für weitere Unterrichtsstunden gewertet und vertieft behandelt werden. Die Zeichnungen der Kinder haben gezeigt, dass für sie im Zusammenhang mit dem Begriff ‚Liebe' insbesondere die Themen ‚Freundschaft' und ‚Familie' relevant sind. Man könnte zum Beispiel die Frage: „Wie soll ich mit meiner Familie und anderen Familientypen umgehen?" in den Fokus stellen. Das Buch *Das alles ist Familie* von Michael Engler und Julianna Swaney (2021) bietet sich beispielsweise als Diskussionsgrundlage für diese Leitfrage an. In diesem entdeckt der kleine junge Lars ein Päckchen vor seiner Haustür, auf dem die Anschrift „An Familie" zu lesen ist. Da der Rest der Schrift verwischt ist, zieht er gemeinsam mit seiner Freundin Lina durch seine Nachbarschaft, um den Empfänger bzw. die Empfängerin des Pakets herauszufinden.

Dabei begegnet er unterschiedlichen Familienkonstellationen und erkennt, dass das Konzept ‚Familie' sehr facettenreich ist. Ziel ist es, dass sich die Lernenden mit der moralischen Frage „Wie soll ich mit meiner Familie und anderen Familientypen umgehen?" beschäftigen, indem sie ihr eigenes Konzept einer Familie hinterfragen, dieses durch die Auseinandersetzung mit unterschiedlichen Familienkonstellationen erweitern und so begreifen, dass der Begriff ‚Familie' in der gegenwärtigen Welt vielfältig ist.

Das Buch *Was ist Liebe, Sokrates?* der Philosophin Nora Kreft (2019) wählt einen besonderen Erzählrahmen: Auf einer fiktiven Dinnerparty diskutieren verschiedene Philosoph:inn:en zeitgemäß über unterschiedliche Facetten des Themenbereichs ‚Liebe'. Fragen wie „Gibt es ein Recht auf Liebe?", „Kann man Maschinen lieben?" oder „Schränkt Liebe unsere Autonomie ein?" sind beispielsweise Gegenstand des Diskurses. Ergänzend zu Auszügen aus den Originaltexten ist ein solches Dialogangebot hervorragend geeignet, um Fragen der Lernenden zu beantworten und Einblicke in die Betrachtungsweise unterschiedlicher Denker:innen zu gewähren.

Wichtige inhaltliche und didaktische Impulse geben zudem das Buch *Liebe – Freundschaft, Sexualität, Familie* von Bussmann (2011b) sowie die Ausgaben der *Zeitschrift für Didaktik der Philosophie und Ethik* zu den Themen *Freundschaft* (1997) und *Liebe* (2011).

Im Folgenden finden Sie eine Liste weiterer Medien und Bücher zum Themenkomplex ‚Liebe' für den Unterricht, zur eigenen Vorbereitung bzw. für die persönliche Weiterbildung oder als kritisch zu betrachtende Diskussionsgrundlage (kann teilweise für Kinder, teilweise für ältere Lernende eingesetzt werden).

Medium	Beispiele
Kinderbuch	– Abedi, I. & Hebrock, A. (2011). *Alberta geht die Liebe suchen.* Fischer Sauerländer – Becker, L., Wenzel, J. & Jansen, B. (2021). *Was ist eigentlich dieses LGBTIQ*: Dein Begleiter in die Welt von Gender und Diversität.* migo – Brooks, F. & Ferrero, M. (2019). *Familie – Das sind wir!.* Usborne– – Engler, M. & atos, M. (2019). *Wie sagt man eigentlich Ich liebe dich.* Boje – Greener, R. & Owen, C. (2021). *Ein Baby – Wie eine Familie entsteht.* Penguin Junior – Poulin, A. (2021). *Zwei Jungs und eine Hochzeit.* Südpol – Schreiber-Wicke, E. & Holland, C. (2017). *Zwei Papas für Tango.* Thienemann – Schulze, R. (2020). *Kinderwunsch-Wunschkind.* Stadelmann
Bild	– Poeschel, S. (2018). *Die Kunst der Liebe. Meisterwerke aus 2000 Jahren.* Theiss – Kolasse, A. (2020). *Haring.* Taschen
Graphic Novel	– Strömquist, L. (2018). *Der Ursprung der Liebe.* avant

Medium	Beispiele
Video (dt. Untertitel möglich)	– Dawn Maslar | TEDxBocaRaton. (2016, S. 5. Juli) *How Your Brain Falls In Love* [Video]. YouTube. ▶ https://www.youtube.com/watch?v=eyq2Wo4eUDg – Hannah Fry | TEDxBinghampton University. (2014, April). *Die Mathematik der Liebe* [Video]. TED. ▶ https://www.ted.com/talks/hannah_fry_the_mathematics_of_love/transcript?language=de – Mandy Len Catron | TEDxSFU. (2015, November). *Eine bessere Art, über Liebe zu sprechen* [Video]. TED. ▶ https://www.ted.com/talks/mandy_len_catron_a_better_way_to_talk_about_love/transcript?language=de;#t-26977 – Skye C. Cleary | TED-Ed. (2016, Februar). *Warum lieben wir? Eine philosophische Betrachtung* [Video]. TED. ▶ https://www.ted.com/talks/skye_c_cleary_why_do_we_love_a_philosophical_inquiry/transcript?language=de – SRF Kultur (2014, 06. Jänner). *Wie wir heute lieben* [Video]. YouTube. ▶ https://www.youtube.com/watch?v=C9KmujBw0g4 – SRF Kultur (2016, 03. Oktober). *Ist die Liebe Glück oder Gefährdung?* [Video]. YouTube. ▶ https://www.youtube.com/watch?v=rf_cd0By5Qc – SRF Kultur (2017, 13. Februar). *Liebe, Romantik und Alltag* [Video]. YouTube. ▶ https://www.youtube.com/watch?v=pUPok_0Qr1I – SRF Kultur (2020, 03. Februar). *Kann denn Sex Sünde sein?* [Video]. YouTube. ▶ https://www.youtube.com/watch?v=gB4bHDCQPwg
Film	– Garland, A. (Regie). (2015). *Ex machina*. [Film]. Film4Productions, A24, DANN Films – Jonze, S. (Regie). (2013). *Her* [Film]. Annapurna Pictures – Schrader, M. (Regie). (2021). *I'm Your Man* [Film]. Südwestrundfunk, Letterbox Filmproduktion – Sputore, G. (Regie). (2019). *I Am Mother* [Film]. The Penguin Empire, Rhea Films, Southern Light Films

10.5 Material

Alle Vorlagen (◘ Abb. 10.5, 10.6, 10.7) können auf SpringerLink heruntergeladen werden: ▶ https://link.springer.com/chapter/ ▶ https://doi.org/10.1007/978–3–662–66.182-6_10.

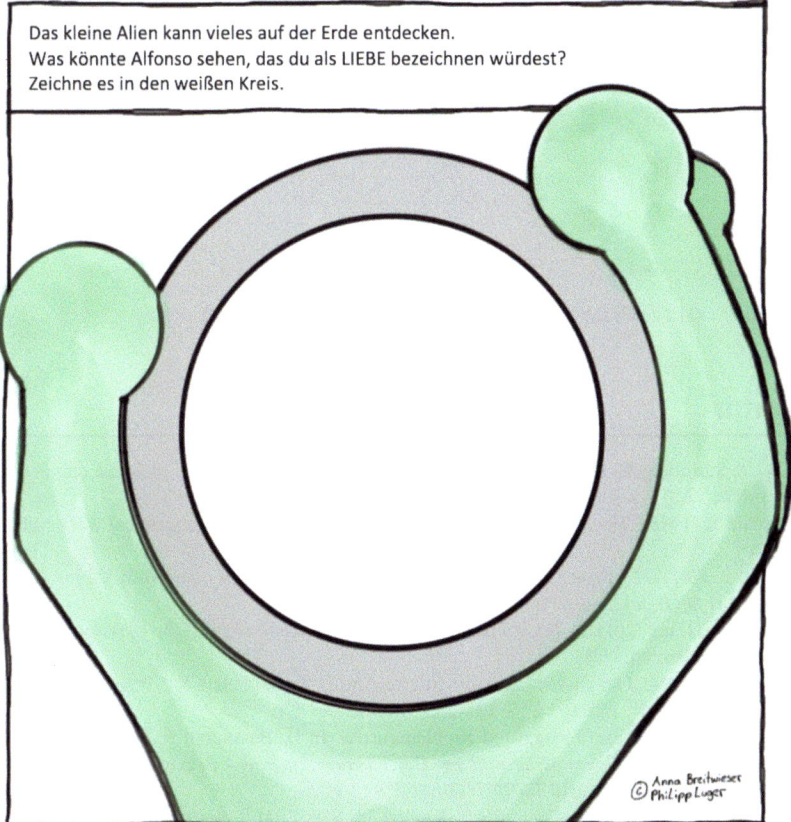

◘ **Abb. 10.5** Comic „Was ist Liebe?". (© Anna Breitwieser & Philipp Luger)

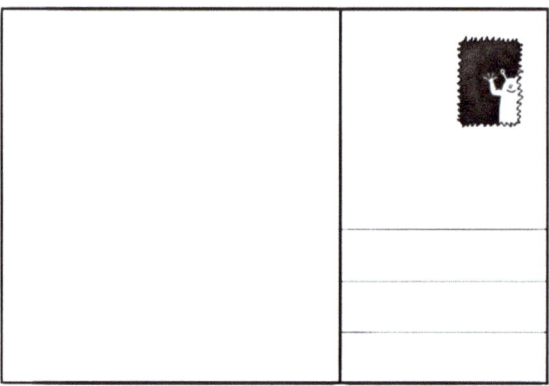

Abb. 10.6 Vorlage Postkarte. (© Anna Breitwieser & Philipp Luger)

Abb. 10.7 Vorlage Glühbirne. (© Anna Breitwieser & Philipp Luger)

Literatur

Beall, A., & Sternberg, R. (1995). The Social Construction of Love. *Journal of Social and Personal Relationship, 12*(3), 417–438. ▶ https://doi.org/10.1177/0265407595123006
de Beauvoir, S. (1988). *The Second Sex* (transl. & ed. by H.M. Parshley). (Original work published in 1949)
Bussmann, B. (2011). Mit einer 5. Klasse ins Philosophieren kommen oder: Vom Saulus zum Paulus. *Zeitschrift für Didaktik der Philosophie und Ethik, 1*, 4–13.
Bussmann, B. (Hrsg.) (2011b). *Texte und Materialien für den Unterricht. Liebe - Freundschaft, Sexualität, Familie*. Reclam.
Bussmann, B. (2019a). Der wissenschaftsorientierte Ansatz. In M. Peters & J. Peters (Hrsg.), *Moderne Philosophiedidaktik. Basistexte* (S. 231–243). Meiner.
Bussmann, B. (2019b). Einführung und Problemaufriss. In B. Bussmann & M. Tiedemann (Hrsg.), *Genderfragen und philosophische Bildung. Geschichte – Theorie – Praxis* (S. 1–26). [E-Book]. JB. Metzler. ▶ https://doi.org/10.1007/978-3-662-58913-7.
de Montaigne, M. (2016). Essais (1. Buch, Kapitel 28, S.98–104). Erste modern Gesamtübersetzung von Hans Stilett (9. korr. Aufl.). Die Andere Bibliothek. (Originalquelle veröffentlicht in 1580)
Engler, M. & Swaney, J. (2021). *Das alles ist Familie*. arsEdition.

eurostat (2021). *Eheschließungen und Scheidungen.* Zugegriffen: 12. Jänner 2022. ▶ https://ec.europa.eu/eurostat/databrowser/view/tps00206/default/bar?lang=de

Fisher, H. (2004). *Why We Love: The Nature and Chemistry of Romantic Love.* Henry Holt & Co.

Jenkins, C. (2017). *What Love Is: And what it could be.* Basic Books.

Kreft, N. (2019). *Was ist Liebe, Sokrates? Die großen Philosophen über das schönste aller Gefühle.* Piper.

Maierhofer, L., Kern, R. & Kern, W. (2019). *Sim Sala Sing. Das Liederbuch für die Volksschule.* Helbling.

Martens, E. et al. (Hrsg.) (1997). Freundschaft. *Zeitschrift für Didaktik der Philosophie und Ethik, 19* (1).

Martens, E. et al. (Hrsg.) (2011). Liebe. *Zeitschrift für Didaktik der Philosophie und Ethik, 33* (4).

Platon (2012). *Symposion/ Gastmahl. Griechisch-Deutsch* (übers. und hrsg. v. Barbara Zehnpfennig, 2. durchges. Aufl, Philosophische Bibliothek Bd. 520). Felix Meiner.

Russell, B. (1929). *Marriage and Morals.* Liverlight Publishing Cooperation.

Russell, B. (2012). *Eroberung des Glücks: Neue Wege zu einer besseren Lebensgestaltung* (übers. aus dem Engl. v. Magda Kahn, 18. Aufl.). Suhrkamp. (Originalquelle veröffentlicht in 1930).

Savulescu, J., & Sandberg, A. (2008). Neuroenhancement of Love and Marriage: The Chemicals Between Us. *Neuroethics, 1,* 31–44. ▶ https://doi.org/10.1007/s12152-007-9002-4

Studien zum Kinderfernsehen. Kopaed

Siegler, R., Eisenberg, N., DeLoache, J. & Saffran, J. (2016). Moralentwicklung. In R. Siegler, N. Eisenberg, J. DeLoache & J. Saffran (Hrsg.), *Entwicklungspsychologie im Kindes- und Jugendalter* (4. Aufl., S. 529–574). Springer.

Tiedemann, M. (2014). *Liebe, Freundschaft und Sexualität. Fragen und Antworten der Philosophie.* Olms.

Ulrich, V. (2016, 31. Dezember). Oh doch - wir können Liebe gedanklich steuern. DIE WELT. ▶ https://www.welt.de/kmpkt/article160713095/Oh-doch-wir-koennen-Liebe-gedanklich-steuern.html

v. Straßburg, G. (2017) *Tristan.* Nach dem Text von Friedrich Ranke neu herausgegeben, ins Neuhochdeutsche übersetzt, mit einem Stellenkommentar und einem Nachwort von Rüdiger Krohn (15.Aufl., Bd.1, Mittelhochdeutsch/ Neuhochdeutsch, V.1–9982). Reclam.

Welche Rechte sollen Kinder haben?

Sandra Prinz

© Sandra Prinz

© Der/die Autor(en), exklusiv lizenziert an Springer-Verlag GmbH, DE, ein Teil von Springer Nature 2024
B. Bussmann (Hrsg.), *Philosophieren mit Kindern und Jugendlichen*, Philosophische Bildung in Schule und Hochschule,
https://doi.org/10.1007/978-3-662-66182-6_11

Verwendete Materialien	– Kamishibai (Erzähltheater) – Bilderbuch *Wir haben Rechte* als Bildkarten für das Kamishibai (Olten 2023) – Blanko-Postkarten – Klangspiel, Glocke, Sanduhr – Moderationskarten oder Notizpapier – Vorbereitete Karten, die die wichtigsten Kinderrechte enthalten – Kinderrechtekonvention in einer vereinfachten Fassung
Zentrale philosophische Themen	– Rechte – Menschenrechte – Kinderrechte
Methoden	– Dialogisches Erzählen – World Café – Sokratisches Gespräch – Kreatives Schreiben – Plakatpräsentation
Beispiele aus der Praxis	– Kinderrechte-Postkarten – Plakat World Café
Dauer	– 3 Doppeleinheiten
Altersstufe	– ab 8 Jahren

11.1 Einführung ins Thema

Menschenrechte sind in unterschiedlichen Konventionen festgelegt. Zu den wichtigsten zählt die *Allgemeine Erklärung der Menschenrechte* (Vereinte Nationen, 1948), die 1948 durch die Generalversammlung der Vereinten Nationen verabschiedet wurde, der Internationale Pakt für bürgerliche und politische Rechte und der Internationale Pakt für wirtschaftliche, soziale und kulturelle Rechte.

„Alle Menschen sind frei und gleich an Würde und Rechten geboren. Sie sind mit Vernunft und Gewissen begabt und sollen einander im Geiste der Brüderlichkeit begegnen" (Vereinte Nationen, 1948, Art. 1, S. 2), so heißt es in Artikel 1 der *Allgemeinen Erklärung der Menschenrechte*. Jeder Mensch hat die gleichen Rechte, egal wie alt, welche Hautfarbe, welche religiöse Orientierung, welches Geschlecht und welcher Geburtsstand. Die Realisierung der Menschenrechte zur Wahrung der Menschenwürde ist ein schwieriges Unterfangen, und die Verstöße aufzudecken, die weltweit tagein und tagaus passieren, ist eine Mammutaufgabe, die vom Engagement vieler Menschen abhängt. Eine Organisation, die sich für die Einhaltung der Menschenrechte weltweit einsetzt, ist Amnesty International.

Eine besondere Stellung kommt den Kindern zu. Kinder sind keine kleinen Erwachsenen, Kinder sind Kinder und als solche haben sie auch bestimmte Bedürfnisse, die gewahrt und geachtet werden müssen. Was genau der Schutz von Kindern beinhalten muss, ist in der *Konvention über die Rechte des Kindes* (UNICEF, 1989a, b) festgeschrieben, die wiederum die *Allgemeine Erklärung der*

Menschenrechte als Grundlage heranzieht. Kinderrechte gelten für alle Kinder und Jugendlichen weltweit, bis zum 18. Lebensjahr. Die Kinderrechtskonvention wurde von fast allen Staaten der Erde unterzeichnet – eine Ausnahme bilden beispielsweise die USA und der Heilige Stuhl (Vatikan).

Die Kinderrechtskonvention legt fest, dass alle Kinder der Erde in Freiheit, Frieden und Gerechtigkeit aufwachsen und ihre Grundbedürfnisse nach Schutz, Nahrung, Kleidung und Zuwendung gedeckt sein sollen. Ob die Kinderrechte von den Vertragsstaaten eingehalten werden, überwacht der UN-Kinderrechtsausschuss. Die Staaten müssen dort alle fünf Jahre berichten, was sie zur Einhaltung der Maßnahmen unternommen haben. Auch nichtstaatliche Organisationen können im UN-Kinderrechtsausschuss Berichte zur aktuellen Lage eines Staates einreichen. In Österreich macht dies beispielsweise die Kinder- und Jugendanwaltschaft, in Deutschland gibt das deutsche Kinderhilfswerk jährlich einen Kinderreport (Deutsches Kinderhilfswerk, 2022) heraus.

11.2 Fachphilosophisches Hintergrundwissen

Kinder haben Rechte. Dieser Satz scheint zunächst so plausibel zu sein, wie kaum etwas anderes. Ausgesprochen würde er bei den Zuhörer*innen vermutlich für schnelles Kopfnicken sorgen. Das Recht umsorgt und beschützt zu werden, das Recht auf ein friedvolles, gewaltfreies Aufwachsen in einer behüteten Umgebung, das Recht auf Nahrung, Kleidung, Pflege – die Liste, die vor dem inneren Auge abgespult wird, ist lang. Aber ganz so einfach ist es dann doch nicht.

Haben Kinder Rechte? Ob Kinder, ebenso wie Erwachsene, subjektive Rechte im ethischen und juridischen Sinne haben, ist nicht unumstritten. Friedrich Carl von Savigny, ein Vertreter der Willenstheorie, versteht darunter, dass eine Person dann Willensmacht hat, wenn sie darüber entscheiden kann, ob sie etwas tut oder nicht, wenn sie also die Wahl hat. Im Sinne der Willenstheorie ist eine Person nur dann Rechtsträger, also Besitzer*in von Rechten, wenn er/sie fähig ist, einen autonomen Willen zu bilden. Diese Fähigkeit wird Kindern im Sinne der Willenstheorie nicht oder nur eingeschränkt zugesprochen. Daraus wäre zu schließen, dass Kinder keine eigenen Rechte haben könnten. Diese Lesart soll in der Willenstheorie aber vermieden werden. Um die grundlegenden Rechte von Kindern zu sichern, werden Eltern Pflichten auferlegt, allen voran der Schutz, die Versorgung und die Begleitung und Förderung des Kindes. Ein weiterer Aspekt, der diese Konsequenz der Rechtlosigkeit aus der Willenstheorie mindert, ist die Trennung von *Rechtsträgerschaft* und *Rechtsausübung*. Demnach können Kinder zwar Rechte haben, sie aber nicht ausüben. Zur Ausübung benötigen sie einen gesetzlichen Vertreter – also Eltern oder Erziehungsberechtigte (Wapler, 2019, S. 122). Was bedeutet es, ein Recht auf etwas zu haben? Es bedeutet, dass Person A das Recht hat, auf eine bestimmte Art zu handeln beziehungsweise von Person B auf eine bestimmte Art behandelt zu werden (Birnbacher, 2012, S. 53). Kinder können beispielsweise Partei eines Kaufvertrags sein, sie können Dinge käuflich erwerben, sie können erben. Es gibt aber auch Rechte, die Kindern nicht zustehen, wie das Recht zu heiraten und das Recht zu wählen. Wenn von Kinderrechten die Rede ist, geht es aber nicht so sehr um juridische Rechte wie das Wahlrecht, sondern um grundlegende, an die allgemeinen Menschenrechte angelehnte Rechte. Wenn es um Kinderrechte geht, gibt es eine Überschneidung zwischen philosophischen und juridischen Positionen. Juridische Rechte sind an eine formal vorgegebene Struktur gebunden und werden von einem Gesetzgeber erlassen und durch den Staat beziehungsweise Gerichte durchgesetzt. Um eine juridische Position rechtfertigen zu können, stellt sich häufig die Frage nach deren subjektiver, ethischer Rechtsposition, um zu einem Urteil gelangen zu können. Im Falle von Kinderrechten sind sowohl ethische als auch juridische Positionen in der UN-Kinderrechtskonvention festgelegt (Wapler, 2019, S. 121).

Die Kinderrechte sowie die allgemeinen Menschenrechte wurden als Rechte im subjektiven Sinne formuliert und in nationalen und internationalen Verfassungen als geltende Grundrechte anerkannt. Auf dieser Grundlage ist zunächst eine Unterscheidung zwischen subjektiven und objektiven Rechten zu treffen. Eine Begriffsklärung erfolgt im folgenden Abschnitt.

Recht im objektiven und subjektiven Sinne Recht im objektiven Sinn (engl. *law*) tritt bereits vor mehreren Tausend Jahren v. Chr. in Staatsformen des Vorderen Orients (z. B. Mesopotamien) auf. Damals unterschied man noch nicht zwischen Recht, Moral, Religion, Politik und Konventionen (Von der Pforten, 2017, S. 171). Neben der objektiven, juridischen Position (Recht) und der subjektiven, philosophischen Position (Moral) hatten auch religiöse Überzeugungen, politische Interessen und gesellschaftlich anerkannte oder geduldete Verhaltensnormen einen Einfluss auf die Rechtsprechung.

Die folgende Tabelle gibt einen zusammenfassenden Überblick über die Entwicklung des Rechtsbegriffes im Laufe der Geschichte und zeigt, welche Auffassung Philosoph*innen zu unterschiedlichen Zeiten über die Ziele von geltendem Recht vertraten. Die Tabelle wurde für das vorliegende Kapitel entwickelt und stützt sich auf Ausführungen von Von der Pforten (2017 S. 171 ff.) (◘ Tab. 11.1).

In der Antike entwickelte sich eine vertikale Differenzierung zwischen primärem, vom Menschen festgelegtem Recht und sekundärem Recht, das in den Bereichen Religion, Ethik, Naturrecht (z. B. Recht auf Leben, Recht auf Freiheit) oder Idealismus (z. B. Platon und Aristoteles: Streben nach Gerechtigkeit) fußte. Diese Trennung ist allerdings in westlichen Kulturen stärker ausgeprägt als beispielsweise im islamischen Kulturkreis. Letztere beziehen das sekundäre Recht nach wie vor stärker in ihre Entscheidungsprozesse ein. Im Mittelalter hatte die Rechtsprechung für Gemeinwohl und Gerechtigkeit zu sorgen. In der Neuzeit kam es dann zu einem Wandel. Mittel zur Erhaltung von Recht auf Eigentum und Freiheit rücken ins Zentrum. Auch im Laufe des 19. und 20. Jahrhunderts bleiben Mittel und Regeln zur Aufrechterhaltung und Ausübung des geltenden Rechts von zentraler Bedeutung.

◼ **Tab. 11.1** Ziele des Rechts und Recht als Mittel (basiert auf Von der Pforten, 2017, S. 173–175)

Philosoph*in	Ziel des Rechts
Cicero (1. Jh. v. Chr.)	Gerechtigkeit
Platon und Aristoteles (3./4. Jh. v. Chr.)	Das Gute, Gerechtigkeit
Thomas von Aquin (13. Jh.)	Gemeinwohl, Gerechtigkeit
Thomas Hobbes (16. Jh.)	Selbsterhaltung
John Locke (17. Jh.)	Wandel: Mittel zur Erreichung des Rechts werden wichtiger: Erhaltung von Leben, Freiheit und Eigentum
Utilitaristen (18. Jh.)	Maximierung von Glück
Hegel (18. Jh.)	Freiheit
19. und 20. Jh	Rechtsverständnis stützt sich auf Mittel zur Erreichung des Rechts; spezifische Ziele von Recht (z. B. Gerechtigkeit, Gemeinwohl) werden aufgegeben
Gustav Radbruch (1946)	Radbruch'sche Formel als Reaktion auf die geltenden Rechte zur Zeit des Nationalsozialismus
Hans Kelsen (1961)	Recht durch festgelegte Normen wird durch *Zwang* erreicht
H.L.A. Hart: *The Concept of Law* (1961)	Änderungs-, Entscheidungs- und Erkenntnisregeln; Erkenntnisregeln als notwendiges Mittel, um Recht zu erkennen
Ronald Dworkin (ca. 1970)	Alles-Oder-Nichts-Verpflichtung nach den Prinzipien: Gerechtigkeit, Fairness und *Integrität*

Als Reaktion auf die geltenden Rechte zur NS-Zeit entwickelte Gustav Radbruch die Radbruch'sche Formel. Demnach sind Recht und Moral strikt zu trennen. Geltendes, positives Recht darf nicht durch Moral korrigiert werden. Wenn aber – so wie zur Zeit des Nationalsozialismus – die menschliche Würde in ihren Grundfesten verletzt wird und keine Menschengleichheit mehr herrscht, dann kann nicht mehr von Recht oder Gerechtigkeit die Rede sein (Alexy et al., 2019).

Im primären Recht gibt es eine Ausdifferenzierung in vielfacher Weise, etwa nach dem Urheber (z. B. staatliches, kirchliches, nichtstaatliches Recht, Vereinsrecht oder Völkerrecht), der geschichtlichen Entwicklung (z. B. Geschichte der Entwicklung der Menschenrechte), einzelnen Rechtsgebieten unterschiedlicher Staaten (z. B. Strafrecht, öffentliches Recht, Verwaltungsrecht, Sozialrecht, Arbeitsrecht oder Medienrecht). Hinzu kommt eine zeitliche Dimension, das geltendes von zukünftigem Recht unterscheidet. Als Quelle für das Recht werden Gesetze herangezogen (Von der Pforten, 2017, S. 171–173).

Das Recht im subjektiven Sinn (engl. *right*) steht dem Recht im objektiven Sinn gegenüber (Von der Pforten, 2017). Die Menschen- bzw. Kinderrechte fallen in den Bereich des subjektiven Rechts. Die Unterscheidung zwischen objektivem und subjektivem Recht fällt im englischen Sprachgebrauch leichter. In der englischen Entsprechung wird objektives, juridisches Recht als *law* bezeichnet und subjektives, ethisches Recht als *right*.

Recht im subjektiven Sinne eröffnet die Möglichkeit, im Sinne einer Sache tätig zu werden oder auf etwas zu bestehen. Subjektive Rechte werden dann eingefordert, wenn Menschen es als ihre notwendige Pflicht verstehen, für diese Rechte einzutreten. Subjektives Recht hat seinen Ursprung vermutlich im Mittelalter und war zunächst im Zivilrecht und ab dem 19. Jahrhundert auch im öffentlichen Recht zu finden. Die Menschenrechte wurden von dem Naturrechtsphilosophen Samuel von Pufendorf sowie von Immanuel Kant und John Locke erstmals moralisch, ethisch und religiös gefordert, in die Verfassungen schafften sie es dann ab dem 18. Jahrhundert. Zunächst wurden sie als politische Werte und Zielbestimmung von Staaten verstanden, bevor sie im 20. Jahrhundert unter anderem in der *Allgemeinen Erklärung der Menschenrechte* (1949) internationalisiert und auch in vielen nationalen Verfassungen als Grundrechte verankert wurden. Die EU-Grundrechtscharta von 2000 ist seit 2009 geltendes Rechte der Europäischen Union. Als Grundrechte können die Menschenrechte vor staatlichen und internationalen Gerichten geltend gemacht werden (Von der Pforten, 2017, S. 176 f.).

Subjektive Rechte können nach ihren Inhalten unterschieden werden, nämlich nach dem, was mit dem Recht abgesichert werden soll. Im Folgenden soll nun auf diese Inhalte eingegangen und mit einem jeweiligen Recht aus der Kinderrechtskonvention verknüpft werden.

Zu den subjektiven Rechten zählen (1) **Freiheitsrechte**, (2) **Anspruchsrechte** und (3) **Vollmachten,** allerdings bedingen und beeinflussen sich diese wechselseitig. Folgend wird erläutert, was die subjektiven Rechte jeweils beinhalten und in welchem Artikel der Kinderrechtskonvention dazu etwas zu finden ist. Darüber hinaus veranschaulicht ein Beispiel mit dazu passenden Impulsfragen, wie mit den Schüler*innen gearbeitet werden könnte.

1. **Freiheitsrechte:** Zu den Freiheitsrechten zählt das Recht auf Freiheit und Privatsphäre. Dieses ist in *Art. 16* der Kinderrechtskonvention geregelt. Ein konkretes Beispiel, das mit den Schüler*innen dazu analysiert werden könnte ist das Recht auf private Briefe, Tagebücher oder ähnliches. Diese dürfen nicht gelesen und das Kinderzimmer nicht ungefragt durchsucht werden. Außerdem darf das Kind nicht beleidigt werden. *Welche Position vertreten die Schüler*innen dazu? Wie begründen Sie ihre Position? Gibt es Beispiele für Situationen, in denen dieses Kinderrecht verletzt wurde?*
2. **Anspruchsrechte:** Zu den Anspruchsrechten zählt das Recht auf Versorgung mit Gütern, die das Überleben sichern. Dieses Recht findet sich in der Kinderrechtskonvention in *Art. 27*. Hier geht es um das Recht, in Lebensverhältnissen aufzuwachsen, die eine gesunde Entwicklung ermöglichen und in der für die nötige Nahrung, Kleidung und Unterkunft gesorgt ist. Im Gespräch mit den Schüler*innen kann der hohe Anspruch, den dieses Kinderrecht stellt, hinterfragt werden. Mögliche Impulsfragen: *Wann wird dieses Recht verletzt? Ist es realistisch, dieses Recht einzuhalten? Wer kann dafür Sorge tragen, dass alle Kinder in Lebensverhältnissen aufwachsen, die eine gesunde Entwicklung ermöglicht? Ist das überhaupt möglich? Wie ist das im Fall von Krieg oder Armut? Wie ist es, wenn sich die Erwachsenen, die für die Kinder verantwortlich sind, in*

einer schwierigen finanziellen Lage befinden und nicht dafür sorgen können, dass die Grundbedürfnisse der Kinder erfüllt werden?
3. **Vollmachten:** Ein Recht auf Vollmacht ermöglicht dem Individuum, seine moralischen und juridischen Beziehungen zu anderen Menschen zu pflegen. Die Vollmacht steht immer mit einem Rechtsgeschäft in Verbindung. Zu den Vollmachten findet sich in der Kinderrechtskonvention kein entsprechender Artikel. Kinder benötigen zum Beispiel eine Vollmacht, wenn sie allein reisen oder als Schauspieler*in in einem Film mitwirken. Die Vollmacht ist von der gesetzlichen Vertretung zu unterscheiden, die Eltern für ihre Kinder übernehmen. In *Art. 3* ist geregelt, dass Erwachsene stets Entscheidungen für Kinder treffen sollen, die dem Wohl des Kindes dienen.

Aber welchen Wert haben Rechte, wenn sich niemand darum kümmert, dass sie jemandem zugesprochen und dann auch eingehalten werden? Allein die Tatsache, dass Rechtsphilosoph*innen und Jurist*innen bestimmte Rechte festschreiben, reicht nicht aus – sie müssen auch überprüft und eingehalten werden.

Die im Anschluss vorgestellte Unterrichtssequenz soll einen Beitrag dazu leisten, mit Kindern über (ihre) Rechte nachzudenken und ihnen vielfältige Kompetenzen (z. B. Reflexionskompetenz, Fähigkeit zur Urteilsbildung, Argumentationskompetenz) mit auf den Weg zu geben. Um den Kindern eine Stimme zu verleihen, sollten sie selbst die Kinderrechte kennen und diese auch einfordern können. Indem sie ihre Rechte kennen, wenden sie sich vielleicht im Fall von Missbrauch oder Gewalt eher vertrauensvoll an eine Bezugsperson. Vielleicht fordern sie dadurch eher ihr Recht auf Privatsphäre ein oder wehren sich, wenn ein Erwachsener sie beleidigt oder beschämt.

11.3 Ablauf, Methoden und Materialien

Die vorgestellte Unterrichtssequenz besteht aus drei Doppeleinheiten. In der ersten Unterrichtssequenz arbeiten die Schüler*innen mit Unterstützung der Gesprächsleitung heraus, welche Rechte Kinder haben sollen. Dies geschieht in Form des sokratischen Gesprächs.

Sokratisches Gespräch   Das sokratische Gespräch ist als Gespräch zwischen allen Teilnehmenden zu verstehen. Das bedeutet gleichzeitig, dass die Gesprächsleitung in den Hintergrund rückt und nur gelegentlich moderierend oder mit Impulsfragen einen Beitrag zum Gespräch leistet. Birnbacher und Krohn (2016) weisen außerdem darauf hin, dass es darum gehe, dass sich die Gesprächsteilnehmer*innen eigenständig auf die Suche nach der Wahrheit begeben. Das Gespräch wird von der gesamten Gruppe getragen. Es handelt sich um eine Suche nach philosophischen Entdeckungen, und die Teilnehmer*innen sind im Sinne Sokrates' ‚Hebammen' für die entstehenden Gedanken und Erkenntnisse (Birnbacher, 2017, S. 174). Im sokratischen Gespräch zu den Kinderrechten geht es um die Frage: *Welche Rechte sollen Kinder haben?*

Im Verlauf des Gesprächs können Fragen wie *Was ist Recht? Was ist Gerechtigkeit? Was unterscheidet die beiden Begriffe?* oder *Wer entscheidet über die Rechte, die Kinder haben sollen?* zusätzliche Inputs liefern.

Im sokratischen Gespräch unterstützt die Gesprächsleitung die Teilnehmer*innen dabei, einen Konsens zu erreichen. Es wird versucht, auf alle besprochenen Fragen eine Antwort zu finden, die für die gesamte Gruppe vertretbar ist. In diesem Fall einigt sich die Gruppe auf die wichtigsten Rechte, die Kinder ihrer Meinung nach haben sollen. Diese werden gesammelt und auf vorbereitete kleine Plakate im Format A3 geschrieben. Jede*r Schüler*in begründet, warum es ein Recht als wichtig empfindet oder nicht. Sind sich alle einig, erfolgt die Verschriftlichung. In ▶ Abschn. 11.4 können Sie nachlesen, auf welche Rechte sich die Kinder im sokratischen Gespräch geeinigt haben.

‚World Café'   Beim ‚World Café' handelt es sich um eine kommunikative Methode in entspannter, gemütlicher Atmosphäre. Im konkreten Fall dieser Unterrichtssequenz zum Thema ‚Kinderrechte' werden alle Plakate, die jeweils ein Recht, das die Kinder erarbeitet haben, enthalten, auf je einen Tisch platziert. Fünf bis sieben Plakate sind ideal. Sollten es sehr viele sein, kann man das World Café auch in zwei Durchgängen durchführen. Zur Durchführung bilden jeweils vier Schüler*innen (es können bis zu sechs sein) eine Gruppe und begeben sich zu einem Tisch. Je nach Einschätzung der Gesprächsleitung teilt diese die Gruppen ein oder lässt die Schüler*innen selbst entscheiden, wie sie sich zuordnen wollen. Aufgabe für die Gruppen an den jeweiligen Tischen ist es nun, sich mit dem Kinderrecht, das auf dem Plakat steht, auseinanderzusetzen und zu überlegen: *Was macht dieses Kinderrecht aus? Was gehört dazu? Was beinhaltet beispielsweise die Forderung auf ein Recht auf Familie und Freunde?* Jedes Viererteam hat fünf Minuten Zeit, um ihre Ideen zu besprechen und auf dem Plakat zu verschriftlichen. Ältere Schüler*innen können auch länger an einem Plakat arbeiten. Mittels Sanduhr wird die Zeit überwacht. Danach erfolgt ein akustisches Signal (z. B. Glocke) und die Gruppen wechseln im Uhrzeigersinn zum nächsten Tisch weiter – bis auf eine*n Schüler*in. Die Schüler*innen sprechen sich kurz ab, wer am Tisch bleibt, dann wechseln die anderen Schüler*innen zum nächsten Tisch. Wichtig ist: nach höchstens zwei Runden bei einem Tisch wechselt ein*e Schüler*in zum nächsten Tisch. Die Schüler*in, die beim Tisch verbleibt erzählt den neu dazugekommenen Schüler*innen, welche Ideen bereits gesammelt wurden, bevor die neu zusammengewürfelte Gruppe wieder überlegt, was für sie zum jeweils verschriftlichten Kinderrecht noch gehört. Wenn alle Gruppen bei jedem Plakat waren, endet die Sequenz. Die Plakate bilden die Grundlage für den Einstieg in die nächste Phase der Unterrichtseinheit.

Plakatpräsentationen und Austausch   In der zweiten Unterrichtssequenz werden die einzelnen Plakate begutachtet. Je zwei Schüler*innen können präsentieren, was geschrieben steht, anschließend erfolgt ein Austausch darüber. *Gehört x zum Recht auf Freiheit? Warum? Warum nicht? Begründe! Fehlen wesentliche Aspekte? Muss etwas ergänzt werden?*

Kinderrechte-Postkarte gestalten Die erarbeiteten Kinderrechte aus dem vorangegangenen Gespräch bilden die Grundlage für das Gestalten von Kinderrechte-Postkarten. Die Kinder wählen jenes Kinderrecht, das sie besonders wichtig finden, und gestalten allein oder zu zweit eine Postkarte. Auf der Vorderseite der Karte verschriftlichen sie das Kinderrecht und gestalten es grafisch, indem sie dazu malen oder zeichnen. Auf der Rückseite formulieren sie einen kurzen Text an ein Kind, an das sie die Postkarte adressieren wollen. Sie erzählen dem Kind, was es für sie bedeutet, dieses bestimmte Recht zu haben und bitten um Antwort.

> ▶ **Postkarte: Kinder haben das Recht auf Freiheit.**
>
> *Liebe*r ____ (Name des Kindes), Du hast das Recht auf Freiheit. Du darfst entdecken, spielen und deine Freunde treffen. Du hast das Recht auf Langeweile und auf frische Luft. Wie denkst du über das Recht auf Freiheit? Schreibe mir gerne deine Ideen zurück! Liebe Grüße, _____ (Name des Kindes, das die Postkarte verfasst hat).* ◀

Die Schüler*innen werden nun eingeladen, diese Postkarten auch tatsächlich zu versenden. Das philosophische Potential dieser Übung liegt vor allem darin, dass sich zwischen den beiden Kindern ein Dialog ergeben kann und so noch eine tiefere Auseinandersetzung mit der Thematik ermöglicht wird. Alternativ könnte die Gesprächsleitung veranlassen, dass sich die Schüler*innen die Postkarten gegenseitig schreiben und dann auch jeweils antworten. Dazu könnte erarbeitet werden, was eine Antwort enthalten könnte. So könnten zum Beispiel neue Fragen aufgeworfen oder kritische Rückfragen gestellt werden.

Nachdem sich die Schüler*innen mit der Frage, welche Rechte Kinder haben sollen, auseinandergesetzt haben, lernen sie nun in der dritten Unterrichtssequenz die UN-Kinderrechtskonvention in Form eines Bilderbuches und einer vereinfachten Kinderfassung (UNICEF, 1989a, b, Kinderversion) kennen. Sie erfahren, welche Kinderrechte darin tatsächlich verankert sind, und können mit den Kinderrechten, die sie selbst entwickelt haben, vergleichen. *Welche Rechte kommen auch in der Kinderrechtskonvention vor? Welche kommen nicht vor, sind dir aber wichtig? Begründe!*

Das Bilderbuch wird mittels Erzähltheater präsentiert.

Arbeit mit dem Kamishibai Die Schüler*innen sehen die Bilderbuchgeschichte *Wir haben Rechte!* (Olten, 2023) im Kamishibai. Zum Inhalt des Buches: Auf den einzelnen Seiten wird je ein Kinderrecht in den Mittelpunkt gerückt. Durch die Abbildungen wird ein direkter Bezug zur Lebenswelt hergestellt, um das Kinderrecht begreifbarer zu machen. Die Szenen laden dazu ein, eigene Gedanken zu äußern und ins Gespräch zu kommen. Auf den Abbildungen sind jeweils Kinder in unterschiedlichen Situationen dargestellt. Jene zum Kinderrecht *Kinder haben das Recht gesund zu leben, Geborgenheit zu finden und keine Not zu leiden* eröffnet den Blick in einen hell erleuchteten Raum, in dem ein Kind in den Armen seiner Mutter umsorgt wird. Das Kind blickt zum Fenster hinaus. Draußen herrscht stürmisches Regenwetter. Ein anderes Kind geht ohne Begleitung, gebückt, mit traurigem Gesicht und nur spärlich bekleidet die Straße entlang – ist das Kind obdachlos? Wo sind die Eltern des Kindes? Kümmert sich jemand um dieses Kind? Die Abbildung zum Kinderrecht *Kinder haben das Recht zu spielen, sich zu erholen und künstlerisch tätig zu sein* zeigt ein Kind mit zufriedenem Gesichtsausdruck, das sich aus Kartons eine fantastische, detailreiche Skulptur gebaut hat und diese soeben mit Farbe und Pinsel bemalt. Ist das vielleicht das Traumhaus des Kindes? Hat es seine Schule nachgebaut? Möchte es Architektin werden?

Beim Kamishibai handelt es sich um ein portables Erzähltheater, sozusagen eine kleine Theaterbühne im Format A3, das als Tischbühne verwendet wird. Um die Geschichte zu erzählen, werden die Bildkarten zunächst in der richtigen Reihenfolge in das Kamishibai eingestellt. Um Spannung aufzubauen, kann zwischen die Bilder je eine leere Seite geschoben werden, so kann jedes Bild langsam aufgedeckt werden. Wenn die Erzählung zu einem Bild fertig ist, wird die Bildkarte vorsichtig herausgezogen und zur Seite gelegt, oder an die hinterste Stelle wieder eingestellt. Während der Theatervorführung können auch musikalische Elemente (z. B. Ton einer Klangschale oder einer Glocke oder ein kurzes Musikstück) eingesetzt werden, um Übergänge zu begleiten oder Pausen zu erzeugen. Mit Gegenständen, die vor dem Erzähltheater aufgestellt werden, kann ein 3D-Effekt erzeugt werden. Die Geschichte wird dialogisch erzählt (s. ▶ Kap. 5), die Kinder haben also währenddessen die Möglichkeit, ihre Gedanken und Ideen zu den Bildern zu äußern.

Zum Abschluss der dritten Unterrichtssequenz vergleichen die Schüler*innen die von ihnen formulierten Rechte mit jenen der UN-Kinderrechtskonvention. Dazu werden die Abbildungen aus der Bilderbuchgeschichte *Wir haben Rechte!* (Olten, 2023) und die Kinderversion der Konvention über die Rechte des Kindes (UNICEF, 1989a, b) herangezogen. Wenn man die Konvention Schritt für Schritt durchgeht und dann einen Abgleich mit den von den Kindern geforderten Rechten macht, wird sich zeigen, dass viele der von den Kindern geforderten Rechte bereits in der Kinderrechtskonvention verankert sind (s. ▶ Kap. 4).

11.4 Erfahrungen aus der Praxis

Im sokratischen Gespräch steht die Frage: *Welche Rechte sollen Kinder haben?* im Zentrum. Die folgende Aufzählung zeigt beispielhaft, welche Antworten die Schüler*innen auf diese Frage finden.
1. *Ein Recht auf Freiheit*
2. *Ein Recht auf Nahrung*
3. *Ein Recht auf Spaß und Freude*
4. *Ein Recht auf Leben*
5. *Ein Recht auf Frieden*
6. *Ein Recht auf Bildung*
7. *Ein Recht auf Familie und Freunde*

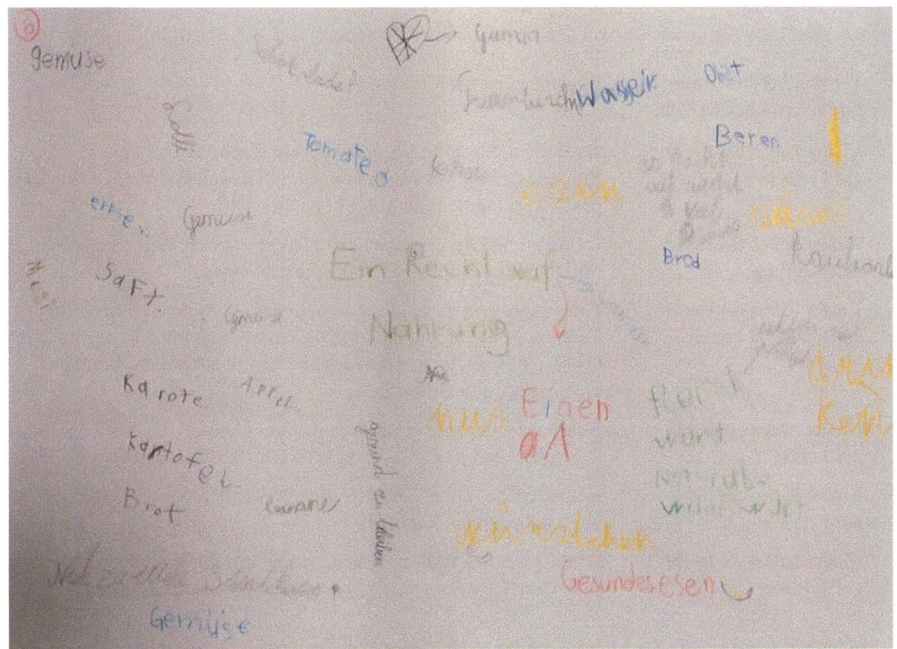

 Abb. 11.1   Ein Recht auf Nahrung (3. u. 4. Klassenstufe) (© Sandra Prinz)

Die Antworten werden je auf ein Plakat im Format A3 geschrieben und im World Café genauer unter die Lupe genommen. Abb. 11.1. zeigt ein Beispiel für ein Plakat, das im World Café entstanden ist. Es behandelte die Frage, was ein Recht auf Nahrung beinhaltet.

 Tab. 11.2 zeigt eine Zusammenfassung der am häufigsten genannten Kriterien für ein Kinderrecht. Die Schüler*innen haben für das jeweilige Recht formuliert, was sie darunter verstehen, beziehungsweise welche Komponenten für sie dazugehören.

Die Auflistung führt ein grundsätzliches Problem vor Augen, das beim Philosophieren mit Kindern von der Gesprächsleitung stets mitbedacht werden muss (s. ▶ Kap. 6): Es ist davon auszugehen, dass die Kinder hauptsächlich sozial erwünschte und erlernte Antworten gegeben haben. Dem gilt es nun in den folgenden Unterrichtssequenzen auf den Grund zu gehen.

Die zweite Unterrichtssequenz beginnt mit der Plakatpräsentation. Hier erfolgt ein Austausch über die Inhalte der Plakate. Die Gesprächsleitung stellt Impuls- und Rückfragen, um einen Reflexionsprozess bei den Kindern zu wecken: *Ist das, was ich geschrieben habe, wirklich meine Meinung? Habe ich das nur gesagt, weil es meine Mama (mein Papa, meine Lehrerin…) auch sagen würde?* Der folgende Abschnitt schildert einen Gesprächsverlauf, in dem das Recht auf Nahrung besprochen wurde. *Haben Kinder tatsächlich ein Recht darauf, ins Fastfood-Restaurant zu gehen?*

◼ Tab. 11.2 Kinderrechte, von den Schüler*innen formuliert (3. u. 4. Schulstufe)

Von den Schüler*innen formuliertes Kinderrecht	Komponenten des Kinderrechts
Kinder haben ein Recht auf Freiheit	Entdecken, Spielplatz, Spiele, spielen, frische Luft, Langeweile, Freunde treffen, Vertrauen können, hinausgehen dürfen, genug zu basteln, genug Bewegung, nicht zu viel Beton
Kinder haben ein Recht auf Nahrung	Gemüse und Obst, nicht zu viel Fleisch, trinken, Gummibärchen, McDonalds, nicht zu viel Süßes, gesund essen,
Kinder haben ein Recht auf Spaß und Freude	Fahrrad fahren, nette Freunde treffen, Geschenke, spielen dürfen, Fasching, Zug fahren, laufen, Lollipark – man braucht es nicht, Ostern, Weihnachten, lesen, schwimmen, Lego bauen, Brettspiele, Geburtstag, gute Spiele
Kinder haben ein Recht auf Leben	Kriege beenden, Gerechtigkeit, warmes Gewand, Geburtstage feiern, Freiheit, Haus, Atmen, Schwimmen, Oma und Opa treffen
Kinder haben ein Recht auf Frieden	Keine Kriege führen, keine Waffen verwenden, Ruhe, Erst Hilfe, nicht hauen, nicht kämpfen
Kinder haben ein Recht auf Bildung	Recht auf gutes Wissen, lernen, Schule, Museum, Bücher, lesen, schreiben, fernsehen, reiten, neue Stifte, wenn sie kaputt sind

Katharina	„Ich finde nicht, dass man ein Recht darauf hat, zu McDonald's zu gehen!"
Oliver	„Doch, es schmeckt doch gut!"
Katharina	„Aber es ist ungesund!"
Oliver	„Wer sagt das?"
Katharina	„Meine Mama!"
Valentin	„Nur weil es deine Mama sagt, muss es nicht wahr sein! Mein Papa sagt: Hin und wieder ist es in Ordnung, zu McDonald's zu gehen. Ihm schmeckt es auch!"
Katharina	„Ich finde nicht, dass man ein Recht darauf hat, zu McDonald's zu gehen!"
Gesprächsleitung	„Meint ihr, wenn vom Recht auf Nahrung die Rede ist, geht es um ein Recht, bei McDonald's zu essen? Oder ist etwas anderes gemeint?
Nina	„Kinder sollen nicht hungern!"

Ninas Aussage stimmen schließlich alle zu. Sie einigen sich, dass es beim Recht auf Nahrung darum geht, dass jedes Kind ausreichend zu Essen haben soll. Die Gesprächsleitung bringt noch den Begriff *Grundnahrungsmittel* ins Gespräch ein und die Schüler*innen überlegen, welche Nahrungsmittel und Getränke wir zum Überleben brauchen und welche nicht. Darüber, dass Essen aus dem Fast Food-Restaurant nicht zu den Grundnahrungsmitteln gehört, erlangen die Schüler*innen einen Konsens.

Welche Rechte sollen Kinder haben?

In einem anderen Fall ging es um das Recht auf Leben. Dieses Gespräch führte vom eigentlichen Thema weg, denn es ging plötzlich um das Leben nach dem Tod, eingeleitet von Theresas Frage: *„Aber was, wenn Oma und Opa nicht mehr leben?"* Die Schüler*innen überlegten, ob dieses Recht dann erlischt und kamen schließlich auf die Frage, was nach dem Tod geschieht, wo der Leib und die Seele dann sind. In einem solchen Fall liegt es an der Gesprächsleitung, einerseits das Bedürfnis der Kinder, dieses Thema zu besprechen, wertzuschätzen und dann andererseits wieder behutsam auf die Kinderrechte zu lenken.

Nach dem ausführlichen, mündlichen Austausch bietet sich eine Unterrichtssequenz an, in der es um das schriftliche Reflektieren des bislang Gehörten geht. Die Schüler*innen verfassen eine Kinderrechte-Postkarte und adressieren sie an eine*n Freund*in (s. ◘ Abb. 11.2 und 11.3).

Im Anschluss treffen sich alle Schüler*innen nochmals im Plenum und besprechen die Postkarten. Jede*r, der möchte, darf seine Karte vorlesen, und die anderen Kinder sind dazu angehalten, Rückfragen zu stellen. *Haben Kinder wirklich*

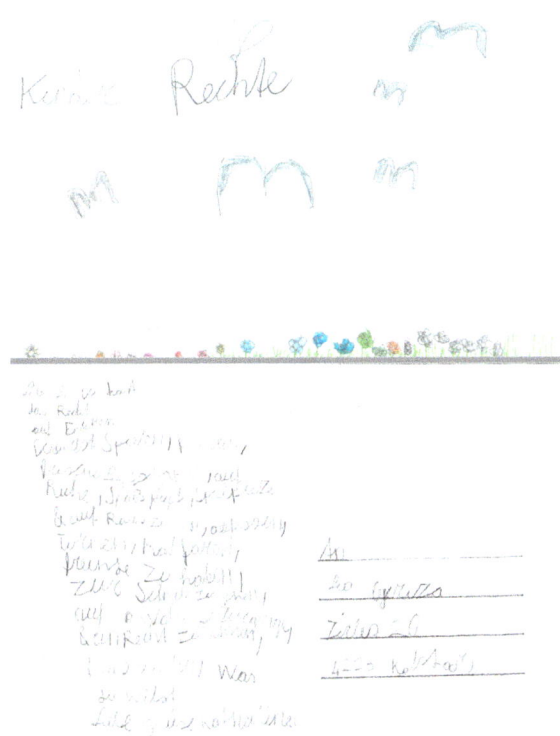

◘ **Abb 11.2** Katharina (7) schreibt: „Liebe Lea! Du hast das Recht auf Entdecken. Du darfst spielen, frei sein, frische Luft schnappen. Du hast das Recht auf Ruhe, Spaß, Luft, Spielplätze und raus zu gehen, auf Essen, turnen, Rad fahren, Freunde zu haben, zur Schule zu gehen, auf Waldspaziergänge, ein Recht zu atmen und das zu tun, was du willst. Liebe Grüße, Katharina."

Abb. 11.3 Khanh Di (8) schreibt: „Liebe Katharina! Du hast Rechte! Du hast das Recht auf Freiheit. Du darfst dich genug bewegen und auf Ruhe, genug zu malen und zu basteln und in die Schule zu gehen."

ein Recht auf Spielplätze? Was nützt mir ein Recht auf Freunde, wenn ich dennoch keine habe oder finde? Ich habe ein Recht, mich zu bewegen, ich will mich aber nicht bewegen – was nun?

Zu Beginn der dritten Unterrichtssequenz wird die Bilderbuchgeschichte *Wir haben Rechte!* (Olten, 2023) am Kamishibai vorgetragen (s. Abb. 11.4). Hier geht es nun erstmals um die Inhalte der UN-Kinderrechtskonvention und somit darum, was sich Erwachsene zum Thema ‚Kinderrechte' überlegt und festgeschrieben haben.

Zum Einstieg sowie als musikalische Abgrenzung zwischen den Bildwechseln und am Schluss bietet es sich an, mit akustischer Unterstützung zu arbeiten. Beispielsweise kann ein Klangspiel mit einem Resonanzkörper aus Bambus für eine angenehme, ruhige Atmosphäre sorgen. Im dialogischen Vorleseprozess sind es vor allem die Abbildungen, die die Kinder zum Nachdenken und zu weiteren Fragen animieren.

In der Arbeit mit Schüler*innen zum Thema ‚Kinderrechte' ist auffällig, dass den Kindern durchaus bewusst ist, dass jeder Mensch Rechte hat, egal wie groß, klein, alt oder jung er/sie ist oder woran er/sie glaubt. Ronja meint dazu: „Ja, genau! Oder ob er an gar nichts glaubt!". Auch die Frage *Was ist gerecht?* taucht

◘ **Abb. 11.4** Erzählen mit dem Kamishibai . (© Sandra Prinz)

immer wieder auf. Die Kinder reagieren darauf hauptsächlich mit Beispielen der folgenden Art aus ihrer Lebenswelt: „Wenn mir A etwas wegnimmt, was mir gehört, ohne mich zu fragen, dann ist das ungerecht"! „Wenn meine Eltern immer über das, was ich zu tun habe, bestimmen, dann ist das ungerecht!"

In diesem Fall ist die Lenkungskompetenz der Gesprächsleitung gefragt. Eine Überleitung könnte wie folgt lauten: *Wir haben gemeinsam überlegt, welche Rechte Kinder haben sollen. Nun haben wir die Kinderrechte kennengelernt, die von Erwachsenen für die Kinderrechtskonvention formuliert wurden. Wo seht ihr Gemeinsamkeiten? Wo gibt es Unterschiede?*

Die Schüler*innen finden heraus, dass das Recht auf Freiheit und auf Nahrung in der Formulierung nicht in der Kinderrechtskonvention vorkommt, dass es laut Kinderrechten Kindern aber zusteht, gesund und in Geborgenheit leben zu können *(Art. 24)* und dass sie nicht auf unmenschliche und grausame Weise bestraft werden dürfen *(Art. 37)*. Diese Begriffe müssen im Gespräch geklärt werden. *Was bedeutet Geborgenheit?* Kinder antworten hier mit: *..., dass mir warm ist. ..., dass ich mich wohl fühle. ..., dass ich Ruhe habe und jemand für mich da ist.* Auch was es heißt, auf unmenschliche und grausame Weise bestraft zu werden, sollte geklärt werden. Kinder sind hier in ihren Antworten auch sehr deutlich: *Kinder dürfen nicht gequält werden! Niemand darf mich schlagen oder an den Ohren ziehen, wenn ich etwas Unartiges gemacht habe. Meine Eltern dürfen mich nicht einsperren.*

Manche Kinder entscheiden nach der dritten Sequenz – nachdem sie die Kinderrechte der Kinderrechtskonvention kennen –, dass sie weitere Postkarten verfassen wollen. Theo arbeitet in seiner Kinderrechtepostkarte heraus, dass kein Kind benachteiligt werden darf (s. ◘ Abb. 11.6). Auf die Frage, was es bedeutet, nicht benachteiligt zu werden antwortet er: „Ich darf nicht weniger Taschengeld bekommen als mein Bruder." Hier kann die Gesprächsleitung einhaken: „Hat ein

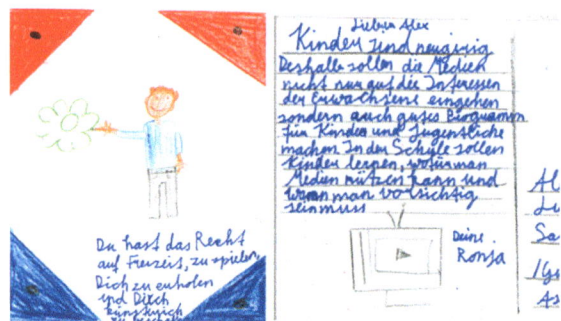

◼ **Abb. 11.5** Kinderrechte-Postkarte von Ronja (9 Jahre) an ihren Bruder Alex

◼ **Abb. 11.6** Kinderrechte-Postkarte von Theo (8 Jahre) an seinen Freund Jonathan

Kind, das im Rollstuhl sitzt, weniger Rechte? Hat ein Kind, das in Afrika wohnt, weniger Rechte als eines, das in Amerika wohnt?"

Bemerkenswert ist, dass die Kinder alle Rechte positiv formuliert haben. Die Kinderrechtskonvention hingegen ist so formuliert, dass zunächst vom negativen (z. B. Krieg, Gewalt, Missbrauch) ausgegangen wird und dann formuliert wird, wie es Kindern in den jeweiligen Situationen ergehen soll. Ein Beispiel: Das von den Kindern festgelegte Recht auf Frieden findet sich in der Kinderrechtskonvention implizit im Recht darauf, im Krieg und auf der Flucht besonders geschützt zu werden *(Art. 22)*.

11.5 Ausblick und Anschlussmöglichkeiten

Die Auseinandersetzung mit ihren Rechten gibt jungen Menschen ein Werkzeug in die Hand, für sich selbst einzustehen. Die nachfolgenden Ideen könnten in Folgeprojekten umgesetzt werden.

Eigene Karten für das Kamishibai gestalten Für die vorgestellte Unterrichtssequenz wurden vorgefertigte Bildkarten für das Kamishibai verwendet. Man könnte aber auch eigene Bildkarten zu den Kinderrechten gestalten und mit diesen dann eine Geschichte erzählen. Dazu benötigt man festeres Papier mit einer Stärke von mindestens 170 g/m² im Format A3. Nachdem die Schüler*innen die Kinderrechte kennengelernt und sich ausführlich mit der Thematik auseinandergesetzt haben, könnten sie Poster entwerfen, um für ihre eigenen Rechte zu kämpfen. Diese könnten dann am Kamishibai demonstriert werden.

Bilderbuch   Für eine vertiefende und weiterführende Arbeit mit dem Thema kann als Einstieg in eine Sequenz – und um die Kinderrechte wieder in Erinnerung zu rufen – mit dem Bilderbuch *Ich bin ein Kind und ich habe Rechte* (Serres & Fronty 2013) gearbeitet werden. Die kunstvoll gestalteten Illustrationen laden im Anschluss dazu ein, selbst ein Kinderrechtekunstwerk mit Acryl- oder Temperafarben zu gestalten. Das dargestellte Kinderrecht könnte dann auch in Form eines Textes verschriftlicht und auf das Bild geklebt werden. So entstehen Kinderrechte-Collagen.

Expert*innen einladen   Erfahrungen und Wissen aus erster Hand zum Thema Kinderrechte können Schüler*innen von Expert*innen ihres Faches erfahren. Sie könnten beispielsweise Psychologen, Juristen, Philosophen oder Ärzte von Menschenrechts- und Kinderrechtsorganisationen in die Schule zum Interview bitten oder diese in den jeweiligen Einrichtungen besuchen und ins Gespräch – ins Philosophieren – kommen. Für diese Gespräche müssen sich die Schüler*innen natürlich im Vorfeld vorbereiten, indem sie mögliche Fragen sammeln und sich mit Fachbegriffen vertraut machen.

Schüler*innenzeitung zum Thema Kinderrechte   Endprodukt der Auseinandersetzung mit dem Thema Kinderrechte könnte eine Verschriftlichung von allen Inhalten und Erkenntnissen in einer Schüler*innenzeitung sein. Darin könnten die Experteninterviews, Postkarten und Poster, die im Laufe des Projektes entstanden sind, abgedruckt werden. Außerdem könnten die Schüler*innen ihre jeweils persönlichen Erkenntnisse zur Frage *Welche Rechte sollen Kinder haben und warum sind Kinderrechte wichtig?* in einer Brandrede (s. ▶ Abschn. 1.4) oder einer Standpunktrede (s. ▶ Abschn. 13.3) zusammenfassen. Auch eine Befragung von Freund*innen oder Verwandten zu deren Wissen über Kinderrechte könnte enthalten sein, ebenso wie wichtige Adressen und Ansprechpersonen zum Thema.

Postkarten Kinderrechtskonvention   Vielleicht möchten einige Kinder im Anschluss an die drei Unterrichtssequenzen weitere Postkarten zu den in der Kinderrechtskonvention formulierten Kinderrechten gestalten. Im Fall der vorgestellten Unterrichtssequenz war dies der Fall. Hier sind einige Beispiele, wobei aus Datenschutzgründen die Rückseite der Karten immer ohne Adresszeile dargestellt ist (◘ Abb. 11.5–11.8).

Abb. 11.7 Kinderrechte-Postkarte von Jonathan (9 Jahre) an seine Schwester Ilvie

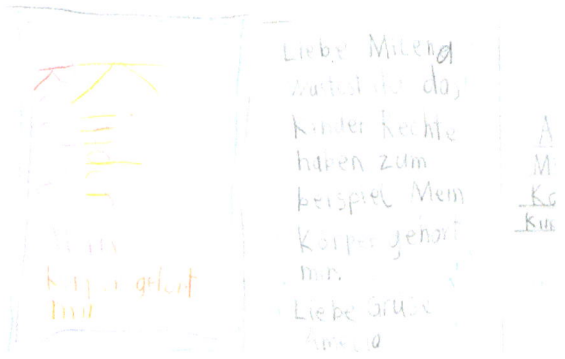

Abb. 11.8 Kinderrechte-Postkarte von Amelia (9 Jahre) an ihre Schwester Milena

Literatur

Alexy, L., Fishan, A., Hähnchen, S., Mushof, T., & Trepte, U. (2019). *Das Rechtslexikon. Begriffe, Grundlagen, Zusammenhänge*. 1. Aufl. Lizenzausgabe: Bundeszentrale für politische Bildung. Verlag J.H.W. Dietz.

Birnbacher, D. (2012). Was bedeutet es, Rechte zu haben? *Journal für Generationengerechtigkeit, 12*(2), 52–57. Was bedeutet es, Rechte zu haben? (ssoar.info) (Datum des Zugegriffen: 12. Okt. 2022.)

Birnbacher, D. (2017). Neosokratische Methode und Sokratisches Gespräch. In J. Nida-Rümelin, I. Spiegel, & M. Tiedemann (Hrsg.), *Handbuch Philosophie und Ethik*. (Bd I: Didaktik und Methodik. 2., durchgesehene Aufl.). Verlag Ferdinand Schöningh. utb.

Birnbacher, D., & Krohn, D. (2016). *Das Sokratische Gespräch*. Reclam.

Deutsches Kinderhilfswerk. (2022). Kinderreport Deutschland 2022. Rechte von Kindern in Deutschland: Generationsgerechte Politik gemeinsam mit und im Interesse von Kindern. DKHW_Kinderreport_2022_ANSICHT.pdf (kinderrechte.de). Zugegriffen: 22. Sept. 2022.

Olten, M. (2023). *Wir haben Rechte! Die Kinderrechte kennenlernen und verstehen.* Kamishibai Bildkartenset: Entdecken – Erzählen – Begreifen: Kinderrechte. (Bilderbuchgeschichten für unser Erzähltheater). München: Don Bosco Medien.

Serres, A. & Fronty, A. (2013). *Ich bin ein Kind und ich habe Rechte.* 2. überarb. Aufl. Zürich: Nord-Süd Verlag.

UNICEF. (1989a). Konvention über die Rechte des Kindes. Konvention über die Rechte des Kindes|UNICEF. Zugegriffen: 19. Sept. 2022.

UNICEF. (1989b). Konvention über die Rechte des Kindes. Kinderversion. D0007-krk-kinderversion-illustrationen-2014-pdf-data.pdf (unicef.de). Zugegriffen: 19. Sept. 2022.

UNICEF. (2020). World's Largest Lesson. Die Kindheit von morgen gestalten: Für jedes Kind, jedes Recht. UN-Kinderrechtskonvention-Karten. Lesson-Plan-German-CRC30.pdf (globalgoals.org). Zugegriffen: 22. Sept. 2022.

Vereinte Nationen. (1948). Allgemeine Erklärung der Menschenrechte. Microsoft Word - Allgemeine Erklärung der Menschenrechte.doc. Zugegriffen: 23. Sept. 2022.

Von der Pforten, D. (2017). Staat, Recht, Menschenrechte. In J. Nida-Rümelin, I. Spiegel, & M. Tiedemann (Hrsg.), *Handbuch Philosophie und Ethik. Band II: Disziplinen und Themen* (2. Aufl.). utb.

Wapler, F. (2019). Kinderrechte. In J. Drerup & G. Schweiger (Hrsg.), *Handbuch Philosophie der Kindheit* (S. 121–127). J.B. Metzer.

Auslachen – ist das wirklich so schlimm?

Ellen Möller

© Ludwig Paul, Servicebetrieb Bau & Stadtgrün, Stadt Schweinfurt / abfallbild.de

Ergänzende Information Die elektronische Version dieses Kapitels enthält Zusatzmaterial, auf das über folgenden Link zugegriffen werden kann ▶ https://doi.org/10.1007/978-3-662-66182-6_12.

© Der/die Autor(en), exklusiv lizenziert an Springer-Verlag GmbH, DE, ein Teil von
Springer Nature 2024
B. Bussmann (Hrsg.), *Philosophieren mit Kindern und Jugendlichen*,
Philosophische Bildung in Schule und Hochschule,
https://doi.org/10.1007/978-3-662-66182-6_12

Verwendete Materialien	– Paraphrasierte Kürzesttexte aus der philosophischen Tradition (Thomas Hobbes, Henri Bergson) – Autobiografische Schilderung aus der Kindheit Heinrich Heines
Philosophische Themen	– Ethische Implikationen des Auslachens
Methoden	– Plenumsdiskussion – Advocatus Diaboli
Beispiele aus der Praxis	– Gesprächsprotokolle
Dauer	– Drei Unterrichtseinheiten à 45 min
Alter	– 6–10 Jahre

12.1 Einführung in das Thema

Auslachen, und ausgelacht zu werden, ist in sozialen Gefügen ein allgegenwärtiges Phänomen. Leider ist das Auslachen auch auf Schulhöfen verbreitet. Bei einer Befragung der Stadt Kassel in Deutschland gaben 62 % aller Grundschüler*innen an, schon einmal ausgelacht oder verspottet worden zu sein (Greszik et al., 1995, S. 275). Eine andere Studie legt die Vermutung nahe, dass das Auslachen zudem beide Geschlechter gleichermaßen betrifft. In dieser Studie wurde das Auslachen als eine Form weicher, psychischer Gewalt klassifiziert. Es wurden Jungen und Mädchen der Sekundarstufe I in Sachsen (Deutschland) zu ihrer Wahrnehmung von Gewalt im schulischen Kontext befragt. 82 % der Mädchen gaben an, dass Jungen und Mädchen gleichermaßen weiche, psychische Gewalt ausüben, bei den Jungen waren es 78 % (Melzer et al. 2006, S. 82). Neben den Studiendaten kann jede*r für sich einen kurzen Selbstversuch durchführen und in sich hineinhorchen: Vermutlich jede*r kennt – bisweilen unangenehme – Situationen, in denen jemand ausgelacht wurde. Diese Vermutung lässt sich natürlich nicht belegen. Das Thema ‚Auslachen' hat für Schüler*innen zweifelsohne eine hohe lebensweltliche Relevanz, was gleichzeitig einen sensiblen Umgang mit der Thematik anmahnt.

Psychologische Untersuchungen zeigen, dass das Ausmaß des Auslachens, unter dem man als Kind gelitten hat, eine Person bis in das Erwachsenenalter hinein prägen kann (Titze, 2009, S. 32). Manche Menschen entwickeln im Erwachsenenalter eine regelrechte Angst davor, ausgelacht zu werden. Studien geben Hinweise darauf, dass Erwachsene, die als Kinder von Gleichaltrigen unterstützt wurden, dieser Angst gegenüber resilienter sind als Erwachsene, die früher keine Unterstützung erfahren haben (Weibel & Proyer, 2012, S. 89). Auch die Unterstützung im Elternhaus spiele nach Weibel et al. eine Rolle, wenn auch eine geringere. Die Unterstützung durch die Lehrkräfte hingegen habe einen wesentlich geringeren Einfluss. Lehrkräften komme vielmehr die Aufgabe dazu, das Klassenklima positiv zu beeinflussen. Yves S. Weibel und René T. Proyer plädieren gar dafür, die „Rolle des (Aus-)Lachens im Klassenverband" zu thematisieren (Weibel & Proyer, 2012, S. 90). Doch hier ist Vorsicht geboten: Der Philosophieunterricht erfüllt keine therapeutisch-beratende Funktion, und ihm kommt nicht in erster Linie die Aufgabe zu, das Klassenklima positiv zu beeinflussen. Dazu sind Lehrkräfte der Philosophie nicht ausgebildet. Stattdessen sollen die Kinder befähigt werden, eine reflexive Haltung zum Gegenstand, zum Phänomen des Auslachens, einzunehmen und sich gemeinsam auf die Suche nach Zusammenhängen zu machen. Sollte sich das Klassenklima allerdings dadurch bessern, dass die Kinder sich im Philosophieunterricht mit dem Phänomen des Auslachens auseinandergesetzt haben, ist das ein willkommener, zusätzlicher Effekt.

Was macht das Auslachen philosophisch interessant? Philosophisch betrachtet wird das Auslachen durch die ursprünglichste Lachtheorie beschrieben, der Superioritätstheorie. Diese wird bereits bei Platon umrissen (vgl. Platon *Philebos,* 50 A) und von Thomas Hobbes auf den Punkt gebracht (vgl. Hobbes, 1959 [1658], Abschn. 12.7). Nach dieser Theorie ist das Lachen das Gefühl der eigenen Überlegenheit gegenüber einer anderen Person. Dieses Gefühl wird ausgelöst, wenn man die Unvollkommenheit oder das Scheitern einer fremden Person beobachtet. Nehmen wir zum Beispiel die Situation, dass ein Kind im Klassenverband nicht flüssig lesen kann, beim Vorlesen stockt und andere Kinder zu kichern und zu lachen beginnen. Diese Situation könnte mit der Superioritätstheorie so gedeutet werden, dass die auslachenden Kinder angesichts des stockenden Lesens das triumphierende, vielleicht auch beruhigende Gefühl empfinden, besser zu sein und sich folglich über das Kind stellen zu können.

Die Superioritätstheorie ist in sich weiter differenziert, etwa in der Frage, ob man eher fremde oder eher nahestehende Personen auslacht. Nach Thomas Hobbes ist es wichtig, dass die Person fremd ist: Wenn eine nahestehende Person entblößt wird, wird die Unvollkommenheit als eigene Schwäche empfunden, ein Gefühl der Überlegenheit kann sich nicht einstellen. Henri Bergson stellt dem eine Konzeption gegenüber, bei dem insbesondere nahestehende Personen ausgelacht werden (vgl. Bergson, 2014, S. 88–89). Das Auslachen erfüllt in diesen Fällen die Funktion eines tadelnden, gesellschaftlichen Korrektivs: Indem Personen ausgelacht werden, werden diese davon abgehalten, gesellschaftliche Normen zu brechen. Nehmen wir zum Beispiel die Situation, dass ein Mädchen über den Kleidungsstil seines Bruders lacht. Diese Situation könnte mit Bergson so gedeutet werden, dass die Schwester den Bruder auslacht, um ihm ein schlechtes Gefühl zu vermitteln und eine Verhaltensänderung zu bewirken. Man kann diese Theorie auch auf das Ausgangsbeispiel anwenden: Die auslachenden Kinder im Klassenverband signalisieren dem vorlesenden Kind, dass es sich im Lesen üben muss.

Es sind darüber hinaus Fälle des Auslachens denkbar, bei denen es keine Rolle spielt, ob die ausgelachten Personen es mitbekommen. Diese Konzeption wurde zum Beispiel von Desmond Morris vertreten (vgl. Morris, 2005, S. 80). Das Auslachen ist eher auf die Lachenden selbst zurückgerichtet. Durch das gemeinsame Auslachen von anderen Personen kann man sich seiner eigenen Gruppenzugehörigkeit durch Abgrenzung vergewissern. Das Gefühl, einer Gruppe zuzugehören, ist dabei sehr angenehm. Bisweilen könnte man den Eindruck gewinnen, dass gewisse Reality-TV-Formate sich an dieser Theorie orientieren.

Mischformen dieser Ansätze sind selbstverständlich denkbar. Auch wäre zu prüfen, ob in einer bestimmten Situation überhaupt ausgelacht wird – oder ob es nicht eher Situationskomik und Inkongruenzen sind, die zum Lachen reizen. Im Beispiel des vorlesenden Kindes ist es ebenfalls denkbar, dass die anderen Kinder die Situation an sich komisch finden, und sie lachen, weil etwa das stockende Vorlesen so gar nicht zur Miene der Lehrperson passt. Diese Unterscheidung zwischen *laughing at* und *laughing with* wurde von Alexander Pope zu Beginn des 18. Jahrhunderts eingeführt (vgl. Geier 2010, S. 153). ◘ Abb. 12.1 zeigt eine Übersicht über die genannten Aspekte der Superioritätstheorie.

Diese und ähnliche Differenzierungen zum Thema ‚Auslachen' versprechen, auch für das Philosophieren mit Kindern fruchtbar zu sein: Das Thema

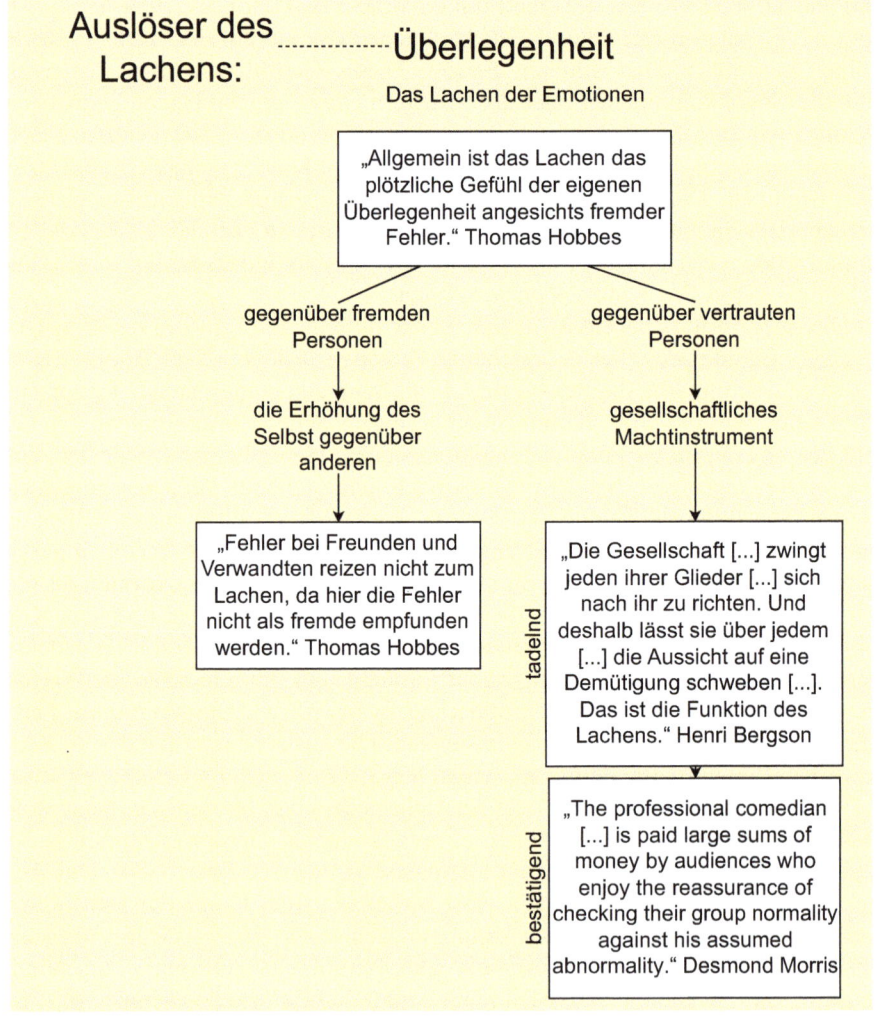

◘ **Abb. 12.1** Übersicht über die Superioritätstheorie (erstellt von Ellen Möller)

‚Auslachen' bietet Nuancen, die in höchst spannender Weise mit Kindern ausgeleuchtet werden können. Aus welchem Grund lacht man aus? Spielt das Verhältnis zwischen ausgelachter und auslachender Person eine Rolle? Kann eine einzelne Person eine Gruppe auslachen? Kann man jemanden im Nachhinein auslachen? Geschieht das Lachen absichtsvoll, mit dem Ziel zu schaden, oder kann man auch ohne Boshaftigkeit auslachen? Ist das Auslachen altersabhängig? Was wäre, wenn es das Auslachen nicht gäbe? Wie unterscheidet sich das Auslachen vom Lachen?

Die nachfolgende Unterrichtseinheit lädt dazu ein, sich diesen und anderen Fragen gemeinsam mit Kindern zu nähern. Die Gesprächsprotokolle sollen exemplarisch aufzeigen, wie Kinder auf die Impulse reagieren könnten.

12.2 Ablauf und Methoden

Diese Einheit umfasst mindestens drei Einheiten à 45 min. Sie kann je nach Motivation der Lerngruppe beliebig verlängert werden. In dieser Unterrichtseinheit können drei Schritte unterschieden werden, wobei sich der Grad der Abstraktion schrittweise erhöht.

1. Es wird ein **Bezug zur Lebenswelt** der Kinder hergestellt. Der Unterricht wird so in den ganz und gar konkreten Vorerfahrungen der Kinder verankert.
2. Zweiter Schritt: Die Lerngruppe setzt sich mit einem **externen Beispiel** auseinander. Dieses Beispiel ist für die Kinder anschlussfähig, verlangt allerdings nach einem Perspektivwechsel.
3. Dritter Schritt: Die Kinder setzen sich mit **abstrakten Gedanken** auseinander, die der Lerngruppe als externes Material gereicht wird. Diese Gedanken sind nicht anschlussfähig, und die Kinder werden herausgefordert, einen Bezug zur Lebenswelt selbst herzustellen.

Das konkret verwendete, paraphrasierte Unterrichtsmaterial wird zur besseren Übersichtlichkeit den Erfahrungen aus der Praxis vorangestellt. Alle Originalzitate befinden sich in Abschn. 5 („Material").

12.2.1 Einen Bezug zur Lebenswelt herstellen

In diesem Schritt stehen die Kinder mit ihren eigenen Erfahrungen im Mittelpunkt. Ihnen wird Raum gegeben, in Ruhe Erfahrungen aus dem eigenen Leben zu schildern, die sich auf das Auslachen beziehen.

Abhängig von der Größe der Lerngruppe können hier Methoden zum Einsatz kommen, die es den Kindern ermöglichen, ihre Erlebnisse zunächst in kleinerer Runde zu schildern; etwa ein Kugellager (vgl. Brüning et al., 2015, S. 67), bei dem Kinder sich in wechselnden Zweiergruppen austauschen können, oder eine Gruppenarbeit. Bei einer Gruppenarbeit dürfen Neigungsgruppen gebildet werden. Der Fokus liegt hier auf dem mündlichen Austausch, schriftlich wird nichts festgehalten.

Dieser Schritt hat folgende Vorteile:
- Das Thema ‚Auslachen' ist vermutlich für die meisten Kinder persönlich relevant. Es ist mit einer hohen **Lerngruppenaktivierung** zu rechnen, wenn die Kinder ihre persönlichen Erfahrungen einbringen können.
- Dieses Vorgehen ermöglicht eine Anbindung des Lerngegenstandes an **Vorerfahrungen** der Schüler*innen. Diese Anbindung gilt, zumeist mit Verweis auf Piagets Lerntheorie, als lernpsychologisches (Zimmermann, 2016, S. 63) und philosophiedidaktisches Gebot (Martens, 2003, S. 65–67).
- Es ist damit zu rechnen, dass die Kinder den Begriff des Auslachens mit sehr unterschiedlichen Geschichten anreichern. Diese unterschiedlichen Geschichten bilden einen guten **Nährboden** für philosophische Reflexionen.

12.2.2 Sich mit einem externen Beispiel auseinandersetzen

In diesem Schritt wird ein externes Beispiel in die Lerngruppe transportiert. Dieses Beispiel ist den Kindern fremd, sollte aber anschlussfähig sein. Konkret setzen sich die Kinder mit einer autobiografischen Schilderung Heinrich Heines auseinander: Heinrich Heine wird ausgelacht, weil sein Name dem eines dreckigen Esels gleicht. Dieser Esel gehörte zur damaligen Müllabfuhr.

Man kann dieses Beispiel mit einem kleinen Impulsvortrag zum Thema „Müllabfuhr vor zweihundert Jahren" eröffnen, damit die Kinder einen Eindruck von den historischen Umständen gewinnen können. Dazu kann man exemplarisch ein Bild zeigen, wie die Müllabfuhr in den Städten ohne motorisierte Fahrzeuge funktionierte. Im Anschluss wird Heines Schilderung in transkribierter Form vorgelesen. Abhängig vom Alter der Kinder sind Methoden der selbstständigen Erschließung ebenfalls denkbar, etwa Lautlese-Tandems (▶ https://www.biss-sprachbildung.de/btools/lautlesetandem/, Zugegriffen: 18. Aug. 2022).

Dieser Schritt hat folgende Vorteile:
- Vorsicht beim Thema ‚Auslachen' ist insbesondere in Gruppen geboten, die einen merklich destruktiven Umgang miteinander pflegen. Das Thema könnte eine so **hohe persönliche Relevanz** haben, dass sie es den Kindern unmöglich macht, in eine philosophische Distanz zum Thema zu treten (vgl. Bussmann, 2019, S. 232). Daher könnte es hinderlich sein, die Erfahrungen der Lerngruppe allzu stark zu zentrieren. Stattdessen bietet diese Geschichte eine Möglichkeit, zur eigenen Erfahrung Abstand zu gewinnen: Die eigene Erfahrung wird lediglich über einen Umweg thematisiert.
- Die Geschichte ist **altersmäßig anschlussfähig,** da Heine von seiner Schulzeit erzählt und die Kinder sicherlich Ähnliches bereits erlebt haben.

12.2.3 Einen abstrakten Gedanken auf die Lebenswelt beziehen

In diesem Schritt setzen sich die Kinder mit sogenannten paraphrasierten Kürzesttexten aus der philosophischen Tradition auseinander. Andreas Siekmann definiert einen Kürzesttext als „Ausdruck eines in sich abgeschlossenen Gedankens", der „primär kein literarischer Text" ist (Siekmann, 2006, S. 136–137). Indem man einen Kürzesttext im Unterricht einsetzt, trägt man abstrakte Gedanken in die Lerngruppe hinein. Diese werden bewusst nicht veranschaulicht. Originalzitate müssen sprachlich vereinfacht werden, damit die Kinder nicht an sprachlichen Barrieren scheitern. Ein Kürzesttext, der zunächst mühsam erklärt werden muss, hat nach Siekmann „sein didaktisches Pulver verschossen, bevor sein Gedanke in den Köpfen gezündet hätte" (Siekmann, 2006, S. 137).

Die für diese Einheit verwendeten Kürzesttexte stammen von Thomas Hobbes und Henri Bergson. Dass die Kürzesttexte berühmten Federn entspringen, ist dabei zweitrangig. Es können ebenso selbst erdachte, abstrakte Gedanken zum Einsatz kommen. Es geht nicht um die Vermittlung von Fachwissen, sondern darum, das Unterrichtsgespräch auf eine abstraktere Ebene zu heben, Anschaulichkeit auszuklammern und die Kinder zu eigenen Konkretionen zu ermuntern.

Die Kürzesttexte können für das Plenum am Whiteboard visualisiert werden. Eine Murmelphase (vgl. Konrad, 2014, S. 247) sollte der Plenumsdiskussion vorangehen. Ebenso sollte der inhaltlichen Diskussion der Kürzesttexte eine Fragerunde vorgeschaltet sein, so dass man Fehldeutungen und Verständnisschwierigkeiten unmittelbar begegnen kann. Alternativ ist es denkbar, den Kürzesttext zunächst in Kleingruppen einzuführen.

Dieser Schritt hat folgende Vorteile:
- Eine **Herausforderung des Philosophierens** mit Kindern besteht darin, dass es Kindern einerseits bisweilen schwerfällt, sich in Diskussionen von konkreten Beispielen zu lösen (Lohrmann, 2014, S. 417), andererseits aber gerade diese Loslösung vom Konkreten für das Philosophieren spezifisch und notwendig ist (Tiedemann, 2014, S. 103). Kürzesttexte geben einen abstrakten Gedanken bereits vor. Den Kindern wird die Arbeit, einen philosophischen Gedanken aus dem Beispiel herauszulösen, abgenommen. Stattdessen können sie den umgekehrten Weg beschreiben und einen philosophischen Gedanken *konkretisieren* – etwa indem sie ihn mit Beispielen anreichern.
- Ein Kürzesttext enthält nichts als einen abstrakten Gedanken. Entsprechend enthält er **kein Ablenkungspotential**. Möglicherweise erfordert diese Methode weniger Lenkung durch die Gesprächsleitung.
- Gleichzeitig werden die Philosoph*innen den Kindern als „Gesprächspartner" (Martens, 2019, S. 32) vorgestellt. Sie dürfen in dem gleichen Maße kritisiert werden wie das auch für Beiträge aus der eigenen Gruppe gilt. Den Kindern wird eine Ehrfurcht vor philosophischen Autoritäten gar nicht erst angewöhnt. Das kindliche Denken wird im Gegenteil wertgeschätzt, wenn die Kinder dem Gedanken im Kürzesttext auf **Augenhöhe** begegnen können.

Diese drei Schritte können modular verwendet werden. Welcher Schritt an den Anfang gestellt wird und ob auf einen der Schritte verzichtet wird, liegt im pädagogischen Ermessen der Lehrkraft. In Klassen, in denen die Gemeinschaft nicht intakt ist, in denen etwa bestimmte Gruppen andere Kinder auslachen, könnte es sinnvoll sein, auf den Schritt des lebensweltlichen Bezugs zu verzichten. Stattdessen könnte man das Auslachen stellvertretend insbesondere im zweiten Schritt, der Auseinandersetzung mit einem externen Beispiel, verhandeln.

12.3 Erfahrungen aus der Praxis

Die Erfahrungsberichte und die anschließenden Reflexionen sind nach den drei Schritten geordnet. Aus zwei Lerngruppen sollen die Erfahrungen hier beispielhaft vorgestellt und im Anschluss reflektiert werden.

- In der ersten Lerngruppe, zwanzig Schüler*innen **zwischen sechs und acht Jahren,** wurden Schritt zwei und Schritt drei erprobt: Sowohl die autobiografische Schilderung von Heine als auch die Kürzesttexte von Hobbes und Bergson wurden eingesetzt. Die Gesprächsauszüge entstammen einem Gedächtnisprotokoll, das unmittelbar im Anschluss an die Stunde verfasst wurde und auf Mitschriften im Unterricht beruhte.
- In der zweiten Lerngruppe wurden alle drei Schritte erprobt. Die zweite Gruppe bestand wegen Beschränkungen aufgrund der Covid-19-Pandemie zum Zeitpunkt der Durchführung lediglich aus drei **neun- und zehnjährigen Jungen.** Die Gesprächsauszüge basieren auf Transkriptionen von videografierten Unterrichtssequenzen. Zur besseren Lesbarkeit wurden sie von Doppelungen und Verzögerungslauten (ähm, mmh etc.) bereinigt und behutsam gekürzt.

Philosophisch relevante Aussagen, die in der anschließenden Reflexion näher betrachtet werden, wurden in den Gesprächsprotokollen fett hervorgehoben.

12.3.1 Praxis: Einen Bezug zur Lebenswelt herstellen

Material Der Begriff ‚Auslachen' wird als Impuls vorgegeben. Der Begriff wird schriftlich festgehalten, an der Tafel, auf Plakaten oder Moderationskarten. Der Arbeitsauftrag lautet:

» Ich möchte mit euch über das Thema Auslachen sprechen. Schildert bitte Situationen, die irgendetwas mit Auslachen zu tun haben. Die Situation kann wirklich passiert sein, ihr könnt sie euch aber auch ausdenken.

Das weitere Geschehen hängt von den Reaktionen der Lerngruppe ab.

Gesprächsprotokoll

Marcel:	*Mein Trainer hat zwei Söhne. Der hat schonmal irgendwas gesagt, weiß nicht mehr, was, und da hat sein Sohn zu uns gesagt, ey, diese weiße Kartoffel!*
Aden:	*Zu wem? Zu seinem Vater?*

Marcel:	*Also er hat, weil sein Vater ihn genervt hat, zu uns gesagt, diese weiße Kartoffel! (lacht).*
Aden:	*Ist aber doch kein Auslachen!*
Louis:	**Aber was hat das jetzt mit dem Auslachen zu tun will ich wissen? Er hat etwas gesagt, und derjenige, der ausgelacht worden ist, also der, über den man gelacht hat, hat ja nichts Peinliches gemacht – oder etwas, was ihn blamieren könnte. Und dann würde ich nicht sagen, dass das halt auslachen war, das war eher eine Beleidigung, die witzig für alle war.**
Marcel:	*Weil, es gibt ja keine weiße Kartoffel*
Louis:	*Ja, und das wär ja der Witz dadran.*
Gesprächsleitung:	*Okay. Das ist interessant, also wenn wir uns fragen, okay, was, was muss passieren, damit man sagt, das ist Auslachen, da sagst du auf jeden Fall, es muss irgendwie peinlich sein, man muss sich blamieren, man muss etwas nicht können?*
Louis:	**Also, nein. Es muss halt nicht peinlich sein, aber es muss halt etwas sein, wo man sich selber blamiert hat.**

(Louis erfindet im Folgenden ein Beispiel, mit dem er seine Differenzierung illustriert: Auslachen kann man Personen nur passiv, wenn man selbst in das Geschehen nicht eingreift. Wenn man demgegenüber Personen aktiv ärgert, sie etwa beleidigt, dann lacht man sie, so Louis' Verständnis, nicht aus. Diese Unterscheidung wird Louis später auch auf Heines Kindheitserinnerung anwenden. Seine Klassenkameraden Aden und Marcel teilen diese Unterscheidung allerdings nicht.)

Reflexion Die Neun- und Zehnjährigen haben eine Vielzahl an Situationen geschildert und sich gegenseitig lebhaft zu weiteren Situationen angeregt. Das Thema ‚Auslachen' war also so präsent, dass die Schüler nicht auf ihre Fantasie zurückgreifen mussten.

Es ist bemerkenswert, dass die Schüler die Situationen nicht bloß ohne Zusammenhang aneinandergereiht haben. Stattdessen haben sie aufeinander reagiert und einen Bezug zum Ausgangsbegriff eingefordert („Aber was hat das jetzt mit dem Auslachen zu tun, will ich wissen?"). Die Schüler unternahmen bereits – das gilt allerdings nicht für jede Situation – Definitionsversuche, indem sie für die Situationen jeweils erwogen, ob es sich überhaupt um einen Fall von Auslachen handelt (im vorliegenden Beispiel: „Es muss halt etwas sein, wo man sich selber blamiert hat.", nach einer anderen Geschichte: „Das war eher Karma."). Diese Definitionsversuche erfordern bereits eine reflexive Haltung; sie haben bereits einen philosophisch höheren Gehalt als rein wahrnehmungsverhaftete, egozentrische Schilderungen aus der Lebenswelt. Dieses Beispiel unterstreicht die These, dass Kinder mitunter ganz von selbst, einzig in der Auseinandersetzung mit einem Begriff, zu philosophieren beginnen (vgl. dazu auch Teubler, 2017, S. 49). Der Begriffsimpuls sorgte zudem dafür, dass sich das Unterrichtsgespräch nicht in Einzelheiten verlieren konnte.

Wenn die Kinder selbst allgemeine Definitionen aufstellen oder einen Begriff weiter differenzieren, wie in diesem Beispiel geschehen, sollte man als Lehrkraft diesen Impuls unbedingt aufgreifen und vertiefen. Erstens drückt sich darin eine Wertschätzung für die Gedanken der Kinder aus. Zweitens soll das Philosophieren gerade dazu ermutigen, selbst allgemeine Aussagen aufzustellen und diese anhand von Beispielen zu prüfen oder gegen Einwände zu verteidigen. Die Kinder haben begonnen, losgelöst von den konkreten Beispielen allgemein geltende Definitionen aufzustellen. Als Lehrkraft könnte man also in einem weiteren Schritt die von den Schüler*innen aufgestellten Definitionen oder Differenzierungen in den Mittelpunkt rücken und erörtern, indem die Kinder Beispiele oder Gegenbeispiele suchen.

12.3.2 Praxis: Sich mit einem externen Beispiel auseinandersetzen

Material Die autobiografische Schilderung Heines muss durch Hintergrundinformationen unterfüttert werden. Den Kindern wurde anhand eines Fotos sowie eines Lehrervortrags die Müllabfuhr ohne motorisierte Fahrzeuge nahegebracht. Dazu kann zum Beispiel ein Foto aus dem Jahr 1905 in Schweinfurt verwendet werden (s. Abbildung zu Beginn dieses Kapitels). Der Lehrervortrag kann so lauten:

> Heinrich Heine war ein berühmter deutscher Dichter. Er hat eine Geschichte geschrieben. Diese Geschichte spielte schon vor 200 Jahren. Damals war Heinrich Heine noch ein Kind. Er hat die Geschichte selbst erlebt. Damals gab es keine Müllabfuhr, wie wir sie heute kennen. Damals wurde der Müll noch mit einem Esel und einem Karren aus der Stadt gebracht. Die Bewohnerinnen und Bewohner der Stadt haben ihren Müll in Körben vor die Haustür gestellt. Diese Körbe wurden von einem Mann auf dem Karren entladen. Dann wurde der Müll weggebracht.

In seiner transkribierten Form lautet die autobiografische Schilderung Heines wie folgt (Originalzitat Echter Verweis: s. Abschn. 12.4):

> **Heinrich Heine erinnert sich an eine Geschichte aus seiner Kindheit**
> „In meiner Heimatstadt Düsseldorf lebte ein Mann, den wir alle den ‚Dreckmichel' nannten. Er hieß so, weil er jeden Morgen mit einem Karren durch die Stadt zog und vor jeder Haustür den Müll einsammelte. Vor seinen Karren hatte er einen Esel gespannt. Der Mann sah immer furchtbar dreckig aus, und seine Kleidung war ganz zerlumpt. Der Esel hatte ein ganz löchriges Fell und war ganz abgemagert. Der Esel lief entweder in einem schwerfälligen Trab, oder aber er hielt vor den Haustüren. Das schlimmste aber: Der Dreckmichel rief seinen Esel ‚Harrüh'! Ich weiß nicht, ob das der Name des Esels war, oder einfach ein Stichwort. Doch so viel steht fest: Harrüh! klang ganz ähnlich wie mein Name, Harry. Und so wurde ich ziemlich viel von meinen Schulkameraden und Nachbarskindern geärgert. Die machten sich ständig darüber lustig. Um mich zu ärgern, sprachen sie meinen Namen oft so aus, wie der Dreckmichel seinen Esel nannte. Und wenn ich mich

darüber aufregte, taten meine Mitschüler ganz unschuldig: Sie wollten, dass ich ihnen beibringe, wie der Name des Esels ausgesprochen werden musste – ‚um jede Verwechslung zu vermeiden'. Dabei stellen sie sich allerdings sehr dumm an! Sie behaupteten, ja, manchmal ruft der Dreckmichel das so, meistens aber ganz anders, wodurch es genauso klang wie mein Name Harry. Harry! Harrüh! Harry! Harrüh! Es war zum Verzweifeln! Die Jungs wiederholten die Namen des Esels und auch meinen Namen ständig, und sie verwechselten sie auch ständig. Dann lagen sie am Boden vor Lachen – alle lachten, ich selbst aber musste weinen.

Ich erzählte meiner Mutter davon. Sie aber antwortete sehr streng: Wenn du nur viel lernst und dich immer klug verhältst, kommt niemand auf die Idee, dich mit einem Esel zu verwechseln!

Aber die Namensgleichheit zwischen mir und dem Esel blieb mein Schrecken! Die großen Jungs gingen an mir vorbei und grüßten: Harrüh! Wie geht's dir, Harrüh? Die kleinen Jungs grüßten mich genauso, allerdings taten sie es aus einiger Entfernung, damit ich sie nicht erwischen konnte. Auch in der Schule hatte ich keine Ruhe. Die anderen Kinder waren ebenso grausam zu mir: Wann immer von einem Esel die Rede war, schauten alle zu mir, grinsten, unterdrückten ein Lachen. Sie wollten alle sehen, wie ich reagiere. Ich konnte nicht anders – ich errötete immerzu. Es ist ganz unglaublich, wie viele Ideen sie hatten, mich zu ärgern und zu verspotten!"

Das ist über 200 Jahre her. Heine wurde 1797 in Düsseldorf geboren.

Gesprächsprotokoll Bei den **Sechs- bis Achtjährigen** entwickelte sich das folgende Gespräch:

Duyugu:	*Wo hat der Mann den Müll hingebracht?*
Sahar:	*Was macht man mit dem Müll?*
Caroline:	*Der Mann kann den Müll ja nicht einfach auf die Wiese schütten! […]*
Gesprächsleitung:	*(versucht den Blick auf das Auslachen zu lenken)* **Warum lachen Menschen einander aus?**
Diego:	*Es sieht einfach generell lustig aus!*
Alex:	**Es ist lustig, dass er so heißt wie der Müllsammler [eigentlich: sein Esel].** *Der Müll ist ekelig und stinkt. Die Kinder lachen ihn aus, weil es immer ekelig ist. Darüber kann man lachen.*
Marlene:	*Ja genau, es ist ekelig, wenn man den Müll macht.*
Katharina:	*Keiner will als Müllarbeiter arbeiten. Das ist ekelig und stinkt.*
Marlene:	*Die lachen, weil es lustig ist und ekelig, wie ein Furz. Der Esel ist schmutzig. Das Kind ist wie ein Esel, das ist lustig. Darum wird es ausgelacht.*

Gesprächsleitung:	*Ihr habt recht. Deswegen wurde Heinrich Heine hier ausgelacht. Aber warum passiert das? Wir wissen doch, dass das eigentlich nicht geschehen sollte! Warum lachen Menschen einander aus?*
Marlene:	*Wenn man jemanden auslacht, wird man selbst irgendwann ausgelacht, und dann geht das immer so weiter.*
Elisa:	**Wenn man ausgelacht wird, muss man der Lehrerin Bescheid sagen; die hilft einem dann.**
Sahar:	*Auslachen ist nicht schön, weil die anderen dann zurücklachen.*
Diego:	**Man soll nicht auslachen. Das kann jedem mal passieren. Wenn man immer auslacht, hört das nie auf, es lacht immer irgendjemand.**

Reflexion Bei den Sechs- bis Achtjährigen kommt es häufig vor, dass sie sich zunächst mehr für Details der Geschichte interessieren als für das philosophische Ausgangsthema („Wo hat der Mann den Müll hingebracht?"). Bei anschaulichem Unterrichtsmaterial sollte man immer die Möglichkeit einer Ablenkung bedenken. Das ist zunächst nicht problematisch, aber verlangt von der Lehrkraft ein höheres Maß an Lenkung, um das Ausgangsthema in den Fokus zu rücken und das Gespräch philosophisch zu machen („Warum lachen Menschen einander aus?").

Die Kinder konnten den konkreten Auslöser benennen, der die Kinder in diesem besonderen Fall zum Lachen gebracht hat („Es ist lustig, dass er so heißt wie der Müllsammler [eigentlich: sein Esel]"). Sie konnten allerdings nicht allgemein, losgelöst vom konkreten Beispiel, über Ursachen sprechen. Nicht so sehr die Frage, warum Menschen einander auslachen, war für die Kinder interessant, sondern pragmatisch den Blick auf die Zukunft zu richten und die Folgen des Auslachens zu untersuchen: Wozu führt das Auslachen („Wenn man immer auslacht, hört das nie auf, es lacht immer irgendjemand."), und wie können wir damit umgehen („Wenn man ausgelacht wird, muss man der Lehrerin Bescheid sagen; die hilft einem dann.")?

Als Lehrkraft könnte man in einem weiteren Schritt, im Sinne von Weibel und Proyer (s. Abschn. 1), dieses Interesse nutzen und mit den Kindern die Folgen des Auslachens explizieren. Wie wirkt es sich auf die Klassengemeinschaft aus, wenn das Auslachen zur Regel wird? Wie wirkt es sich auf jeden Einzelnen aus? Doch ist auch hier Vorsicht geboten: Es ist bemerkenswert, dass Kinder durchaus wissen, dass man einander nicht auslachen sollte („Man soll nicht auslachen.") und dass das Auslachen offenbar sehr negativ besetzt ist. Dieses Wissen führt nicht zu einer Verhaltensänderung; in dieser Lerngruppe haben die Kinder sich häufig gegenseitig ausgelacht. Es ist unklar, ob eine stärkere Explikation der Folgen einen Einfluss auf die Klassengemeinschaft haben kann.

Gesprächsprotokoll Bei den **Neun- und Zehnjährigen** entwickelte sich das folgende Gespräch:

Louis:	*Keine Auslachgeschichte!*
Gesprächsleitung:	*Erzähl! Warum nicht?*
Louis:	*Wenn die sich darüber witzig machen, dann wollen die ja, dass der Junge traurig ist. Die verwechseln den Namen doch bestimmt mit extra [absichtlich, EM]. […]*
Aden:	*Ja, und die lachen den auch aus, guck mal:* **Die sagen das, damit er traurig wird, und dann lachen die den aus. Die wollen, dass er sich schlecht fühlt, und die lachen ihn dann aus, weil er so einen Namen hat. Wenn du zum Beispiel zu mir sagst, A-den, Roula-den, oder so**, *und wenn du dann lachst, dann ist das ja auch auslachen.*
Marcel:	*Ne, das ist ja auch auslachen.*
Gesprächsleitung:	*Wenn ich das richtig verstehe, Louis, dann sagst du, Auslachen bedeutet immer, man lacht darüber, dass jemand etwas Peinliches macht.*
Louis:	*Nein, oder, dass jemandem etwas Peinliches passiert. […]*
Aden:	*Ja, aber was ist dann für dich Auslachen, wenn das nicht Auslachen ist?*
Louis:	*Wenn jemandem etwas Peinliches passiert oder wenn er etwas Peinliches macht.*
Aden:	**Ja, beschreib das. Wenn… also richtig so, beschreiben, was, was …**
Louis:	*Wie bei Florian! Ihm ist etwas Peinliches passiert. Was…*
Aden:	*Und das ist ihm auch passiert, mit seinem Namen und dem Esel.*
Marcel:	*Ist das Auslachen,* **wenn ich zum Beispiel sage, hihi, Louisine, hihihi. Ist das Auslachen?**
Louis:	[schweigt]
Aden:	*Das ist Auslachen.*

Reflexion Die Neun- und Zehnjährigen haben diese Schilderung dahingehend untersucht, ob es sich hier um einen Fall von Auslachen handelt oder nicht und haben kontrovers miteinander diskutiert: Louis wendet seine zuvor entwickelte Definition an („Wenn jemandem etwas Peinliches passiert oder wenn er etwas Peinliches macht."). Daraus resultierend hält er die Geschichte nicht für eine Auslachgeschichte („Keine Auslachgeschichte!"), Aden und Marcel hingegen schon. Den Kindern ist es gelungen, die Schilderung Heines genauso zu betrachten wie eine ihrer eigenen Situationen.

Aden gelingt es darüber hinaus, ein Motiv zu formulieren („Die sagen das, damit er traurig wird, und dann lachen die den aus. Die wollen, dass er sich schlecht fühlt, und die lachen ihn dann aus, weil er so einen Namen hat."). Er veranschaulicht sein Verständnis von Auslachen an einem eigenen Beispiel, indem er eine Parallelgeschichte erzählt („Wenn du zum Beispiel zu mir sagst, A-den, Roula-den, oder so"). Marcel ergänzt („wenn ich zum Beispiel sage, hihi, Louisine, hihihi. Ist das Auslachen?"). Gleichzeitig fordert Aden von Louis ein Beispiel ein („Ja, beschreib das. Wenn… also richtig so, beschreiben, was, was …"). Die Kinder verhandeln miteinander auf der Beispielebene, aber mit stetem Rückbezug zur selbst entwickelten Unterscheidung zwischen passivem Auslachen und aktivem Beleidigen.

Auch hier könnte man als Lehrkraft diese Differenzierung stärker in den Mittelpunkt rücken, sie für die Lerngruppe visualisieren und von den Kindern, die sie ablehnen, Gegenbeispiele einfordern oder auch eine eigene Differenzierung.

12.3.3 Praxis: Einen abstrakten Gedanken auf die Lebenswelt beziehen

Es wurden zwei Kürzesttexte erprobt. Der erste geht auf Thomas Hobbes zurück, der zweite auf Henri Bergson. Material, Gedächtnisprotokolle und Reflexionen werden für beide Kürzesttexte getrennt aufgeführt.

Material Das Originalzitat von Thomas Hobbes (s. Abschn. 5) wurde für den Einsatz paraphrasiert. Die Kinder haben sich mit der nachfolgenden Paraphrase beschäftigt:

> Ich lache, wenn andere einen Fehler machen. Ich lache, wenn anderen etwas Peinliches passiert. Es fühlt sich gut an, denn ich stehe nun im Vergleich viel besser da.

Gesprächsprotokoll Bei den **Sechs- bis Achtjährigen** entwickelte sich das folgende Gespräch:

*Mehrere rufen empört in die Klasse.: **Nein! Nein, das stimmt nicht!***

Philipp: *Beim Auslachen ist das so: **Man kann es einfach nicht aushalten, nicht zu lachen.** Man weiß, man darf nicht lachen, aber manchmal muss man lachen, man kann es nicht bei sich halten, es kommt einfach raus.*

Diego: *Man lacht zum Beispiel immer über komische Namen: **Wenn jemand Tatschama oder Schu-esel heißt, dann kann man nicht anders, als darüber zu lachen.***

Alex: ***Als Tim aus der Erdmännchenklasse auf den Boden gefallen ist,** da hat er sich schlecht gefühlt. **Man soll ihn dann nicht auslachen, das ist schlecht.***

Sonya: *[reagiert] Es ist ein no-go. Wenn jemand hinfällt. Es kann jedem mal passieren.*

Reflexion Es fällt auf, dass alle Kinder zunächst mit Ablehnung reagieren („Nein! Nein, das stimmt nicht!"). Zwar haben sie inhaltlich nicht auf den Kürzesttext reagiert. Wenn die Vermittlung von Fachwissen nicht angestrebt wird, ist das unproblematisch. Wohl aber haben die Kinder sich herausgefordert gefühlt, selbst einen Erklärungsversuch für das Auslachen zu formulieren, und das Auslachen in seiner Körperlichkeit beschrieben („Man weiß, man darf nicht lachen, aber manchmal muss man lachen, man kann es nicht bei sich halten, es kommt einfach raus."). Diese neue Erklärung wird unverzüglich von einem weiteren Kind mit einem Beispiel unterfüttert („Wenn jemand Tatschama oder Schu-esel heißt, dann kann man nicht anders, als darüber zu lachen."). Insofern haben sie selbst einen allgemeinen Gedanken formuliert und anschließend konkretisiert. Daneben haben die Kinder diesen Kürzesttext als empörenden Versuch wahrgenommen, das Lachen zu rechtfertigen. Es war ihnen ein Anliegen, ihre Ablehnung sehr deutlich zu machen („Man soll ihn dann nicht auslachen, das ist schlecht."), und auch hier haben sie auf illustrierende Beispiele zurückgegriffen („Als Tim aus der Erdmännchenklasse auf den Boden gefallen ist").

Als Lehrkraft könnte man die Kinder nun Beispiele sammeln lassen, in denen jemand in einer unangemessenen Situation gelacht hat. Im Anschluss könnte man sich auf das Thema ‚Auslachen' rückbeziehen, indem man für jede Situation fragt, ob es sich jeweils um einen Fall von ‚Auslachen' handelt. Möglicherweise ergeben sich dadurch neue Bedingungen des Auslachens, die erfüllt sein müssen. Zugleich ergeben sich aus einer solchen Beispielsammlung eine Vielzahl von Anschlussmöglichkeiten für weitere philosophisch relevante Fragen, die soziale Konventionen betreffen.

Gesprächsprotokoll Bei den **Neun- und Zehnjährigen** entwickelte sich das folgende Gespräch:

Louis:	*Also das ergibt keinen Sinn.*
Aden:	*Ah, ich glaub ich weiß! Ich glaube, also da steht ja, dass ich Leute auslache, weil die einen Fehler machen. Obwohl ich selber Fehler gemacht habe, und ich hab aus den Fehlern zum Beispiel gelernt und ich stehe jetzt besser da, glaube ich.*
Louis:	*Also ich glaube, wenn Leute Fehler machen, bei einer Aufgabe oder so, wenn man das bespricht, dass man dann halt lacht, und dann denkt man sich so, dass man dann besser ist als der, also weil ein anderer Fehler gemacht hat.*
Gesprächsleitung:	*Genau das sagt dieser Satz. […] Stimmt ihr zu? Überlegt bitte einmal in Ruhe.*
Louis:	*Ja, das ist Auslachen, weil man dann denkt, dass man nie im Leben einen Fehler gemacht hat.*
Aden:	**Ich glaub auch, dass es Auslachen ist, weil das bei mir auch mal passiert ist.** *Ich wurde zwar nicht ausgelacht, aber trotzdem ist das Auslachen, denn stell dir mal vor, du bist so richtig gut, und dann machst du einen Fehler. Dann lachen dich so Leute aus, die nur zu dir gestanden sind, weil du gut bist. Die sagen dann, Junge, du hattest nur Glück, du kannst eigentlich gar nichts, du bist so schlecht und so. Und dann am Ende erreichst du was, und dann kommen die wieder zurück und wollen was.*
Gesprächsleitung:	*Also du meinst, wenn man besonders gut ist, dann wird man erst recht ausgelacht, wenn man einen Fehler macht. Und.um meinst du, ist das so?*
Aden:	*Ja, weil man gut ist und weil die anderen einfach nur neidisch sind.*

Louis: *Das passt dann auch direkt zu meiner Sache. Ich glaube, die denken, dass sie nie einen Fehler gemacht haben, und das basiert darauf, was Aden gesagt hat.* **Also dass die, die neidisch auf einen sind, dann halt denjenigen auslachen, und denken, sie sind besser, nur weil man einen Fehler gemacht hat.**

Reflexion Die Neun- und Zehnjährigen waren bemüht, den Kürzesttext zunächst einmal zu verstehen. Erst, nachdem sie glaubten, den Kürzesttext zu verstehen, haben die Kinder sich darüber ausgetauscht und erwogen, ob sie den vorgetragenen Gedanken für plausibel halten („Ich glaub auch, dass es Auslachen ist"). Die Plausibilisierung erfolgte beispielbasiert („weil das bei mir auch mal passiert ist."). Darüber hinaus veranlasste der Kürzesttext die Schüler zu einem eigenen Gedanken: Sie entwickelten in Reaktion auf den Kürzesttext einen Zusammenhang zwischen ‚Auslachen' und ‚Neid' („Also dass die, die neidisch auf einen sind, dann halt denjenigen auslachen, und denken, sie sind besser, nur weil man einen Fehler gemacht hat"). Insofern eröffnete sich in der Weiterentwicklung des Kürzesttexts eine neue Facette des Themas ‚Auslachen', die zuvor nicht berührt wurde.

Als Lehrkraft könnte man nun diesen Gedanken aufgreifen und in einem weiteren Schritt die Begriffe ‚Neid' und ‚Auslachen' gegenüberstellen. Man könnte zunächst den Begriff ‚Neid' bestimmen lassen, um dann genau zu untersuchen, wie ‚Neid' und ‚Auslachen' zusammenhängen. Dazu könnte man auch jene Situationen zur Hilfe nehmen, die die Kinder im ersten Schritt des lebensweltlichen Bezugs gesammelt haben. Man könnte für jede dieser Situationen untersuchen, ob Neid eine Rolle gespielt hat, und sich dem Auslachen so in einem weiteren Schritt nähern.

Material Neben dem Kürzesttext von Thomas Hobbes wurde auch ein Kürzesttext von Henri Bergson erprobt (Originalzitat s. Abschn. 5). Das Zitat wurde für die Lerngruppe paraphrasiert und vorgelesen. Henri Bergson sieht im Auslachen gegenüber vertrauten Personen ein gesellschaftliches Machtinstrument:

> Das Auslachen ist wichtig für die Gruppe: Ausgelacht zu werden ist eine Demütigung. Niemand möchte gedemütigt werden. So wird jeder gezwungen, sich an das zu halten, was in der Gruppe als cool und richtig gilt.

Der Begriff ‚Demütigung' ist schwer verständlich, lässt sich allerdings in seiner Komplexität kaum in einfacher, umschreibender Weise ausdrücken. Wie könnte man nun vorgehen? Das philosophische Denken ist, sofern man die Gleichwertigkeit diskursiver und präsentativer Zugänge ablehnt (zur Diskussion vgl. z. B. Tiedemann, 2011; Henke, 2012 u. v. m.), immer auch Arbeit mit der Sprache. Dazu gehört auch, mit schwierigen Begriffen umgehen zu können. Es ist Aufgabe der Lehrkraft, im Sinne einer Entlastung vorab, dieses Wort für die Kinder greifbar zu machen, etwa durch eine gemeinsame Begriffsbestimmung oder eine Veranschaulichung durch Beispiele.

Gesprächsprotokoll Bei den **Sechs- bis Achtjährigen** entwickelte sich das folgende Gespräch:

Elisa:	***Wir sollen nicht auslachen, niemand sollte auslachen, das dürfen wir nicht, und das ist immer schlimm.***
Kathrin:	*Es ist traurig, niemand mag das. Es ist nicht gerecht, es ist schlimm!*
	Elias wird beschuldigt, jeden auszulachen – und wehrt sich prompt.
Sonya:	[fragt die Gesprächsleitung persönlich] *Wenn ich hinfalle, würden Sie mich dann auslachen? Wie meinst du, wie ich mich dann fühle? He? Sag' mal!*
Gesprächsleitung:	[begründet nach Bergson] *Es ist gut, wenn du dich dann schlecht fühlst.*
Lerngruppe:	*Buh, buh!!*
Gesprächsleitung:	*Denn dann passt du beim nächsten Mal besser auf und fällst nicht wieder hin. Du willst dich nicht schlecht fühlen. Also sorge ich dafür, dass du besser aufpasst!*
Kathrin:	*Hinfallen – das kann jedem mal passieren! Man sollte nicht lachen!*
Gesprächsleitung:	*Ja, liebe Leute – aber warum passiert es dann? Warum lachen alle möglichen Kinder einander aus?*
Alex:	***Lachen ist gesund.***
Philipp:	*Und vielleicht ist es gar nicht so, dass man das Kind auslacht, weil es hingefallen ist.* ***Vielleicht wirkt das nur so, und man lacht in Wahrheit über etwas ganz anderes. Vielleicht hat man ein Video gesehen und sich daran erinnert.***
Diego:	*Ja genau! Es könnte ein Missverständnis sein.*
Marlene:	*Ich lach' über Chicken Wings* [einen TikTok-Tanz].
Sahar:	*Meine Schwester redet mit der Wand. Auch darüber lache ich. Wenn ich das mitkriege.*
	Die Gesprächsleitung betont weiterhin die Bedeutsamkeit des Auslachens für eine Gruppe, und gibt damit Bergson wieder. Dann kommt es allerdings zu einem Kipppunkt. Die Gruppe beginnt, der Gesprächsleitung beizupflichten.
Sonya:	***Wenn jemand mich auslacht, dann ist das gut – denn ich lache dann mit.*** *Es ist dann nicht mehr schlimm, dass ich hingefallen bin, sondern wir lachen gemeinsam.*
Philipp:	*Ja, genau! Und außerdem: Wen juckt es, dass ein anderer auslacht?*
Diego:	*Ja genau. Mir egal.*

Reflexion Man sieht einmal mehr, dass die Kinder das Auslachen rundherum ablehnen („Wir sollen nicht auslachen, niemand sollte auslachen, das dürfen wir nicht, und das ist immer schlimm."). Bergsons Erklärung dafür, dass es dennoch geschieht, wird nicht aufgenommen. Die Kinder stellen ihr andere Erklärungsversuche gegenüber, antworten mit einer Floskel, die dem Lachen etwas Gutes abgewinnt („Lachen ist gesund."), oder weichen dem Problem aus, indem sie Missverständnisse vermuten („Vielleicht wirkt das nur so, und man lacht in Wahrheit über etwas ganz anderes."). Auch hier unterfüttern sie ihre These mit einem Beispiel („Vielleicht hat man ein Video gesehen und sich daran erinnert."). An einer Stelle allerdings kippt das Unterrichtsgespräch: Es gab das gemeinsame, philosophische Problem, dass zwar auf der einen Seite das Auslachen prinzipiell abzulehnen sei, auf der anderen Seite Menschen aber dennoch, trotz dieser Einsicht, einander bisweilen auslachen. Die Kinder haben versucht, diesem Problem auszuweichen. Ihre Lösung, Missverständnisse zu vermuten, wurde allerdings nicht akzeptiert, denn offensichtlich gibt es Formen des Auslachens. Daraufhin fanden sie eine andere, wiederum pragmatische, auf die Zukunft gerichtete Lösung: Das Auslachen an sich existiere, sei aber gar nicht schlecht („Wenn jemand mich auslacht, dann ist das gut – denn ich lache dann mit.").

Als Lehrkraft könnte man nun ein Missgeschick als Ausgangssituation nehmen und mit Blick auf das Auslachen im Sinne einer Kreuzklassifikation geringfügig variieren: Ein Kind A stolpert im Klassenraum über eine Schultasche und fällt hin. Ein Kind B beobachtet den Sturz. Situation 1: A und B lachen. Situation 2: A lacht, B lacht nicht. Situation 3: A lacht nicht, B lacht. Situation 4: A und B lachen beide nicht. Man könnte die Kinder diese Situationen bewerten lassen oder gemeinsam überlegen, wovon es abhängt, welche der vier Situationen eintritt. Wenn sich etwa das stolpernde Kind verletzt hat, könnte das durchaus Auswirkungen darauf haben, ob der Sturz zum Lachen reizt.

Gesprächsprotokoll Bei den **Neun- und Zehnjährigen** entwickelte sich das folgende Gespräch:

Aden:	*Nein.*	
Marcel:	*Ich hab den Sinn nicht verstanden, ich muss nochmal lesen. […]*	
Louis:	*Ich würde nicht zustimmen!*	
Gesprächsleitung:	*Verstehst du das denn, Louis, kannst du es den anderen einmal erklären?*	
Louis:	***Also in diesem Zitat geht es darum, dass wir drei mit Kevin eine Gruppe abgeben.*** *Und dann, wenn wir da spezielle Regeln haben, damit keiner ausgelacht wird, muss jeder die Regeln befolgen.*	
Marcel:	*Ja.*	
Aden:	*Bei uns gibt's keine Regeln, außer, dass wir uns nicht streiten sollten, es aber machen.*	
Louis:	***Ja man braucht keine Regeln, wenn man eine Freundegruppe hat, ist das doch egal!***	
Marcel:	*Ne, man braucht eigentlich keine Regeln. […] Nur, dass man keinen schlagen soll oder so.*	
Louis:	*Weil das, was da steht, ist Schwachsinn am Ende! Weil man doch keine Regeln braucht, um cool zu sein! Man braucht doch keine Regeln dafür,* ***man muss einfach man selbst sein****. Also, Aden muss jetzt einfach Aden sein, wenn er etwas machen möchte, dann kann er es ruhig machen. Aber wenn es etwas Schlimmes ist, dann können wir ihn einfach erinnern. Aber das ist dann auch wieder seine Sache, weil er Aden ist. Genau das gleiche wie bei Marcel, mir und Kevin und allen anderen.*	

Aden:	*Das ist genau das gleiche, wenn ich zum Beispiel einen Freund habe, der schwul ist, und der sich dann wie ein Mädchen anzieht. Wenn ihm das gefällt, dann lasse ich es ihn machen. Ist dann sein Problem.*
	[...]
Louis:	*[...] Ich sage regulär: Wer diese Regeln in einer Gruppe macht, ist doof. Und dumm.* **Das Einzige, was jede Gruppe braucht ist Selbstvertrauen.** *Einfach nur Selbstvertrauen in jeden.*

Reflexion Die Neun- und Zehnjährigen bemühten sich zunächst um ein Verständnis des Kürzesttexts und griffen dabei auf Beispiele aus ihrer Lebenswelt zurück („Also in diesem Zitat geht es darum, dass wir drei mit Kevin eine Gruppe abgeben."). Der Gedanke, dem Auslachen eine Funktion in Gruppen zuzuschreiben, wurde mit Blick auf den eigenen Freundeskreis abgelehnt („Ja man braucht keine Regeln, wenn man eine Freundegruppe hat, ist das doch egal!"). Hier fand nun eine Verschiebung statt: Die Kinder haben das Auslachen in Gruppen abgelehnt, dem aber eigene Konzepte für funktionierende Gruppen gegenübergestellt („man muss einfach man selbst sein."; „Das Einzige, was jede Gruppe braucht ist Selbstvertrauen."). Die Kinder wurden durch den Kürzesttext also dazu angeregt, eigene Konzepte zu entwickeln und diese durch eigene Beispiele zu illustrieren („wenn ich zum Beispiel einen Freund habe, der schwul ist, und der sich dann wie ein Mädchen anzieht."). Das Auslachen an sich wurde allerdings nicht weiter thematisiert, weil das Thema ‚Freundschaft' für die Kinder in dieser speziellen Lerngruppe drängender war.

Als Lehrkraft könnte man nun lenkend eingreifen und das Thema ‚Auslachen' weiter vertiefen, indem man überlegt, inwiefern die Beziehung zwischen auslachender und ausgelachter Person eine Rolle spielt: Dazu könnte man eine identische Ausgangssituation nehmen und die Rollen variieren: Person A stolpert und fällt hin. Person B beobachtet den Sturz und lacht. Die Kinder erhalten Personenpaare (Schülerin und Lehrer, Junge und Mädchen, Mutter und Sohn, Jugendliche und Greis, Klassenbester und Wiederholerin usw.) und sollen überlegen, welches Szenario plausibler ist: Lacht die Schülerin den Lehrer aus oder der Lehrer die Schülerin? Anschließend können die Kinder eigene Paarungen finden. Möglicherweise können die Kinder darüber allgemeine Erkenntnisse ableiten, in welcher Beziehung Auslachende zu Ausgelachten stehen.

In der Zusammenschau aller Gesprächsauszüge lässt sich Folgendes festhalten: Das Thema ‚Auslachen' verspricht eine hohe Aktivierung der Kinder und lebhafte, lebensnahe Diskussionen. Aufgrund seiner Anschlussfähigkeit an den kindlichen Alltag ist der Einsatz im Unterricht vielversprechend. Will man die Reaktionen der Lerngruppen miteinander vergleichen, sollte man sich allerdings vor voreiligen Schlüssen in Acht nehmen: Unterschiede sind nicht notwendigerweise auf das Alter zurückzuführen, sondern möglicherweise auch auf die Erfahrung im Philosophieren. Bei den Sechs- bis Achtjährigen wurde die Unterrichtseinheit nach vier Wochen Philosophieunterricht durchgeführt, bei den Neun- und Zehnjährigen nach sieben Monaten. Zur Frage, ob unterschiedliche Leistungen im Philosophieren auf das Alter oder die Erfahrung im Philosophieren zurückzuführen seien, haben Marie-France Daniel und Mathieu Gagnon eine lesenswerte Studie vorgelegt (Daniel & Gagnon, 2012). Darin untersuchten sie dreizehn Lerngruppen im Vorschul- und Grundschulalter. Jede Altersstufe wurde in zwei Lerngruppen mit unterschiedlicher Unterrichtserfahrung unterteilt. Daniel und Gagnon konnten somit Unterschiede zwischen Gleichaltrigen unterschiedlicher Unterrichtserfahrung erfassen, und zugleich altersbedingte Unterschiede bei gleicher Unterrichtserfahrung. Daniel und Gagnon stellen fest, dass beide Faktoren, sowohl das Alter als auch die Erfahrung im Philosophieren, die Leistung beeinflussen (Daniel & Gagnon, 2012, S. 123).

12.4 Ausblick

In den Einzelreflexionen im Praxisteil ist gezeigt worden, auf welche Weise das Thema ‚Auslachen' vertieft werden kann. Im abschließenden Ausblick soll aufgezeigt werden, welche Anschlussmöglichkeiten an das Thema ‚Auslachen' sich anbieten.

Eine Anschlussmöglichkeit bietet das Thema ‚Lästern'. Das Lästern ist mit dem Auslachen artverwandt. So wird auch beim Lästern eine andere Person abgewertet, und man könnte dafür argumentieren, dass sich beim Lästern wie beim Auslachen ein Gefühl der Überlegenheit einstellt. Auch könnte dem Lästern die Funktion eines sozialen Korrektivs zugeschrieben werden: Niemand möchte gerne Opfer von Lästereien werden. Das führt dazu, dass man sich in Gruppen entsprechend der geltenden Normen verhält. Auch für das Lästern gilt, dass leicht ein lebensweltlicher Bezug hergestellt werden kann. Auch bei diesem Thema ist Fingerspitzengefühl gefragt, weil es den Kindern möglicherweise sehr nahe gehen kann. Man könnte die Kinder fiktive Lästerdialoge schreiben und sich gegenseitig in einem Rollenspiel vorspielen lassen. Über diese Beispiele kann man versuchen, sich dem Begriff des Lästerns anzunähern.

Eine weitere Anschlussmöglichkeit bietet das Thema ‚Lachen'. Das abwertende Auslachen ist nur eine Form des Lachens, und es gibt eine Fülle weiterer Situationen, in denen wir ohne Bosheit lachen: Alternative Lachtheorien erklären das Lachen als Reaktion auf eine plötzliche Ungereimtheit, die uns irritiert (Inkongruenztheorie), oder als Reaktion auf einen Tabubruch (Entspannungstheorie). Der Übergang zum Thema ‚Lachen' könnte gelingen, indem man sich erneut die lebensweltlichen Beispiele anschaut, die die Kinder eingangs zum Thema ‚Auslachen' vorgetragen haben. Man könnte nun ganz konkrete Beispiele erneut unter die Lupe nehmen und fragen, ob in den Fällen vielleicht gar nicht ausgelacht wurde, das Lachen stattdessen anders erklärt werden kann. Laurent Joubert etwa betrachtet den konkreten Fall, dass wir über Personen lachen, die stolpern und stürzen (vgl. Doehlemann et al., 2020, S. 156–158). Statt das Lachen mit einem Gefühl der Überlegenheit zu erklären, macht er auf die Inkongruenz zwischen der Würde einer Person und der Würdelosigkeit eines Sturzes aufmerksam. Beispiele der Kinder, die Fäkalhumor enthalten, können im Sinne der Entspannungstheorie gedeutet werden. Darüber hinaus kann man das Thema ‚Lachen' kreativ und spielerisch angehen: Man könnte zum Beispiel den Kindern die Aufgabe stellen, die Lerngruppe zum Lachen zu bringen, oder ihnen Bilder an die Hand geben, die sie lustig gestalten sollen.

Man kann zuletzt auch zum Thema ‚Freundschaft' übergehen. Man könnte mit den Kindern diskutieren, wie sich ‚Auslachen' und ‚Freundschaft' zueinander verhalten: Sind Situationen vorstellbar, in denen ich meinen Freund oder meine Freundin auslache? Oder verbietet es sich generell, sich in einer Freundschaft auszulachen? Welche Erwartung habe ich an eine Freundschaft, wenn ich ausgelacht werde? Verhalte ich mich entsprechend meiner eigenen Wünsche? Über diese Fragen kann man sich dem Begriff der Freundschaft generell nähern.

Material   Alle Materialien können auf SpringerLink heruntergeladen werden:
▶ https://link.springer.com/chapter/10.1007/978–3-662–66182-6_12

Material 01   Abbildung Müllabfuhr ohne motorisierte Fahrzeuge – siehe die Abbildung zu Beginn des Kapitels.

Material 02   Originaltext der autobiografischen Schilderung Heines:

Übersicht

„In meiner Vaterstadt Düsseldorf wohnte ein Mann, welcher der ‚Dreckmichel' hieß, weil er jeden Morgen mit einem Karren, woran ein Esel gespannt war, die Straßen der Stadt durchzog und vor jedem Hause stillhielt, um den Kehricht, den die Mädchen in zierlichen Haufen zusammengekehrt, aufzuladen und aus der Stadt nach dem Mistfelde zu transportieren. Der Mann sah aus wie sein Gewerbe, und der Esel, welcher seinerseits wie sein Herr aussah, hielt still vor den Häusern oder setzte sich in Trab, je nachdem die Modulation war, womit der Michel ihm das Wort ‚Harrüh'! zurief.

War solches sein wirklicher Name oder nur ein Stichwort? Ich weiß nicht; doch so viel ist gewiss, dass ich durch die Ähnlichkeit jenes Wortes mit meinem Namen Harry außerordentlich viel Leid von den Schulkameraden und Nachbarskindern auszustehen hatte. Um mich zu nörgeln, sprachen sie ihn ganz so aus, wie der Dreckmichel seinen Esel rief, und war ich darob erbost, so nahmen die Schälke manchmal eine ganz unschuldige Miene an und verlangten, um jede Verwechslung zu vermeiden, ich sollte sie lehren, wie mein Name und der des Esels ausgesprochen werden mussten, stellten sich dabei aber sehr ungelehrig, meinten, der Michel pflege die erste Silbe immer sehr langsam anzuziehen, während er die zweite Silbe immer sehr schnell abschnappen lasse; zu andern Zeiten geschähe das Gegenteil, wodurch der Ruf wieder ganz meinem eigenen Namen gleichlaute, und, indem die Buben in der unsinnigsten Weise alle Begriffe und mich mit dem Esel und wieder diesen mit mir verwechselten, gab es tolle Cog-à L'âne, über die jeder andere lachen, aber ich selbst weinen musste.

Als ich mich bei meiner Mutter beklagte, meinte sie, ich solle nur suchen viel zu lernen und gescheit zu werden, und man werde mich dann nie mit einem Esel verwechseln.

Aber meine Homonymität mit dem schäbigen Esel blieb mein Alp. Die großen Buben gingen vorbei und grüßten ‚Harrüh'! Die kleinen riefen mir denselben Gruß, aber in einiger Entfernung, zu. In der Schule ward dasselbe Thema mit raffinierter Grausamkeit ausgebeutet; wenn nur irgend von einem Esel die Rede war, schielte man nach mir, der ich immer errötete, und es ist unglaublich, wie Schulknaben überall Anzüglichkeiten hervorzuheben oder zu erfinden wissen."
(Heine, 2020 [1854], S. 21–22).

Material 03   Originalzitate zu den Kürzesttexten:

„Und ebenso enthält man sich schwer des Lachens, wenn durch einen Vergleich mit fremdem, unschönem Wort oder Tun die eigene Vortrefflichkeit um so [!] heller hervortritt. Allgemein ist das Lachen das plötzliche Gefühl der eigenen Überlegenheit angesichts fremder Fehler." (Hobbes, 1959 [1658], Abschn. 12.7).

Anmerkung: Die Überraschung als Bedingung des Lachens wurde aus der Paraphrase herausgehalten, um den Fokus auf das Lachen aus Überlegenheit zu legen. Ein Kürzesttext sollte möglichst nur einen Gedanken enthalten (vgl. Siekmann, 2006, S. 137).

„Die Gesellschaft [...] zwingt jedes ihrer Glieder auf seine Umgebung aufzumerken, sich nach ihr zu richten und nicht sich in seinem Charakter wie in einem festen Turme einzumauern. Und deshalb läßt [!] sie über jedem [...] die Aussicht auf eine Demütigung schweben [...]. Das ist die Funktion des Lachens. [...] Es mischt sich immer eine Art Hintergedanke ein, den die Gesellschaft für uns hat, wenn wir ihn nicht selber haben. Es kommt immer die uneingestandene Absicht hinzu, zu demütigen und dadurch freilich zu bessern" (Bergson, 2014, S. 88–89).

Literatur

Bergson, H. (2014). *Das Lachen. Deutsch von Julius Frankenberger und Walter Fränzel*. Marixverlag.
Brüning, L., & Saum, T. (2015). *Erfolgreich unterrichten durch Kooperatives Lernen. Strategien zur Schüleraktivierung. 10* (überarbeitete). Neue Deutsche Schule Verlagsgesellschaft mbH.
Bussmann, B. (2019). Der wissenschaftsorientierte Ansatz. In Moderne Philosophiedidaktik. In von Martina & J. Peters (Hrsg.) *Basistexte*, (S. 231–243). Felix Meiner.
Daniel, M.-F., & Gagnon, M. (2012). Pupils' age and philosophical praxis: Two factors that influence the development of critical thinking in children. *Childhood & Philosophy, 8*(15), 105–130.

Doehlemann, M., & Liese, K. (2020). Lachen. Lust und Laster über die Jahrhunderte. Ein illustrierter Sammelband. Lit Verlag Dr. W. Hopf

Greszik, B., Hering, F. & Euler, H. A. (1995). Gewalt in den Schulen. Ergebnisse einer Befragung in Kassel. In *Zeitschrift für Pädagogik, 41*(2), 265–284. URN: Urn:Nbn:De:0111-pedocs-104538

Heine, H. (2020 [1854]). Harrüh! Eine Kindheitserinnerung. In Lachen. Lust und Laster über die Jahrhunderte. In von M. Doehlemann & K. Liese (Hrsg.), *Ein illustrierter Sammelband*, S. 21–24. Lit.

Henke, R. W. (2012). Ende der Kunst oder Ende der Philosophie? Ein Plädoyer für die „Anstrengung des Begriffs" als didaktischer Kern des Philosophieunterrichts. In von Ekkehard Martens et al. (Hrsg.), *Zeitschrift für Didaktik der Philosophie und Ethik 1/2012*, 59–66. Siebert.

Hobbes, T. (1959 [1658]). Vom Menschen. Vom Bürger. (Elemente der Philosophie II / III). Eingeleitet und herausgegeben von Günter Gawlick. Philosophische Bibliothek Band 158. Felix Meiner.

Konrad, K. (2014). *Lernen lernen – allein und mit anderen. Konzepte, Lösungen, Beispiele*. Springer Fachmedien.

Lohrmann, K. (2014). Kontextualisierung und Dekontextualisierung. In von Wolfgang Einsiedler et al. (Hrsg.), Handbuch Grundschulpädagogik und Grundschuldidaktik (4. Aufl., S. 414–418). Julius Klinkhardt.

Martens, E. (2003). *Methodik des Philosophie- und Ethikunterrichts. Philosophieren als elementare Kulturtechnik*. Siebert.

Martens, E. (2019). Der dialogisch-pragmatische Ansatz. In Moderne Philosophiedidaktik. In von Martina & J. Peters (Hrsg.), *Basistexte* (S. 27–35). Felix Meiner.

Melzer, W., & Schubarth, W. (2006). *Gewalt als soziales Problem an Schulen. Untersuchungsergebnisse und Präventionsstrategien*. Ein eBook im Open Access. Budrich. URN: Urn:Nbn:De:0111-pedocs-160615 – ▶ https://doi.org/10.25656/01:16061.

Morris, D. (2005 [1967]). The naked ape. A zoologist's study of the human animal. Vintage.

Platon. (1958). In von Walter F. Otto, E. Grassi, & G. Plamböck (Hrsg.), *Sämtliche Werke, Band 5: Politikos. Philebos. Timaios. Kritias. Nach der Übersetzung von Friedrich Schleiermacher und der Stephanus-Nummerierung*. Rowohlt.

Siekmann, A. (2006). Drehtüren ins Philosophieren. Zum Umgang mit Kürzesttexten. In von E. Martens et al. (Hrsg.), *Zeitschrift für Didaktik der Philosophie und Ethik 2/2006*, 135–144. Siebert.

Teubler, L. (2017). *Philosophische Gespräche in Schulräumen. Philosophieren im Zeichen des Hermes*. Springer VS.

Tiedemann, M. (2011). „Mal mir was!" Ein Zwischenruf. In von E. Martens (Hrsg.), *Zeitschrift für Didaktik der Philosophie und Ethik 1/2011*, 78–80. Siebert.

Tiedemann, M. (2014). Zwischen blinden Begriffen und leerer Anschauung. In ders. (Hrsg.) *Zeitschrift für Didaktik der Philosophie und Ethik 1/2014*, 95–103. Siebert.

Titze, M. (2009). Gelotophobia: The fear of being laughed at. *In Humor: International Journal of Humor Research, 22*, 27–48. ▶ https://doi.org/10.1515/HUMR.2009.002

Weibel, Y. S., & Proyer, R. T. (2012). Wie gehen Erwachsene mit dem Lachen und Auslachen um? Zur erinnerten Rolle von Lehrern, Familie und Gleichaltrigen. *Psychologie in Erziehung und Unterricht, 59*, 81–92. Ernst.

Zimmermann, P. (2016). Fachliche Klärung und didaktische Rekonstruktion. In von J. Pfister & ders. (Hrsg.), *Neues Handbuch des Philosophie-Unterrichts* (S. 61–78). Haupt.

Muss man immer die Wahrheit sagen?

Sandra Prinz

© Alexander Hieke

Verwendete Materialien	– Comicroman ‚Gregs Tagebuch' (Kinney, 2016) als einführender Bildtext – Bilderbuch ‚König Wirklichwahr' (Schreiber-Wicke & Holland, 2015) als Denkimpuls – Arbeitsblatt mit Tabelle und offenen Fragen
Zentrale philosophische Themen	– Philosophischer Wahrheitsbegriff – Moralphilosophie – Wahrhaftigkeit (im Gegensatz zu Lüge) – Subjektive Perspektiven auf Wahrheit und Lüge
Methoden	– Blitzlicht mit Impulsfragen, Schreibgespräch, Bilderbuchkino, Tabellen vervollständigen, Standpunktrede
Beispiele aus der Praxis	– Vervollständigte Arbeitszettel – Gesprächsauszüge
Dauer	– 2 Einheiten
Altersstufe	– Ab 8 Jahren

13.1 Einführung ins Thema

Erwachsene Bezugspersonen – seien es nun Eltern, Großeltern, Pädagog*innen – verlangen von Kindern häufig, sich immer wahrheitsgemäß zu äußern, und diese werden dann bei Zuwiderhandeln oft von einem schlechten Gewissen geplagt.

Muss ich immer die Wahrheit sagen? Ist eine kleine Notlüge hin und wieder erlaubt? Ehrlich währt am längsten – stimmt das wirklich? Fragen dieser Art hat sich wohl der Großteil der Menschen schon einmal gestellt. In der Philosophie hat der Wahrheitsbegriff viele Bedeutungen. Im folgenden Kapitel geht es im Kern um den Wahrheitsbegriff, der dem Bereich der Ethik zuzuordnen ist und der ganz konkret um die Frage kreist, ob man immer die Wahrheit sagen muss. Die Frage, inwiefern eine Orientierung an wahrheitsgemäßen Antworten als Maxime gelten sollte, ist demnach Ausgangspunkt des philosophischen Gesprächs.

Zunächst wird erläutert, warum das Thema ‚Wahrheit' für das Philosophieren mit Kindern ausgewählt wurde: An der Schwelle zur Pubertät setzen sich Kinder vermehrt mit ihrer eigenen Identität auseinander und entwickeln ihre Moralvorstellungen zusehends weiter. Sie nehmen sich in ihrem sozialen Umfeld bewusster wahr und werden damit konfrontiert, dass es erforderlich ist, in unterschiedlichen Kontexten unterschiedliche Rollen einzunehmen. Dabei erkennen sie, dass in unterschiedlichen Situationen unterschiedliche Reaktionen zu unterschiedlichen Ergebnissen führen. Kontextabhängiges Handeln kann erforderlich sein, und manchmal ist sogar eine Lüge der Wahrheit vorzuziehen.

Je nachdem, in welchem Kontext eine Lüge getätigt wurde, gibt es dafür sogar unterschiedliche Bezeichnungen. So werden im Volksmund ‚schwarze Lügen' häufig als selbstsüchtige Lügen bezeichnet, die anderen Menschen schaden. Als ‚weiße Lügen' gelten jene Lügen, die einem selbst oder anderen Menschen nutzen und sogar hilfreich sind. In diese Kategorie fallen gut gemeinte Notlügen. Dann gibt es noch ‚blaue Lügen': wenn jemand eine blaue Lüge erzählt, dann tut er dies, um eine andere Person nicht zu verraten (Stangl, 2022).

In dieser Philosophieeinheit sollen sich die Kinder mit dem Wahrheitsbegriff auseinandersetzen, d. h. ergründen, wie Wahrheit und Lüge in Zusammenhang stehen und wie man diese voneinander abgrenzen kann. Schließlich geht es auch darum, einen kritischen Blick auf das, was Wahrheit ist, beziehungsweise auf das, was als wahr bezeichnet wird, zu entwickeln. Indem der moralische Wahrheitsbegriff genauer untersucht wird, sollen die Kinder üben, situationsabhängig und selbstbewusst zu entscheiden, welche Äußerungen sie für wahr halten, in welchen Situationen die Wahrheit geboten oder eben auch einmal eine (Not)lüge angebracht ist, und wie sie eigene Aussagen in diesem Zusammenhang tätigen möchten, die sie dann auch vertreten können.

13.2 Philosophische Zugänge zum Thema ‚Wahrheit'

Die Frage nach der Wahrheit ist historisch betrachtet eine der zentralsten in der Philosophiegeschichte, aber auch eine der schwierigsten. Das fällt besonders heute, in Zeiten von Falschmeldungen, Fake News und Desinformationskampagnen, auf. Zu erkennen, was Wahrheit, Lüge oder Irrtum ist, ist dennoch zentral im gesellschaftlichen Miteinander, weshalb es sich als Thema für den Unterricht sehr gut eignet. Thomas Grundmann (2018) denkt darüber nach, ob die Frage nach der Wahrheit nicht längst überholt sei, ob sie in unserem alltäglichen Leben überhaupt noch einen Platz hat. Die Wahrheit zu suchen und wahrhaftig zu sprechen scheint nicht dem modernen Zeitgeist zu entsprechen. Die politische Landschaft spiegelt dieses Gesellschaftsbild wider: je unterhaltsamer, origineller und reißerischer eine politische Kampagne ist, desto erfolgreicher verläuft sie zumeist. Der Wahrheitswert der getätigten Aussagen spielt dabei eine untergeordnete oder eventuell sogar überhaupt keine Rolle. Der amerikanische Philosoph Harry G. Frankfurt prägt dafür den Begriff ‚Bullshit'. Er unterzieht den Begriff einer philosophischen Analyse, wobei er eine nahe Verwandtschaft zum Begriff ‚Unfug' (engl. *humbug*) feststellt. In einer Konversation laut *Unfug!*, anstatt *Bullshit!* zu rufen, stellt sich als höflicher heraus. Darin sieht Frankfurt aber die einzige Unterscheidung. ‚Bullshit' ist demnach eine absichtliche Missinterpretation. Wer Bullshit verbreitet, möchte damit einen gewissen Eindruck vermitteln, unabhängig davon, ob das Gesagte der Wahrheit entspricht oder eine Lüge darstellt. Die Frage nach Wahrheit oder Lüge stellt sich somit erst gar nicht (Frankfurt, 2005). Auch ‚Fake News' könnte man in den Kreis dieser teils geduldeten, teils belächelten, teils verurteilten (Un-)Wahrheiten aufnehmen. Fake News lässt sich als „aktuelle Desinformation" beziehungsweise „aktuelle wissentliche Falschmeldung" definieren. Fake News sind typisch für das digitale Zeitalter, kommen aber in allen gängigen Medien und Kommunikationsformen vor. Einer empirischen Prüfung unterzogen stellen sich Fake News immer als falsch heraus (Kohring & Zimmermann, 2020, S. 158 f.).

Wahrheitsmerkmale Dem Wahrheitsbegriff werden eine Reihe von Merkmalen zugeschrieben (Grundmann, 2018). Ein zentrales Merkmal von Wahrheit ist, dass sie „eine absolute Eigenschaft" darstellt. Wenn Person X überzeugt ist, dass p wahr ist und Person Y ebenso überzeugt ist, dass p wahr ist, dann kann es nicht sein, dass die Überzeugung von X wahr und die Überzeugung von Y gleichzeitig falsch ist. In diesem Fall wäre entweder X oder Y von der Unwahrheit überzeugt. Außerdem ist der Wahrheitsgehalt einer Überzeugung zeitlich oder örtlich unveränderbar. Davon zu unterscheiden ist der Fall, wenn im alltäglichen Leben eine Person X p für wahr und eine Person Y p nicht für wahr hält. *Für wahr halten* ist demnach von *wahr sein* zu unterscheiden.

Neben diesem grundlegenden Merkmal von Wahrheit sind noch die folgenden zu nennen:

- Wahrheit ist **extensional.** Wenn beispielsweise in einer Aussage ein Begriff durch einen anderen ersetzt wird, der diesen Begriff ebenso umfängt, dann ändert das nichts am Wahrheitsgehalt der Aussage. Ein Beispiel: *Der Morgenstern ist ein Planet* ist genauso wahr wie *Der Abendstern ist ein Planet.* In beiden Fällen handelt es sich um den Planeten Venus.
- Wahrheit muss unabhängig vom **Fürwahrhalten** sein. Fürwahrhalten ist immer von einer Person abhängig. Ein Beispiel: *x hält p für wahr.*
- Die Bedeutung eines Satzes entscheidet über dessen Wahrheitsgehalt. Deshalb lassen sich Sätze paraphrasieren oder auch in andere Sprachen übersetzen und ihr Wahrheitsgehalt bleibt gleich. Wahrheit ist somit nicht **sprachrelativ.** Ein Beispiel: *Der Himmel ist blau* ist genauso wahr wie *The sky is blue.* vorausgesetzt, dass in diesem Moment der Himmel tatsächlich blau und wolkenfrei ist.

Im Laufe der Philosophiegeschichte wurden verschiedene Wahrheitstheorien formuliert. Im Wesentlichen wird zwischen epistemischen Wahrheitstheorien und realistischen (nicht-epistemischen) Wahrheitstheorien unterschieden. Für epistemische Wahrheitstheorien spielen die Kriterien Konsens, Evidenz und Kohärenz eine wesentliche Rolle. Genau aus diesem Grund, nämlich, dass sie an Kriterien festgemacht werden, werden epistemische Wahrheitstheorien kritisiert und als nicht haltbar angeprangert (Grundmann, 2018). Unter den realistischen Wahrheitstheorien ist die Korrespondenztheorie eine der ältesten. Sie wurde schon von Aristoteles vertreten. Nickl (2006, S. 37) bezeichnet sie als „Wahrheitsauffassung des gesunden Menschenverstandes". Im Sinne der Korrespondenztheorie ist etwas wahr, genau dann, wenn die Vorstellung von etwas mit der Realität übereinstimmt, wenn es dafür einen Wahrmacher im Sinne eines Gegenstandes oder einer Tatsache gibt (Grundmann, 2018).

Diese theoretischen Grundlagen über das Wesen der Wahrheit sind für das Philosophieren mit Kindern wichtig, weil Kindern nicht nur die ethische Bedeutung von Wahrheit interessiert; auch wenn diese im Folgenden im Vordergrund stehen soll.

Fragestellungen mit ethisch-moralischem Charakter sind zum Beispiel die folgenden: *Muss man immer die Wahrheit sagen? Ist verschweigen der Wahrheit lügen? Ist eine kleine Notlüge manchmal erlaubt? Liegt die Wahrheit im Auge des Betrachters?*

Stufen des moralischen Urteils Im Zusammenleben mit Erwachsenen werden Kinder mit Vehemenz aufgefordert, wahrheitsgemäße Antworten zu geben und ehrlich zu sein. Eltern und Erziehungsberechtigte, aber auch Pädagog*in*en übernehmen Verantwortung für die ihnen anvertrauten Kinder. Damit einher geht häufig auch der Wunsch, Bescheid zu wissen, die Wahrheit zu kennen – zumindest dessen, was die Kinder für wahr halten –, um damit in gewisser Weise die Kontrolle zu behalten. Für welche Antwort sich Kinder aber letztendlich entscheiden, hängt nicht zuletzt mit der Stufe des moralischen Urteils zusammen, auf der sie sich befinden. Konzipiert wurden die Stufen des moralischen Urteils von Lawrence Kohlberg (1927–1987) auf Grundlage der Arbeiten von Jean Piaget (Lohaus & Vierhaus, 2019). Jean Piaget beobachtete Kinder beim Murmelspiel und stellte fest, dass sie je nach Lebensalter ein anderes Bewusstsein für Gerechtigkeit und Regeln hatten. Mit zunehmender kognitiver Reife und durch den Kontakt mit Gleichaltrigen schreitet die Moralentwicklung voran. Er unterscheidet zwei Stadien. Zunächst, im Stadium der heteronomen Moral, orientiert sich das Kind an Normen und Werten, und das Handeln im Sinne des Gehorsams gegenüber Autoritäten steht im Vordergrund. Im Stadium der autonomen Moral kommt es zu einem veränderten Verständnis von Regeln und Gerechtigkeit. Regeln werden nicht mehr als unumstößlich wahrgenommen und im Zusammensein mit Gleichaltrigen neu verhandelt und modifiziert. Piagets Modell endet etwa im Alter von 12 Jahren. Darauf baut Kohlberg auf und stellt die Stufen des moralischen Urteils als Prozess dar (s. ◘ Tab. 13.1), der sich über die gesamte Lebensspanne eines Menschen erstreckt. Zunächst werden drei Stadien – das präkonventionelle, das konventionelle und das postkonventionelle – unterschieden. Die jeweiligen Stadien werden dann noch in zwei aufeinander aufbauende Stufen ausdifferenziert. Im präkonventionellen Stadium ist dies auf Stufe 1 die Orientierung an Strafe und Gehorsam und auf Stufe 2 die Orientierung am Kosten-Nutzen-Prinzip und an Bedürfnissen. In beiden Stufen ist das Kind/das Individuum noch sehr egozentrisch, auf sich selbst konzentriert und strebt danach, Belohnungen zu erhalten und Strafen zu vermeiden, um seine eigenen Bedürfnisse zu bedienen. Im konventionellen Stadium geht es auf Stufe 3 um die Orientierung an interpersonellen Beziehungen und Gegenseitigkeit, auf Stufe 4 um die Orientierung am Erhalt der sozialen Ordnung. Das Kind/Individuum fällt sein Urteil mit Rücksicht auf gesellschaftliche Konventionen und orientiert sich an den Erwartungen bestimmter sozialer Systeme oder Gruppen. Im postkonventionellen Stadium geht es auf Stufe 5 um die Orientierung an den Rechten aller als Prinzip und auf Stufe 6 an Orientierung an universellen ethischen Prinzipien. Das Individuum bezieht gesellschaftliche Werte und Normen zwar in seine Entscheidungsprozesse mit ein, im Vordergrund stehen aber allgemeingültige ethische Prinzipien. Das Modell sieht vor, dass alle Stufen durchlaufen und keine übersprungen werden darf und dass es universell gültig ist. Kohlbergs Stufenmodell blieb aber nicht ohne Kritik. Diese bezog sich beispielsweise auf den fehlenden Einbezug von anderen Perspektiven als der der westlichen Kultur und auf einen zu starken Fokus auf die maskuline Form moralischen Denkens. Kohlbergs Team arbeitete auf Basis empirischer Erkenntnisse stetig am Modell weiter und modi-

Tab. 13.1 Stufen des moralischen Urteils nach Kohlberg (Lohaus & Vierhaus, 2019)

Stadium	Stufe	Orientierung des Urteils
Präkonventionelles Stadium	1	Orientierung an Strafe und Gehorsam
	2	Orientierung am Kosten-Nutzen-Prinzip und Bedürfnisorientierung
Konventionelles Stadium	3	Orientierung an interpersonellen Beziehungen und Gegenseitigkeit
	4	Orientierung am Erhalt der sozialen Ordnung
Postkonventionelles Stadium	5	Orientierung an den Rechten aller als Prinzip
	6	Orientierung an universellen ethischen Prinzipien

fizierte es. Die sechste Stufe wurde in späteren Fassungen weggelassen, da sie als nahezu unerreichbar eingestuft wurde (Lohaus & Vierhaus, 2019).

Das Philosophieren mit Kindern zum Thema *Wahrheit* kann für eine Lehrperson oder die Gesprächsleitung aufschlussreiche Erkenntnisse über die Stufe des moralischen Urteils liefern, auf der sich ein Kind gerade befindet. Diese in den Antworten der Kinder zu erkennen und entsprechend mit Rück- und Impulsfragen zu reagieren, ist dann die Aufgabe der Gesprächsleitung.

Annäherung an das Thema Für die Annäherung an das Thema *Wahrheit* lohnt es sich auch, einen von Ekkehard Martens (1983) für den Unterricht konzipierten Arbeitstext heranzuziehen. In diesem wird versucht, die wichtigsten Aspekte des moralischen Wahrheitsbegriffs, die für das Philosophieren von Bedeutung sein könnten, hervorzuheben. Zunächst gilt es, die verschiedenen Aspekte von Wahrheit zu unterscheiden – sei es persönlich, privat im zwischenmenschlichen Bereich, öffentlich, politisch etc. Dies kann durch die Analyse von Wahrheitsdilemmata geschehen. Dilemmageschichten eigenen sich im Allgemeinen gut, um mit Kindern ins Philosophieren zu kommen. In einer Dilemmageschichte wird ein Ereignis, das der Lebenswelt des Kindes entspricht, dargestellt. Im Fall eines Wahrheitsdilemmas gilt es, zu erkennen, welche Aspekte von Wahrheit vorkommen und abzuwägen, inwiefern ein Streben nach wahrheitsgemäßen Antworten angebracht ist oder ob Lügen oder Verschweigen Handlungsalternativen darstellen. In diesem Zusammenhang kann das Sprichwort „Irren ist menschlich" herangezogen werden, um den Unterschied zwischen lügen und sich irren näher zu beleuchten. Wenn ein Kind ein anderes beschuldigt, es hätte seinen Radiergummi gestohlen, dieses aber behauptet, es hätte den Radiergummi nicht genommen und ihn dann in seiner Federschachtel findet, hat es dann gelogen? Diese Situation bedarf einer genauen Analyse. Wenn sich bei näherer Betrachtung herausstellt, dass es ihn versehentlich eingepackt hat, weil sein eigener identisch aussieht, dann ist der Fall ganz klar kein Lügenfall.

Ein weiterer Aspekt bezieht sich auf die Rechtfertigung einer – oftmals als Notlüge bezeichneten – Unwahrheit. Ist es demnach so, dass wir manchmal lügen müssen – z. B. aus Höflichkeit oder zum eigenen Schutz bzw. zum Schutz anderer? Ist lügen in Notsituationen oder zum Schutz des Lebens sogar geboten? Geht es beim Lügen darum, sich die Wahrheit so zurechtzurücken, dass sie passend ist, oder sind wahrheitsgemäße Antworten sogar ein unbedingtes Gebot? Höflichkeitsformen, diplomatisches Verhalten und Komplimente spielen hier eine Rolle. Sollen Ärzte ihren Patienten beispielsweise um jeden Preis die ganze Wahrheit sagen? Und Eltern? Sollen sie ihre Kinder anschwindeln dürfen, wenn sie ihnen z. B. vom Osterhasen oder der Zahnfee erzählen? In jedem individuellen Fall gilt es also immer abzuwägen, ob es sich überhaupt lohnt, die Wahrheit zu sagen, und mitzubedenken, wie schlimm die Strafe im Fall einer Lüge ausfallen könnte. Insbesondere gilt dies, wenn es sich um eine Lüge vor dem Gesetz, im Sinne von Wahlfälschung, Meineid, übler Nachrede, Steuerhinterziehung oder Ähnlichem, handelt.

Die Geschichte von Gyges und seinem Ring aus Platons *Politeia* (Platon, *Der Staat*) führt vor Augen, wie sich jemand die Wahrheit zurechtrückt und passend macht. Platon erzählt hier die Geschichte von Gyges. Er war ein Schafhirte aus Lydien und diente dort seinem Herrscher. Eines Tages fand er in einer Höhle einen Ring. Sobald Gyges den Ring an seinen Finger steckte und den Stein des Ringes zur Handinnenfläche drehte, wurde er unsichtbar. So hatte er plötzlich ungeahnte Macht, die er zu seinem Vorteil ausnutzte. Er verführte die Königin, tötete den König und wurde selbst zum Herrscher über das Königreich Lydien. Dieser Mythos eröffnet den Raum für viele Fragen, die in einem philosophischen Gespräch bearbeitet werden können. Beispielsweise: *War Gyges ein ehrlicher Mensch? Würde es einen Unterschied machen, ob ein ehrlicher oder ein unehrlicher Mensch den Ring findet? Würden beide vielleicht gleichermaßen von ihrem Vorteil Gebrauch machen, wenn ein derartiger Ring in ihrem Besitz wäre? Rechtfertigt Nicht-Anwesenheit in einer Sache eine Lüge? Darf ich tun, was immer ich möchte, wenn mich niemand dabei sieht?*

Schließlich gilt aber auch zu bedenken, dass Lügen im Leben aller Menschen einen Platz hat und einfach dazugehört. In *Das Lügenbuch: die ganze Wahrheit über die Lüge* (Göpfert, 2012) wird die Lüge genau unter die Lupe genommen. Nach wissenschaftlichen Erkenntnissen wird demnach bis zu 200-mal am Tag gelogen. Notlügen können sogar Lebensretter sein, wie dieses Beispiel eines 8-jährigen jüdischen Jungen zeigt: Er log zur Zeit des Nationalsozialismus und gab an, nicht jüdischer Abstammung zu sein. So entkam er dem Konzentrationslager. In diesem Fall hat die Lüge sein Leben gerettet. Übrigens ist lügen nicht nur menschlich. Auch andere Lebewesen lügen. Tiere und Pflanzen bedienen sich verschiedener Tricks, um sich in gewissen Situationen Vorteile zu verschaffen oder sich zu schützen. Dabei müssen sie prognostizieren können, was geschehen wird, um dem anderen Tier etwas vortäuschen zu können (Göpfert, 2012, o. S.).

Die im folgenden Abschnitt vorgestellte Unterrichtseinheit soll Kindern ermöglichen, sich mit dem Wahrheitsbegriff auseinanderzusetzen und sich auf die Suche nach der Wahrheit zu machen. Darüber hinaus soll die Frage „Muss man immer die Wahrheit sagen?" erörtert werden, ob also die Wahrheit immer angezeigt ist oder ob es in manchen Situationen auch erlaubt oder sogar geboten ist, zu lügen. Alles in allem soll die Beschäftigung mit verschiedenen Aspekten des ethischen Wahrheitsbegriffes ermöglichen, Strategien und Handlungsalternativen zu erkunden, um gemäß eigener und gesamtgesellschaftlicher Werte und Normen zu handeln.

13.3 Ablauf, Methoden und Materialien

Das Unterrichtsprojekt „Philosophieren mit Kindern zum Thema *Wahrheit*" entstand im Zuge der Diplomarbeit *Philosophieren mit Kindern anhand von Bilderbüchern. Entwicklung eines kompetenzorientierten Methodenrepertoires* (Prinz, 2019). Es wurde mit 121 Gymnasialschchüler*inne*n aus fünf Klassen der fünften Klassenstufe durchgeführt und für einige Unterrichtsbausteine empirisch begleitet.

Jene Arbeitsmethoden beziehungsweise Medien, die in der Unterrichtsstunde zum Einsatz kommen, sollen nun kurz dargestellt und beschrieben werden. Die Methoden wurden mit Rückbezug auf die philosophischen Denkmethoden des sokratisch-aristotelischen Methodenparadigmas (s. ▶ Kap. 2) ausgewählt. Es wurde darauf Wert gelegt, eine abwechslungsreiche Unterrichtseinheit zu gestalten und, damit im Zusammenhang, möglichst viele philosophische Methoden zum Einsatz zu bringen. Übungen zur hermeneutischen, analytischen, dialektischen und spekulativen Methode lassen sich in der anschließenden Planung finden. Lediglich die phänomenologische Methode wurde ausgespart. Warum? Wahrheit und Lüge liegen nah beieinander. Die Wahrheit wird geschätzt, die Lüge sozial geächtet. Den Kindern ihre persönlichen Lügengeschichten im Sinne von „Kannst du dich an eine Situation erinnern, wo du gelogen hast? Beschreibe ganz genau!" erzählen zu lassen, wäre moralisch bedenklich.

Der Comicroman als einführender Bildtext Ein Ausschnitt aus dem Comicroman *Gregs Tagebuch 11. Alles Käse!* (Kinney, 2016, S. 106 f.) wird für den Einstieg gewählt, da es sich um Literatur handelt, die vielen Kindern vertraut ist. Diese Übung ist der hermeneutischen Methode zuzuordnen. Die Textpassage aus dem Comicroman dient hier als Impulsgeber und ermöglicht es, direkt ins Thema einzusteigen, da bereits eine konkrete, kleine Lügengeschichte skizziert wird, die der Lebenswelt der Kinder entspricht. Solche Textpassagen eignen sich hervorragend, um mit Kindern und Jugendlichen ins Philosophieren zu kommen (vgl. auch Peters & Peters, 2021).

Im gewählten Textteil wird auf amüsante Art dargestellt, wie Greg seine Mutter anlügt (◘ Abb. 13.1).

Greg hatte die Angewohnheit, das Obst, das ihm seine Mutter für die Schulpausen mitgibt, stets unberührt in den Müll zu werfen. Als seine Mutter davon erfährt, trägt sie ihm auf, das Kerngehäuse des mitgegebenen Apfels wieder mit nach Hause zu bringen. Als Greg am Nachmittag ohne Kerngehäuse nach Hause kommt – er hatte den Apfel wie gewohnt im Müll verschwinden lassen – erzählt er ihr eine Lügengeschichte. Ein älterer, viel stärkerer Junge hätte ihn auf dem Schulweg überfallen und ihm den Apfel geklaut. Als Begründung für diese Not-

Abb. 13.1 Ausschnitt aus *Gregs Tagebuch 11. Alles Käse! Ein Comic-Roman* (Jeff Kinney. Gregs Tagebuch. Alles Käse! Aus dem amerikanischen Englisch von Dietmar Schmidt © für die deutsche Buchausgabe: 2016 Baumhaus Verlag in der Bastei Lübbe AG TM and © 2023, Wimpy Kid, Inc.)

lüge nennt er die Angst davor, in Zukunft keine Süßigkeiten mehr zu bekommen, wenn seine Mutter die Wahrheit erfährt.

Freies Assoziieren zur Impulsfrage „Was ist Wahrheit?" Im Anschluss an den Eröffnungsimpuls in Form des Comicromans sollen die Kinder zur philosophischen Frage „Was ist Wahrheit?" spontan ihre Gedanken äußern. In dieser Übung geht es nochmals weg vom moralischen Wahrheitsbegriff hin zu allgemeineren Überlegungen. Hier haben alle Aspekte Platz, auch naturwissenschaftliche, theologische oder psychologische. Das freie Assoziieren kann mündlich oder schriftlich durchgeführt werden. Für die schriftliche Form kann z. B. ein Kopf mit einer Sprechblase skizziert werden. Die Kinder notieren darauf in Einzelarbeit ihre Gedanken. Schließlich werden alle Zettel ausgelegt oder aufgehängt und können so als Grundlage für die folgende philosophische Gesprächsrunde herangezogen werden. Barbara Brüning (2015) bezeichnet diese Übung auch als „Blitzlicht", weil unterschiedliche Aspekte einer Sinnfrage beleuchtet werden, so als ob ein Lichtstrahl kurz auf sie trifft. Die Kinder sollen so erkennen, welche unterschiedlichen Blickwinkel eine Frage umfasst. ◼ Abb. 13.2 hat symbolischen Charakter und zeigt einige konkrete Schüler*innen-Antworten. Im Detail werden die Ergebnisse dieser Übung dann in ▶ Abschn. 13.4 dargestellt. Es wurde versucht alle Schüler*innen-Antworten übergeordneten Kategorien zuzuordnen.

Abb. 13.2 Was ist Wahrheit? (© Sandra Prinz)

Schreibgespräch Im Anschluss machen sich die Kinder in Einzelarbeit Gedanken zum Ausspruch „Jedes Kind lernt sehr früh: ‚Du musst immer die Wahrheit sagen! Du darfst nicht lügen!' → Warum ist das so?". Das erfolgt in Form eines Schreibgesprächs. Die Schüler*innen äußern ihre Gedanken möglichst spontan in schriftlicher Form. Das Schreibgespräch kann vor dem philosophischen Gespräch zum Sammeln erster Gedanken eingesetzt werden. Sollte das philosophische Gespräch ins Stocken geraten, kann es auch zwischendurch zum Sammeln neuer Impulse, aber auch nach einem philosophischen Gespräch zum Reflektieren und zusammenfassen konkludierender Gedanken durchgeführt werden. Die im Schreibgespräch verfassten Texte können den anderen Gesprächsteilnehmer*innen im Anschluss vollständig oder in Auszügen präsentiert werden.

Bilderbuch als Denkimpuls Bilderbücher stellen einen besonderen Wert für das Philosophieren mit Kindern dar (s. ▶ Kap. 5; Prinz, 2019). In Bilderbüchern bearbeitete und dargestellte Themen entstammen in nahezu allen Fällen der Lebenswelt der Kinder. Durch die Beschäftigung mit der bebilderten Geschichte können Assoziationen geweckt und Handlungsmöglichkeiten aufgezeigt, bewertet und für die eigenen Bedürfnisse adaptiert werden. Es ist davon auszugehen, dass das Philosophieren mit Kindern anhand von Bilderbüchern vielerlei Kompetenzen schult, beispielsweise Reflexionskompetenz, kommunikative Kompetenz und Problemlösungskompetenz.

Für diese Unterrichtssequenz wurde das Bilderbuch *König Wirklichwahr* (Schreiber-Wicke & Holland, 2015, ◘ Abb. 13.3) den Schüler*innen in Form eines Bilderbuchkinos präsentiert. Dabei handelt es sich um eine visualisierte Darstellung des Bilderbuches in Bild und Ton (vgl. Hochreuther, 2014).

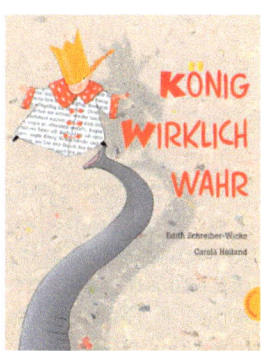

◘ **Abb. 13.3** *König Wirklichwahr* (Schreiber-Wicke & Holland, 2015)

Während die Schüler*innen das Bilderbuchkino ansehen, wird an verschiedenen Stellen angehalten, um die ersten beiden Spalten der im nachfolgenden Teilabschnitt dargestellten Tabelle (s. ◘ Tab. 13.2) zu vervollständigen. Die dritte Spalte („Es wäre besser gewesen, Leo hätte…") soll im Anschluss in Einzelarbeit ausgefüllt und die Ergebnisse in der Gruppe diskutiert werden.

Im Zentrum des Bilderbuchs steht Leo. In vier kurzen Sequenzen wird dargestellt, wie er zuerst lügt und dann stets die Wahrheit sagt.

Fall 1: In der ersten Szene malt er mit dem Lippenstift seiner Mutter ein Bild. Als diese aus dem Nebenraum nach dem Lippenstift fragt, gibt Leo zur Antwort, dass er keine Ahnung hätte, wo sich der Lippenstift befinde. Plötzlich betritt die Mutter den Raum und merkt, dass Leo sie angelogen hat. Daraufhin ermahnt sie Leo und gibt ihm zu verstehen, dass man immer die Wahrheit sagen muss. Leo nimmt sich das zu Herzen und damit beginnt das Dilemma.

Fall 2: Am nächsten Morgen in der Schule fragt ihn seine beste Freundin Laura, wie ihm ihre neue Frisur gefällt. Leo antwortet wahrheitsgemäß, dass sie ihm nicht gefällt und nun sichtbar wird, dass Lauras Ohren zu groß sind. Laura ist gekränkt und wartet nach der Schule nicht wie sonst auf ihn.

◘ **Tab. 13.2** Tabelle zur Erstellung einer inhaltlichen Matrix (hier: „Leo sagt die Wahrheit")

Beispiele: Leo sagt zu…, dass…	Und das passiert…	Es wäre besser gewesen, Leo hätte… Mein Rat an Leo ist…

Fall 3: Leos Mitschüler Simon schreibt an die Tafel, dass die Lehrerin blöd ist. Der Satz ist außerdem voller Rechtschreibfehler. Als die Lehrerin das sieht, will sie wissen, wer es war. Sie fragt Leo und er antwortet wahrheitsgemäß und verpetzt somit Simon, der daraufhin sehr wütend auf ihn ist.

Fall 4: Leos Mutter eröffnet ihm, dass sie bei seiner Tante Karin zum Kaffee eingeladen sind. Leo möchte nicht hingehen, weil er den Rosinenkuchen seiner Tante nicht mag. Seine Mutter vertraut ihm an, dass sie ihn auch nicht mag, aber die beiden besuchen die Tante trotzdem. Als die Tante Leo fragt, ob er ein Stück Rosinenkuchen möchte, antwortet dieser wahrheitsgemäß, dass er nicht einmal ein kleines Stück davon haben will. Die Tante wundert sich und meint, dass er der einzige ist, dem ihr Rosinenkuchen nicht schmeckt. Wieder antwortet Leo wahrheitsgemäß, dass er seiner Mutter auch nicht schmeckt. Sowohl die Mutter als auch die Tante sind bestürzt und verärgert, die Wahrheit zu hören.

An dieser Stelle wird zum ersten Mal angehalten. Die Schüler*innen müssten nun die ersten beiden Spalten der Tabelle (s. ◘ Tab. 13.2) vervollständigt haben. Zur Kontrolle wird der Abschnitt ein zweites Mal gezeigt.

Nachdem Leo seine Freundin Laura, seinen Schulkameraden Simon, seine Tante Karin und seine Mutter mit der Wahrheit vor den Kopf gestoßen hat, zieht er sich in sein Zimmer zurück. Während er grübelt, warum man immer nur Probleme hat, wenn man die Wahrheit sagt, hüpft aus seinem neuen Bilderbuch König Wirklichwahr. Er erklärt ihm, dass es darauf ankommt, sich auf die Suche nach der Wahrheit zu machen und erläutert das an mehreren Beispielen. Beispiel 1: Hier geht es darum, dass unterschiedliche Personen unterschiedliche Wahrheiten haben (können). Ein Außerirdischer ohne Ohren, mit einer riesigen Trompetennase, grüner Haut und neongrünen Kulleraugen findet ein Erdenkind mit hellrosa Haut und kleinen Augen sonderbar und umgekehrt: „Zwei Wesen, zwei Wahrheiten" (Schreiber-Wicke & Holland, 2015, o. S.).

An dieser Stelle wird das Bilderbuchkino angehalten. Falls am Ende der Stunde noch Zeit bleibt, dürfen die Schüler*innen die gesamte Aufnahme ansehen.

König Wirklichwahr gibt Leo noch einige weitere Beispiele, die darauf hindeuten, dass die Wahrheit oft im Auge des Betrachters liegt. Es ist wichtig, diese Aussage nicht einfach stehen zu lassen, sondern kritisch zu diskutieren und gedankliche Gefahren zu beleuchten, damit keine naiv-realistische Grundhaltung erlernt wird und damit nicht voreilige Schlüsse gezogen werden. Das Buch endet mit einer Szene, in der Leo beschließt, Laura um Verzeihung zu bitten.

Erstellen einer inhaltlichen Matrix   Die Tabelle (s. ◘ Tab. 13.2) ist der analytischen und phänomenologischen Methode (s. Spalte 1 und 2) und auch der spekulativen Methode (s. Spalte 3) zuzuordnen. Zentrale Begriffe und Argumente werden hervorgehoben und geprüft. Thomas E. Wartenberg (2014) setzt ebenfalls Tabellen ein. Er bezeichnet sie als „story matrix" (Wartenberg, 2014, S. 49):

> The story-matrix, the first element in your discussion framework, takes the book's narrative – a series of events that unfolds sequentially in time, generally speaking – and puts them into a logical structure involving the fundamental categories that the children will have to use in order to have a philosophical discussion.

Die Tabelle dient also dazu, die einzelnen Abschnitte der Erzählung darzustellen, Hauptthemen herauszuarbeiten und den Schüler*inne*n somit ein Rüstzeug für die philosophische Diskussion mitzugeben. Beim Vervollständigen der ersten beiden Spalten der Tabelle handelt es sich um eine – wie das in der Englischdidaktik genannt wird – *while-watching-activity,* also einer Aktivität, die die Schüler*innen ausführen, während sie etwas anderes gleichzeitig machen, in diesem Fall das Bilderbuch ansehen.

Wenn man direkt vom Lesen des Bilderbuches in die philosophische Diskussion übergeht, werden eine Reihe kognitiver Schritte übersprungen. Die Tabelle ist eine Unterstützung, um allen Kindern die aktive Teilnahme am Gespräch zu ermöglichen. Sie ist eine visuelle Hilfe und Erinnerung an den Inhalt der Geschichte, auf die während des Philosophierens zurückgegriffen werden kann (Wartenberg, 2014). Darüber hinaus bietet die dritte Spalte (s. Tab. 13.2) die Gelegenheit, die eigene Meinung zum Ausdruck zu bringen – zunächst noch unbeeinflusst von den anderen Teilnehmenden des philosophischen Gesprächs.

Standpunktrede Die Standpunktrede (Beispiel s. Tab. 13.3) ist eine dialektische Methode, um Bewusstheit über den eigenen Standpunkt, die eigene Meinung zu einem Thema zu erlangen. Sie dient auch als Vorbereitung auf ein folgendes Gruppengespräch, in dem die eigenen Gedanken dann eingebracht werden können. Im vorliegenden Unterrichtskonzept wird die Standpunktrede nicht als Vorbereitung auf das Gespräch eingesetzt, sondern als passende Methode zur Reflexion und Zusammenfassung der aus der philosophischen Auseinandersetzung gewonnenen Erkenntnisse und Einsichten. Eine Standpunktrede kann wie folgt aufgebaut sein:

Tab. 13.3 Standpunktrede

1. Schritt: die eigene Meinung sagen	*Ich bin der Meinung, dass…*Kinder Freunde brauchen…
2. Schritt: eine Begründung geben	*Weil…* ich einem Freund Geheimnisse erzählen kann.
3. Schritt: ein Beispiel geben	*So kann ich zum Beispiel…*meinem Freund erzählen, dass ich meiner Mama ein tolles Geburtstagsgeschenk gekauft habe.

13.4 Erfahrungen aus der Praxis

Es folgt eine Darstellung der Erfahrungen aus der Umsetzung der Unterrichtssequenz.

Der einführende **Comicroman *Gregs Tagebuch 11. Alles Käse!*** (Kinney, 2016) war der perfekte Unterrichtseinstieg. Er löste bei vielen Schüler*innen, die das Buch kannten oder sogar gelesen hatten, Begeisterung aus. Somit waren sie bereits von Beginn an motiviert und konnten sich gut auf den Unterricht einlassen. Demnach ist empfehlenswert, zu recherchieren, welche Literatur die Kinder einer bestimmten Altersgruppe aktuell gerne lesen und einen Text als Einstieg zu wählen, der ihrer Lebenswelt und ihrem Interessensgebiet entspricht.

Auch das nachfolgende freie **Assoziieren zur Impulsfrage „Was ist Wahrheit?"** stellte sich als gewinnbringende Übung heraus. Die Schüler*innen arbeiteten motiviert mit und teilten bereitwillig ihre Gedanken. Wenn sehr viele Kinder ihre Gedanken teilen wollen und dies den zeitlichen Rahmen sprengt, gilt es sorgsam überzuleiten, ohne einzelnen Schüler*innen das Gefühl zu geben, dass sie nicht die Möglichkeit hatten, sich einzubringen. Gegebenenfalls kann das freie Assoziieren auch schriftlich in Einzel-, Partner- oder Gruppenarbeit durchgeführt und die Ergebnisse im Anschluss im Plenum vorgestellt werden.

Um einen Eindruck davon zu erhalten, zu welchen Ergebnissen die Schüler*innen in der philosophischen Diskussion gekommen sind, wurde versucht, die Schüler*innen-Antworten zu klassifizieren. Die Antworten reichten von „Wahrheit ist das Richtige" über „Die Wahrheit zu sagen, kann Scham oder ein Verbot zur Folge haben" bis „Wahrheit liegt im Auge des Betrachters" (s. Abb. 13.4).

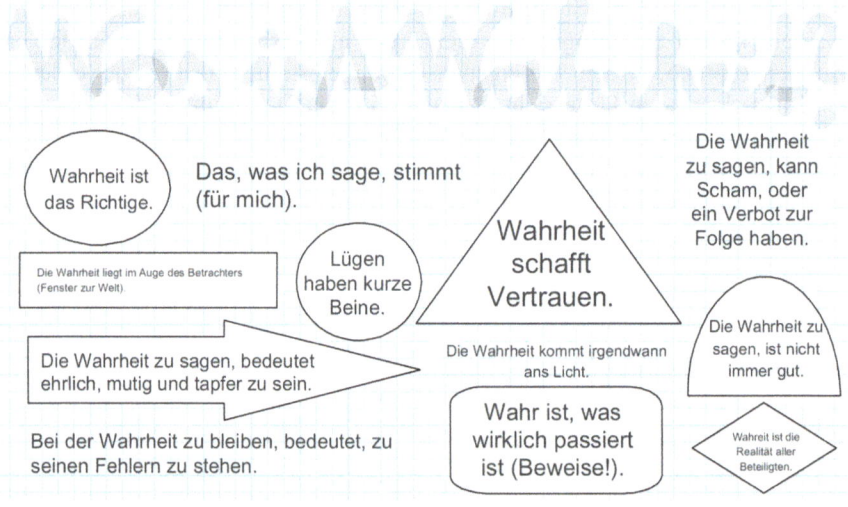

Abb. 13.4 Was ist Wahrheit?

Im **Schreibgespräch** ging es nun bereits konkret um die Frage, warum Erwachsene von Kindern häufig verlangen, immer die Wahrheit zu sagen: *Jedes Kind lernt sehr früh: „Du musst immer die Wahrheit sagen! Du darfst nicht lügen!*

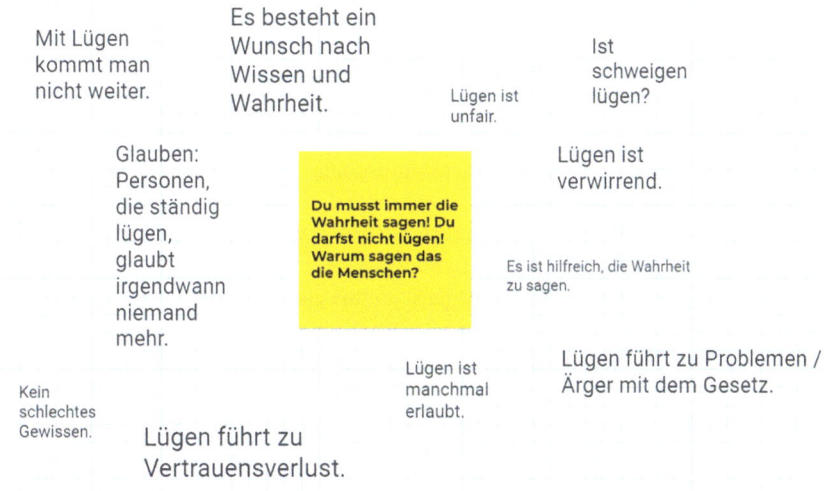

☐ **Abb. 13.5** Du musst immer die Wahrheit sagen!

Warum ist das so? Alle Schüler*innen hatten dazu bereits konkrete Situationen aus ihrem eigenen Alltag im Kopf und verschriftlichten diese auf dem bereitgestellten Handout. Die Antworten reichen von „Es ist hilfreich, die Wahrheit zu sagen." über „Mit Lügen kommt man nicht weiter." bis zu „Lügen ist manchmal erlaubt". (☐ Abb. 13.5).

Ergänzend ist noch zu erwähnen, dass die Schüler*innen jeweils aufgefordert wurden, ihre Aussagen auch zu begründen. Sie sollen dabei erkennen, dass es nicht nur wichtig ist, eine eigene Meinung zu haben, sondern auch, ausdrücken zu können, warum man diese vertritt. Dies ist ein wesentlicher Schritt zur Anbahnung von Argumentationskompetenz und eine Kernaufgabe des Philosophierens mit Kindern und Jugendlichen.

Das **Bilderbuch *König Wirklichwahr*** (Schreiber-Wicke & Holland, 2015), das in Form eines Bilderbuchkinos (vgl. Hochreuther, 2014) dargestellt wurde, war eine willkommene Abwechslung für die Kinder. Die Erfahrung aus der Praxis hat gezeigt, dass es gut ist, das Bilderbuchkino zunächst ohne Arbeitsauftrag zu zeigen und dann in einem weiteren Schritt erst die Beobachtungsaufgabe zu stellen, die den Kindern dabei helfen soll, die Matrix-Tabelle (s. ☐ Tab. 13.2) zu vervollständigen.

Das Vervollständigen der Tabelle stellte für einige Kinder eine Schwierigkeit dar. Gründe dafür könnten die folgenden sein:
1. Tabellen sind komplex, d. h. es kann Schüler*innen aufgrund mangelnder Abstraktionsfähigkeit mitunter schwerfallen, den gehörten Inhalt schriftlich in eine Tabelle zu übertragen.
2. Die Schüler*innen haben Angst davor, etwas falsch zu machen.

3. Schüler*innen verlassen sich (zu sehr) auf die Expertise der Lehrperson und wollen gefallen. Das zeigt sich darin, dass sie häufig nachfragen, ob das, was sie eingetragen haben, so in Ordnung ist. Dies kann zum Anlass genommen werden, die Schüler*innen zu mehr Eigeninitiative zu ermutigen.

Natürlich könnten auch allgemeine Gründe wie mangelnde Motivation oder mangelnde Konzentrationsfähigkeit verantwortlich gewesen sein, dass es den Schüler*innen schwerfiel, die Tabelle selbstständig zu vervollständigen. Für einen positiven Lernerfolg ist es wichtig, ausreichend Zeit einzuplanen, um die Tabelle im Anschluss an das Bilderbuchkino gemeinsam zu vergleichen und fehlende Informationen zu ergänzen.

Am Ende der Unterrichtssequenz verfassten die Schüler*innen eine **Standpunktrede** zur Frage *Muss man immer die Wahrheit sagen?* Diese diente der Reflexion der bearbeiteten Inhalte und ermöglichte jedem einzelnen Kind seine eigenen Erkenntnisse kompakt zusammenzufassen. Hier einige Beispiele:

- *Ich bin der Meinung, dass* man meistens die Wahrheit sagen muss. Aber auch nicht immer, **weil** man sonst auch Ärger bekommen kann. **Zum Beispiel** sage ich meiner Freundin nicht, dass sie hässlich schreibt, dadurch ist sie gekränkt.
- *Ich bin der Meinung, dass* man nicht immer die Wahrheit sagen muss, **weil** nicht jeder alles über dich wissen muss. **Zum Beispiel,** wenn ein Unbekannter dich fragt, wo du wohnst.
- *Ich bin der Meinung, dass* man vielleicht nicht immer die Wahrheit sagen muss, **weil** ich finde, dass im Notfall eine Lüge erlaubt ist. **Zum Beispiel,** wenn man jemand anderen oder sich selbst schützen möchte.

13.5 Ausblick und Anschlussmöglichkeiten

Briefe verfassen Im Anschluss an die Philosophieeinheit könnten die Schüler*innen einen Brief schreiben (z. B. an Klassenkamerad*innen, die an diesem Tag nicht da waren, an ihren Großvater, an einen Brieffreund, …) und erzählen, welche Inhalte sie bearbeitet und welche Erkenntnisse sie daraus gewonnen haben. Der Wert dieser Aufgabe liegt in der Schulung vielfältiger Kompetenzen. Zunächst muss das Gelernte und Gearbeitete nochmals im Detail reflektiert werden (Reflexionskompetenz). Darüber hinaus werden gewonnene Erkenntnisse des philosophischen Gesprächs formuliert und begründet (Argumentationskompetenz) und im Brief auf verständliche Weise dargestellt (kommunikative Kompetenz).

Lügendetektor Die Übung ‚Lügendetektor' wurde in Anlehnung an Göpfert (2012) weiterentwickelt. Um jemanden, der lügt, zu entlarven, kann man seine Körpersprache genau studieren. Wird die Person vielleicht rot im Gesicht? Fängt sie an zu schwitzen? Rollt sie nervös mit den Augen oder sieht sie permanent in eine andere Richtung und vermeidet Blickkontakt Wie reagiert die Person auf Fragen oder Rückfragen? Die Körpersprache verrät sehr viel, noch viel mehr als mit Worten ausgedrückt werden kann. Mimik und Gestik sind dabei ausschlaggebend und können für einen kurzen Moment Aufschluss darüber geben, wie ein Mensch gerade wirklich denkt – unabhängig davon, was er/sie sagt.

Mit Schüler*innen eignet sich folgende Übung zur Verbesserung ihrer Fähigkeit, die Körpersprache eines anderen beim Lügen genau zu untersuchen und den Lügner beziehungsweise die Lüge zu erkennen: Die Übung wird in Partnerarbeit durchgeführt. Schüler*in A überlegt sich eine Lügengeschichte und eine wahre Geschichte. Er/Sie erzählt die beiden Geschichten Schüler*in B möglichst neutral und glaubwürdig. Schüler*in B hat gleichzeitig die Aufgabe, die Körpersprache, Mimik, Gestik und Tonfall von Schülerin A genau zu studieren und sich darüber zur jeweiligen Geschichte Notizen zu machen. In einem nächsten Schritt beschreibt Schüler*in B genau, was sie beobachtet hat und verkündet dann nach kurzer Bedenkzeit, welche Geschichte er/sie für wahr bzw. für gelogen hält und begründet die Entscheidung. Abschließend löst Schüler*in A das Rätsel auf. Im Anschluss können die Rollen getauscht werden.

Die Übung könnte auch als Gruppenarbeit oder im Plenum durchgeführt werden. Die Schüler*in, die die beiden Geschichten erzählt kann diese vor der gesamten Gruppe vortragen. Die Gruppe berät sich, tauscht ihre Beobachtungen aus und kommt nach genauem Beschreiben, Beraten und Analysieren zu einem gemeinsamen Urteil darüber, welche Geschichte sie für wahr und welche sie für gelogen hält.

Arbeit mit Wahrheitszitaten Je zwei Schüler*innen wählen ein Zitat aus einer Reihe von Zitaten aus und versuchen, dessen Bedeutung zu diskutieren und zu verstehen. In einer offenen Diskussion im Plenum sollen dann Argumente für bzw. gegen die Ideen der jeweiligen Interpretationen vorgebracht werden. Es können – abgestimmt auf die Schüler*innen – klassische (z. B. „Lügen haben kurze Beine"), aber auch weniger bekannte Zitate und Aussagen ausgewählt werden. Hier eine kleine Auswahl (Abb. 13.6).

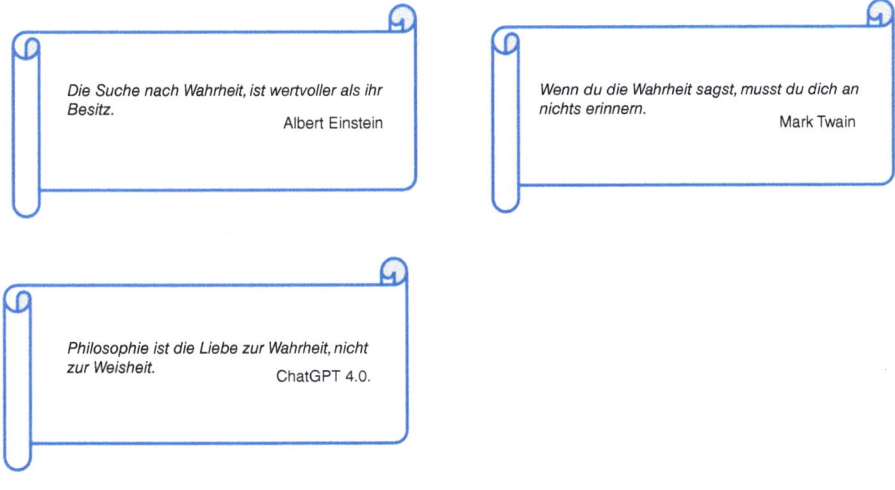

 Abb. 13.6   Wahrheitszitate

Literatur

Brüning, B. (2015). *Philosophieren mit Kindern. Eine Einführung in Theorie und Praxis*. LIT.
Frankfurt, H. G. (2005). *On bullshit*. Princeton University Press.
Göpfert, L. (2012). *Das Lügenbuch: Die ganze Wahrheit über die Lüge*. Kinderbuchverlag Wolff.
Grundmann, T. (2018). *Philosophische Wahrheitstheorien*. Reclam.
Hochreuther, I. (2014). *Den Dingen auf den Grund gehen – Philosophieren und Theologisieren mit Kindern. Vier Bilderbuchkinos zum Thema. DVD complett-Reihe*. König Wirklichwahr.
Kinney, J, (2016). Gregs Tagebuch 11. Alles Käse! Ein Comic-Roman. Baumhaus.
Kohring, M., & Zimmermann, F. (2020). „Fake News": Aktuelle Desinformation. Eine Begriffsexplikation. In K. Marx, H. Lobin, & A. Schmidt (Hrsg.), *Deutsch in Sozialen Medien. Interaktiv – multimodal – vielfältig*. de Gruyter.
Lohaus, A., & Vierhaus, M. (2019). *Entwicklungspsychologie des Kindes und Jugendalters für Bachelor* (4. Aufl.). Springer.
Nickl, P. (2006). Die Wahrheitsfrage und die modernen Wahrheitstheorien. In: Reinhardt, H. (Hrsg.), *Philosophisches zu Wahrheit, Freiheit, Liebe*. Academic Press.
Martens, E. (1983). *Das Wahrheitsgebot oder: Muß [sic!] man immer die Wahrheit sagen? Arbeitstexte für den Unterricht. Für die Sekundarstufe I*. Reclam.
Martens, E. (2014). *Methodik des Ethik- und Philosophieunterrichts. Philosophieren als elementare Kulturtechnik* (8. Aufl.). Siebert.
Peters, M., & Peters, J. (2021). *Philosophieren mit Comics und Graphic Novels: Methoden für den Philosophie- und Ethikunterricht*. Meiner.
Platon. *Der Staat*. Reclam.
Prinz, S. (2019). *Philosophieren mit Kindern. Entwicklung eines kompetenzorientierten Methodenrepertoires. Diplomarbeit*. Paris-Lodron-Universität.
Stangl, W. (2022). Mentiologie. Online verfügbar unter: Mentiologie. Online Lexikon für Psychologie und Pädagogik (stangl.eu). Zugegriffen: 16. Aug. 2022.
Wartenberg, T. E. (2014). *Big Ideas for Little Kids. Teaching Philosophy through children's literature* (2. Aufl.). Rowman & Littlefield Publishing Group.

Bilderbücher

Schreiber-Wicke, E., & Holland, C. (2015). *König Wirklichwahr* (2. Aufl.). Thienemann-Esslinger Verlag GmbH.

Wer trägt Verantwortung, die Erde zu schützen?

Sandra Prinz

Ergänzende Information Die elektronische Version dieses Kapitels enthält Zusatzmaterial, auf das über folgenden Link zugegriffen werden kann ▶ https://doi.org/10.1007/978-3-662-66182-6_14.

© Der/die Autor(en), exklusiv lizenziert an Springer-Verlag GmbH, DE, ein Teil von Springer Nature 2024
B. Bussmann (Hrsg.), *Philosophieren mit Kindern und Jugendlichen*, Philosophische Bildung in Schule und Hochschule,
https://doi.org/10.1007/978-3-662-66182-6_14

Verwendete Materialien	– Bilderbuch ‚Die Kinder in der Erde' (Pausewang, 2020), Abbildungen und Fotos aus Büchern und Zeitschriften, die auf Umweltverschmutzung / Ausbeutung der Erde hinweisen
Zentrale philosophische Themen	– Umweltethik, Das Prinzip Verantwortung, Utopie, Nachhaltiger und ressourcenschonender Umgang mit der Erde – Handlungsansätze nachhaltiges Leben
Methoden	– Blitzlicht, dialogisches Vorlesen, Diskussionsplan, Mind Map, Sokratisches Gespräch, ‚PhiloZine' als partizipatives Element
Produkte	– Plakate, ‚Zine' – Gesprächsauszüge
Dauer	– 3 Stunden
Alter	– Ab 9 Jahren

14.1 Einführung ins Thema

Die Information, dass es auf unserem Heimatplaneten fünf vor zwölf ist und dringend Überlegungen angestellt werden müssen, wie eine drohende Klimakatastrophe verhindert werden kann, sind aus der medialen Berichterstattung und aus dem politischen und gesellschaftlichen Diskurs nicht mehr wegzudenken. Die Frage, wer die Verantwortung für Umwelt- und Klimaschutz trägt und wer entsprechende Maßnahmen umsetzen sollte, ist auch für Kinder und Jugendliche interessant und relevant. In der philosophischen Auseinandersetzung kann dieses Thema hervorragend bearbeitet werden und die Erkenntnis fördern, dass sie – die Kinder – auch einen Beitrag leisten können, sich zutrauen dürfen, ihre Meinung zu haben und diese auch zu äußern.

Schlüsselerlebnis Ein Schlüsselerlebnis war folgender Vorfall, der sicherlich auch anderen Lehrkräften nicht unbekannt sein dürfte: Eine 8-jährige Schülerin beginnt aus eigener Initiative, eine Präsentation über Umweltschutz vorzubereiten. Während ihre Klassenkamerad*innen sich mit dem kleinen Einmaleins oder den Stockwerken der Wiese beschäftigen, beginnt sie, ihre Erkenntnisse darüber zu sammeln, wo überall Müll produziert wird und wie Müll vermieden werden könnte. Sorgfältig notiert sie ihre Erkenntnisse auf Moderationskarten, um sie dann später den Mitgliedern ihrer Familie, aber auch ihren Mitschüler*innen zu präsentieren. Während ihrer Beschäftigung schaut sie plötzlich auf: „Wenn ich groß bin, werde ich auch protestieren!"

Pädagog*innen und Personen, die Kinder beim Lernen und Entwickeln begleiten, sind in dieser Situation mehr denn je gefragt. Solche Äußerungen können zum Anlass genommen werden, um philosophische Fragestellungen zu entwickeln und es Kindern so zu ermöglichen, sich dem komplexen Thema Umweltethik zu nähern, Lösungen zu diskutieren und mögliche Handlungsstrategien zu entwerfen. Ein Kind, das sich aus eigenem Interesse den Themen Nachhaltigkeit und Umweltschutz nähert, braucht Handwerkszeug, um seine Ideen auch mit anderen, auch Erwachsenen, teilen zu können. Nicht erst, wenn es selbst erwachsen ist, sondern dann, wenn es dafür brennt, sich interessiert, etwas bewegen will. Hier kann das Philosophieren mit Kindern ein Handlungsspielraum sein. Ziel dieses Kapitels ist es daher, zu zeigen, wie Kinder dazu ermutigt und befähigt werden können, im Philosophieren Strategien an die Hand zu bekommen, um umweltethische Fragestellungen zu bearbeiten, weiterzuentwickeln und zu reflektieren und in der kritischen Auseinandersetzung mit den anderen ihre eigenen Ansichten zu bilden, weiterzutragen und wie die Schülerin oben möglicherweise auch aktiv zu werden.

14.2 Philosophische Zugänge zum Thema Umweltethik

In seinem Werk *Das Prinzip Verantwortung* (1979) weist **Hans Jonas** darauf hin, dass eine auf die Zukunft ausgerichtete und den technologischen Fortschritt einbeziehende Ethik der Umformulierung von **Kants kategorischem Imperativ** bedürfe und erweitert ihn entsprechend: „Handle so, daß [sic] die Wirkungen deiner Handlung verträglich sind mit der Permanenz echten menschlichen Lebens auf der Erde" (Jonas, 1979, S. 36). Jonas bezieht hier ein, dass „die veränderte Natur menschlichen Handelns auch eine Änderung der Ethik erforderlich macht" (Jonas, 1979, S. 15). Er bezieht sich dabei auf ständige Veränderungen des technischen Fortschritts. Heutzutage ist dieser Aspekt noch viel zutreffender als in den 1970er Jahren. Die Frage, wo technischer Fortschritt mehr Schaden als Nutzen bringt, ist in Bezug auf umweltethische Gesichtspunkte zentral.

Im *Metzler Lexikon Philosophie* (2008, S. 263) findet sich die folgende Erläuterung des kategorischen Imperativs:

» [...] Derjenige handelt vernünftig, für den die Form der Allgemeinheit der Bestimmungsgrund des Willens ist. In dieser Gestalt stellt der kategorische I. das schlechthin höchste Sollen dar, das allein in der Autonomie des Willens gründet und das als formales Grundgesetz der reinen praktischen Vernunft ohne jede Einschränkung (durch bestimmte Zwecksetzungen oder subjektive Absichten) unbedingt, objektiv, allgemein und notwendig gültig ist. Als rein formale Regel wird der kategorische I. zum obersten Beurteilungskriterium für die Moralität des Wollens: Die subjektiven Handlungs- und Lebensgrundsätze sind nur dann als moralisch gut zu bewerten, wenn sie widerspruchsfrei gewollt und gedacht werden können [...].

Umweltethische Probleme und die Frage der Verantwortung jedes*r Einzelnen sind insofern ein schwieriges Unterfangen, weil viele Themen vom Individuum und schon gar nicht von Kindern im Kern bearbeitet, geschweige denn gelöst werden können. Auch wenn dies für nahezu alle philosophischen Problemstellungen gilt, so ist es in diesem Fall besonders brisant, weil umweltethische Probleme – solange sie ungelöst bleiben – eine Bedrohung für das Leben auf der Erde darstellen. Dennoch sollten der Verbreitung von Angst oder gar Panik konkrete

Handlungsmöglichkeiten und Argumentationskompetenz entgegengestellt werden. In ihrem Buch *Revolution für das Leben. Philosophie der neuen Protestformen* (2020) schreibt Eva von Redecker:

> Dass eine Million Arten vom Aussterben bedroht sind und es bald vielleicht keine Koalabären mehr geben wird, schwebt wie ein ungreifbarer Fluch über uns. Es ist wie der Plot eines schlechten Märchens, das behauptet, wahr zu sein, aber doch nur dazu da ist, den Kindern Angst zu machen (Redecker, 2020, S. 107).

Im gesamten Prozess des Philosophierens mit Kindern zum Thema ‚Klimaschutz' geht es somit stets um eine Bewusstseinsbildung. Eva von Redecker betont, dass wir nicht die Erde verlieren, „[a]ber unsere vertraute Welt" (Redecker, 2020, S. 108). Ziel sollte es immer sein, die Kinder zu ermutigen, ihre Stimmen zu erheben, gegebenenfalls Erwachsene auf ihren Lebensstil aufmerksam zu machen und zu Menschen heranzuwachsen, die im Bewusstsein vom Wert der Natur und aller ihrer Lebewesen verantwortungsvoll mit den Ressourcen der Erde umgehen. Die Fragen, die Kinder eigenständig entwickeln, wenn sie z. B. mit dem Phänomenkoffer arbeiten (s. ▶ Kap. 1) zeigen mehr als deutlich, dass sie sich um die Umwelt sorgen. Wenn Kinder mit dem Philosophieren beginnen, äußern sie häufig ein sehr negatives Menschenbild. Dieser Hilflosigkeit kann man entgegenwirken, indem man über Möglichkeiten nachdenkt, wie jeder einzelne Mensch seinen Beitrag zum Schutz der Erde leisten kann.

14.3 Ablauf, Methoden und Materialien

Die Schüler*innen nähern sich den genannten Zielen der philosophischen Auseinandersetzung, indem sie **Utopien** entwickeln, wie Verantwortung verteilt werden kann und welche Maßnahmen umgesetzt werden sollten. Die zentralen Fragen dieser Auseinandersetzung lauten:
- Wer trägt die Verantwortung für den Schutz der Erde?
- Welche Handlungsmöglichkeiten hat jede*r Einzelne?
- Wie kann der Mensch mit den sich verändernden Lebensbedingungen umgehen? Welche Möglichkeiten zur Anpassung gibt es?

Um den Schüler*innen eine vielfältige Auseinandersetzung mit dem Thema zu ermöglichen, kommen unterschiedliche Methoden zum Einsatz, die in den Unterrichtsverlauf eingebettet werden können. Eine geeignete Reihenfolge können Sie den nun anschließenden Abschnitten entnehmen.

■ Blitzlicht

Für die Übung ‚Blitzlicht' wird der Fokus auf eine Frage oder einen Begriff gelegt – der Lichtkegel der Taschenlampe oder des Scheinwerfers fällt sozusagen darauf und beleuchtet das Thema, rückt es ins Rampenlicht. In diesem Fall soll die Frage bearbeitet werden: „Wer trägt die Verantwortung für den Schutz unseres Heimatplaneten Erde?" Nach einer kurzen Denkpause äußern die Kinder ihre Gedanken. Diese werden auf Kärtchen notiert und auf ein Plakat neben die Impulsfrage platziert (◘ Abb. 14.1).

- **Bilderbuch als Impuls für das philosophische Gespräch**

Nachdem die Ergebnisse der Übung ‚Blitzlicht' besprochen und festgehalten wurden, wird mit dem Bilderbuch *Die Kinder in der Erde* (Pausewang, 2020) weitergearbeitet.

Die Kinder in der Erde wurde von der deutschen Kinder- und Jugendbuchautorin Gudrun Pausewang geschrieben und ist 1988 erstmals erschienen. Schon damals sollte es auf die sich „abzeichnende Gefahr der globalen Umwelt- und Naturzerstörung" (Pausewang, 2020, Vorwort) aufmerksam machen. Da das Thema dieses Bilderbuches nicht an Aktualität verloren hat, erschien es im Jahr 2020 in einer neuen, aktualisierten Auflage. Die Zerstörung des Lebens auf der Erde, die zukünftigen Generationen abverlangen wird, sich anzupassen, soll ein Umdenken bei Kindern und auch den vorlesenden Erwachsenen bewirken, „zu einem respektvollen und nachhaltigen Umgang mit der Natur und der Umwelt" anregen und auch Kinder und Jugendliche zum Aktivismus motivieren (Pausewang, 2020, Vorwort).

Um mit dem Buch zu arbeiten, bietet sich die Methode des *dialogischen Vorlesens* an (s. ▶ Kap. 5). Während die Kinder die Geschichte hören, wird an verschiedenen Stellen für eine dialogische Auseinandersetzung gestoppt.

Das dialogische Vorlesen ist als betrachtendes Vorlesen zu verstehen, wobei durch genaues Hören des Textes und konzentriertes Betrachten der Bilder an Schlüsselstellen in Dialog getreten wird. Es ermöglicht die Teilhabe der Zuhörenden, fördert sprachliche Interaktionen und wirkt sich positiv auf die Sprach- und Kognitionsentwicklung von Kindern aus (vgl. Nickel, 2008). Das dialogische Lesen wurde in den 1980er Jahren vom amerikanischen Kinderpsychologen Gro-

◘ **Abb. 14.1** Blitzlicht: Die Kinder überlegen hier zunächst, wer etwas tun kann, um beispielsweise Umweltverschmutzung zu reduzieren und dadurch verursachte Klimaveränderungen zu reduzieren. Es ist anzunehmen, dass die Kinder hier bemerken, dass sie selbst auch ihren Beitrag dazu leisten könn(t)en. (▶ https://pixabay.com/en/man-flashlight-helmet-detective-308612/)

ver J. Whitehurst entwickelt und macht den Zuhörenden zum Akteur, indem er aktiv in den Prozess des Vorlesens eingebunden wird. Die Kinder werden ermutigt, Fragen zu stellen und ihre Ansichten und Ideen einzubringen (vgl. Kurwinkel 2017). Hier können Parallelen zum Philosophieren mit Kindern gezogen werden, was das dialogische Vorlesen zu einer wertvollen Methode für die Forschergemeinschaft macht.

> **Gudrun Pausewang: Die Kinder in der Erde (2020)**
> Die Geschichte wird im Folgenden dargestellt und an bestimmten Stellen für den Dialog unterbrochen. Für die Dialogphasen stehen Impulsfragen zur Verfügung.
> Die Erde, die in diesem Buch personifiziert als Frau/Mutter dargestellt wird, wendet sich an die Erwachsenen, um ihnen zu sagen, dass es so nicht weitergehen kann. Die Erwachsenen wollen aber nicht auf sie hören. Sie sagen zur Erde: „Vergiss nicht, dass wir über dich gebieten."
>
> **Stopp zum Dialog 1**
> Impulsfragen:
> - Was bedeutet der Begriff „gebieten"?
> - Dürfen die Menschen über die Erde gebieten/bestimmen? Begründe deine Meinung.
> - Überlege dir Situationen, wo die Menschen sich verhalten, als würden sie über die Erde herrschen.
> - Wäre die Erde gleich viel wert, wenn keine Menschen auf ihr leben würden? (Wert der Natur, Wichtigkeit des Menschen)
> - Stört die Erde der Müll?
>
> Als Antwort auf diese Aussage verdeutlicht die Erde den Erwachsenen, dass sie sich irren. Sie versucht ihnen zu erklären, dass sie die Lebensgrundlage für alle Lebewesen und für alle kommenden Generationen ist. Doch die Erwachsenen hören ihr nicht mehr zu. Nun wendet sie sich an die Kinder und schildert ihnen ihre Not. Sie erzählt ihnen, dass die Menschen ihre Meere verschmutzen, ihre Wälder abholzen, ihre Luft verunreinigen und giftigen Atommüll in ihrer Erde lagern. Sie bittet die Kinder um ihre Mithilfe, um die Erwachsenen zur Vernunft zu bringen, um der Erde eine Verschnaufpause und Möglichkeit zur Regeneration zu geben. Die Kinder hören ihr zu und erschrecken zunehmend, je mehr die Erde klagt. Verängstigt gehen sie zu den Erwachsenen und bitten sie, ihre Lebensweise zu verändern und in Gemeinschaft mit der Erde zu leben. Doch die Erwachsenen hören auch nicht auf die Kinder. Sie geben ihnen dann aber zu verstehen, dass sie alles im Griff hätten und so schon alles seine Richtigkeit hat. Sie schicken sie in ihre Kinderzimmer: „Mischt euch nicht noch einmal in Sachen ein, die euch nichts angehen!"
>
> **Stopp zum Dialog 2**
> Impulsfragen:
> - Haben die Erwachsenen hier recht? Geht euch der Schutz der Erde wirklich nichts an?

- Warum wissen Erwachsene mehr darüber, was richtig ist und was nicht?
- Wenn man erwachsen und älter ist, bedeutet das, dass man wirklich auch immer schlauer ist?
- Passieren Erwachsenen wirklich keine Fehler?
- Wer ist für die Zukunft der Erde verantwortlich?
- Können wir uns unbegrenzt an der Erde bedienen?
- (Warum) müssen wir auch an die denken, die noch nicht geboren wurden?

Die Kinder widersetzen sich und gehen nicht in ihre Kinderzimmer. Sie gehen zur Erde und erzählen ihr, dass sie auch nicht erfolgreich waren und die Erwachsenen nicht zur Vernunft kommen. Schließlich bittet die Erde alle Kinder in eine geheime, unterirdische Höhle. Als die Erwachsenen nun ohne ihre Kinder sind, macht sich eine große Traurigkeit breit, die Suche nach den Kindern beginnt. Fabriken, Supermärkte, Kaufhäuser schließen, die Welt steht still, die Menschen trauern um ihre Kinder. Sie verstummen und rühren sich nicht mehr. Die Erde dreht sich weiter und erholt sich langsam. Die Erwachsenen verändern sich, ein Umdenken beginnt. Als die Menschen schließlich entdecken, dass sich eine Löwenzahnpflanze ihren Weg durch den aufgebrochenen Asphalt gebahnt hat, versammeln sie sich staunend um sie herum und erinnern sich an ihre Kindheit, in der es noch möglich war, an der frischen Luft, auf Wiesen und in Wäldern zu spielen und wilde Tiere zu beobachten. Sie fragen sich: „Ist es vielleicht das, was unsere Kinder meinten?"

Stopp zum Dialog 3
Impulsfragen:
- Denke darüber nach, was unsere Erde besonders macht. Was sollten wir schützen?
- Denke darüber nach, was wichtig und wertvoll ist. Was brauchen wir zum (Über-)Leben, was nicht?
- Die Menschen haben im Laufe der Geschichte viele Dinge entwickelt, der technische Fortschritt geht immer weiter. Welche dieser Technologien sind wichtig und wertvoll geworden? Worauf könnten wir zum Schutz der Natur verzichten? (Für diese Frage kann den Kindern z. B. anhand einer Zeitleiste zum Thema ‚Telekommunikation' gezeigt werden, welche Fortschritte es gegeben hat, um sie so darauf aufmerksam zu machen, wie schnell sich Fortschritt vollziehen kann.
- Finde Beispiele für technische Geräte oder Erfindungen, die den Menschen Nutzen und Vorteile gebracht haben. Sind es nur Vorteile oder gibt es auch Nachteile? Gibt es technische Erfindungen, die nur Nachteile haben?

An dieser Stelle folgt eine Gruppenarbeit. In Kleingruppen zu je zwei bis drei Kindern werden folgende Fragen beraten und in einer **Mind Map** festgehalten:
1. **Lebensnotwendige Dinge:** Welche Dinge brauchen wir, um überleben zu können
2. **„Glücksbringer"** Auf welche Dinge willst du/wollen wir nicht mehr verzichten, weil sie uns glücklich machen, weil sie unserem Geist Futter geben, weil sie aus unserem Alltag nicht mehr wegzudenken sind?

3. **Unwichtige/Gefährliche Dinge:** Worauf können/sollten wir (im Hinblick auf den Umweltschutz) verzichten?

Nachdem die Kinder diese Fragen in Kleingruppen besprochen haben, präsentieren sie ihre Ergebnisse. Diese werden im Plenum diskutiert und gegebenenfalls verändert und ergänzt.
Nun schickt die Erde die Kinder wieder zu ihren Eltern zurück, woraufhin sich große Freude ausbreitet. Auf Augenhöhe beraten sich Kinder und Erwachsene, wie es nun weitergehen soll.
An dieser Stelle wird das Vorlesen nochmals kurz unterbrochen, um die Kinder auf die abschließende Übung **(3) PhiloZine** vorzubereiten. Die Kinder werden darauf hingewiesen, gut zuzuhören, welche Ideen die Kinder und Erwachsenen im Buch entwickeln, um Verantwortung für die Erde zu übernehmen und im Einklang mit der Natur zu leben. Mit Hilfe dieser Ideen sollen sie für sich selbst eine Antwort auf diese Fragen finden, um dann eine Zineseite, wie im Folgenden beschrieben, erstellen zu können.

Stopp zum Dialog 4
Impulsfragen:
- Zu welchen Ergebnissen kommen die Kinder gemeinsam mit den Erwachsenen?
- Wie können wir Verantwortung für die Erde übernehmen?
- Wie sieht ein Leben im Einklang mit der Natur aus? (Redewendung: „im Einklang mit…" ist hier zu klären)

- **PhiloZine als partizipatives Element des Philosophierens**

An dieser Stelle folgt die Überleitung zur dritten Methode. Um die Erkenntnisse aus der Forschergemeinschaft festzuhalten, zu vertiefen und zu erweitern, soll abschließend ein ‚PhiloZine' entstehen. Zunächst wird geklärt, was ein (Philo)Zine ist.

> Der Begriff Zine kommt vom englischen Wort ‚Magazine' und bezeichnet eine niederschwellige Form der medialen Partizipation. Esther Watson und Mark Todd (2006) definieren das Zine als eine Form des Ausdrucks, die kostengünstig erstellt werden kann. Zines sind kleine Magazine oder selbstgemachte Comics über Lieblingsthemen, Themen, die bewegen, persönliche Erlebnisse und vieles mehr.

Zines können von Einzelpersonen oder Gruppen erstellt werden und unterschiedliche Formate haben. Das klassische Zine ist im A5-Format gehalten. Zunächst erstellt man einen sogenannten *dummy,* d. h. die Originalpublikation, die dann vervielfältigt und weitergegeben werden kann, um die eigenen Ideen und Ansichten – oft auch zu einem kontrovers diskutierten Thema – zu verbreiten. Zines können überall im öffentlichen Raum (z. B.: im Schulhof, an der Bushaltestelle, bei einer Party, verteilt werden. Vor allem im amerikanischsprachigen Raum gibt es aber auch Zines, die im Buchladen oder in eigenen Zine-Läden verkauft werden. Es gibt sogar Zine-Bibliotheken, wo eine große Auswahl an Zines zum Stöbern und Ausleihen zur Verfügung steht.

Ursprünglich veröffentlichten vor allem Minderheiten Zines, um sich Gehör zu verschaffen. Heutzutage erscheinen viele Zines im Online-Format. Obwohl durch soziale Medien die Möglichkeit zur Partizipation im Vergleich zu den Anfängen der Zine-Bewegung stark zugenommen hat, liegt eine Qualität von Zines in der künstlerischen Auseinandersetzung bei der Herstellung. Dieser Prozess macht Zines vor allem auch als Medium zum Philosophieren interessant. Natalie M. Fletcher (2017) sieht ‚PhiloZines' (Zine als reflexives Ergebnis des Philosophierens) als eine kreative Möglichkeit, um Kinder und Jugendliche (und auch Erwachsene; Anm. S.P.) zum Nachdenken und Weiterdenken anzuregen. In der künstlerischen Auseinandersetzung, beim Schneiden, Kleben, Collagieren und kreativen Schreiben werden Denkprozesse angeregt, ausgebaut und verändert. Auch alte mechanische Schreibmaschinen können bei der Zine-Produktion zum Einsatz kommen.

Im Anschluss an das philosophische Gespräch in der Forschergemeinschaft *(community of inquiry)* sind PhiloZines eine tolle Ergänzung, um Inhalte zu reflektieren und schriftlich weiterzuentwickeln. Im Allgemeinen bietet die Kombination des Philosophierens und Zines neben vielen anderen eine Möglichkeit zur Mitbestimmung, zur Vermittlung demokratischer Werte und zum Experimentieren mit eigenen Gedanken und Ideen.

Kinder erstellen eigene Zine-Seiten
– Stelle dir das Leben in hundert Jahren vor: Das Leben auf der Erde ist vielfältig und bunt. Große Teile der Welt sind grün, gesund und von einer reichen Tier- und Pflanzenwelt belebt. Kein Tier und keine Pflanze ist vom Aussterben bedroht. Die Meere haben sich regeneriert, da der gesamte Plastikmüll entfernt wurde. Die Menschen Leben in Frieden und in Einklang mit der Natur auf der Erde. Jeder nimmt sich nur so viel, wie er braucht. Was müsste von jetzt an geschehen, damit dies alles in hundert Jahren wahr sein kann?
– Denke darüber nach, wie die Menschen Umweltschutz/Klimaschutz in den Lebensalltag einbauen könnten.
– Überlege, welche Regeln es geben müsste, damit das Klima verbessert und die Umwelt geschützt werden kann.

Jedes Kind kann eine oder mehrere Seiten zum gemeinsamen Endprodukt beisteuern. Die Kinder arbeiten zunächst an einer Seite allein, können dann aber auch in Paaren oder Gruppen weitere Seiten erstellen. Zum Gestalten stehen ihnen diverse Kinderzeitschriften zur Verfügung, um daraus Bilder, einzelne Wörter, einzelne Buchstaben etc. auszuschneiden und für ihre Kollage zu verwenden. Außerdem gibt es bunte Papiere, Verpackungsmaterial, Aufkleber, verschiedene Stifte, Stempel, Sticker, eine mechanische Schreibmaschine und weißes Papier, Kleber und Scheren in ausreichender Anzahl um kreatives, geschäftiges Arbeiten zu ermöglichen.

Darüber hinaus stehen den Kindern zum Thema passende Texte und das Buch *Müll – Alles über die lästigste Sache der Welt* (Raidt, 2019) als Impuls- und Ideengeber zur Verfügung.

14.4 Erfahrungen aus der Praxis

Im Folgenden werden die Ergebnisse der in diesem Beitrag vorgestellten Methoden dokumentiert. Dabei handelt es sich um exemplarische Ausschnitte, die bei der Durchführung dieser Philosophieeinheit als Referenz und Orientierung herangezogen werden können.

- **Blitzlicht**

Bevor die Frage geklärt wird, wer für den Schutz der Erde verantwortlich ist, überlegen die Kinder, was eigentlich Verantwortung für die Erde bedeutet. Sehr schnell dringen sie zur Essenz vor:

Milena:	*Es bedeutet, darauf aufpassen.*
Gesprächsleiterin:	*Wie können wir aufpassen?*
Milena:	*Dass nicht so viel Müll draußen liegt, dass man der Erde nicht weh tut.*
Gesprächsleiterin:	*Was bedeutet, nicht weh tun?*
Milena:	*Keine Bäume fällen und andere Pflanzen. Tiere nicht quälen.*
Tobias:	*Und man darf nicht zu viel Papier benutzen.*

Es ist bereits zu Beginn des Gesprächs erkennbar, dass die Kinder sich bereits mit dem Thema Umwelt- und Klimaschutz auseinandergesetzt haben. Sofort entspinnt sich ein lebhaftes Gespräch darüber, wie man Verantwortung übernehmen kann.

Nun soll etwas genauer geklärt werden, wer hinter diesem allgemeinen Wörtchen man steckt. Die Frage, „Wer trägt die Verantwortung für den Schutz unseres Heimatplaneten Erde – welche Personen sind es konkret?", wurde dann in den Fokus gerückt.

Beispiel 1:

Michi:	*Das man die Atomkraftwerke ausschaltet und gesunden Strom produziert.*
Gesprächsleiterin:	*Wer kann da etwas machen? Kannst du da etwas machen – als Kind? Oder wer ist da verantwortlich?*
Valentin:	*Der Bürgermeister.*

Beispiel 2:

Michi:	*Die Landwirtschaft ist wichtig für die Menschen. Ohne Landwirtschaft gäbe es keine Lebensmittel.*
Gesprächsleiterin:	*Tragen die Landwirte Verantwortung?*
Michi:	*Ja.*

Relativ schnell und ohne viel zusätzlichen Input waren sich die Kinder einig, dass alle Menschen für den Schutz der Erde verantwortlich sind – egal welchen Alters und welcher Herkunft. Die Kinder erkennen auch, dass sie selbst ebenfalls einen Beitrag leisten können (◘ Abb. 14.2).

Über die am Plakat genannten hinaus, nannten die Kinder noch: Steinzeitmenschen, Bürgermeister, Leute, die viel Macht haben. Einen Dialog, der eine völlig neue Perspektive eröffnete, soll hier dargestellt werden. Ein Schüler antwortete auf die Frage, wer die Verantwortung für den Schutz der Erde trägt:

Michi:	*Gott ist verantwortlich.*
Gesprächsleiterin:	*Wie meinst du das?*
Michi:	*Er soll auf uns aufpassen.*
Gesprächsleiterin:	*Er trägt Verantwortung, auf uns aufzupassen? Wenn du zum Beispiel bei Rot über die Straße läufst. Trägt da auch Gott die Verantwortung, dass er auf dich aufpasst?*
Michi:	*Ja.*
Pia:	*Ich finde nicht, dass das so ist. Er macht das ja absichtlich.*
Michi:	*Na ja, vielleicht hat er es ja nicht gesehen und wollte schnell nach Hause laufen.*

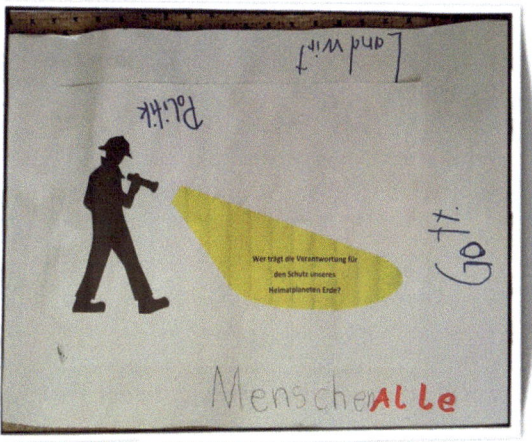

◘ Abb. 14.2 Beispiel für ein Blitzlicht

Gesprächsleiterin:	*In dem Fall hoffst du auf den Schutz von Gott?*
Michi:	*Ja.*

An dieser Stelle wurde nicht mehr näher darauf eingegangen, da dies am eigentlichen Thema der Einheit vorbeiführt. Dieser Dialog ist aber ein gutes Beispiel dafür, dass Äußerungen der Kinder in der Forschergemeinschaft Anstoß für Themen zukünftiger Philosophiestunden sein können. Es bietet sich an, dieses Thema nochmals aufzugreifen und daran weiterzuarbeiten. In der Diskussion mit der Schülerin Pia hätten sich im weiteren Verlauf bestimmt noch interessante Gesichtspunkte aufgetan.

Ein Gesichtspunkt, der in diesem Dialog noch hervorzuheben ist, ist die folgende Aussage der Gesprächsleiter*in: „In dem Fall hoffst du auf den Schutz von Gott?" Dies ist ein gutes Beispiel für die Problematik indoktrinativer Gesprächsführung (s. ▶ Abschn. 6.1). An dieser Stelle hätte die Rückfrage anders formuliert werden sollen, da mit dieser Frage dem Kind quasi in den Mund gelegt wird, dass es auf den Schutz von Gott vertraut. Alternativ hätte die Gesprächsleiter*in hier fragen können: „Und welche Rolle spielt es in diesem Fall, ob Absicht dahinter steckte, oder nicht?" Eine mögliche Überleitung zum eigentlichen Thema der Philosophiestunde wäre durch eine Frage zur absichtlichen oder gegebenenfalls auch unabsichtlichen Verschmutzung der Umwelt möglich: „Ist es auch Umweltverschmutzung, wenn es mir unabsichtlich passiert?"

- **Dialogisches Vorlesen**

Das dialogische Vorlesen als Methode zur Arbeit mit Bilderbüchern hat sich als sehr gewinnbringend herausgestellt (s. ▶ Abschn. 5.1). Während der Geschichte *Die Kinder in der Erde* immer wieder innezuhalten und die Kinder in einen Dialog über das Gehörte treten zu lassen war sogar notwendig, da die Kinder während des Vorlesens signalisierten, dass sie Fragen bzw. Anmerkungen hatten. Im Folgenden werden einige Gesprächsimpulse aus der Forschergemeinschaft dargestellt, um einen Eindruck davon zu vermitteln, in welche Richtung die Äußerungen der Kinder gehen können. Dazu werden beispielhaft Ergebnisse und Schüler*innen-Antworten zu den in ▶ Abschn. 14.3. beschriebenen Unterbrechungen des Vorlesens der Geschichte dargestellt.

Stopp zum Dialog 1: „Vergiss nicht, dass wir über dich gebieten." Zunächst ist die Klärung des Begriffes „gebieten" wichtig. Das gelingt den Kindern recht gut.

Gesprächsleiterin:	*Was bedeutet denn, über dich gebieten?*
Milena:	*Über dich herrschen. Und über dich herrschen heißt, dass man über dich bestimmt, was du machen musst, was du nicht machen darfst.*

Dann wird gemeinsam überlegt, ob diese Aussage in der Form stimmt oder nicht, und die jeweils eigene Meinung mit einer Begründung untermauert.

Wer trägt Verantwortung, die Erde zu schützen?

Gesprächsleiterin:	*Haben die Menschen da recht?*
Tobias:	*Nö, nö, nö, nö, nö!*
Gesprächsleiterin:	*Aus welchem Grund sagst du nein?*
Milena:	*Die Erde hat uns das Leben geschenkt. Wegen ihr sind wir überhaupt da.*
Ronja:	*Die Menschen gehen nicht gut mit der Erde um. Man soll respektvoll mit der Erde umgehen.*
Gesprächsleiterin:	*Wie meinst du das?*
Ronja:	*Sie gehen nicht rücksichtsvoll mit der Erde um!*
Gesprächsleiterin:	*Was bedeutet rücksichtsvoll?*
Milena:	*Keinen Müll beim Fenster hinauswerfen, kein Plastik ins Meer werfen.*
Ronja:	*Nicht mehr produzieren.*

Im Verlauf des Gesprächs erkennen die Kinder dass auch sie als Kinder das Recht haben, andere (Erwachsene) darauf aufmerksam zu machen, dass sie mit ihrer Erde achtsam umgehen sollen. Es entspinnt sich ein Gespräch darüber, wie viel Müll die Kinder regelmäßig bei Spaziergängen und Müllsammelaktionen finden. Ronja meint schließlich: „Man soll so umgehen mit der Erde, wie man zum Beispiel mit sich selber umgeht."

Stopp zum Dialog 2: „Mischt euch nicht noch einmal in Sachen ein, die euch nichts angehen!"

Tobias:	*Ich glaube die wollen halt, dass die Erde früher stirbt.*
Joel:	*Nein, die wollen einfach immer mehr, mehr, mehr…die wollen Wohlstand!*
Tobias:	*Was heißt denn Wohlstand?*
Gesprächsleiterin:	*Joel, kannst du Tobias erklären, was Wohlstand bedeutet?*
Joel:	*Na ja, immer mehr Kohle, mehr Erdöl, mehr Plastik. Dass man immer besser und komfortabler lebt.*
Ronja:	*Wie im Schlaraffenland.*

Amelia merkt an dieser Stelle auch noch an, dass sie es nicht verstehe, warum Dinge überhaupt etwas kosten müssen. Die Natur gibt uns kostenlos, warum müssen wir dann für die Dinge, die ja alle aus der Natur entstanden sind, bezahlen?

Gesprächsleiterin:	*Bedeutet das, dass alles gratis sein sollte?*
Ronja:	*Nein, denn Geld hält einiges im Rahmen.*
Milena:	*Aber man könnte ja auch tauschen. Zum Beispiel ein Stück Papier gegen ein Stück Stoff.*

Dieser Stopp ist ein gutes Beispiel dafür, dass das philosophische Gespräch manchmal in eine ganz andere Richtung verläuft als eigentlich geplant. Mit seiner Aussage lenkt Joel das Gespräch in eine Richtung, in der zunächst der Begriff ‚Wohlstand' geklärt und dann überlegt wird, was Wohlstand eigentlich bedeutet. Schließlich wird auch noch der Wert und die Funktionen des Geldes thematisiert. Da die Gesprächsleiterin diesen Austausch für sehr lohnend hielt und sich auch kaum einbringen musste, wurden die Kinder in ihrem Gesprächsfluss zunächst nicht zum eigentlichen Thema zurückgelenkt. Nach einigen Minuten bringt die Gesprächsleiterin aber dann wieder das eigentliche Thema ein.

Gesprächsleiterin:	*Lasst uns nochmals zurückkehren: Der Erwachsene sagt ja zu dem Kind, geh in dein Kinderzimmer, das geht dich alles nichts an. Geht die Kinder der Schutz der Erde wirklich nichts an?*
Milena:	*Nein, das geht jeden etwas an.*
Gesprächsleiterin:	*Der Erwachsene sagt ja, dass Kinder nicht Bescheid wissen. Wissen Erwachsene besser Bescheid?*
Ronja:	*Nein, manche Erwachsene wissen sogar noch weniger.*
Gesprächsleiterin:	*Kannst du deine Aussage erklären?*
Ronja:	*Na ja, man hört das ja auch in der Geschichte. Die Kinder nehmen noch mehr Rücksicht.*
Gesprächsleiterin:	*Wie erkennt man diese Rücksicht?*
Ronja:	*Weil Erwachsene oft Feuerholz kaufen, statt es selber zu machen. Wir haben drei Bäume gefällt, dafür hatten wir einen bestimmten Grund, sie waren so schief und wären fast umgefallen und hätten etwas zerstört. Deshalb haben wir sie gefällt und daraus Feuerholz gemacht. Mein Onkel kauft das Feuerholz ein, anstatt es selber zu machen.*
Gesprächsleiterin:	*Wenn du gefragt wirst, ob dich der Schutz der Erde etwas angeht, was antwortest du dann?*
Ronja:	*Ja!*
Gesprächsleiterin:	*Gibt es wen, den der Schutz der Erde nichts angeht?*
Mehrere Kinder:	*Nein!*

- **Mind Map (als Gruppenarbeit)**

Stopp zum Dialog 3: „Ist es vielleicht das, was unsere Kinder meinten?" Die Kinder machten sich an dieser Stelle Gedanken, was wir Menschen zum Überleben auf der Erde unbedingt benötigen, welche Dinge uns zu persönlichem Glück verhelfen und welche Dinge unwichtig, oder sogar gefährlich sind.

Die Ideen zu den einzelnen Fragen wurden in Kleingruppen, auf einem Plakat dargestellt und führten zum folgenden Ergebnis:

Wer trägt Verantwortung, die Erde zu schützen?

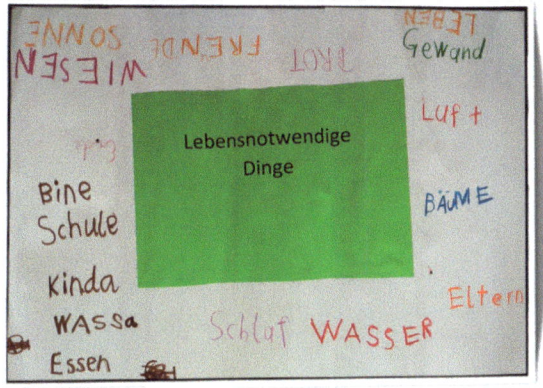

◘ **Abb. 14.3** Plakat „Lebensnotwendige Dinge" (© Sandra Prinz))

Lebensnotwendige, glückbringende und gefährliche Dinge		
Lebensnotwendige Dinge	**„Glücksbringer"**	**Unwichtige/gefährliche Dinge**
Sonne, Wasser, Luft, Erde, Leben	Schaukel, Tennis, Vergnügungspark (Prater)	Atomkraftwerke, Kraftwerke, Gas
Bäume, Wiese, Bienen	Eis	Elektroautos
Kleidung	Häuser, Strom, Geld, Autos, Fabriken,	Baustellen, Hochhäuser, Beton
Schlaf	Plastik	Wälder abholzen
Eltern, Kinder, Freunde		Müll, Plastik
Essen, Brot, Wasser,		Rauch, Abgase
Schule		Erdminen, Raketen

- **PhiloZine**

Bei der Erstellung der PhiloZines arbeiten die Kinder allein, in Paaren oder in kleinen Gruppen. Sie greifen einen oder mehrere Aspekte heraus und gestalten dazu eine oder auch mehrere A5-Seiten für das gemeinsame PhiloZine. Die Erfahrung zeigt, dass die Kinder hier durchwegs mit sehr viel Engagement und Motivation arbeiten. Manche Kinder können sich auf den kreativen Prozess intensiver einlassen und nehmen sich viel Zeit, um kunstvolle Seiten zu gestalten. Andere produzieren schnell mehrere Seiten und nehmen sich nicht so viel Zeit für die kreative Auseinandersetzung. Die fertigen Zine-Seiten werden in ein sogenanntes Zine-Dummy eingeklebt. Dabei handelt es sich um einen Stoß A4-Seiten, der in der Mitte gefaltet wird. So entsteht ein Faltheft im Format A5, in das nun die gestalteten A5-Seiten Seite für Seite eingeklebt werden können. Das Zine kann in dieser Form, oder auch als Scan, vervielfältigt werden. Jedes Zine wird in der Mitte mit Klammern versehen oder mit einem Faden zusammengebunden.

Abb. 14.4 Man sollte die Umwelt schonen | Wiederverwendung (Valentin, 8)

> **Tipp**
>
> Planen Sie für die Methode PhiloZine genügend Zeit ein. Es ist besonders wichtig, dass genügend Zeit zur Verfügung steht, damit die Kinder ihre Seite ausgestalten können.

Unter diesem Link finden Sie ein fertiges Zine: ▶ https://link.springer.com/chapter/10.1007/978-3-662-66182-6_14. Die ◘ Abb. 14.3, 14.4, 14.5 und 14.6 zeigen einige Ausschnitte davon.

14.5 Ausblick und Anschlussmöglichkeiten

Das PhiloZine vervielfältigen Als partizipatives Element könnte das PhiloZine, das die Gruppe gestaltet hat, vervielfältigt und an Freunde, Familie und Bekannte und eventuell an öffentlichen Orten verteilt werden. Im Fall der öffentlichen Orte müssten die Kinder zuvor fragen, ob es erlaubt ist, ihre kleine Zeitschrift am jeweiligen Ort abzulegen.

Gemeinsam einstehen Im Verlauf des Philosophierens merkte ein Mädchen an, dass sie gerne bereits erwachsen wäre und demonstrieren möchte. Mit Zustimmung der Eltern könnte über eine gemeinsame Teilnahme bei den FridaysForFuture oder einer ähnlichen Veranstaltung nachgedacht werden. Für diese Veranstaltung könnten dann auch aussagekräftige Banner und Plakate gestaltet werden.

Abb. 14.5 Wir sollten keine Bäume fällen! (Pia, 9)

Abb. 14.6 Mehr Platz für die Erde (Michi, 9)

Müllsammelaktion Im Rahmen einer Schulveranstaltung oder auch privat mit Familie und Freunden könnten die Kinder eine Müllsammelaktion organisieren und durchführen. In diesem Zuge könnten auch Missstände aufgezeigt und gegebenenfalls den örtlichen Behörden in einem offenen Brief, der von den Kindern gemeinsam verfasst wird, mitgeteilt werden.

Up-Cycling Die Kinder könnten alte Gegenstände (z. B. Kleidung, Bücher, Spielzeug) und Müll (z. B. Verpackungsmaterial, alte Zeitungen) sammeln und daraus etwas Neues entstehen lassen. Aus den entstandenen Gegenständen könnte eine Ausstellung organisiert werden, zu der die Kinder ihre Familien, Freunde, Bekannte und andere Interessierte einladen. Im Zuge dessen könnten bei einem Kuchenbasar eingenommene Beträge an eine wohltätige Umweltorganisation oder ein Artenerhaltungsprogramm gespendet werden.

Literatur

Fletcher, N. M. (2017). Designing a space for thoughtful voices: Aligning the ethos of zines with youth-driven philosophical inquiry. Online verfügbar unter: V11223.pdf (nipissingu.ca). Zugegriffen: 27. Juli 2023.

Jonas, H. (1979). *Das Prinzip Verantwortung*. Berlin: Suhrkamp Verlag KG.

Nickel, S. (2008). Beobachtung kindlicher Literacy-Erfahrungen im Übergang von Kindergarten und Schule. In: Graf, U. & Moser-Opitz, E. (Hrsg.). Diagnostik und Förderung im Elementarbereich und Grundschulunterricht: Lernprozesse wahrnehmen, deuten und begleiten. Baltmannsweiler: Schneider Verlag Hohengehren.

Prechtl, P., & Burkard, F. (Hrsg.). (2008). *Metzler Lexikon Philosophie*. J.B. Metzler.

Redecker, E. v. (2020). *Revolution für das Leben. Philosophie der neuen Protestformen*. S. Fischer.

Todd, M., & Watson, E. P. (2006). *Whatcha mean, what's a zine? The art of making zines and mini-comics*. Houghton Mifflin Harcourt Publishing Company.

Bilderbücher

Edwards, N., & Wilkins, S. (2021). *Wir alle für unsere Erde*. Little Tiger Press.

Jeffers, O. (2018). *Hier sind wir. Anleitung zum Leben auf der Erde*. NordSüd.

Pausewang, G. (2020). *Die Kinder in der Erde*.

Raidt, G. (2019). *Müll: Alles über die lästigste Sache der Welt*. Beltz & Gelberg.

Scharmacher-Schreiber, K., & Marian, S. (2019). *Wie viel wärmer ist 1 Grad? Was beim Klimawandel passiert*. Julius Beltz GmbH & Co. KG.

Praxis für Fortgeschrittene

Kreative Impulse kurz und knapp

Bettina Bussmann und Sandra Prinz

© Rawpixel / Getty Images / iStock

Ergänzende Information Die elektronische Version dieses Kapitels enthält Zusatzmaterial, auf das über folgenden Link zugegriffen werden kann ▶ https://doi.org/10.1007/978-3-662-66182-6_15.

© Der/die Autor(en), exklusiv lizenziert an Springer-Verlag GmbH, DE, ein Teil von Springer Nature 2024
B. Bussmann (Hrsg.), *Philosophieren mit Kindern und Jugendlichen*, Philosophische Bildung in Schule und Hochschule,
https://doi.org/10.1007/978-3-662-66182-6_15

In den vergangenen Kapiteln wurden die theoretischen Grundlagen des Philosophierens mit Kindern und Jugendlichen vorgestellt und anhand ausführlicher Unterrichtseinheiten gezeigt, welche Umsetzungsmöglichkeiten es gibt. Das folgende Teilkapitel bietet eine Sammlung von kreativen Impulsen, die besonders für schon geübte Lehrkräfte weitere methodische Möglichkeiten präsentieren.

Für die hier dargestellten Impulse ist es empfehlenswert, dass die Gruppe bereits die Grundlagen des Philosophierens erworben hat. Die Gesprächsregeln sollten bekannt sein (s. ▶ Kap. 6).

15.1 Die Entscheidungsmaschine

Material   Ein Stück Papier oder Karton im Format A3, Bleistift, Radiergummi, Buntstifte

Anleitung   Die Schüler*innen teilen das Papier oder den Karton mit einer horizontalen Linie in zwei Hälften. In die erste Hälfte schreiben sie ‚Ideen' und in die zweite Hälfte schreiben sie ‚Entwurf'. Einleiten können Sie die Übung mit der folgenden Anweisung: *Entwirf eine Entscheidungsmaschine, die dich dabei unterstützt, in jeder Situation die passende Entscheidung zu treffen.*

Zunächst sammeln die Schüler*innen in der ersten Hälfte des Blattes ihre Ideen für die Maschine. Impulsfragen können sein: *Was macht eine gute Entscheidung aus? Wann ist eine Entscheidung schlecht? Welche Entscheidungen sind besonders schwierig? Wie trifft man gute Entscheidungen? Welche Entscheidungen soll die Entscheidungsmaschine produzieren? Wer ist von der Entscheidung betroffen? Können Entscheidungen, die für eine Person richtig sind, gleichzeitig für andere Personen von Nachteil sein? Kann die Maschine das berücksichtigen?*

Nach der Auflistung von Ideen zur Maschine, soll diese gezeichnet werden. Deshalb machen sich die Schüler*innen Gedanken, wie die Entscheidungsmaschine aussehen muss, wenn die Ideen umgesetzt werden sollen. Auch dazu werden einige Stichwörter notiert: *Welche Bedienknöpfe sollte die Maschine haben? Gibt es einen Bildschirm? Welche besonderen Zusatzfunktionen sollten eingebaut werden?*

In einem ersten Schritt wird eine detaillierte Skizze der Entscheidungsmaschine entworfen. ◘ Abb. 15.1 zeigt ein Beispiel der Schülerin Khanh Di (8). Sie entwirft eine Entscheidungsmaschine, die Entscheidungsfragen mit „Ja" und „Nein" beantworten kann. Linkerhand befinden sich neben einer Stifthalterung Fächer für Fragenzettel, die in die Maschine geworfen werden. Druckknöpfe in unterschiedlichen Farben werden nach einem ausgeklügelten System gedrückt und aktivieren einen Filter, der den Fragenzettel entweder bei *JA* oder bei *NEIN* aus der Röhre fallen lässt. Die Schülerin beschreibt das folgendermaßen: „Ich drücke, je nach dem welches Datum an einem Tag ist, die Knöpfe in der entsprechenden Anzahl, zum Schluss drücke ich dann jeden Knopf noch dreimal, denn aller guten Dinge sind drei. Wenn zum Beispiel der 12. Jänner 2023 ist, dann drü-

Abb. 15.1 Entwurf einer Entscheidungsmaschine von Khanh Di (8 Jahre). (© Sandra Prinz)

cke ich nach dem Muster 120123 den schwarzen Knopf zehnmal, den orangefarbenen Knopf zweimal, den blauen Knopf nicht, den gelben Knopf einmal, den grünen Knopf zwanzigmal und den roten Knopf dreimal. Der grüne Knopf muss besonders stabil sein, da er bei jedem Durchgang sehr oft gedrückt wird".

Um das Spektrum kreativer Denkprozesse zu veranschaulichen, das altersunabhängig sehr stark variieren kann, wird in ◘ Abb. 15.2. eine Entscheidungsmaschine gezeigt, die von einer Studierenden der Lehrveranstaltung „Philosophieren mit Kindern und Jugendlichen" erstellt wurde. Diese Maschine sammelt zu Beginn alle vorhandenen Informationen, die für die Entscheidung benötigt werden. In einem Trichter wird der Müll, d. h. die nicht notwendigen Informationen, herausgefiltert. Alle relevanten Informationen werden in einem

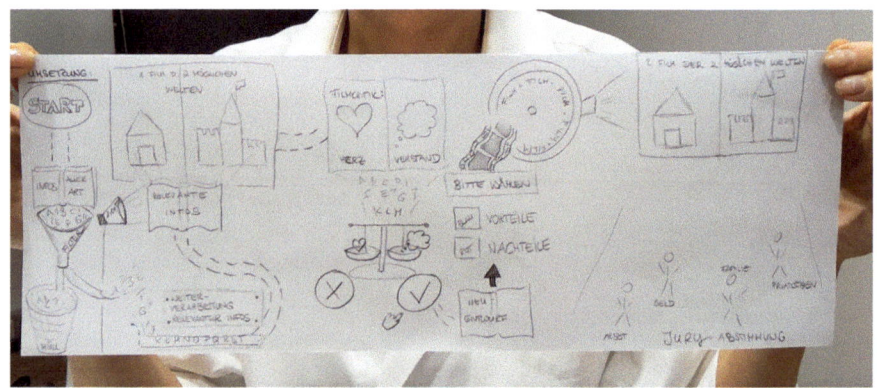

Abb. 15.2 Entwurf einer Entscheidungsmaschine von einer Studierenden der Lehrveranstaltung „Philosophieren mit Kindern und Jugendlichen" an der Universität Salzburg. (© Sandra Prinz)

Film verpackt, der alle möglichen Welten vor Augen führt, je nachdem, welche Entscheidung getroffen wurde. In der Abteilung Filmkritik werden diese Informationen mit Herz und Verstand geprüft und auf die Waagschale gelegt. Befindet die Filmkritik ein Szenario für gut, wird daraus ein Neuentwurf erstellt, von dem wiederum Vor- und Nachteile aufgelistet werden. Die überarbeitete Filmfassung wird einer Jury, bestehend aus dem aktuellen Arbeitsplatz, der finanziellen Situation und Familienmitgliedern, vorgeführt, die darüber abstimmt und die finale Entscheidung fällt.

Präsentation der Skizze Nachdem die Schüler*innen ihre Skizze fertiggestellt haben, präsentieren sie diese der Gruppe und beschreiben, welche Funktionen sie für ihre Maschine entwickelt haben, welche Bedeutung die einzelnen Bedienknöpfe haben und wie ihnen die Maschine zu einer Entscheidung verhilft.

Die Idee für diese Übung stammt von der Plattform *Philoquest* (PhiloQuests – Institut Philosophie Citoyenneté Jeunesse, Université de Montréal, umontreal.ca).

Philosophisches Potenzial Durch das Sammeln von Ideen und das Anfertigen der Skizze wird das kreative Denken der Schüler*innen gefordert und gefördert. Sie müssen mehrere Handlungsoptionen vergleichen, konkrete Handlungswege durchlaufen und auf die den Handlungen zugrundeliegenden Funktionen stoßen. Dies verlangt ein hohes Maß an Abstraktion und Problemlösungskompetenz und aktiviert die Fähigkeit, vorausschauend zu denken. Außerdem verbessern die Schüler*innen mit der Entscheidungsmaschine ihre philosophische Gesprächskompetenz, da sie ihre Konstruktionen in der Forschergemeinschaft präsentieren und zur Diskussion stellen. Sie reflektieren den Konstruktionsprozess auf theoretischer Ebene (welche Entscheidungen sind wichtig bzw. schwierig?) und auf praktischer Ebene (wie kann eine Maschine meine Entscheidungen umsetzen?).

15.2 Der Freundschaftskuchen

Material Geschichte *Der Freundschaftskuchen,* Arbeitsblatt mit Tortenstücken (leere Vorlage) und Tortenstücke zum Auflegen (befüllt mit Tims Freundschaftskriterien). Die leere Vorlage finden Sie hier: ▶ https://link.springer.com/chapter/ ▶ https://doi.org/10.1007/978-3-662-66.182-6_15.

Der Freundschaftskuchen

Als Tim eines Tages von der Schule nach Hause kam, fühlte er sich ziemlich traurig. Er ließ die Schultern hängen und dann und wann kullerte ihm eine Träne über die Wange. Im Eiltempo begrüßte er seine Mama und ging dann schnurstracks in sein Kinderzimmer. Die Schultasche flog in die Ecke und Tim aufs Bett, direkt in die Arme seines kleinen Teddys. Wenigstens Teddy würde nichts tun, was ihn ärgern könnte. Endlich hatte er Zeit, über den heutigen Schultag nachzudenken.

Tim ging grundsätzlich gerne in die Schule und verbrachte viel Zeit mit seinen besten Freunden Hanna und Tobi. Doch was zuvor an diesem Tag in der Schule passiert war, bereitete ihm keine Freude. Ganz im Gegenteil: Hanna hatte nicht mit ihm spielen wollen und dann sogar gemeint, sie würde vielleicht nicht zu seiner Geburtstagsfeier kommen können. Und mit Tobi hatte es Streit gegeben. Tobi fand die Spielidee von Tim einfach doof und sie konnten sich dann nicht einigen, wer das Spiel aussuchen würde. Das ging dann sogar so weit dass Tobi ihn einen ‚Doofie' genannt, und Tim sich mit einer richtig ekligen Grimasse gewehrt hat. „Ein Glück, dass die Lehrerin das nicht sehen konnte!", dachte sich Tim nun.

„Warum muss Freundschaft manchmal so schwer sein?", fragte er sich. „Wie schön wäre es doch, wenn Freundschaft so einfach wäre wie Kuchen backen." In seiner Fantasie begann Tim also, einen Freundschaftskuchen zu backen. „Statt Mehl gibt es ein Kilo Wunschmehl, mit dem ich mir wünsche, dass meine Freunde immer Zeit für mich haben, egal zu welcher Tages- oder Nachtzeit. Und mit dem Päckchen Zauberbackpulver würde Mama das auch immer erlauben. Statt einem Hühnerei gäbe es ein Zauber-Ei, das bewirkt, dass meine Freunde immer meiner Meinung sind und wir immer dasselbe spielen wollen. Dann würde noch eine Prise Spaß fehlen, denn schließlich soll jeder Tag, den wir gemeinsam verbringen, lustig sein! Zu guter Letzt kommen noch ein paar Tropfen Freundlichkeit hinzu, denn natürlich würden mich meine Freunde dann nie, nein wirklich nie, einen ‚Doofie' nennen."
(© Rita Fuchs).

Anleitung Die Geschichte wird vorgelesen. Große Papierdreiecke, die einen Kuchen ergeben und genügend Platz für Beschriftungen und Verzierungen lassen, liegen bereit. Für jüngere Kinder kann neben der Beschriftung auch ein Symbolbild auf dem Kuchen sein. Es gibt vier Möglichkeiten, mit dem Kuchen zu arbeiten.

1. **Tims Freundschaftskuchen diskutieren:** Was gefällt dir an seinem Kuchen und warum? Was ist problematisch? Sind alle Tortenstücke gleich wichtig? Ist diese Vorstellung von Freundschaft erstrebenswert? Warum nicht?
2. **Einen gemeinsamen Freundschaftskuchen herstellen:** Die Kinder backen gemeinsam einen Freundschaftskuchen. Ein Beispiel: Sara ist der Meinung, dass ein*e wahre*r Freund*in immer ehrlich zu ihr sein sollte. Sie argumentiert dafür, dass Ehrlichkeit eines der Tortenstücke des Freundschaftskuchens sein sollte. Carla widerspricht ihr. Sie meint, dass sie von ihrer Freundin nicht immer eine ehrliche Antwort erwartet. Wenn sie sich zum Beispiel ein neues Kleid gekauft hat, das sie total schön findet, das ihrer Freundin aber absolut nicht gefällt, dann würde sie auf die Frage „Wie findest du mein neues Kleid?" lieber zur Antwort erhalten, dass es ihr hervorragend passen würde und dass sie sich mit ihr freue, anstatt die Antwort zu erhalten, dass sie das Kleid hässlich fände. In diesem Fall hält Carla also eine Notlüge für gerechtfertigt, da sie die gute Stimmung aufrechterhält. Nach und nach werden von den Teilnehmer*innen Argumente vorgebracht, welche Tortenstücke der Kuchen enthalten sollte. Stets muss begründet werden, warum das so ist. Erst, wenn sich die gesamte Gruppe einigt, kommt das Tortenstück zum Freundschaftskuchen. So diskutiert und argumentiert die Gruppe, bis ein gemeinsamer Kuchen entstanden ist.
3. **Einen individuellen Freundschaftskuchen herstellen:** Jede*r Schüler*in entwirft ihren/seinen eigenen Freundschaftskuchen. Die individuellsten Ergebnisse können erzielt werden, wenn die Schüler*innen den Kuchen selbst mit dem Zirkel konstruieren und je nach Anzahl der Kriterien, die eine*n gute*n Freund*in ausmachen, die Tortenstücke einzeichnen, beschriften und künstlerisch ausgestalten.
4. **Einen Kuchen zu einem anderen Themen backen:** Das Prinzip des Freundschaftskuchens kann auch auf andere Themen angewendet werden, für die man eine Reihe von Kriterien festlegen kann. Zum Beispiel könnte man einen Friedenskuchen (Was müssen wir tun, um in Frieden zu leben?), einen Schönheitskuchen (Wann ist etwas schön?) oder einen Erkenntniskuchen (Wie kommen wir zu wahrem Wissen?) backen. Sie können die Kinder auch selbst ein eigenes Thema für ihren ganz persönlichen Kuchen aussuchen lassen.

Philosophisches Potential Das philosophische Diskussionspotential liegt einerseits im moralischen Reflexionsbereich. Die Schüler*innen beschäftigen sich mit dem Wert von Freundschaften und damit, wie sie selbst gute Freund*innen sein können und was eine gute Freundschaft für sie ausmacht. Sie finden Kriterien, wie ein*e gute*r Freund*in handeln sollte und begründen ihre Wahl. Außerdem wird darüber diskutiert, was sie selbst und ihre Fähigkeit, eine Freundschaft zu führen, ausmacht und wie sie dadurch mit anderen in Beziehung treten können. Über die Fächergrenze der Philosophie hinaus reicht das Potential dieser Übung in den Bereich des Sozialen Lernens durch die Diskussion und Reflexion gelebter Werte, Fähigkeiten und Bedürfnisse von Freundschaften und der damit verbundenen Sozialkompetenz.

15.3 Die philosophische Viertelstunde

Material Kleine Box aus Karton mit Schlitzöffnung oder Schraubglas mit Schlitzöffnung im Deckel, Stoppuhr oder Sanduhr, Übersicht über die Gesprächsregeln (s. ▶ Abschn. 6.2) gut sichtbar im Raum platziert, optional: Papier und Stifte.

Anleitung Die Gesprächsleitung erklärt, dass die Box dazu da ist, (philosophische) Fragen zu sammeln, die im Alltag auftreten und die im Unterricht nicht behandelt werden konnten. Sie sollen zu einem späteren Zeitpunkt, nämlich in der philosophischen Viertelstunde, besprochen werden. Auch Sie als Lehrperson können jederzeit Fragen einwerfen. Sie können der Box auch gemeinsam mit der Gruppe einen passenden Namen geben (z. B. „Philoviertelbox", ◘ Abb. 15.3).

Fragen sammeln: Wenn Sie die Box vorgestellt haben und gleich im Anschluss eine philosophische Viertelstunde abhalten möchten, dann können Sie den Kindern mit den folgenden Fragen und Impulsen helfen, die Box gleich zu Beginn mit einer Reihe von Fragen zu füllen:

1. *Du fragst dich etwas schon längere Zeit und hast auf diese Frage noch nie eine zufriedenstellende Antwort gefunden. Nun hast du die Gelegenheit, deine Frage in unserer Philoviertelbox zu deponieren.*
2. *Welche Fragen hast du zum Thema _____? (Wenn Sie Fragen zu einem bestimmten Thema generieren wollen, können Sie auch sehr gezielt danach fragen. Ein Beispiel: Schüler*innen beschäftigen sich in einem Projekt über einen längeren Zeitraum mit der Entstehung und Ausdehnung des Universums. Welche Fragen stellst du dir, wenn du über die Entstehung des Universums nachdenkst?)*

Jemand zieht eine Frage aus der Box und liest sie vor. Zunächst wird im Plenum geklärt, ob es sich bei dieser Frage um eine philosophische Frage handelt. Um mit den Schüler*innen herauszuarbeiten, was eine philosophische Frage ist, emp-

◘ **Abb. 15.3** Philoviertelbox (© Sandra Prinz)

fiehlt es sich die Übung *Phänomenkoffer* (s. ▶ Kap. 1) durchzuführen. Mit Hilfe des Phänomenkoffers erkennen die Schüler*innen den Unterschied zwischen philosophischen Fragen, wissenschaftlichen Fragen und Quatschfragen. Sobald geklärt wurde, ob es sich bei der gezogenen Frage um eine philosophische Frage handelt, wird die 15-min-Sanduhr umgedreht oder der Timer (15 min) gestartet. Je nach Unterrichtssetting und Rahmenbedingungen können aber auch die naturwissenschaftlichen Fragen zum Zuge kommen, um interdisziplinäre Kompetenzen zu schulen (s. ▶ Kap. 4).

Philosophisches Potential Die philosophische Viertelstunde kann vielseitig eingesetzt werden, denn sie

— übt ein in das Entwickeln von Fragestellungen und in die Diskussion, um welche Art von Frage es sich handelt,
— etabliert die Entwicklung von ernsthaften und aufmerksamen Gesprächen auch in ungeplanten Situationen,
— kann auch als Möglichkeit genutzt werden, Sorgen und Probleme anzusprechen oder Vorschläge für die Gruppengemeinschaft zu präsentieren. Ziel wäre es hier, das persönliche Anliegen höflich und in Form einer Frage zu formulieren. Hier können für das Philosophieren wichtige Sozialkompetenzen und umgekehrt für das Zusammenleben wichtige philosophische Kompetenzen eingeübt werden. Grundlagen aller Gespräche in Gruppen sind Aufmerksamkeit, wertschätzendes Feedback, klare Antworten etc. (s. ▶ Kap. 6). Bei dieser Verwendungsweise sollten Sie die Fragen in der Box allerdings vorher kennen, um zu entscheiden, ob die Rahmenbedingungen in Ihrer Gruppe die Diskussion der Frage auch zulassen. Es kann sein, dass Sie eine sehr problematische, persönliche Frage ziehen, die für die Gruppe (noch) nicht geeignet ist oder eine, die für eine Viertelstunde zu umfangreich ist.

15.4 Philosophische Brieffreundschaft

Material Papier, Stifte, eventuell Briefmarken und Briefkuverts.

Ablauf Die philosophische Brieffreundschaft ist eine besondere Form des Schreibgespräches. In seiner Grundform geht es darum, dass sich zwei oder mehrere Personen über ein philosophisches Thema austauschen.

Wenn es einen Platz geben soll, an dem die Post abgelegt wird, könnten Sie mit den Schüler*innen einfache Postkästen (z. B. aus Toilettenpapierrollen oder aus Briefkuverts) anfertigen, die zentral im Klassenraum platziert oder aufgehängt werden.

Inhaltliche Struktur des Briefwechsels: Den Schüler*innen sollte bekannt sein, was beim Verfassen eines Briefes im Allgemeinen wichtig ist (z. B. Anrede zu Beginn, persönliche Ansprache im Text, Abschlussformel). Sie sollten darüber hinaus wissen, was eine gute Begründung ausmacht (für ältere Schüler*innen: wie ein Argument aufgebaut ist), wie man Rede und Gegenrede formulieren kann und wie die anschauliche Darstellung von Beispielen zu einem Thema gelingt. Als Grundregel sollte bekannt sein, dass der Brief höflich verfasst wird und innerhalb einer Woche beantwortet werden sollte. Wie mit allen Aufgaben, die schriftlich zu erledigen sind, müssen Sie wahrscheinlich auf die Einhaltung der einen Woche für die Antwort achten, da ansonsten keine Kontinuität besteht und die Brieffreundschaft versandet. Für den Anfang ist es deshalb hilfreich einen kürzeren Zeitraum festzulegen, z. B. 3 Briefe innerhalb von 6 Wochen. **Ausgangspunkte für den Briefwechsel** können beispielsweise sein:

- Das **Thema einer Philosophieeinheit,** wofür sich jedes Thema aus Teil II des hier vorliegenden Lehrbuchs eignen würde.
- Eine **selbstgewählte philosophische Frage.** Nehmen wir an, Leonora möchte der Frage auf den Grund gehen, was einen guten Menschen ausmacht. Sie recherchiert zunächst im Internet und sucht nach Philosoph*innen, die sich mit dieser Frage auseinandergesetzt haben. Sie sammelt einige Punkte (Tugenden, Verhaltensweisen usw.), die ihrer Ansicht nach einen guten Menschen ausmachen. All diese Punkte fasst sie in einem Text an ihre Brieffreundin Mitra zusammen. Am Ende ihres Briefes kann sie Mitra fragen, welche Kriterien ihrer Meinung nach einen guten Menschen ausmachen (Erweiterung der Kriterien), ob Mitra den Punkten zustimmt oder nicht (kritischer Kommentar), ob Mitra Menschen kennt, auf die die Kriterien zutreffen (Beispiele aus der Lebenswelt).
- Eine aus der philosophischen Viertelstunde (s. ▶ Kap. 15.3) entstandene Frage, ein medialer Gedankenimpuls (z. B. Film, Comic, Bilderbuch, Kunstwerk, Podcast), ein Museums- oder Ausstellungsbesuch oder ein tagespolitisches Ereignis.

Wenn Sie den Briefwechsel starten, gibt es mehrere Möglichkeiten. Hier einige Beispiele (◘ Abb. 15.4):

- Die **Schüler*innen einer Schulklasse** gehen eine philosophische Brieffreundschaft ein. Je zwei Schüler*innen werden Brieffreund*innen. Hier kann auch das Los über die Paarungen entscheiden, damit Kinder miteinander kommunizieren, die sich ansonsten nicht so häufig austauschen.
- Die Schüler*innen beginnen **mit der Gesprächsleitung beziehungsweise der Lehrperson** eine philosophische Brieffreundschaft. Die Schüler*innen können die Gesprächsleitung mittels Briefverkehr konsultieren, wenn sie fachphilosophische Hintergründe und Literaturtipps zu einem Thema benötigen, um in der Konversation mit einem*r anderen Brieffreund*in voranzukommen. Das Angebot der Lehrperson zum Briefdialog kann auch ein offenes sein. Schüler*innen könnten sich melden, wenn sie zu einem bestimmten Thema einen Austausch mit einem*r Expert*in wünschen. Sie als Lehrperson müssen abschätzen, ob ein derartiges Angebot Ihre zeitlichen Ressourcen zu sehr belastet. Sie könnten das im Vorfeld auch mit den Schüler*innen besprechen und gegebenenfalls Ihre Postbox für einige Zeit sperren, um die Post aufzuarbeiten.

— Schüler*innen beginnen einen philosophischen Briefwechsel **mit Schüler*innen einer anderen Klasse** oder einer anderen Schule. Inhaltlich verläuft dieser Austausch wie der bereits beschriebene zwischen Schüler*innen einer Schulklasse. Auch hier muss ein geeigneter Ort gefunden werden, um die Briefe zu übergeben. Zum Austausch mit Schüler*innen anderer Schulen werden Briefkuverts und Marken benötigt und jemand muss sich um den Versand der Briefe kümmern. Eine Variante dieses Austauschs wäre, dass die **gesamte Klasse mit einer anderen Klasse** in einen philosophischen Briefwechsel tritt. Ein eingetroffener Brief wird von der gesamten Gruppe, gemeinsam mit der Gesprächsleitung, gelesen, analysiert, diskutiert und beantwortet. Ein großer Vorteil dieser Variante ist es, dass die Schüler*innen gemeinsam mit der Lehrperson das Verfassen eines philosophischen Briefwechsels einüben können. Diese Variante eignet sich daher zu Beginn, wenn die Schüler*innen noch keine Erfahrung mit philosophischen Brieffreundschaften haben, besonders. Sie kann als gemeinsames Übungsfeld gesehen werden.
— Schüler*innen beginnen einen philosophischen Briefwechsel **mit einem/einer Expert*in** (z. B. Philosoph*in einer Universität oder Hochschule), einer/einem **Politiker*in** oder einer **Person aus dem Familien- oder Bekanntenkreis**. Im Fokus steht ein bestimmtes Thema, zu dem man die Meinung der Person einholen möchte, um grundsätzlich verschiedene Sichtweisen zu sammeln oder um sie als Expert*in des Themengebiets zu befragen. Im Anhang finden Sie einen Brief, den eine 6. Klasse dem Pädagogen und ehemaligen Schulleiter der Schule Schloss Salem, Bernhard Bueb, geschickt haben, nachdem sie zwei kleine Textausschnitte von ihm aus seinem Buch *Lob der Disziplin* und von Martin Heidegger über das „Man" gelesen hatten, die beide im Schulbuch *Weiterdenken, Band A* zu finden sind (Sistermann, 2009, S. 13 und 15). Bernhard Bueb hatte auf alle Briefe geantwortet, so dass auch seine Briefe wieder in der Gruppe diskutiert werden konnten.

Philosophisches Potential Beim philosophischen Briefwechsel liegt das Diskussionspotential in der Ausbildung von einer Reihe philosophischer Kompetenzen, wie z. B. Argumentations- und Reflexionskompetenz. Die Schüler*innen lernen, wie sie schriftlich einen Standpunkt darstellen und begründen können und wie sie die Standpunkte anderer deuten und darauf reagieren können. Überfachlich verlangt der philosophische Briefwechsel nach der Fähigkeit im zwischenmenschlichen Bereich angemessen zu reagieren und Antworten achtsam zu formulieren, beispielsweise wenn ein*e Gesprächspartner*in ihre/seine Emotionen zu einem Thema beschreibt.

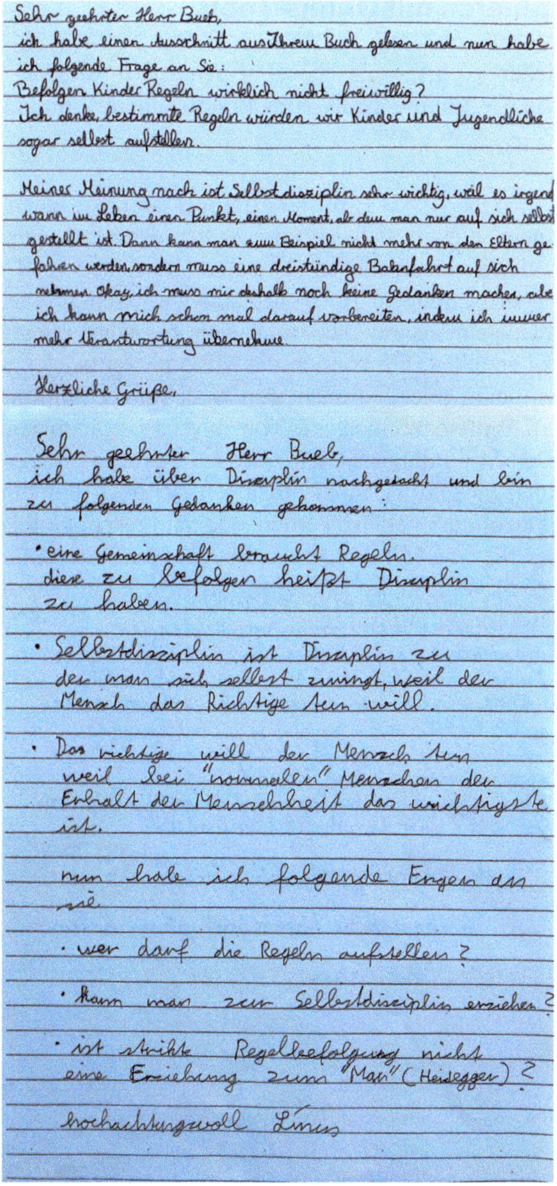

Sehr geehrter Herr Bueb,
ich habe einen Ausschnitt aus Ihrem Buch gelesen und nun habe ich folgende Frage an Sie:
Befolgen Kinder Regeln wirklich nicht freiwillig?
Ich denke, bestimmte Regeln würden wir Kinder und Jugendliche sogar selbst aufstellen.

Meiner Meinung nach ist Selbstdisziplin sehr wichtig, weil es irgendwann im Leben einen Punkt, einen Moment, ab dem man nur auf sich selbst gestellt ist. Dann kann man zum Beispiel nicht mehr von den Eltern gefahren werden, sondern muss eine dreistündige Bahnfahrt auf sich nehmen. Okay, ich muss mir deshalb noch keine Gedanken machen, aber ich kann mich schon mal darauf vorbereiten, indem ich immer mehr Verantwortung übernehme.

Herzliche Grüße,

Sehr geehrter Herr Bueb,
ich habe über Disziplin nachgedacht und bin zu folgenden Gedanken gekommen:

- eine Gemeinschaft braucht Regeln. diese zu befolgen heißt Disziplin zu haben.

- Selbstdisziplin ist Disziplin zu der man sich selber zwingt, weil der Mensch das Richtige tun will.

- Das richtige will der Mensch tun weil bei "normalen" Menschen der Erhalt der Menschheit das wichtigste ist.

nun habe ich folgende Fragen an sie.

- wer darf die Regeln aufstellen?
- kann man zur Selbstdisziplin erziehen?
- ist strikte Regelbefolgung nicht eine Erziehung zum "Man" (Heidegger)?

hochachtungsvoll Linus

Abb. 15.4 Zwei Antwortbriefe an Bernhard Bueb von einer Schülerin und einem Schüler der Klassenstufe 6 (© Bussmann)

15.5 Philosophieren mit Online-Tools

Anhand verschiedener philosophischer Themen soll in diesem Abschnitt dargestellt werden, wie Sie Online-Tools zum Philosophieren mit Kindern einsetzen können.

Mindmap mit Wisemapping Als Eröffnungsimpuls oder um Ideen zu einem neuen Thema zu sammeln, eignen sich Mindmaps hervorragend. Digitale Mindmaps können Sie mit vielen verschiedenen Anbietern herstellen (z. B.: ▶ https://www.popplet.com/, ▶ https://coggle.it/, ▶ https://www.wisemapping.com/de/). Alle Plattformen haben gemeinsam, dass man sich zunächst registrieren muss, um eine Mindmap zu erstellen. Sie können die Mindmap entweder vor Ort im Klassenzimmer präsentieren oder Sie teilen den Link für die Mindmap mit der Forschergemeinschaft und so können alle von ihren PCs, auch von zu Hause aus, gemeinsam an der Mindmap arbeiten und sie ergänzen. Im zweiten Fall müssen Sie zuvor mit den Schüler*innen über den richtigen Umgang mit dem Medium sprechen. Dazu muss geklärt werden, wie man respektvoll kommuniziert. In ◘ Abb. 15.5 sehen Sie eine Mindmap zum Thema Identität.

Die in ▶ Kap. 14 vorgestellte Methode *Blitzlicht* könnte man auch mit Hilfe eines Mindmaping-Tools durchführen.

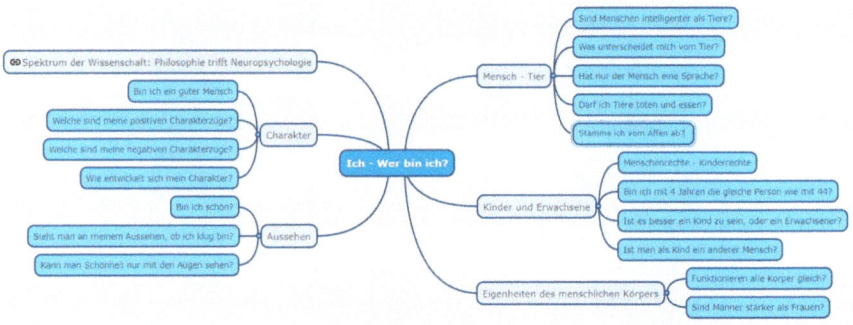

◘ **Abb. 15.5** Wer bin ich? (© Sandra Prinz, erstellt mit ▶ https://www.wisemapping.com/de/)

Wortwolke mit wortwolken.com Mit Hilfe von ▶ https://www.wortwolken.com/ können Sie Wortwolken aus beliebigen Texten oder Wortsammlungen erstellen. Alle Wörter, die Sie in die Wortwolke hochladen, werden zu einem flächigen Konglomerat verschmolzen, das Informationen aus dem Text visualisiert. Je häufiger ein Wort vorkommt, desto größer erscheint es in der Wortwolke. Eine Wortwolke dieser Art könnte zum Einsatz kommen, um erstens darüber nachzudenken, wovon ein philosophischer Text handeln könnte, um zweitens in ein Thema,

◘ **Abb. 15.6** Wortwolke zum Thema Gerechtigkeit frei. (© Nina Rheinfrank, erstellt mit wortwolken.com)

über das philosophiert werden soll, einzuführen oder um drittens die wichtigsten Begriffe aus einem Text zu destillieren. In ◘ Abb. 15.6 sehen sie eine frei erstellte Wolke zum Thema ‚Gerechtigkeit', von einer Studierenden erstellt.

Projizieren Sie die Abbildung mittels Beamer im Raum. Die Schüler*innen filtern zentrale Begriffe der Wortwolke heraus und versuchen zu begründen, warum diese im Text gehäuft auftreten beziehungsweise welchen Stellenwert die Begriffe im Text haben könnten. Wenn Sie eine Wortwolke mit wortwolken.com erstellen möchten, wählen Sie zunächst in der Rubrik „Datei" eine neue Wortwolke aus. Dann können Sie entscheiden, ob Sie eine *leere Leinwand* mit einer Wortwolke befüllen möchten, oder ob sie eine *zufällige Wortwolke* erstellen möchten. Wenn Sie *zufällige Wortwolke* wählen, dann erhält ihre Wortwolke eine beliebige Form, meist angelehnt an einen Gegenstand (z. B.: Tor, Schallplatte, Radio, Auto). Diesen können Sie anpassen, indem sie in der Rubrik „Umriss" den gewünschten Umriss Ihrer Wortwolke auswählen. Sie können eine Wortliste hochladen (z. B. aus Word- oder PDF-Dokumenten) und sich überraschen lassen, welche Gestalt Ihre Wolke annimmt. Auch die Schrift, die Farbe und die Richtung, in der die Wörter angeordnet sind, können Sie bestimmen. Selbstverständlich sollte man insbesondere gemeinsam erstellte Wortwolken auch kritisch befragen: *Woran könnte es liegen, dass bestimmte Begriffe häufiger genannt werden als andere? Ist das angemessen, nachvollziehbar, richtig – oder nicht?*

Kollaboratives Textdokument mit EduPad Beim EduPad handelt es sich um einen kollaborativen Texteditor (▶ https://edupad.ch/). Mit dem EduPad
1. kann eine philosophische Frage von einer Gruppe online vorbereitet, bearbeitet und diskutiert werden,
2. können Fragen und Gegenfragen gesammelt und nützliche Links zur Bearbeitung der Frage gesammelt werden,
3. kann ein Fragenkatalog zu einem bestimmten Thema angelegt werden.

◘ Abb. 15.7 zeigt ein Beispiel für ein EduPad-Textdokument zur Frage „Was wird der Mensch auf dieser Erde noch alles bewirken können?"

Hervorzuheben ist, dass man sich auf *edupad.ch* nicht zu registrieren braucht. Alle erstellten Dokumente, sofern man sie sich nicht lokal speichert, werden nach einem Jahr automatisch gelöscht. Jedes EduPad verfügt über einen Link, der mit allen Teilnehmer*innen der Forschergemeinschaft geteilt werden kann. Wer den Link besitzt, kann einen Beitrag zum Dokument leisten. Auch hier ist es wichtig, mit den Teilnehmer*innen Gesprächsregeln für den Schriftverkehr einzuführen.

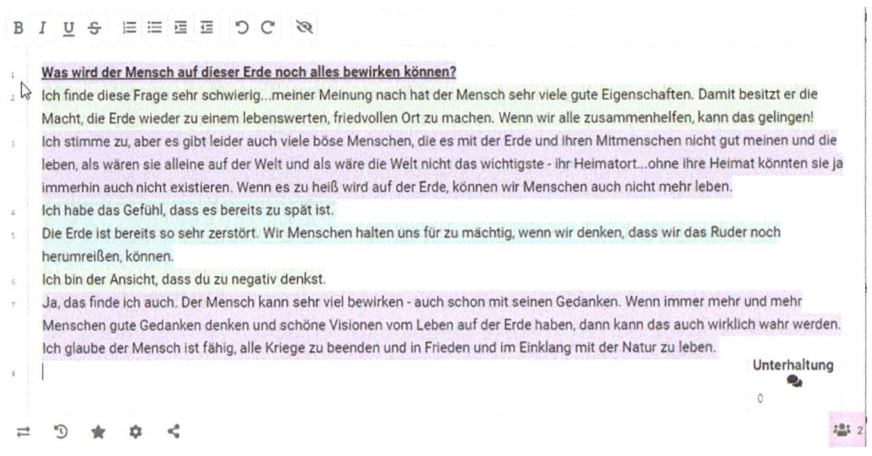

◘ **Abb. 15.7** EduPad-Textdokument „Was wird der Mensch auf dieser Erde noch alles bewirken können? (© Sandra Prinz, erstellt mit ▶ https://edupad.ch/)

Digitale Pinnwand mit Padlet Bei Padlet handelt es sich um eine interaktive Pinnwand, die vielseitig genutzt werden kann (▶ https://padlet.com/).

Umgang Padlet: Um mit Padlet arbeiten zu können, muss man sich registrieren. Wenn man ein neues Padlet erstellt, kann man verschiedene Designs wählen. Das Regaldesign eignet sich gut zum Philosophieren, da man damit mehrere Spalten erstellen und diesen Beiträge zuordnen kann. Besonders interessant sind kollaborative Padlets. Dazu wählt man in den Einstellungen „Zusammenarbeit" aus. So können die Schüler*innen der Pinnwand Beiträge hinzufügen und auch die Beiträge der anderen kommentieren. Diese Funktion sollte aber nur dann aktiviert werden, wenn gemeinsame Regeln für den Umgang in der Arbeit mit Padlets erarbeitet wurden. In der Datenschutzrubrik kann man festlegen, wer das Padlet sehen darf und ob es frei zugänglich oder durch ein Passwort geschützt sein soll. Für die Forschergemeinschaft empfiehlt sich, das Padlet geheim und mit Passwort geschützt festzulegen. Wenn Sie den Button „Moderation" aktivieren, können Sie als Lehrkraft zunächst die Beiträge der Schüler*innen prüfen, bevor Sie sie für alle zur Ansicht freigeben. Wenn die Grundeinstellungen getätigt wurden, können Spalten mit Fragen oder Schlagwörtern zum Thema erstellt werden. Diese können von der gesamten Forschergemeinschaft befüllt werden. Mittels Link können die Schüler*innen das Padlet aufrufen.

Philosophieren mit dem Padlet: „Was ist schön?" Anhand dieser Frage soll im Folgenden konkret dargestellt werden, wie die Gruppe mit dem Padlet philosophisch arbeiten kann. Das Padlet kann erstens dazu dienen in ein neues Thema einzuführen, es kann aber zweitens auch im Anschluss an ein philosophisches Gespräch zur Vertiefung angelegt werden.

In diesem konkreten Fall soll das Padlet als Vorbereitung auf ein philosophisches Gespräch zum Thema „Was ist schön?" entstehen. In einer ersten Unterrichtssequenz sammelt die Forschergemeinschaft gemeinsam Fragen zum Thema. Diese werden ins Padlet eingetragen. Je nachdem, wie viele Fragen erarbeitet wurden, können Sie die Schüler*innen in Gruppen einteilen. Die Kleingruppen befüllen je eine Spalte mit Inhalten. Dies kann während des Unterrichts geschehen. Im Anschluss haben die Schüler*innen bis zur nächsten Unterrichtssequenz Zeit, um ihre Recherche zu vervollständigen. In der Folgewoche berichten die Kleingruppen über ihre Ergebnisse. Tarek und Sophie haben sich mit *Schönheit in der (Philosophie-)Geschichte* auseinandergesetzt. Sie haben in Fachliteratur und online recherchiert und schon eine Reihe von aussagekräftigen Zitaten namhafter Philosoph*innen gesammelt. Außerdem haben Sie eine geschichtliche Zusammenfassung zum Thema ‚Schönheit aus der Perspektive der Philosophie' gefunden. Sie bitten die Forschergemeinschaft nun darum, sie bei der Recherche nach Kinder- und Jugendbüchern zum Thema ‚Ästhetik und Schönheit' zu unterstützen, weil sie überprüfen möchten, wie sich Geschichten im Laufe der Jahrzehnte des 20. Jahrhunderts mit dem Thema auseinandergesetzt haben. Sie haben bereits das Buch *Emily's Art* (Catalanotte, 2001) gefunden. Bis zur Folgewoche erhält die Gruppe den Auftrag, sich die Inhalte der nicht selbst bearbeiteten Rubriken genauer anzusehen, zu lesen, zu kommentieren und gegebenenfalls zu ergänzen. Allfällige Ergänzungen sollen farblich markiert und begründet werden. In der folgenden Philosophieeinheit führt die Forschergemeinschaft anhand des Padlets ein philosophisches Gespräch – es dient jetzt als Diskussionsleitfaden. Idealerweise kann das befüllte Padlet dazu mit Hilfe eines Beamers im Raum projiziert werden. Die Gesprächsleitung übernimmt zunächst die Rolle des/der Moderator*in. Je nachdem, wie viel Erfahrung die Schüler*innen im Philosophieren mit dem Padlet haben, können diese Rolle auch die Schüler*innen übernehmen.

Philosophisches Potential Das philosophische Diskussionspotential von Online-Tools ist sehr breit gefächert. Je nach gewähltem Tool und fachphilosophischem Thema können Fähigkeiten in den unterschiedlichsten philosophischen Reflexionsbereichen erworben und vielfältige Themengebiete diskutiert werden. Die Schüler*innen lernen schriftlich zu argumentieren und ihre Argumente zu begründen. Sie müssen die Aussagen der anderen Teilnehmer*innen analysieren, bewerten und formulieren sowie angeben, welche Ansichten sie selbst zu einem Thema vertreten. Hervorzuheben ist, dass das Philosophieren mit Online-Tools einen wesentlichen Beitrag dazu leisten kann, **Medienkompetenz** bei den Schüler*innen auszubilden und zu fördern. Das Philosophieren bietet ebenfalls die Möglichkeit zur Schulung eines breit angelegten Verständnisses von Medienkompetenz, das die ethische Dimension miteinschließt. Hier kann situationsgerecht die Wichtigkeit von verantwortungsbewusstem Umgang mit Medien diskutiert werden.

Literatur

Catalanotte, P. (2001). *Emily's art*. Atheneum Books for Young Readers.
Sistermann, R. (Hrsg.). (2009). *Weiterdenken Ethik/Praktische Philosophie*. (Bd. A). Schroedel Verlag.

Weiterführende Literatur und Links zum Selbststudium

Bettina Bussmann und Sandra Prinz

© artisteer / Getty Images / iStock

Die folgende Literatur- und Linksammlung beansprucht keineswegs einen Anspruch auf Vollständigkeit. Diese Selbstverständlichkeit muss angesichts der vielen guten Bücher, die jährlich erscheinen und die hier nicht alle aufgeführt werden können, betont werden. Insbesondere Lehrwerke für die Schule stehen hier nicht im Fokus. Diese Liste ist für diejenigen gedacht, die sich einen Überblick über wichtige philosophische Grundlagenliteratur und Materialien für den Unterricht verschaffen wollen.

Literatur

Grundlagenliteratur

Birnbacher, D. (2002). Philosophie als sokratische Praxis: Sokrates, Nelson, Wittgenstein. In: Birnbacher, D. & Krohn, D. Das sokratische Gespräch. Stuttgart: Reclam. S. 140–165.

Boer de, H. & Michalik, K. (2017). Philosophieren mit Kindern – Forschungszugänge und –perspektiven. Obladen & Leverkusen: Budrich.

Brüning, B. (2015). Philosophieren mit Kindern. Eine Einführung in Theorie und Praxis. Münster: LIT Verlag.

Brüning, B. (2016) (Hrsg.) Ethik Philosophie Didaktik. Praxishandbuch für die Sekundarstufe I und II. Berlin: Cornelsen.

Camhy, D. (1990) (Hrsg.). Wenn Kinder philosophieren. Graz: Leykam Buchverlagsgesellschaft.

Doris, D. (2017). Staunen, Zweifeln, Betroffensein. Mit Kindern philosophieren. Weinheim Basel: Beltz Verlag.

Goebles, A. (2018). Kleine Eule zieht es nach Athen – über das Philosophieren mit Grundschulkindern. Eine empirische Studie zur Konzeption des Unterrichtsfaches Philosophie. Wissenschaftliche Beiträge zur Philosophiedidaktik und Bildungsphilosophie. Opladen, Berlin, Toronto: Budrich.

Haynes, J. & Murris, K. (2012). Picturebooks, Pedagogy and Philosophy. New York: Routledge.

Horster, D. (1992). Philosophieren mit Kindern. Opladen: Leske + Budrich.

Gregory, M.; Haynes, J. & Murris, K. (Hrsg.) (2017): The Routledge International Handbook of Philosophy for Children. London/New York: Routledge.

Helzel, G. S. (2018). Kindliche Entwicklungsprozesse beim Philosophieren mit Kindern: Eine empirische Studie zu Ungewissheit und Mehr-Perspektivität. Leverkusen: Budrich UniPress Ltd.

Kim, M. (2013): Philosophieren mit Kindern als Möglichkeit interkulturellen Lernens. Berlin: LIT Verlag.

Kim, M. & Marsal, E. (Hrsg.) (2018). Philosophieren mit Kindern als Methode der Kindheitsforschung: Ein wissenschaftlicher Diskurs. Berlin: LIT Verlag.

Kizel, A. (2022). Philosophy with Children and Teacher Education: Global Perspectives on Critical, Creative and Caring Thinking. New York & London: Routledge.

Mendoca, D. & Figueiredo, F.F. (2021). Conceptions of Childhood and Moral Education in Philosophy for Children. Berlin: J.B. Metzler, Springer-Verlag GmbH.

Möller, E. F. (2023). Ins Philosophieren finden mit Kürzesttexten. Abstrakte Zugänge zum Philosophieren mit Kindern. Eine empirische Studie. Springer Verlag. Open access.

Lipman, M., Sharp, A. M. & Oscanyan, F. (1980). Philosophy in the Classroom. 2nd Ed. Philadelphia: Temple University Press.

Lipman, M. (1988). Philosophy goes to School. Philadelphia: Temple University Press.

Lipman, M. (2003). Thinking in Education. 2nd Ed. Cambridge: Cambridge University Press.

Martens, E. (1999): Philosophieren mit Kindern. Eine Einführung in die Philosophie. Stuttgart: Reclam.

Martens, E. (2014). Methodik des Ethik- und Philosophieunterrichts. Philosophieren als elementare Kulturtechnik. 8. Auflage. Hannover: Siebert Verlag.

Matthews, G. B. (1984). Philosophische Gespräche mit Kindern. Berlin: Freese Verlag.

Matthews, G. B. (1995). Die Philosophie der Kindheit. Wenn Kinder weiter denken als Erwachsene. Weinheim, Berlin: Quadriga Verlag.
Neißer, B. & Vorholt, U. (2012). Kinder philosophieren. Münster: LIT.
Nida-Rümelin, J./Spiegel, I./Tiedemann, M. (Hrsg.) (2015). Handbuch Philosophie und Ethik. Bde. 1 und 2. Paderborn: Ferdinand Schöningh.
Peters, M. & Peters, J. (2021) (Hrsg.). Moderne Philosophiedidaktik. Basistexte. 2. Auflage. Hamburg: Felix Meiner Verlag.
Russo, G. (2021). Philosophieren mit Kindern. Wir nehmen den Bummelzug und sind schneller als der ICE. Darmstadt: Wbg Academic.
Shorer, A. & Quinn, K. (2022). Philosophy for Children Across the Primary Curriculum. London: Taylor & Francis.
Sinhart-Pallin, D. & Ralla, M. (2015). Handbuch zum Philosophieren mit Kindern. Kindergarten, Grundschule, freie Einrichtungen. 2. überarbeitete und erweiterte Aufl. Baltmannsweiler: Schneider Verlag Hohengehren.
Teubler, L. (2019). Philosophische Gespräche in Schulräumen: Philosophieren im Zeichen des Hermes. Wiesbaden: Springer VS.
Thein, Ch., Richter, Ph. & Höppner, N. (Hrsg.) (2021). Philosophie in der Grundschule. Konzepte für Unterricht, Lehre und Forschung. Opladen & Leverkusen: Budrich.
Topping, K. (2019). A Teacher's Guide to Philosophy for Children. New York & London: Routledge.
Wartenberg, T. (2013). A sneetch is a sneetch and other philosophical discoveries. Finding wisdom in children's literature. Hoboken, New Jersey: John Wiley& Sons Inc.
Wartenberg, T. (2019). Philosophy in Classrooms and Beyond. New Approaches to Picture-Book Philosophy. Lanham, Maryland: Rowman & Littlefield Education.

Einführungen für Jugendliche und Laien

George, A. (2017) (Hrsg.). Was ist das Gegenteil von einem Löwen? Philosophen von heute beantworten außergewöhnliche Fragen. München: Heyne Verlag.
Hauskeller, M. (2008). Ich denke, aber bin ich? Phantastische Reise durch die Philosophie. München: C.H. Beck.
Hübl, P. (2020). Folge dem weißen Kaninchen… in die Welt der Philosophie. München: Penguin Verlag.
Law, St. (2007) Philosophie. Abenteuer Denken. Würzburg: Arena Verlag.
Precht, R.D. (2012). Wer bin ich – und wenn ja, wie viele? München: Goldmann.
Rowlands, M. (2010). Der Philosoph und der Wolf. Was ein wildes Tier uns lehrt. München: Piper.
Savater, F. (2009): Vom Mut zu denken. Wörterbuch für den mündigen Bürger. Zürich: Artemis und Winkler.

Unterrichtsbücher/Material mit Anweisungen/Stundenimpulse

Beyer, G. & Blesenkemper, K. (2023) (Hrsg.). Selberdenken 1. Lehrwerk für Ethik und Philosophie in der Grundschule. Bamberg: C.C. Buchner Verlag.
Bralo-Zeitler, K. (2016). Siehst du die Welt auch so wie ich? Philosophieren mit Kindern. Neuausgabe. Freiburg i.Br.: Herder.
Brenifier, O. (2011): Philosophieren mit neugierigen Kindern. Wissen – Was ist das? Köln: Boje Verlag.
Brenifier, O. (2011): Philosophieren mit neugierigen Kindern. Zusammenleben – Was ist das? Köln: Boje Verlag.
Brenifier, O. (2010): Philosophieren mit neugierigen Kindern. Glück – Was ist das? Köln: Boje Verlag.
Brenifier, O. (2010): Philosophieren mit neugierigen Kindern. Gut und Böse – Was ist das? Köln: Boje Verlag.
Brenifier, O. (2010): Philosophieren mit neugierigen Kindern. Ich – Was ist das? Köln: Boje Verlag.
Brüning, B. & Martens, E. (2007). Anschaulich philosophieren. Mit Märchen, Fabeln, Bildern und Filmen. Weinheim & Basel: Beltz.
Calvert, K. (2008): Kreatives Philosophieren mit Kindern. Angst und Mut. Seelze-Velber: Erhard Friedrich Verlag.

Calvert, K. (2021). Philosophieren mit Kindern über Freundschaft. 41 Bildkarten mit Booklet. Weinheim & Basel: Beltz.

Correa da Silva, C. (2023). Mein wunderbares Ich. Was mich ausmacht und welche Rolle die Gene dabei spielen. München: cbj Kinderbuch Verlag.

Curko, B. et al. (2015). Ethische Bildung und Werteerziehung. Handbuch für Lehrkräfte und Erzieher*innen an europäischen Schulen und Kindergärten. Online verfügbar unter: ▶ https://ec.europa.eu/programmes/erasmus-plus/project-result-content/a46f668d-ba65-4e28-97dd-18e0581d6496/ManualTeachers_DE.pdf (Zugriff: 29.5.2023).

Daurer, D. (2017). Staunen, Zweifeln, Betroffensein. Mit Kindern philosophieren. Neuausgabe. Weinheim & Basel: Beltz Juventa.

DK Verlag-Kids (2023). Wozu eigentlich Philosophie? Eine Einführung in die Philosophie für Kinder ab 10 Jahren. London: DK Verlag.

Engels, H. (2004). Nehmen wir an... Das Gedankenexperiment in didaktischer Absicht. Weinheim & Basel: Beltz.

Friedrich, G., Galgóczy de, V. & Klein, C. (2014). Mit Kindern philosophieren: Gemeinsam staunen – fragen – verstehen. Weinheim: Beltz.

Fritsch, E., Lemke, C. & Tiedemann, M. (Hrsg.). Themenhefte Philosophie. Glück und gutes Leben. Mühlheim a.d. Ruhr: Verlag an der Ruhr.

Huppertz, N. & Barleben, M. (2016). Freude am Philosophieren: Didaktische Einheiten für Kindergarten und Grundschule. Berlin: LIT Verlag.

Hüning, G., Metzger, K. M. & Brüning, B. (2015). Lehrbücherei Grundschule: Philosophieren in der Grundschule. Berlin: Cornelson.

Irmler, F. (2022). Philosophische Workshops: Philosophieren mit Kindern in den Klassen 3-6. Leipzig: Melitzke Verlag GmbH.

Knapp, M. (2016). Philosophieren mit Kindern: 40 Projektideen zu 5 Bilderbüchern. Weinheim: Beltz **(vor allem in der theoretischen Einführung nur teilweise gelungen, aber gute Anregungen)**.

Knop, J. (2023). Philosophie für Kinder. Die großen Fragen des Lebens. Freiburg im Breisgau: Herder.

Knop, J. (2024). Wem gehört die Welt. Die großen Fragen des Lebens. Ethik für Kinder. Freiburg im Breisgau: Herder.

Lipman, M. (2007). Das geheimnisvolle Wesen. Philosophieren mit Kindern. 2. Auflage. Übersetzt und herausgegeben von Daniela G. Camhy. St. Augustin: Academia Verlag (Auszug: ▶ http://www.kids-phil.at/materialien/das_geheimnisvolle_wesen2.pdf).

Lipman, M. (2008). Das geheimnisvolle Wesen. Philosophieren mit Kindern. Handbuch. 2. Auflage. Übersetzt und herausgegeben von Daniela G. Camhy. St. Augustin: Academia Verlag (Auszug: ▶ http://www.kids-phil.at/materialien/das_geheimnisvolle_wesen.pdf).

Lipman, M. (2009). Harry Stottelmeiers Entdeckung. Philosophieren mit Kindern. 2. Auflage. Übersetzt und herausgegeben von Daniela G. Camhy. St. Augustin: Academia Verlag (Auszug: ▶ http://www.kids-phil.at/materialien/harrystottelmeier.pdf).

Marsal, E. et al. (2014). Ethik entdecken mit Philo 1/2 – Schülerband (1. bis 2. Schuljahr) Bamberg: C.C. Buchner Verlag.

Marsal, E.; Horsche, M. & Nießeler, A. (2018). Ethik entdecken mit Philo 3/4 – Schülerband (3. bis 4. Schuljahr). Bamberg: C.C. Buchner Verlag.

Möller, C.; Tiedemann, M. (2019). Philosophische Geschichten für Kinder und Jugendliche. Mülheim a.d. Ruhr: Verlag an der Ruhr.

Nida-Rümelin, J.; Spiegel, I. & Tiedemann, M. (Hrsg.): Handbuch Philosophie und Ethik. Band 1: Didaktik und Methodik. Band 2: Disziplinen und Themen. Stuttgart: Utb.

Petermann, H.-B. (2007). Kann ein Hering ertrinken? Philosophieren mit Bilderbüchern. Weinheim & Basel: Beltz Verlag.

Pfeiffer, M. & Schmid, K. (Leitung Autorenteams) (2020). Schauplatz Ethik. Wahrnehmen – fragen – begründen, Lehrmittel in vier Bänden für die 1./2., 3./4., 5/6., 7.–9. Schulstufe mit digitalem Kommentar und Klassenmaterial. Lehrmittelverlag Zürich 2020.

Shapiro, D. A. (2012). Plato was wrong. Footnotes on doing philosophy with young people. Lanham, Maryland: Rowman&Littlefield Education.

Schmidt, I. (2017). Kleine und große Fragen an die Welt: Mit Phil und Sophie. Hamburg: Carlsen.

Schott, H. & Hoffmann, St. (2018). Große Fragen für junge Denker: 88 Impulskarten: Religion, Ethik und Philosophie. Mülheim a.d. Ruhr: Verlag an der Ruhr.
Theije-Avontuur de, N. (2015). 50 philosophische Geschichten für Kinder: Mit Frageimpulsen zum Nach- und Weiterdenken. Mühlheim a.d. Ruhr: Verlag an der Ruhr.
The School of Life, Doherty, A. & Botton de, A. (2019). Big Ideas for Curious Minds: An Introduction to Philosophy. London: The School of Life.
Wartenberg, T.E. (2014). Big Ideas for Little Kids. Teaching Philosophy through children's literature. 2nd ed. Plymouth: Rowman & Littlefield Publishers.
Worley, P. (2015). 40 lessons to get children thinking. Philosophical thought adventures across the curriculum. London & New York: Bloomsbury.
Zoller Morf, E. (2015). Selber denken macht schlau. Philosophieren mit Kindern und Jugendlichen. Anregungen für Schule und Elternhaus. Basel: Zytglogge Verlag.

Bilderbücher

Bardeli, M. & Godon, I. (2018). Ellington. Wuppertal: Peter Hammer Verlag GmbH **(Tierethik, Identität, Freiheit, Freundschaft)**.
Booth, A. & Litchfield, D. (2021). Ein Ort für meine Traurigkeit. Stuttgart: Gabriel **(Trauer)**.
Browne, A. (1998). Voices in the Park. London: Corgi Children **(Perspektivenwechsel, Phänomenologie)**.
Browne, A. (2003). Willy the Wizard. London: Corgi Children **(Ziele erreichen; an sich glauben)**.
Brun-Cosme, N. & Tallec, O. (2015). Großer Wolf & kleiner Wolf. Drei Geschichten vom Glück. Hildesheim: Gerstenberg **(Glück; Was darf ich hoffen?)**.
Calan de, R. (2014). Das Gespenst des Karl Marx. Aus der Reihe: Platon & Co. Zürich: Diaphanes **(Klassenkampf, Kapitalismuskritik)**.
Castano Mesa, S. (2019). Die Uhr meines Großvaters. Basel: Baobab Books **(Vergänglichkeit, Sterben, Tod, Trauer)**.
Catalanotto, P. (2006). Emily`s Art. New York: Atheneum Books for Young Readers **(Kunst, Interpretation)**.
Damm, A. (2017). Plötzlich war Lysander da. Frankfurt a. M.: Moritz Verlag **(Umgang mit Fremden)**.
Dr. Seuss (2017, 1954): Horton Hears a Who! London: HarperCollinsPublishers **(Wissen, Verantwortung, Respekt)**.
Dubois, C. (2013): Akim rennt. Frankfurt a. M.: Moritz Verlag (Flucht).
Duthie, E. & Martagón, D. (2019). Grausame Welt? Nachdenken über Gut und Böse. Frankfurt a. M.: Moritz Verlag **(Grausamkeit, Gut & Böse, Moral, Werte)**.
Erlbruch, W. (2010). Ente, Tod und Tulpe. München: Kunstmann **(Sterben und Tod, Crossover)**.
Foccroulle, L. & Masson, A. (2017). Opas geheimnisvoller Garten. Zürich: Orell Füssli Verlag **(Natur)**.
Gaarder, J. (2012): Fragen fragen. München: Carl Hanser Verlag **(verschiedene philosophische Fragen)**.
Gaiman, N. & McKean, D. (1998). The day I swapped my dad for two goldfisch. New York: Harper Collins **(Machtwechsel Eltern – Kind)**.
Gaiman, N. & McKean, D. (2006). Die Wölfe in den Wänden. New York: Harper Collins **(Mut)**.
Glattauer, N. & Hochleitner, V. (2016). Flucht. Innsbruck: Tyrolia **(Heimatverlust, Flucht, Orientierungslosigkeit)**.
Gugger, R. & Röthlisberger, S. (2018). Ida und der fliegende Wal. 3. Aufl. Zürich: NordSüd Verlag **(Raum und Zeit; das Nichts, Freundschaft)**.
Hawker, L.A. (2021). Gemeinsam. Hamburg: ZS – Ein Verlag der Edel Verlagsgruppe **(Angst, Isolation, Annäherung, Hoffnung)**.
Hout, M. van (2012). Happy. Rotterdam: Lamniscaat **(Gefühle)**.
Imai, A. (2007). 12 Fabeln von Aesop. Hong Kong: Minedition12 Fabeln von Aesop. Hong Kong: Minedition **(Lebenskunst, Vorurteile, Urteilsvermögen)**.
Keil, A. (2021). Als Frau Trauer bei uns einzog. Münsterschwarzach: Vier-Türme Verlag **(Trauer)**.
Kunkel, D. (2016) Das kleine WIR. Hamburg: Carlsen **(Freundschaft, Gemeinschaft)**.

Johnson, C. (2015, 1983, 1955). Harold and the Purple Crayon. New York: HarperCollinsPublishers **(Realität, Imagination, Fiction)**.
Jolivet, J. (2004). Zoologie. Hamburg: Carlsen **(Betrachten, Kategorisieren, Phänomenologie)**.
Joyce, J. & Erlbruch, W. (2013) Die Katzen von Kopenhagen. / The Cats of Copenhagen. Freiburg i.Br.: Herder **(Fantasie, Fragen stellen, Crossover)**.
Lee, S. (2003). Mirror. Viadana: Seven-Footer Kids **(Aktion – Reaktion, Konsequenzen)**.
Leitl, L. (2017): Das Glück ist ein Vogel. Wien: Picus Verlag **(Glück, Zufriedenheit)**.
Lionni, L. (2017, 1967). Frederick. New York: Dragonfly Books. Random House Children's Books **(Arbeit, Gemeinschaft)**.
Lobel, A. (2018). Das große Buch von Frosch und Kröte. München: Dtv **(verschiedene philosophische Themen)**.
Lemieux, M. (2019). Gewitternacht oder Wo endet die Unendlichkeit? Schmuckausgabe. Weinheim: Beltz & Gelberg **(Welt und Dasein)**.
Mackesy, C. (2020). Der Junge, der Maulwurf, der Fuchs und das Pferd. Berlin: List Hardcover **(Mut, Weisheit, Liebe, Freundschaft)**.
Marcinkevicius, M. (2023). Adelheid & Ferkolin. Zürich: Bohem Verlag. **(Freundschaft, Staunen, Sprachphilosophie)**.
McKee, D. (2015). Not Now, Bernhard. Lübeck: Andersen **(Unsichtbar sein, Vernachlässigung, Selbstmord)**.
Michels, T. (1985). Es klopft bei Wanja in der Nacht. Hamburg: Oetinger. **(Konflikte, Gerechtigkeit)**.
Munsch, R. & Büchner, S. (2014). Die Prinzessin in der Tüte. Ravensburg: Ravensburger **(Geschlechterrollenstereotype, Mut)**.
Muth, J. J. (2005). The Three Questions. New York: Scholastic Bk Services **(Mitgefühl, Achtsamkeit)**.
Mühle, J. (2018). Zwei für mich, einer für dich. Frankfurt a. M.: Moritz Verlag **(Gerechtigkeit, Freundschaft)**.
Pauli, L. & Schärer, K. (2008). Mutig, mutig. Zürich: Atlantis Verlag **(Mut, Mutprobe, Wettkampf, Freundschaft, Akzeptanz)**.
Pinkwater, D. M. (1977, 1993). The Big Orange Splot. New York: Scholastic Inc. **(Konformismus, Individualität, Existentialismus)**.
Richter, J. & Rappo, P. (2022). Nil, Nil, ich komme! München: Hanser **(Hoffnung, Heimat, Glück, Freiheit)**.
Sabbag, B., Maite, K. & Tourlonias, J. (2018). Die kleine Hummel Bommel und die Zeit. München: ArsEdition **(Zeit)**.
Schami, R. & Knorr, K. (2006). Der Wunderkasten. Weinheim: Beltz & Gelberg) **(Liebe)**.
Schmidt-Salomon, M./ Nyncke, H. (2007). Wo bitte geht's zu Gott? fragte das kleine Ferkel. Ein Buch für alle, die sich nichts vormachen lassen. Aschaffenburg: Alibri Verlag **(Weltreligionen, Humanismus)**.
Schärer, K. (2015). Der Tod auf dem Apfelbaum. Zürich: Atlantis Verlag **(Vergänglichkeit, Sterben, Tod)**.
Schneider, N. (2023). Ludwig und das Nashorn. Zürich: NordSüd Verlag AG **(Logik, Metaphysik)**.
Schreiber-Wicke, E. (2007): König Wirklichwahr. Stuttgart: Tiehnemann Verlag **(Wahrheit/Lüge)**.
Schroeter-Rupieper, M. & Sönnichsen, I. (2020). Geht Sterben wieder vorbei? Stuttgart: Gabriel **(Trauer, Sterben, Tod)**.
Schütze, A. (2016). Der größte Schatz der Welt. Ravensburg: Ravensburger **(Werte)**.
Sendak, M. (2013). Wo die wilden Kerle wohnen. Zürich: Diogenes **(Strafen, Träume)**.
Singh, R. & Jain, I. (2022). Es werde Wald. Zürich: NordSüd **(Umwelt, Klimaschutz)**.
Silverstein, Sh. (2014, 1965). The Giving Tree. London: HarperCollinsPublishers **(Vergänglichkeit, Hingabe, bedingungslose Liebe, Nachhaltigkeit)**.
Snicket, L. (2014). Dunkel. Zürich: NordSüd-Verlag **(Ängste, Fremde, Vertrautheit)**.
Steig, W. (2007, 1973). The Real Thief. New York: Square Fish **(Diebstahl, Schuld / Unschuld)**.
Steinkellner, E. (2013): Papilios Welt. Wien: Picus-Verlag **(Utopien, Freundschaft, grenzenlose Möglichkeiten)**.
Tan, S. (2000). The lost thing. Sydney: Hachette Australia **(das Fremde, Einzigartigkeit)**.
Tan, S. (2006). The Arrival. London: Holder Children's Book **(Flucht, Migration, Reise in ein neues Land)**.

Teckentrup, B. (2013). Der Baum der Erinnerung. München: ArsEdition **(Sterben, Tod, Trauer, Erinnerung)**.
Thurber, J. (1971). Many Moons. Florida: Voyager Books **(Emotionen, Weisheit, Wahrnehmung)**.
Ungerer, T. (2003). The Three Robbers. New York: Phaidon Press **(Kindesentführung)**.
Velthuijs, Max (2015) Frosch ist verliebt. Weinheim: Beltz & Gelberg **(Liebe, Glück)**.
Velthuijs, Max (2016) Frosch hat Angst. Weinheim: Beltz & Gelberg **(Angst)**.
Weeber, J. (2017): Henrietta spürt den Wind. Düsseldorf: Patmos Verlag **(Natur, Medienkonsum, Freundschaft)**.
Williams B. M. (2017, 1922). The Velveteen Rabbit: Or How Toys Become Real. London: Egmont UK Limited **(Realität und Fantasie)**.
Willems, M. & Flegler, L. (2011). Knuffelhase. Hildesheim: Gerstenberg **(Sprachphilosophie)**.
Willems, Mo & Flegler, Leena (2014). Noch ein Knuffelhase. Hildesheim: Gerstenberg **(Identität)**.
Willis, J. & Ross, T. (2008). Kopf hoch, Fledermaus. Frankfurt a. M.: Fischer Sauerländer **(Perspektivenübernahme)**.
Wise Brown, M. (1999). The Important Book. London: HarperCollinsPublishers **(Existenz, Identität, Kunst)**.
Yamada, K. & Besom, M. (2016). What Do You Do with a Problem? Seattle: Compendium Inc. **(Probleme und Möglichkeiten)**.
Yamada, K. & Besom, M. (2017). Was macht man mit einer Idee? Berlin: Adrian Verlag **(Perspektiven, Möglichkeiten, Ideen, Spekulation)**.
Yamada, K. & Barouch, G. (2019). Vielleicht. Berlin: Adrian Verlag **(Persönlichkeit entdecken)**.
Young, E. (2017, 2002). Sieben blinde Mäuse (2017) / Seven Blind Mice (2002). London: Puffin Books **(Was kann ich wissen? Teil und Ganzes; Das Ganze sehen führt zur Weisheit)**.

Jugendbücher

Bosetzky, H. (1984). Heißt du wirklich Hasan Schmidt? Hamburg: Rowohlt **(Familie, Liebe, Fremdheit, interkulturelles Lernen)**.
Carroll, L. (1982). Alice im Wunderland. Scotts Valley: CreateSpace Independent Publishing Plattform **(Sprache und ihre Bedeutung, Traum und Wirklichkeit, Identität)**.
Carroll, L. (1983). Alice hinter den Spiegeln. Leipzig: Insel Verlag **(Sprachphilosophie, Phantasie und Wirklichkeit)**.
Chotjewitz, P. O. (2003). Machiavellis Letzter Brief: Historischer Roman. München: Europa-Verlag.
Ende, M. Die Unendliche Geschichte. München: Philips **(Verhältnis zwischen Phantasie und Wirklichkeit)**.
Ende, M. (2014). Momo: Schulausgabe. Stuttgart: Thienemann Verlag **(Zeit, Zeithaben, Verhältnis zwischen Erwachsenen und Kindern)**.
Erlinger, R. (2007). Lügen haben rote Ohren. Gewissensfragen für große und kleine Menschen. London: Omnibus **(u.a. Lügen, Entscheidungen treffen, Gesetze und Regeln, Strafen)**.
Feth, M. & Boratyński, A. (1996). Der Gedankensammler. Eine Geschichte. Düsseldorf: Büchergilde Gutenberg **(Nachdenken über das Denken)**.
Funke, C. (2019). Tintenherz. Hamburg: Oetinger Taschenbuch **(Verhältnis zwischen Wirklichkeit und Fantasie, Glück)**.
Fährmann, W. (1999). Der Überaus Starke Willibald. Würzburg: Arena **(Regeln des Zusammenlebens in Familie und Staat)**.
Gaarder, J. & Haefs, G. (2005). Das Orangenmädchen. München: Hanser **(Sterben und Tod)**.
Gaarder, J. & Haefs, G. (1998). Der Seltene Vogel: Erzählungen. München: Hanser **(Grenze zwischen Leben und Tod, Traum und Wirklichkeit, Zeit und Unendlichkeit)**.
Gaarder, J. (1996). Das Kartengeheimnis. Frankfurt a. M.: Büchergilde Gutenberg **(Nachdenken über den Sinn des Lebens)**.
Gaarder, J. (1997). Das Leben ist kurz = Vita Brevis. München: Hanser **(Nachdenken über die Rolle der Sinnlichkeit im menschlichen Leben; Auseinandersetzung mit den "Bekenntnissen" von Augustinus)**.
Gaarder, J. (2002). Maya oder Das Wunder Des Lebens. München: Dtv **(Evolution, Verhältnis Naturwissenschaften und Philosophie)**.

Gaarder, J. (2004). Der seltene Vogel. Philosophische Erzählungen. 4. Auflage. München: Dtv **(Raum und Zeit, Leben und Tod, Wirklichkeit und Traum)**.
Gaarder, J. (1996). Durch einen Spiegel, in einem dunklen Wort. München: Dtv **(Reflexionen über den Tod und die Rolle von Engeln)**.
Gold, H. (2022). Der letzte Bär. Hamburg-Winterhude: Von Hacht. **(Klimawandel, Mut)**.
Groh, K. (2021). Mein Leben als lexikalische Lücke. Hamburg: Arctis. **(Identität, Sexualität)**.
Mackery, C. (2023). Der Junge, der Hund, der Maulwurf, der Fuchs und das Pferd. Berlin: Ullstein Verlag **(Freundschaft, Lebenssinn, Liebe)**.
Tiedemann, M. (1999). Prinzessin Metaphysika. Eine fantastische Reise durch die Philosophie. Hildesheim: Olms.

Geschichten, Romane und Comics

Armengaud, F. & Buxton, A. (2015). Wittgensteins Nashorn. Aus der Reihe: Platon & Co. Zürich: Diaphanes.
Bichsel, P. (1989): Kindergeschichten. 22. Auflage. Nördlingen: Luchterhand Verlag.
Boie, K. & Bauer, J. (2011): Ein mittelschönes Leben. Ein Kinderbuch über Obdachlosigkeit. Hamburg: Carlsen Verlag.
Engels, H. (2007): Blaue Schokolade. Geschichten zum Denken und Querdenken. Hannover: Siebert Verlag.
Grand, E.N. (2016). The Tale of Princess Kaguya. Scotts Valley: CreateSpace Independent Publishing Plattform.
Kaniok, L. & Theije-Avontuur de, N. (2012). 55 philosophische Geschichten für Kinder. Mit Fragenimpulsen zum Nach- und Weiterdenken. Mühlheim a.d. Ruhr: Verlag an der Ruhr.
Kähler, J. & Nordhofen, S. (2019): Geschichten zum Philosophieren. Reclam Texte und Materialien. überarbeitete Ausgabe. Stuttgart: Reclam.
Kinney, J. (2008 – 2017). Diary of a Wimpy Kid. New York: Harry N. Abrams.
Marsal, E. (2017). Das Wollfadenmädchen, der Antennendrache und die Bachstelze Fee: Philosophieren mit Kindern in der Schule und zu Hause. Wien: LIT Verlag.
Mongin, J.P. & Le Bras, Y. (2014). Der Tod des weisen Sokrates. Aus der Reihe: Platon & Co. Zürich: Diaphanes **(in dieser Reihe gibt es viele weitere Werke zu wichtigen, nicht nur philosophischen, interessanten Persönlichkeiten)**.
Robelin, C. & Robelin, J. (2008): Was ist der Mensch? Leo und der Philosoph. Frankfurt a. M.: Campus Verlag.
Ruf-Zoratti, G. (2015). Die kleine Eule Denkmalnach im Eulenwald. Geschichten und Gedankenspiele zum Philosophieren mit Kindern. Wien: Editionlibica.
Saint-Exupéry de, A. (2015, 1943). Der kleine Prinz. Scotts Valley: CreateSpace Independent Publishing Plattform.
Schami, R. (2021). Erzähler der Nacht. Weinheim: Beltz.
Schmidt, I. (2017). Kleine und große Fragen an die Welt: mit Phil und Sophie. Philosophie für Kindern. Hamburg: Carlsen.
Teller, J. (2000). Nichts. Was im Leben wichtig ist. München: Carl Hanser Verlag.
Teller, J. (2002). Krieg. Stell dir vor, er wäre hier. München: Carl Hanser Verlag.
Teller, J. (2013). Alles. Worum es geht. München: Carl Hanser Verlag.
Wagler, Ch. (2015). Das ist Philosophie! Große Denker und ihre Ideen. London: DK Verlag.

Zeitschriften, Zeitschriftenbeiträge und Online Vorträge

Praxis Philosophie & Ethik. Materialien für die Sekundarstufe I und II. Braunschweig: Westermann.
Philosophie & Ethik in der Grundschule. Fachzeitschrift für den Unterricht in der Grundschule. Braunschweig: Westermann.
Ethik&Unterricht 2/2022: Ethikunterricht in Klassen 5 und 6. Hannover: Friedrich Verlag.
Ethik&Unterricht 3/2017: Jugendliteratur im Ethikunterricht. Hannover: Friedrich Verlag.
Ethik&Unterricht 4/2019: Bilderbuch und Comic. Hannover: Friedrich Verlag.
Journal of Philosophy in Schools. Journal of Philosophy in Schools (bham.ac.uk) (Zugriff: 3.12.2022).

Polylog (2017). Zeitschrift für interkulturelles Philosophieren. Nr. 37. Philosophieren mit Kindern weltweit. Wien: Wiener Gesellschaft für interkulturelle Philosophie
Zeitschrift für die Didaktik der Philosophie und Ethik 4/2015: Spielend philosophieren. Hannover: Siebert Verlag.
Zeitschrift für die Didaktik der Philosophie und Ethik 1/2011: Philosophieren im 5./6. Schuljahr. Hannover: Siebert Verlag.
Zeitschrift für die Didaktik der Philosophie und Ethik 1/2008: Philosophieren mit Kindern III. Hannover: Siebert Verlag.
Jackson, T. E. (2017). Primal Wonder – Ursprüngliches Staunen. Übersetzung von Britta Saal. In: Polylog. Zeitschrift für interkulturelles Philosophieren. Philosophieren mit Kindern weltweit. Nr. 37. Wien: Polylog.
Michalik, K. (2021). Philosophieren mit Kindern als Pädagogik für eine offene und ungewisse Zukunft. Online verfügbar unter: Ziegler,+141_article_141_153_152_857_1_10_20211104_A3a (1).pdf (Zugriff: 15.9.2023).
Saal, B. (2017). Philosophieren mit Kindern weltweit. In: Polylog. Zeitschrift für interkulturelles Philosophieren. Philosophieren mit Kindern weltweit. Nr. 37. Wien: Polylog.
Tabata, T. (2017). Einen sicheren Ort schaffen: Warum wir in Miyagi mit Kindern philosophieren. In: Polylog. Zeitschrift für interkulturelles Philosophieren. Philosophieren mit Kindern weltweit. Nr. 37. Wien: Polylog.
Thielmann, A. (2017). Philosophy for Children (S. 4C): Wie alles begann. In: Polylog. Zeitschrift für interkulturelles Philosophieren. Philosophieren mit Kindern weltweit. Nr. 37. Wien: Polylog.
Jackson, T. E. (2014). Philosophy, children, and the ageless power of wonder. TEDexHonoluluEd. ▶ https://www.youtube.com/watch?v=7AZGLukn0JM (Zugriff: 3.12.2022).
Goering, S. (2011). Philosophy for kids: Sparking a love of learning. TedxOverlake. ▶ https://youtu.be/7DLzXAjscXk?si=0z_P4rH5cT_IVv9D (Zugriff 2.6.2023)

Websites zum Philosophieren mit Kindern

Austrian Center of Philosophy with Children and Youth. Institut für Kinder- und Jungendphilosophie. ACPC (kinderphilosophie.at) (Zugriff: 3.12.2022).
Brila Youth Projects. Canada. Brila Youth Projects (▶ https://www.brila.org/home) (Zugriff: 7.9.2023).
Gedankenflieger. Philosophieren mit Kindern. Aktuelles – Gedankenflieger (literaturhaus-hamburg.de) (Zugriff: 3.12.2022).
Icpic. International Council of Philosophical Inquiry with Children. Home – ICPIC (▶ https://www.icpic.org/) (Zugriff: 3.12.2022).
Institut für Kinder- und Jugendphilosophie (Universität Graz). Institut für Kinder- und Jugendphilosophie (uni-graz.at) (Zugriff: 26.11.2022).
Käuzli. Schweizerische Dokumentationsstelle für Kinder- und Alltagsphilosophie. s'Käuzli – Schweizerische Dokumentationsstelle für Kinder- und Alltagsphilosophie – Altikon ZH (kinderphilosophie.ch) (Zugriff: 26.11.2022).
Montclair State University. Institute for the Advancement of Philosophy for Children. Institute For The Advancement Of Philosophy For Children – Montclair State University (▶ https://www.montclair.edu/iapc/) (Zugriff: 3.12.2022).
Philosophieren mit Kindern. Philosophieren mit Kindern (▶ http://philosophierenmitkindern.de/) (Zugriff: 26.11.2022).
Philosophieren mit Kindern Hamburg e.V. Philosophieren und Forschen (philosophieren-mit-kindern-hamburg.de) (Zugriff: 26.11.2022).
Plato. Philosophy learning and teaching organization. USA Philosophy Learning and Teaching Organization (plato-philosophy.org) (Zugriff: 26.11.2022).
SAPERE P4C Philosophy for Children, Colleges, and Communities. SAPERE | P4C Teacher Training | Philosophy for Children (▶ https://www.sapere.org.uk/) (Zugriff: 3.12.2022).
Sophia. European Foundation for the Advancement of Doing Philosophy with Children. (▶ https://www.sophianetwork.eu/) (Zugriff: 7.9.2023).
Stollreiter, E. Die kleinen Denker. Philosophieren mit Kindern e.V. ▶ https://www.diekleinendenker.de/blog/ (Zugriff: 8.4.2024).

The P4C Co-operative (P4c.com) (Zugriff: 3.12.2022).
The Philosophy Foundation. Thinking Changes. London. Philosophy in schools, community, and workplace (philosophy-foundation.org) (Zugriff: 26.11.2022).
The Prindle Institute for Ethics. IN, USA (▶ https://www.prindleinstitute.org/teaching-children-philosophy/k-12-ethics-education-teaching-children-philosophy-resources/) (Zugriff: 26.11.2022).
The University of Hawaii Uehiro Academy for Philosophy and Ethics Education (p4chawaii.org) (Zugriff: 3.12.2022).
The Vancouver Institute of Philosophy for Children. Vancouver Institute of Philosophy for Children (vip4c.ca) (Zugriff: 28.1.2023).
Université de Montréal. Institute of Philosophy, Citizenship and Youth. Canada. Wit Waker – Institut Philosophie Citoyenneté Jeunesse – Université de Montréal (umontreal.ca) (Zugriff: 26.11.2022).
Wonder Ponder. Madrid. Children's Book Publisher — Wonder Ponder (wonderponderonline.com). (Zugriff: 26.11.2022).
Gregory, M. Literatursammlung zum Philosophieren mit Kindern. Online verfügbar unter: Revue n°34 — Etats-Unis d'Amérique : Thirty years of philosophical and empirical research in philosophy for children: An overview (▶ https://diotime.lafabriquephilosophique.be/numeros/034/017/) (Zugriff: 26.11.2022).
Questions: Philosophy for Young People. Questions: Philosophy for Young People – A Journal for Pre-college Philosophy (▶ https://www.pdcnet.org/questions/Questions:-Philosophy-for-Young-People) (Zugriff: 15.9.2023).
Thinking: The Journal of Philosophy for Children. Online verfügbar unter: Thinking: The Journal of Philosophy for Children - Online access (pdcnet.org) (Zugriff: 15.9.2023).
Searchable Library of P4C Resources. Searchable Library of P4C Resources (▶ https://archive.sapere.org.uk/Default.aspx?tabid=289) (Zugriff: 3.12.2022).

MIX
Papier aus verantwortungsvollen Quellen
Paper from responsible sources
FSC® C105338

If you have any concerns about our products,
you can contact us on
ProductSafety@springernature.com

In case Publisher is established outside the EU,
the EU authorized representative is:
**Springer Nature Customer Service Center GmbH
Europaplatz 3, 69115 Heidelberg, Germany**

Printed by Libri Plureos GmbH
in Hamburg, Germany